本书写作组名单

主编：高培勇

执笔：

前　言　高培勇
第一章　童光辉
第二章　马　珺　童光辉
第三章　马　珺　范建鏋
第四章　范建鏋
第五章　冯　静　张德勇
第六章　张　斌
第七章　温来成　杨志勇
第八章　王法忠　汪德华
第九章　高培勇
第十章　张德勇　夏杰长
附　录　冯　静

庆祝新中国成立60周年百种重点图书

共和国
财税60年

高培勇 主编

人民出版社

目　录

下篇

前　言

一

在庆祝中华人民共和国成立 60 周年前夕，新闻出版总署组织策划了"庆祝新中国成立 60 周年百种重点图书"。并且，将其中的一个选题——《共和国财税 60 年》——的撰写工作，交给了我们。

这一任务，显然并不轻松。在共和国所走过的 60 年历程中，作为其中的一个重要脉络，财政税收的角色始终十分特殊。这不仅是因为"兵马未动，粮草先行"，政府收支本来就是政府所从事的所有活动的经济基础。它覆盖着政府工作的方方面面，牵动着政府行为的枝枝蔓蔓，规定并支撑着政府活动的范围、方向和重点。而且，在 60 年间，财政税收所面临的问题之复杂，所承载的使命之沉重，所发生的变化之深刻，所取得的成果之显著，从一个层面折射了共和国既曲折又辉煌的发展轨迹。如何从浩如烟海的史料中提炼和揭示出最直接、最核心、最实质的内容，从而准确而科学地再现这段历史，是摆在我们面前的一个重要课题。

写史，固然是一个选择。但是，单纯地写史，停留于史实的追溯和描述层面，对于上述的目标而言，显然不够充分。更加重要的，是要从史实入手，一步步地提炼和揭示其历史的轨迹、历史的经验和历史的规律。只有这样，才可能在具有历史穿透力的同时，为中国的财税改革与发展理出一条比较清晰的线索。这就要求我们,把本书的主攻重点定位于"三个基本":基本轨迹、基本经验和基本规律。

基本轨迹、基本经验和基本规律的提炼和揭示,需要高度概括。这就要有所取舍。取什么?当然要取其主线索。在长达 60 年的共和国历史上,在不同时点、不同背景下发生于财政税收领域的事项,的确数不胜数,犬牙交错。本着透过现象看本质、抓大放小的思维,将这些事项一一梳理并加以鉴别,可以发现,不仅在改革开放的新时期,而且在传统的计划经济年代,举凡涉及经济社会全局的重大事项,几乎都同财政税收的改革与发展有关。也就是说,改革与发展一直是贯穿共和国财政税收领域的主题。于是,我们又决定,以中国的财税改革与发展作为主线,着手并完成《共和国财税 60 年》的撰写任务。

二

以改革与发展作为主线,60 年间的共和国财税历程,大致可以归为如下八个既彼此独立又互为关联的时期:

(一)1949～1952 年,即三年国民经济恢复时期

这是共和国财税的奠基期。以 1949 年 10 月 1 日新中国宣告诞生为标志,新中国财税随之建立起来。在组建从中央到地方的财税管理机构并建立统一的财税制度的同时,面对当时饱经战火摧残、几乎处于崩溃边缘的国民经济,财税系统主要担负了两个方面的任务:筹集并支付巨额的军政费用,以消灭残余敌对势力、接收旧政权的人员和维持新政权的运转;治理通货膨胀和整顿生产生活秩序,尽快促进国民经济的恢复和发展,改善人民生活水平。在短短的 3 年时间内,通过推出统一财

经工作、平衡财政收支、稳定物价等一系列政策措施,为国民经济的恢复、政权的巩固以及各方面的治理工作提供了有力的保证,从而实现了国民经济的全面恢复和国家财政状况的根本好转。

(二)1953～1957年,即第一个五年计划时期

这是共和国财税步入"二元"体制格局的起点。从1953年起,在国民经济全面恢复的基础上,以实施第一个五年计划为标志,新中国开始转入有计划的经济建设时期。根据党在过渡时期的总路线和总任务的要求,作为整个计划经济体制的核心组成部分,财税体制担负起了为工业化筹集资金和促进社会主义改造的双重任务。一方面,以筹集社会主义工业化建设资金为重点,通过改进和加强财政收支管理,开辟和扩大财源,增加资金积累,保证了"一五"计划的顺利完成;另一方面,伴随着对农业、手工业和资本主义工商业的社会主义改造进程,逐步建立了以对不同所有制和不同区域实施"区别对待"为主要特征的财税制度体系。并且,以此为契机,财税政策逐步演化成为政府手中的发展和壮大国有制经济、削弱乃至消灭私有制经济的重要手段。可以说,正是从这个时候起,在我国,逐步形成了与"二元"的经济社会体制相适应的"二元"的财政税收体制。

(三)1958～1965年,即"大跃进"和五年调整时期

这是适应计划经济体制的共和国财税体制的探索期。在"一五"各项指标和"三大改造"任务全面完成的背景下,从1958年起,中国开始实施第二个五年计划,并且,以此为标志,进入了全面建设社会主义的新时期。然而,由于"大跃进"的盲目发动,经济发展并未按照原定的"二五"计划轨道运行,而是出现了大起大落,从而不得不在1961年转入长达5年的国民经济调整期。受此影响并适应这样一种特殊的体制环境,这一时期的财税管理体制做了许多积极的探索。先是配合"大跃进"实

施对地方和企业的放权,在一定程度上改变了"一五"时期的过度集权
的体制格局。后来,又适应国民经济调整和应对经济困难的需要,适当
收缩了一部分"大跃进"期间下放过多的财权,重新加强了财权、财力的
集中统一。与此同时,伴随着经济建设回归适度规模的调整进程,财政
收支规模也经历了由急剧膨胀到回归常态的变化。应当说,在进入全面
建设社会主义新时期之后的这一时期,财税管理体制以及其他方面财税
工作的改进和加强也好,围绕计划经济体制而在财税体制上进行的适应
性调整也罢,对于保证和推动国民经济全面调整的顺利进行和恢复与发
展以及此后的财税自身建设,都积累了宝贵的经验。

(四)1966～1976 年,即"文化大革命"时期

这是共和国财税工作的危局期和管理体制的频繁调整期。1966～
1976 年的"文化大革命",在将整个经济社会生活带入混乱状态的同时,
也使共和国的财税工作面临困局。不仅财政管理指挥体系大大削弱,财
政管理思想陷于混乱,国家财经纪律也受到严重践踏。为应对由此而引
致的不断增加的财政压力,财政管理体制的变动十分频繁。这种频繁变
动,既集中反映了那一时期所累积的财政压力的不断加大,也凸显了扮
演苦撑危局角色的共和国财税的特殊作用。因而,客观地看,这一时期
的财税,在保证国家最低限度的经常性开支、支持经济建设和工农业生
产、保持财政运行的相对稳态状况等方面,取得了一些明显的成就。同
时,也为此后的经济体制改革埋下了深刻的动因。

(五)1977～1993 年,即以"放权让利"为主调的改革时期

这是共和国财税走向市场化改革的起点。以 1978 年年末召开的党
的十一届三中全会为标志,中国跨入了改革开放的新时期。从分配领域
入手的经济体制改革,最初确定的主调,便是"放权让利"。通过"放权
让利"激发各方面的改革积极性,提高被传统经济体制几乎窒息掉了的

国民经济活力。而在改革初期,政府能够且真正放出的"权",主要是财政上的管理权。政府能够且真正让出的"利",主要是财政在国民收入分配格局中所占的份额。这一整体改革思路与财税体制自身的改革任务——由下放财权和财力入手,打破或改变"财权集中过度、分配统收统支,税种过于单一"的传统体制格局——相对接,便有了一系列的旨在为整体改革"铺路搭桥"的改革举措。

(六)1994~1997年,即踏上"制度创新"之路的改革时期

这是共和国财税体制改革思路的重大转折点。以"放权让利"为主调的改革,并从根本上撼动作为计划经济体制重要组成部分的传统财政体制,而且,以财政上的减收、增支为代价,也使财政收支运行自身陷入了不平衡的困难境地。如此的困难境况,很快让人们从改革最初成果的喜悦中冷静下来。意识到"放权让利"的改革不可持续,在这一思路上持续了十几年之久的财税改革自然要进行重大调整:由侧重于利益格局的调整转向新型体制的建立。恰好,1992年10月党的十四大正式确立了社会主义市场经济体制的改革目标,1993年11月召开的党的十四届三中全会又通过了《中共中央关于建立社会主义市场经济体制若干问题的决定》。于是,以建立适应社会主义市场经济的财税体制为着眼点,从1994年起,中国的财税体制改革踏上了制度创新之路。可以说,通过那次财税改革,为我们初步搭建起了适应社会主义市场经济体制的财税体制机制的基本框架。

(七)1998~2002年,即构建公共财政体制框架时期

这是共和国财税回归公共轨道的里程碑。1994年的财税改革,固然使中国财税体制走上了制度创新之路,但并没有解决问题的全部。因为,说到底,1994年财税改革所覆盖的,还只是体制内的政府收支,游离于体制之外的政府收支,则没有进入视野。而且,1994年财税改革所着

眼的,也主要是以税制为代表的财政收入一翼的制度变革,至于另一翼——财政支出的调整,虽有牵涉,但并未作为重点同步进行。与此同时,既得利益的掣肘加之财政增收的动因,也在一定程度上束缚了改革的手脚,使得一些做法带有明显的过渡性或变通性色彩。随着 1994 年财税改革成果的逐步释放,蕴涵在游离于体制之外的政府收支和财政支出一翼的各种矛盾,便日益充分地显露出来并演化为困扰国民收入分配和政府收支运行过程的"瓶颈"。于是,在 20 世纪 90 年代后期,以规范政府收支行为及其机制为主旨的"税费改革"和财政支出管理制度的改革,先后进入中国财税体制改革的重心地带并由此将改革带上了财税体制回归公共轨道之路——构建公共财政体制框架。

(八)2003 年至今,即进一步完善公共财政体制时期

这是共和国财税回归公共轨道后的体制完善期。正如社会主义市场经济体制要经历一个由构建到完善的跨越过程一样,伴随着以构建公共财政基本框架为核心的各项财税体制改革的稳步推进,财税体制改革也逐渐步入深水区而面临着进一步完善的任务。在时隔 5 年之后,2003 年 10 月,党的十六届三中全会召开并通过了《中共中央关于完善社会主义市场经济体制若干问题的决定》(以下简称《决定》)。在那次会议上以及那份重要文献中,根据公共财政体制框架已经初步建立的判断,提出了进一步健全和完善公共财政体制的战略目标。认识到完善的公共财政体制是完善的社会主义市场经济体制的一个重要组成部分,将完善公共财政体制放入完善社会主义市场经济体制的棋盘,从而在两者的密切联系中谋划进一步推进公共财政建设的方案,也就成了题中应有之义。以此为契机,中国的财税体制改革又开始了旨在进一步完善公共财政体制的一系列操作。

三

从为共和国财税奠基,到支撑社会主义工业化建设并初步形成"二元"的财税体制格局;从为建立适应计划经济体制的共和国财税体制而进行艰难的探索,到为顶住各方面的动荡压力而苦撑危局并频繁进行管理体制的调整;从主要着眼于为整体改革"铺路搭桥"而在财税上"放权让利",到走上制度创新之路、旨在建立新型的财税体制机制;从回归公共轨道的公共财政基本框架的构建,到在此之后围绕完善公共财政体制和公共财政体系而推出一系列动作,当我们大致把握了60年间中国财税改革与发展的基本轨迹之后,本书的篇章结构也就可随之确定下来:

全书分为上、中、下三篇,共安排了10章内容。

上篇包括第一至第四章,旨在考察前30年的共和国财税。

第一章讨论三年国民经济恢复时期的财税。这一章概括描述了新中国成立初期财政税收的奠基过程。由严峻的财政经济形势入手,分析国民经济恢复时期财经工作的任务和重心,揭示建立高度集中的财税体制的必要性并说明财税领域所实施的以统一财经工作、平衡财政收支、稳定金融物价为重点的一系列政策措施。在此基础上,指出了那一时期财税在推动实现国民经济的恢复和发展方面的重要作用,构成了这一章的基本线索。

第二章讨论第一个五年计划时期的财税。从重工业优先发展战略和"一五"计划的基本任务出发,先后讨论了为社会主义工业化筹资的财税制度选择、经济社会体制的"二元"化格局以及与此相适应的"二元"财税体制的形成、基于维持中央财政集中统一目的而进行的财税体制调整以及在超额完成"一五"计划过程中的财税作用等问题。

　　第三章讨论"大跃进"和五年调整时期的财税。这一章在全面建设社会主义的背景下,重点考察了适应计划经济体制的财税体制的探索过程。以行政性分权为核心而展开的改革中央计划经济体制的初次探索、"大跃进"期间的财税过度放权和由此带来的财政虚假问题、在反思"大跃进"基础上而进行的财税体制调整、国民经济调整过程中财政收支格局以及管理体制发生的重大转变等,先后进入了这一章的视野。

　　第四章讨论"文化大革命"时期的财税。以苦撑危局为主线,这一章从起伏不定的经济形势为入手处,全面描述了那一时期财税工作遭遇到的诸多困难。以此为背景,先后聚焦于逆境中推出的财税整顿措施和成效、基于支撑时局和综合平衡目的而进行的财政体制的频繁更易,以及改革大潮到来之前的全面整顿财税工作尝试。旨在说明,陷于"文化大革命"危局中的中国财税,在面临一系列前所未有压力的同时,也在事实上孕育了改革的生机。

　　中篇包括第五至第八章,旨在考察后 30 年的共和国财税。

　　第五章讨论改革初期发生在财税体制上的变化。在这一章中,财税体制被置于"放权让利"为主调的改革背景之下,详细描述了财税体制为"启动"经济体制改革而推出的若干举措以及所做出的"铺路搭桥"式的贡献。先后进入视野的有:旨在拉开整体经济改革序幕的财税"让利"举措、旨在调整中央与地方分配关系的"分灶吃饭"改革、旨在规范国家与企业分配关系的两步"利改税"、旨在推动改革开放进程的工商税制改革、旨在探索缓解财政困难之路的调整支出结构动作以及旨在打造财税体制基础的财会制度改革。

　　第六章讨论 1994 年的财税改革。重点在于说明,这是以制度创新为特点的、突破了以往"放权让利"思路束缚的根本性的变革。在这一次的财税改革中,中国财税体制及其运行机制发生的变化具有非同小可的特殊意义。它不仅为国家财政状况的根本好转打下了基础,而且,为我们搭起了社会主义市场经济体制条件下的财税体制机制的基本框架。

　　第七章的讨论扩展至 1998 年开始的以规范政府收支行为为主要着眼点的"税费改革"。并且,由此出发,先后讨论了作为宏观调控重要手段的财政政策取向的调整过程、为作为一个整体的财税体制改革勾画蓝图的 1998 年的全国财政工作会议、着眼于自身的各项预算管理制度改革、具有为公共财政建设添加驱动程序之效的加入 WTO 进程以及为打造社会保障营盘而推出的"两条社会保障线"举措。意在说明,在 1994年以后,中国财税体制的改革已经由收入一翼延伸至支出一翼,由专注于体制内收支扩展至体制外收支。并且,最终确立了财税体制改革的总体目标——构建公共财政基本框架。

　　第八章将讨论的视野聚焦于完善社会主义市场经济体制的宏观背景,以进一步完善公共财政体制和公共财政体系为线索,主要记录了我国在新一轮税制改革、财政支出方向调整、政府间财政体制改革以及财政管理体制改革等方面所取得的进步。这一章的重点在于说明,完善的社会主义市场经济体制与完善的公共财政体制相辅相成,血脉相连。将公共财政建设植根于完善的社会主义市场经济体制的土壤,在两者的密切联系中谋划公共财政建设的方案,是我们的一个当然选择。

　　下篇包括第九至第十章,旨在分析共和国财税 60 年的基本经验和基本规律并前瞻未来的共和国财税发展蓝图。

　　第九章在大致把握了共和国财政改革与发展的基本轨迹之后,以"全覆盖之路:公共财政的来龙去脉"为标题,着力于财税体制改革规律的揭示。并且,在此基础上,试图建立一个有关中国财税体制改革与发展的理论分析框架。主要讨论了三个问题:改革以来中国财税体制所发生的根本变化是什么?被很多人认做"新生"概念的公共财政的实质内容又是什么?作为改革目标的公共财政制度,具有怎样的基本特征?这一章实质是对前面八章内容的系统总结。

　　第十章勾勒了未来的中国财税改革与发展"路线图"。以"加快步入公共财政制度的新境界"为标识,重点讨论了如何进一步夯实公共财政建设的基础环境、进一步完善公共财政的制度框架、进一步健全公共财政运行机制和进一步扩大财政领域的国际交流与合作等四个方面的问题。意在指出,尽管我国公共财政制度的框架已经建立,但这个框架还只是初步的。通向完善的公共财政制度之路,还很漫长。要真正步入公共财政制度的新境界,我们还有诸多重要的事情要做。

四

以这样一本小书来概括共和国财税所走过的 60 年改革与发展历程,很难做到周全,错漏在所难免。无论从哪个方面看,共和国财税 60 年的基本轨迹、基本经验和基本规律的提炼和揭示,都是一个十分庞大的课题。我们自知,迄今为止,本书所完成的工作,还只能算是一次探索。

我们诚恳地期待着来自广大读者的批评指正。

高培勇

2009 年 8 月 25 日

上　篇

第一章

大局初定：国民经济恢复时期的财政与税收

1949年10月1日，毛泽东主席在天安门城楼上庄严宣告："中华人民共和国中央人民政府成立了！"一个饱经战火摧残、已是千疮百孔的旧中国从此开始了脱胎换骨的复兴过程，中国的历史翻开了全新的一页。

从1949年10月到1952年年底，既是我国新民主主义时期，也是国民经济恢复时期。根据党的七届二中全会决议和《中国人民政治协商会议共同纲领》，这一时期的基本任务有二：其一，继续完成民主革命阶段所遗留下来的任务，建立新民主主义经济制度，并通过新民主主义阶段逐步过渡到社会主义社会；其二，迅速恢复国民经济，为有计划的经济建设打下基础。

上述的任务具体落实到财政经济领域，其主要的体现是：筹集并支付巨额的军政费用，以消灭残余敌对势力、接收旧政权的人员和维持新政权的运转；治理通货膨胀和整顿生产生活秩序，尽快促进国民经济的恢复和发展，改善人民生活水平。

在中国共产党的正确领导下，新中国用了短短的3年时间，通过统一财经工作、平衡财政收支、稳定物价等政策措施，使国家摆脱了困扰多年的通货膨胀，工农业生产得以恢复和发展，人民生活水平得到改善，社会面貌焕然一新。

第一节　新中国成立前夕严峻的财政经济形势

一、百业凋敝的经济状况

旧中国的国民经济在帝国主义、封建主义和官僚资本主义的多重压迫之下，生产力水平非常落后，加上连年的战火，到 1949 年新中国成立之时，国民经济几乎处于崩溃的边缘。

（一）工农业生产遭到严重的破坏

据统计，与抗战前的最高年份相比，1949 年，农业产量下降了两成以上。其中粮食产量由 2774 亿斤减到 2162 亿斤，下降 22.1%；棉花由 1698 万担减到 889 万担，降低 48%。[①] 除了战火的摧残，1949 年严重的水灾使百姓的生活雪上加霜，1.2 亿亩土地受灾，4000 万人受灾，其中重灾区达 8000 万亩，亟待救济的灾民有 700 万之多。

在城市，工业产量降低了一半，其中重工业约下降 70%，轻工业下降 30%。1949 年 10 月，钢铁工业有 7 座平炉、22 座小电炉，生产能力所剩无几；发电设备总数仅剩 114.6 万千瓦左右。全部工业固定资产仅剩 124 亿元。[②] 由于生产破坏，大量企业停工倒闭，城市失业人口高达 400 多万人，相当于 1949 年年末全国在职职工人数的一半。[③]

（二）交通运输能力严重破坏，城市物资匮乏

新中国成立之初，约有上万公里铁路线路、3200 多座桥梁和 200 座隧道遭到严重破坏。尽管抢修公路 26284 公里，但到 1949 年年底，能通车的仍不到原有线路的 80%。华北海轮被全部劫走，上海留下可航驶的

[①] 柳随年、吴敢群主编：《中华人民共和国经济史简明教程》，高等教育出版社 1988 年版，第 8 页。

[②] 曾培炎主编：《中国投资建设五十年》，中国计划出版社 1999 年版，第 1 页。

[③] 董辅礽主编：《中华人民共和国经济史》（上），经济科学出版社 1999 年版，第 112 页。

海轮只有14.5万吨，仅相当于原有吨位的16.1%。交通运输能力的破坏，严重影响了全国货物的周转量，1949年货物周转量只有229.6亿吨公里，仅相当于战前最高水平的42.7%。[①]

交通阻梗，致使城乡物资交流不畅，城市物资匮乏。以上海为例，人民政府在接管上海时，米只够半个月食用，燃煤只够5~7天，私营纱厂存棉只够一个月之用。再加上内外反动势力的封锁、破坏和捣乱，投机资本盛行，物价飞涨，人民生活困苦不堪。

二、入不敷出的财政困境

（一）庞大的财政开支

为了消灭残余敌对势力，解放全中国，人民政府不得不支付规模庞大的军费开支，1949年的军费开支占到财政收入的一半以上。1950年10月，中国人民志愿军入朝参战，军费再次激增。

随着解放区的扩大，国家行政管理机构和行政人员也要相应增加。同时，人民政府对于一切不愿抵抗的旧军队和旧人员，采取包下来的政策，给予生活上的保障，亦是一笔沉重的负担。到1950年3月，连同老解放区在内，全国共有近900万军政公教人员。

除了规模庞大的军政支出外，国家还需要拨付大量的粮食、物资去救济灾民和失业工人等没有生活来源的群体，并且开展必要的经济恢复工作，如抢修铁路、兴修水利设施等等。

（二）财政收入增长缓慢

新中国成立前夕，解放区人民为了支援革命战争，解放全中国，已经是尽最大力量缴纳公粮，很难再有增税的空间。虽然新解放区的征粮征税工作在逐步开展，但是由于税源的破坏和经验不足，税收收入少而且征管不力，国家财政非常困难。

----

① 柳随年、吴敢群主编：《中华人民共和国经济史简明教程》，高等教育出版社1988年版，第8页。

（三）财政收支脱节

征收上来的公粮和税收，大都掌握在各个大行政区、省、市、县人民政府手里，中央难以确实掌握，而军政费用等大规模支出又由中央来承担。中央财政严重入不敷出，只能通过发行货币来应急，致使币值大跌，再加上内外反动势力的封锁、破坏和捣乱，物资供应紧张，物价猛涨。

第二节　国民经济恢复时期财经工作的任务与重心

新中国成立伊始，国家曾计划用三到五年的时间来恢复国民经济，把军费从占 1950 年预算支出的 43% 削减至 1953 年的 30%，剩余的 70% 用于经济建设、科教文卫和改善人民生活等方面。然而，朝鲜战争的爆发，打破了原有的计划，财经工作的重心不得不从稳定市场和恢复国民经济转移到国防军事上来。所以，在整个国民经济恢复时期，财经工作大致可以分为两个阶段：1949 年 10 月～1950 年 10 月为第一阶段，财经工作的任务和重心是"统一、调整"；1950 年 10 月～1952 年年底为第二阶段，财经工作的任务和重心是"边抗、边稳、边建"。

一、第一阶段财经工作的任务和重心：统一、调整

1951 年，陈云同志在回顾上一年财政经济工作时指出："去年我们做了很多工作，只有两个重点，一是统一，二是调整。统一是统一财经管理，调整是调整工商业。统一财经之后，物价稳定了，但东西卖不出去，后来就调整工商业，才使工商业好转。六月以前是统一，六月以后是调整。只此两事，天下大定。"[1]

---

① 《陈云文选》（1949—1956），人民出版社 1984 年版，第 138 页。

（一）统一全国财经工作

为了巩固新生政权，国家不得不在脆弱的经济基础上支付规模庞大的军政费用等支出。1949年全国财政收入为303亿斤粮食，支出则高达567亿斤粮食，赤字率为46.9%，"为了弥补赤字，暂时不能不依靠发行钞票"①。1949年7月人民币发行总额为2800亿元，9月为8100亿元，10月底为11000亿元，11月达到16000亿元，发行增加近5倍，致使币值大跌。②1949年4月到1950年2月，其间共有四次物价大幅波动。

政府对此采取了有力的措施：一方面迅速集中财力物力，打击投机资本，紧缩银根，制止物价猛涨势头；另一方面开始着手统一全国的财经工作。统一财经工作主要从以下三个方面着手：

1. 统一全国财政收支管理，税收制度、财政收支程序、供给工资标准、行政人员编制及全国总预决算，均由中央人民政府财政部编制

收入一翼：除地方附加公粮和批准的地方税外，全国各地所征收的公粮和税收均由中央政府统一调拨使用。公粮征收额（包括地方附加公粮征收额在内）、税则、税目、税率，统一由中央政府决定实施，地方政府不得增减变动。为了保证征税任务能够顺利完成，各大城市及各县人民政府必须委任最好的干部担任税务局长。

支出一翼：为了保证军队和地方政府的开支和恢复国民经济的必要投资，厉行节约原则，统一编制和供给标准，并严格执行预决算制度、审计会计制度和财政监察制度。

2. 统一全国物资管理，将所有重要物资纳入国家管理范围，如粮食、纱布、工业器材等，集中用于国家急需方面

1950年3月，成立全国仓库物资清理调配委员会，进行清查仓库，所有物资均归财经委员会统一调度、合理使用。这样一来，国家可以根据市场的供求状况及时调节市场供应，平稳物价。

---

① 《陈云文选》（1949—1956），人民出版社1984年版，第34页。
② 《陈云文选》（1949—1956），人民出版社1984年版，第29页。

3. 统一全国现金管理

1950 年 3 月，中央人民政府指定中国人民银行为国家现金调度的总机构。国家银行设立分支机构，代理国库。外汇牌价和外汇调度统一由人民银行管理，国营经济部门及各地机关申请外汇，统由中央财经委员会审核。一切军政机关和公营企业的现金，除若干近期使用者之外，一律存入国家银行。国家银行应尽可能吸收公私存款。国家通过统一现金管理，达到减少货币流通量的效果。

在多项政策的合力之下，1950 年 3 月份以后，物价基本保持稳定。国家只用了短短几个月时间，使广大人民迅速摆脱了多年恶性通货膨胀的困扰。

（二）调整工商业、调整税收负担

由于前期政策"刹车"过急，社会经济一时间发生"后仰"现象。从 1950 年 4 月开始，商品销售量大为减少，引发工厂停工，商店歇业。到了 5 月份，全国失业人口总额高达 110 多万人。[1] 另外，由于经验不足，在公粮和税收的征管过程中，也存在着畸轻畸重和逃税漏税等现象。为此，国家从 1950 年 6 月对财经工作进行了一系列的调整，到 9 月份基本结束。

1. 调整工商业

民族资本主义工商业界之所以出现困境，其根源在于，以通货膨胀和商业投机为主要内容的虚假购买力不复存在。为了使工商业界摆脱困境，国家通过调整公私关系、调整劳资关系、调整产销关系等措施，让私人工商业主获得正当利润，使之在国营经济的领导下为国民经济的恢复和发展服务，公私经济"各得其所"。

——调整公私关系。五种经济成分在国营经济的领导下，分工合作，各得其所。对于私营工业企业，国家根据需要，采取加工订货和产品收购，以及鼓励出口滞销产品等措施，使其能够维持生产和扩大再生产；对于私营商业企业，国家通过调整公私商业的经营范围和价格，使其有利可图，鼓励私商的积极性，从而促进商业畅通。另外，在金融和税收等方

---

[1] 项怀诚主编：《中国财政通史》（当代卷），中国财政经济出版社 2006 年版，第 10 页。

面，也给予私人工商业一定的照顾。

——调整劳资关系。在处理工人和资本家之间关系的问题上，必须确认工人阶级的民主权利，必须有利于生产的发展，劳资之间关系通过协商解决，如果协商不成，则由人民政府仲裁。根据这一原则，一方面责成资方改进经营，反对抽调资金、躺倒不干；另一方面要求工人努力提高劳动生产率，维持企业生产。

——调整产销关系。国家把私人工商业企业逐步纳入计划的调节范围，克服资本主义工商业在生产和经营中的无政府状态，力求产销平衡。

上述调整不仅对私人工商业克服困难，恢复生产和发展，活跃商品市场，起到了积极的作用，也为以后资本主义工商业的社会主义改造奠定了基础。

2. 调整税收负担

国家在保证财政需要的前提下，适当减轻民负。

二、第二阶段财经工作的任务与重心：边抗、边稳、边建

在抗美援朝时期，我国财政经济工作的方针是国防第一，稳定市场第二，其他各种投资性支出第三。这也就是后来的"边抗、边稳、边建"原则。之所以在财经工作上确定这样的先后顺序，其目的无非是减少财政收支赤字或尽可能少列赤字。

（一）迅速调整财政经济政策

随着中国人民志愿军入朝参战，军费开支骤增。为了贯彻中央的"边抗、边稳、边建"的方针，财政经济工作迅速做出一系列的调整：

1. 通过短期冻结贷款来控制货币流通量

自1950年10月，军费开支突然增加，社会上"重物轻币"的思潮重新开始蔓延，各机关、部队、团体也纷纷开始大量提款，抢购所需物资。据当时的估计，11、12月间的军费约增加4亿元，如果再加上各机关、部队、团体的提款，现金缺口将会达到6亿~7亿元，处理不好，势必会

引起金融危机。① 为此，从 1950 年 11 月 5 日起，国家决定冻结机关、部队、团体的存款，同时暂缓贷款收购农产品，冻结期为 1 个月，并将这笔存款全部抵作 1951 年的预算拨款。从而，避免了因应付提款和财政赤字而大量发行货币，同时也不必向国营贸易部门索回贷款，并支持了国营贸易部门尽快地恢复农产品收购，保障市场供应，制止了物价的上涨。

2. 通过提高税率和加强征管来增加财政收入

政府虽曾一度减轻了人民的税收负担，但出于抗美援朝保家卫国的需要，不得不适度增加了农业税和其他税收的负担。

比如，农业税收。1951 年 6 月，政务院规定老解放区（东北、内蒙古、华北、山东、陕北）仍然实行比例税率；新解放区尚未实行土改的地区实行累进税率，已实行土改的地区则实行缓进的累进税率，最高累进税率为 30%，最低为 5%。地方附加最高不超过 20%（原先规定为 15%）。1951 年 7 月，政务院决定追加农业税征收概算，比原概算增加 10%。再如，其他收入。1951 年 10 月，财政部规定酒和卷烟实行专卖。另外，开征契税，增加若干产品货物税和进口、出口税，在开征棉纱统销税的同时，还规定棉纱存货也要按照统销税税率来补交。

除了提高税率和开征新税种之外，政府还要求各级税务机关加大征管力度，努力收回偷、漏的税款。采取上述措施后，财政收入大幅增加。到 1951 年年底，财政收入共计 133.14 亿元，比 1950 年增加 1 倍以上。

3. 削减支出

在财政增收的同时，国家继续实行供给制和低薪制，削减军费以外的其他支出。除了与战争有直接关系的军工投资、对增加财政收入和稳定市场有直接帮助的投资外，一律削减。即便是军费支出，也要通过严格审核，如何用、用多少、什么时候用等等，一切都要做到有计划、有步骤地使用。

---

① 项怀诚主编：《中国财政 50 年》，中国财政经济出版社 1999 年版，第 86 页。

4. 实行棉纱统购统销和扩大城乡物资交流两项措施并举

为了应对战争所带来的财政困难，及其对经济运行可能造成的冲击，国家采取了统购统销和扩大物资交流两项措施。

5. 建立国营企业经济核算制度

新中国成立初期，从解放区继承过来的国营企业大部分是军需工业，以保障军需供给为目的，不重视经济核算。政务院于1951年4月做出了《关于1951年国营工业生产建设的决定》，把实行经济核算制作为加强工业经济管理、提高经营水平的基本原则。通过一系列的改革，国营企业为国家上缴了可观的利润。1950年，企业收入为8.69亿元，占财政收入的13.4%；1951年，企业收入达到30.45亿元，占财政收入的22.9%；到了1952年，企业收入增至57.27亿元，占财政收入比重上升至31.2%。[①]

（二）开展增产节约运动和"三反"、"五反"运动

为了支援抗美援朝战争，加快恢复国民经济，中共中央于1951年10月提出"精兵简政，增产节约"的方针，在全国开展爱国增产节约运动。与此同时，针对国家干部队伍中的"三害"（贪污、浪费和官僚主义）和私营工商业中的"五毒"（行贿、偷税漏税、盗骗国家财产、偷工减料、窃取国家经济情报）问题，展开了"三反"、"五反"运动。这些运动对减少国家财政流失和增加财政收入有着非常重要的意义。

据中央人民政府财政经济委员会统计，1952年全年增产节约总值为31778.9万元（以新币计价），其中增产11660.8万元，使国家获利2195万元（此数不包含中南地区和内蒙古）；降低生产成本约13712万元，节约流动资金6406万元。[②] 与此同时，1952年财政收入达到183.72亿元，比上年增加39.2%，财政支出为172.07亿元，较上年增加41.0%，当年

---

① 财政部办公厅编：《中华人民共和国财政史料》（第2辑），中国财政经济出版社1983年版，第422页。

② 中国社会科学院、中央档案馆编：《1949—1952中华人民共和国经济档案资料选编·工业卷》，中国物资出版社1996年版，第652页。

财政盈余 1.87 亿元。[①]

第三节　高度集中的财税体制的建立与调整

随着解放战争的推进，统一财经的工作也被提上了议事日程。首先是货币的统一，除东北外，人民币已经成为统一的货币；其次是税政统一，以及国营企业的生产计划、原料来源、产品推销，外销物资的采购、外汇使用的分配，内地贸易物资的调拨、物价管理等方面都已经实现统一。但就全局而言，财政经济工作仍然处于分散的状态，尤其是财政收支不平衡严重影响着新生政权的巩固和国民经济的恢复。

专栏 1.1　财政经济要统一管理

> 目前许多地区是新解放区，实行财政、税收、公粮、贸易及各主要经济管理部门的基本统一，在工作进度上是带跃进性的，一定有许多困难。但从客观情况看来，如不作基本统一，则困难程度、为害之烈将更大。其理由如下：
>
> （一）支出方面，五六百万主力部队与大行政区直属部队必须按月由中央（通过大行政区）开支的，其开支到今天为止主要靠货币发行。
>
> （二）收入方面，公粮、税收均在县、市、省的手里，收入的多寡迟早，中央无法确实掌握。而公粮变卖及现金税收，又恰恰是今后按月按季回笼货币的主要手段。
>
> （三）关内币制已统一，汇兑、交通已畅通，一遇金融、物价风潮，必然牵动全国，除东北外无一地区能自保。

[①] 赵梦涵：《新中国财政税收史纲（1927~2001）》，经济科学出版社 2002 年版，第 112 页。

> 　　根据上述分析，我们认为，实行统一所遇到的困难小，为害亦小；由不统一而来的金融、物价风潮的困难大，为害亦大。因此，克服统一中可能出现的小困难，避免由于不统一而产生的物价混乱等大困难。
>
> 　　　　资料来源：《陈云文选》（1949—1956），人民出版社1984年版，第48页。

　　1950年3月3日，在分析了统一全国财经工作的必要性和可能性之后，中央政府通过了《关于统一国家财政经济工作的决定》，建立起"高度集中、统收统支"的财税体制。这种"高度集中、统收统支"的财税体制，在实现财政收支平衡和恢复国民经济方面发挥积极作用的同时，也存在着统得过死的弊病，地方财政困难逐步显现。于是，又有了后来的"统一领导、分级管理"的财税体制。

一、预算政策与预算管理体制

（一）高度集中、统收统支的预算管理体制

　　根据《中国人民政治协商会议共同纲领》第四十条中"建立国家预决算制度，划分中央和地方的财政范围，逐步实现平衡财政收支，积累国家生产资金"的规定，中央人民政府于1949年12月2日批准财政部长薄一波所作的《关于1950年财政收支概算草案编成的报告》，并于12月27日下发《关于1949年财政决算及1950年预算编制的指示》。

　　由于当时全国财政经济工作尚未统一，概算草案中支出的大部分由中央人民政府承担，并且只能依靠增发货币，而公粮和税收则大部分由各区、省、市、县人民政府管理，财政收支不平衡和收支管理机关脱节的情形严重影响着国民经济的恢复工作。针对上述情况，政务院在《关于统一国家财政经济工作的决定》的基础上，于1950年3月24日通过《关于统一管理1950年度财政收支的决定》，规定不仅财政管理权限集中在

中央，如税收制度、财政收支程序、供给工资标准、行政人员编制及全国总预决算，均由中央人民政府财政部编制；财力也必须集中到中央，各项财政收支，除经中央批准的地方附加外，全部由中央政府调拨使用。

高度集中、统收统支的预算管理体制，对于国家迅速集中财力、平衡财政收支起到了积极的作用。1950 年第一季度，各大行政区上解中央的数字为全年上解数的 7.9%，中央补助地方的数字则为全年补助数的 43%，财政收支情势紧张；到了第二季度，各大行政区上解中央的数字为全年上解数的 39.9%，中央补助地方的数字下降为全年补助数的 14.7%；全年财政收入比原概算超收 31.7%，财政赤字率也由原概算估计的 18.7% 下降为 4.4%。①

相比之下，地方财力的机动性很小，② 主要有县人民政府征收的 5%～15% 的公粮附加、城市开征的城市附加和政教事业费，而这些机动财力无法满足地方财政的需要，地方财政的困难日益凸显。

（二）统一领导、分级管理的预算管理体制

随着国民经济形势趋于稳定，统收统支的财政管理体制逐渐暴露出许多弊病。在国家财政逐步好转的前提下，政府开始考虑解决地方财政困难的问题，决定改行"统一领导、分级管理"的财税体制。

1951 年 3 月 29 日，政务院在《关于 1951 年度财政收支系统划分决定》中正式提出"国家财政的收支系统，采取统一领导分级负责的方针"。其主要内容包括：

---

① 吴承明、董志凯主编：《中华人民共和国经济史（第一卷）：1949—1952》，中国财政经济出版社 2001 年版，第 350 页。

② 在建立统收统支的财政体制之时，国家就已经充分考虑到地方财力机动性大小的问题。《人民日报》在 1950 年 3 月 10 日的社论中指出："目前国家的财政收支非但不富裕，而且有赤字，可以机动使用的现金物资本来就很少。这微小的机动力量，如果不放在中央人民政府手里，而分散给全国各级地方政府，其后果必然是把这微小的机动力量，丧失无余。这正象作战一样，把机动兵力分散了，不是大吃败仗，就是难获全胜。允许层层级级机动，必然是全局不机动，大家不机动。"

1. 实行三级财政体制

全国财政收支分为中央、大区和省三级，大区和省级财政统称为地方财政。由中央就指定的收入及核准的各区预算，划一部分为大区的收支；大区根据中央划分的收支，按所属各省（市）具体情况，划分大区与省（市）的收支，并报中财委备案。专署和县（市）财政列入省财政内；县（市）所属乡村财政，单独编制预算，不列入省预算内。

2. 划分中央和地方的财政收支范围

在收入一翼，中央财政收入包括农业税（其中超收部分的50%归地方，来调动地方的积极性）、关税、盐税、中央企业收入、国家银行收入、内外债收入。地方财政收入包括屠宰税、契税、房地产税、特种消费行为税、使用牌照税、地方企业收入等。中央和地方按比例分成的收入包括货物税、工商税、印花税、交易税。在支出一翼，中央财政支出包括国防费、外交费。经济建设投资及事业费主要按隶属关系划分中央和地方支出范围。文教卫生、社会救济、行政管理费等按照管理系统来划分中央和地方支出范围。地方财政收支每年由中央核定一次，编入本年预算。如果上年结余超过预算数字，超额留下一部分给地方；如果没有完成预算数字，则由中央补助。

3. 整顿城市地方财政

1951年3月，政务院发布《关于进一步整理城市地方财政的决定》（以下简称《决定》），把原先以农村为中心的财政转变为以城市为中心的财政，把供给型财政转变为建设型财政。文件指出："城市地方某些必需的开支，应当予以保证，但因国家财力有限，不可能补助地方，必须争取自给。平衡城市地方财政收支的原则，应当根据地方必须举办的事业与人民负担能力，努力组织收入，保证必要支出，反对铺张浪费。"[①] 在这一《决定》指示下，各大城市积极举办一些轻工业和市营企业，增加地方财

---

① 《政务院关于进一步整理城市地方财政的决定》，载财政部综合计划司编：《中华人民共和国财政史料》（第1辑），中国财政经济出版社1982年版，第53页。

政收入，而不再仅限于地方附加税来满足地方财政开支。到 1952 年年底，地方预算外资金达到 12.53 亿元，其中主要是市营企业的收入。①

与 1950 年统收统支的预算管理体制相比较，由收支两条线改为收支挂钩，地方有了自己的收支范围，对调动地方征税的积极性有一定的激励效应。但总体而言，绝大部分财政资金仍集中于中央，地方的财权和财力依然很小。

二、税收政策与税收管理体制

在解放战争中，由于时间紧迫，政府还没来得及在新解放区建立起较为完整的征税制度和充足的人员配备，只能是在废除苛捐杂税的基础上，暂时沿用旧税法，接管旧机构，任用旧人员，而老解放区则仍然延续各个革命根据地自己单独制定的税收制度。这势必造成新老解放区之间税制不统一和城乡税负不平衡等诸多问题，与新中国统一之后的形势是极不适应的。

（一）统一全国税政

1949 年 11 月 24 日至 12 月 9 日，新中国首届税务工作会议在北京召开，草拟了《全国税政实施要则》。1950 年 1 月 30 日，政务院正式颁布《全国税政实施要则》，其立法精神在于：依据合理负担原则，适当地平衡城乡负担；迅速整理各地的税收制度，尽快建立统一税制。

1. 税收立法权限

凡属全国性的税收条例法令，统一由中央人民政府政务院制定并颁布实施，各地不得自行修改和变动。凡属全国性的各种税收条例的实施细则，由中央税务机关统一制定，经财政部批准施行。各大区税务管理局根据中央颁布的税法原则精神，制定征收办法，报大区财政部批准施行。

凡地方性税收立法，属县范围者，报省人民政府转报大区人民政府或军政委员会核准，并报中央备案；凡省（市）范围者，报大区人民政府

① 项怀诚主编：《中国财政通史》（当代卷），中国财政经济出版社 2006 年版，第 18 页。

或军政委员会转报中央核准。

2. 税制结构

国家根据五种经济成分并存、私营工商业大量存在的情况，按照"公私兼顾，劳资两利，城乡互助，内外交流"的原则，决定实行多税种多次征的复合税制。除农业税外，共设计了 14 个税种，即货物税、工商业税、盐税、关税、薪给报酬所得税、存款利息所得税、印花税、遗产税、交易税、屠宰税、房产税、地产税、特种消费行为税、使用牌照税等。

城市的主体税种有三个：货物税、工商业税和所得税，其中货物税和工商业税是以产品和行业的不同设计税率，所得税是以所得收入为准，税率的设计与产品和行业无关。

3. 公私企业一律纳税

公私企业适用同一套税制，但是在征管过程中实行"区别对待，繁简不同"的办法，对带有社会主义性质的国营企业和合作社采取鼓励扶持的态度，对资本主义工商业，则体现国家利用和限制并重的政策。

4. 税收管理体制

全国各级税务机关接受上级税务局和同级政府的双重领导，税务局长须参加同级政府的政务会议。

（二）新税制的调整和完善

从 1950 年 6 月起，国家出台一系列政策来调整工商业，其中包括税制的调整，然而税制调整所涉及的范围不仅限于工商税制，还包括农业税和盐税等。调整税收的原则是：巩固财政收支平衡、照顾生产的恢复和发展，即在保证国家财政需要的前提下，适当减轻民负。

在工商税制上有：（1）减少税种和税目，将《全国税政实施要则》规定的地产税和房产税合为一个税种，暂不开征薪给报酬所得税和遗产税，税种减至 11 种。货物税的税目由 1136 种减为 358 种，印花税税目从 30 个改为 25 个。（2）降低税率，多数税种的税率调低，个别调高。（3）区别不同情况，简化纳税办法和手续。

在农业税制上有：（1）只向农业正产物征税，对农村副业和牲畜免税。（2）正税负担率从原来的平均17%下降至13%。（3）以常年应产量为征收标准，超过应产量部分不加税。（4）区别不同的阶层，规定不同的税率，依律征收。（5）凡是不经过市场交易直接成交的，一律不征收交易税。农民销售家庭手工业品和农副产品，一律不征收行商税（即临时商业税）。

上述措施的出台，减轻了民众的税收负担，私人工商业产销两旺，承担税负的能力明显增强。以当时全国十大城市私营工商业税收收入的增长情况为例，1950年第三季度和第四季度分别比当年第一季度增加了90%和80%，① 税制调整带来的积极效果可见一斑。

到了1951年，国民经济得到迅速的恢复和发展。税收不仅肩负着保证收支平衡、积累建设资金的繁重任务，而且在利用、限制和改造资本主义方面也发挥重要作用。这就要求从制度建设、组织建设和加强征管等方面，进一步加强税收工作。为此，国家从1950年年底开始，颁布了一系列有关工商各税的税法条例和征收办法。1952年对《新解放区农业税暂行条例》做了修订和改进，并同时颁布《受灾农户农业税减免办法》。

简而言之，新中国通过统一税政，建立新税制，并在实践中不断加以调整和完善，确立了一套适应新形势下国民经济发展需要的税收制度。

三、国营企业财务管理体制

新中国成立之后，国家通过没收官僚资本、继承解放区公营经济以及其他途径，建立了能够控制国家经济命脉的国有经济，由中央和地方政府直接经营，称为国营经济。②

---

① 柳随年、吴敢群主编：《中国社会主义经济史简明教程》，高等教育出版社1988年版，第37页。
② 吴承明、董志凯主编：《中华人民共和国经济史（第一卷）：1949—1952》，中国财政经济出版社2001年版，第186页。

国家所有、国家经营是计划经济时期国营企业的基本特征，国家以行政指令的方式，将国营企业置于其直接管理之下。国家掌握着国营企业领导的任免权，决定着企业的投资和发展，包括企业的生产经营范围、工资分配等政策。国营企业的经营利润和固定资产折旧基金都必须上缴政府，由政府统一使用，企业新增投资亦来自国家预算或银行信贷拨款，国营企业自身并没有多少自主权。

（一）国家与国营企业之间的关系

1. 实行经济核算制度

政务院于 1951 年 4 月做出了《关于 1951 年国营工业生产建设的决定》，把实行经济核算制作为加强工业经济管理、提高经营水平的基本原则。该决定规定：国营企业必须从实施经济核算制入手，实行计划管理；确定每个企业必要的固定资产与流动资金；实行独立会计制，建立与人民银行的往来关系；建立购销合同制；实行企业奖励基金制度。凡条件未具备的要创造条件，已经初步实行经济核算制的企业，应把经济核算制贯彻到车间。[①]

2. 国营企业折旧基金分配制度

为了把有限的资金集中用于国家最需要的建设事业，1952 年 2 月 29 日，中财委颁布的《1952 年度国营企业提交折旧基金办法》明确规定：（1）企业提取的基本折旧基金，按月解交国家金库，用以保证在国家范围内进行固定资产重置；提取的大修理折旧基金，按月交由本企业在人民银行开设的专户保存，用以保证本企业的固定资产按期大修。（2）固定资产残值收入，扣除清理费用后，全部解交金库，或转作零星基本建设基金。

为简化手续，财政部曾于 1952 年 12 月 12 日颁布了《国营企业财务收支计划编审办法》，确定将企业的利润、基本折旧基金、基本建设支

---

① 吴承明、董志凯主编：《中华人民共和国经济史（第一卷）：1949—1952》，中国财政经济出版社 2001 年版，第 207 页。

出、流动资金增减等实行相互抵拨。抵拨后不足的部分由预算拨款；多余部分向预算交款。这种抵拨办法实施不久，便因为企业普遍反映执行困难（企业资金调度不及时，即资金的需要和利润的实现不能相适应）而很快停止实施。[①]

3. 国营企业奖励基金制度

为了发挥企业和职工的积极性，中财委于 1952 年 1 月 15 日颁布的《国营企业提用企业奖励基金制度的暂行办法》规定：

——提奖的办法和条件：凡是完成国家下达的生产、销售、财务等计划的企业，均可按照不同行业依次从计划利润中提取 5%（一类企业）、3.5%（二类企业）和 2.5%（三类企业）；从超额利润中提取 20%（一类企业）、15%（二类企业）和 12%（三类企业）作为企业的奖励基金。提取奖励基金的总额不能超过企业全年工资总额的 15%。主管部门可以集中一部分奖励基金。

——奖励基金的使用范围：发给先进工作者、劳动模范个人及先进单位集体的奖金；职工特殊困难救济；集体福利事业，如新建、扩建、改善职工宿舍、医院、托儿所等。

（二）各级政府对国营企业归属权的"条块"关系

整个国民经济恢复时期，中央和地方政府在处理国营企业归属权的问题上，基本与整个财政体制的改革是同步的，大体亦可以分为两个阶段：

其一，"统一财经"时期国营企业的归属关系。在新中国成立前后，除了金融和铁路系统的管理权归中央政府外，其余国营企业均归地方政府经营管理。到了 1950 年 3 月，"统一财经"的主要内容之一是，统一全国的物资管理，这必然就涉及全国商贸企业的统一管理。中央在原各大区、省、市、自治区贸易公司和没收的官僚资本商业的基础上，建立粮食、百货等门类诸多的全国性专业总公司，由中央人民政府贸易

---

① 财政部工业交通财务司编：《中华人民共和国财政史料》（第 5 辑），中国财政经济出版社 1985 年版，第 18 页。

部直接领导。

对原属地方政府的国营零售公司，其资金由贸易部统一拨给。利润按"二八"分成，80%上缴中央，20%留归地方，但必须用于发展零售商业。公司的人事由地方政府负责，但经营方针、业务范围、零售价格和审核零售商店的设置计划均由贸易部管理。

对国营工矿和其他企业，国家实行"条块结合、分级管理"的原则，把工业企业分为三大类：第一，中央政府所属企业；第二，中央政府委托地方政府代管企业，这类企业的投资、收益和亏损均由中央负责，其经营方针、主管人员的任免及物资的调拨分配，也由中央负责；第三，地方政府所属企业。一般来说，规模较大或重要的企业都由中央主管部门管理，小型企业则划归地方政府管理。

其二，"分级管理"时期国营企业的归属关系。如上所述，在"统一财经"阶段，中央和地方划分国营企业的管理权限时，过于强调企业规模的因素，导致地方不敢再办大企业，担心中央会再拿走。为此，国家在扩大地方政府权限的时候，明确了地方国营工业的发展方向和经营范围，主要是有丰富的地方资源可利用的轻工业、小型生产资料企业和地方公用事业。

在地方政府依赖自己的积累资金发展工业的前提之下，中央对地方进行下列帮助：中央政府有余的生产资料，可依据地方的基本建设计划划拨地方工业建设之用，由地方按年向中央缴纳折旧费，或作为中央对地方的投资；中央各主管工业部对地方工业作技术上的指导与帮助；贸易部门和银行在可能的范围内对地方工业加以扶植；地方国营企业在一定时期内解除上解国库的任务，以供地方工业扩大再生产之用；建立地方工业的领导系统，加强对地方工业的领导和帮助。

另外，中央允许地方政府向当地国营零售公司投资，投资额不得超过50%，盈亏按投资比例分摊。管理上，中央只掌管经营方针、业务范围、价格标准和报表制度四项，其他均由地方政府负责。1952年5月，贸易部规定，各大城市的国营信托投资公司允许地方政府投资，地方投资部分的利润归地方政府所有和使用，中央贸易部只负责经营方针和业务范围。

第四节 从紧的财税政策与财政经济运行状况

一、从紧的财税政策的实施

如上文所述，由于我国在 1949 年的财政赤字率高达 46.9%，不得不通过发行货币来弥补收支缺口，致使币值大跌，从 1949 年 4 月到 1950 年 2 月共有四次物价大幅波动。有了这次经验教训，国家本着增收节支，把量出为入和量入为出原则紧密地结合起来，力求财政收支平衡。因为一旦财政出现收不抵支，只有借债和发行货币两种渠道。虽然可以向外借款或发行公债，但是规模有限，而且难度较大；若是发行货币，则危害更大，在物价上能够立即显现出来。所以，唯一的解决办法就是保持财政收支平衡，一方面仍然要求人民承担相对较重的"胜利负担"；另一方面严格控制各项支出，尽可能不列或少列赤字。通俗地说，就是"对支出用'削萝卜'的办法，对收入用'挤牛奶'的办法"①。

据中央人民政府财政部统计，在 1950 年，"3 月份财政赤字比 2 月份减少 71.8%，到了 4 月份收支接近平衡"②。1950 年全年的财政赤字只有 2.89 亿元，大大低于原概算估计的 12.79 亿元。到了 1951 年，财政收支盈余 10.65 亿元，1952 年继续盈余 7.73 亿元（详见表 1.1），而这两年财政盈余是在我国每年需要支付规模庞大的军事支出的情况下取得的，尤为不易。

---

① 《陈云文选》（1949—1956），人民出版社 1984 年版，第 114 页。
② 《中华人民共和国经济大事记》编选组编：《中华人民共和国经济大事记：1949 年 10 月—1984 年 9 月》，北京出版社 1985 年版，第 13、15 页。

表 1.1　1950～1952 年国家财政收支

单位：亿元

年度	国家财政收入总计	国家财政支出总计	差额
1950	65.19	68.08	-2.89
1951	133.14	122.49	+10.65
1952	183.72	175.99	+7.73

资料来源：财政部办公厅编：《中华人民共和国财政史料》（第 2 辑），中国财政经济出版社 1983 年版，第 419 页。

（一）财政支出规模和结构

如表 1.2 所示，国防战备费在 1950、1951 两年中占财政支出比重均高于 40%，占各项支出的第一位。这是由我国当时所处环境所决定的，既要肃清国内残余敌对势力，解放全中国；又要参与朝鲜战争，保家卫国。没有战争的胜利，一切都无从谈起，但是军费开支并不是有多少就用多少的"包用"办法。如何用，用多用少，用迟用早，要详加审核，而不是"报销"完事，要做到有计划有步骤地使用财政资金，能省则省。

表 1.2　1950～1952 年国家财政支出构成

单位：亿元

年度	国防战备费		行政管理费		经济建设支出		社会文教支出		其他支出	
	总额	比重（%）	总额	比重（%）	总额	比重（%）	总额	比重（%）	总额	比重（%）
1950	28.01	41.1	13.13	19.3	17.36	22.5	7.55	11.1	2.03	3.0
1951	52.64	43.0	17.45	14.2	35.11	28.7	13.44	11.0	3.85	3.1
1952	57.84	32.9	15.49	8.8	73.23	41.6	21.11	12.0	8.32	4.7

注：本表所列示的其他支出含债务支出在内。

资料来源：财政部办公厅编：《中华人民共和国财政史料》（第 2 辑），中国财政经济出版社 1983 年版，第 437、440 页。

1952 年，当抗美援朝战局趋于稳定时，国家及时调整财政工作的重点和支出结构为"财经工作的重点，应在不放松收入的条件下，转向管理支出；在不放松财政、金融和市场管理的条件下，转向工业、农业、交通等方面"①。编制 1952 年预算时，把建设放到第一位，军事为第二位，行政为第三位。②

在诸多支出项目中，经济建设支出无疑是增长速度最快的，这表明我国在担负沉重的国防任务时，仍然有相当的财力用于国民经济恢复和发展。在经济建设中有 70% 左右是用于基础设施的恢复和建设，主要投资于交通通讯、水利设施和工业建设等事关国计民生的行业和项目。

3 年中，用于交通、运输、邮电业的投资占基本建设总投资的 22.69%，居各项经济建设支出的首位，其中又以铁路建设为典型。1950 年，铁路建设投资 2071 万元；1951 年，计划投资 1.86 亿元，实际投资 1.93 亿元，为 1950 年的 931.2%；1952 年，计划投资 1.85 亿元，实际投资 1.69 亿元，为 1950 年 815.6%。国家经济建设的第二个重点是水利设施的建设，3 年中，全国农林水利投资总额为 10.3 亿元，占基本建设投资总额的 13.14%。③

（二）财政收入水平和结构

从表 1.3 中可见，在农业税收占全部财政收入的比重不断下降的同时，企业收入的比重持续上升。农业税收占全部财政收入的比重从 1950 年的近 30%，逐步下降到 1952 年的不足 15%；同期，企业税收则从不足 14% 上升至略高于 30%。而工商税收等收入的比重维持在一个相对稳定的水平。

---

① 《陈云文选》（1949—1956），人民出版社 1984 年版，第 157 页。

② 《关于 1951 年度国家预算的执行情况及 1952 年度国家预算草案编成的报告》，载财政部办公厅编：《中华人民共和国财政史料》（第 2 辑），中国财政经济出版社 1983 年版，第 21 页。

③ 吴承明、董志凯主编：《中华人民共和国经济史（第一卷）：1949—1952》，中国财政经济出版社 2001 年版，第 441、442、478 页。

表1.3 1950～1952年国家财政收入构成

单位：亿元

年度	农业税收		工商税收		企业收入		债务收入		其他收入	
	总额	比重（%）	总额	比重（%）	总额	比重（%）	总额	比重（%）	总额	比重（%）
1950	19.1	29.3	23.6	36.2	8.69	13.4	3.02	4.6	4.5	6.9
1951	21.7	16.3	47.5	35.6	30.54	22.9	8.18	6.2	13.29	10.0
1952	27.0	14.7	61.5	33.5	57.27	31.2	9.78	5.3	18.98	10.3

资料来源：《中国统计年鉴》（1984）。

1. 农业税收的负担水平

农业税收的占比不断下降，并不意味着农民对国家的贡献在下降，而是国家财政从以农村为中心向以城市为中心转变过程中的必然，是在农民为革命事业和解放战争做出了巨大贡献之后，国家适当减轻农民的负担。国家一方面降低农业税的计征税率（后来因朝鲜战争的爆发又有所增加），另一方面按常年应产量收，做到"增产不增税"，极大地鼓励了农民的生产积极性。新中国成立初期农业税收的负担水平详见表1.4。

表1.4 全国农业税负担情况表

年度	1949	1950	1951	1952
农业人口（万人）	44726	46059	47626	49191
耕地面积（万亩）	146822	150534	155507	161878
实际产量（粮，亿斤）	1847.1	2195.4	2493.2	2924.2
计税产量（亿斤）	1809.6	1860	2090.4	2347.2
计税产量占实际产量（%）	97.97	84.72	83.84	81.19
实征税额（粮，亿斤）	248.5	269.7	361.5	357.8
税额占计征产量的比重（%）	13.7	14.5	17.3	15.1
税额占实际产量的比重（%）	13.5	12.3	14.5	12.2
人均农业税（市斤）	56	59	76	73
亩均农业税（市斤）	17	18	23	22

资料来源：中华人民共和国财政部《中国农民负担史》编委会：《中国农民负担史》（第4卷），中国财政经济出版社1994年版，第119页。

2. 企业收入上缴

在国家财政收入中，1950 年，企业收入为 8.69 亿元，只占全部财政收入的 13.4%；1951 年分别上升至 30.54 亿元和 22.9%；到了 1952 年，企业收入增至 52.57 亿元，是 1950 年的 6 倍之多，占全部财政收入的比重达到 31.2%。这意味着，国营企业以及其他社会主义性质的企业在国民经济中扮演着越来越重要的作用，其经济实力和财政贡献正在逐步上升。

3. 工商业税收

国家要求各级党政部门把完成税收任务视为一个严重的政治任务来对待，确保顺利完成任务。1949 年，全国城市工商业税收仅为农业税收的 34.02%；1950 年，这一比重上升为 109.30%；到了 1951 年，更是升至 185.30%。如此大幅度的税收增长，主要是得益于税收征管的加强。原国民政府的税制是"三三四"制，即当时政府真正能够掌控的税收收入只有应收收入的 30%，另外税务人员和其他政府官员中饱私囊占了 30%，资本家偷逃税款占了 40%。而新中国通过建立严格的稽征管理制度，组织群众协税护税等措施，把原国民政府收不上来的税收应收尽收。当时部分资本家说新中国的税务人员是"三不通"：一不通人情；二不通贿赂；三不通上下。这生动地说明了当时税务人员廉洁奉公的优良作风，确保国家税收收入及时足额入库。

二、国民经济的迅速恢复和发展

旧中国的国民经济，在帝国主义、封建主义和官僚资本主义的多重压迫之下，生产力水平非常落后，加之连年的战火，国民经济几乎处于崩溃的边缘。新中国成立之后，接踵而来的朝鲜战争，使得中国再次承受了巨大的牺牲和消耗。然而，伟大的中国人民，在中国共产党的正确领导之下，齐心协力，艰苦创业，只用了短短的 3 年时间，工农业生产得以恢复和发展，人民生活水平得到改善，社会面貌焕然一新，实现了国民经济的恢复和发展，主要体现在以下几个方面：

（一）物价稳定，人民生活得到保证

财政收支平衡带来的直接效果就是"由通货贬值而来的物价高涨因素，已经不存在了。……1950 年 3 月以后，国内市场的性质已经改变，官僚资本操纵下的以投机和破坏国民经济为目的的市场，已经基本改变为在国营经济领导下的以服务于人民生活与恢复及发展生产为目的的市场了"①。

在 1950 年 3 月之后，物价基本保持稳定。全国批发物价指数，以 1950 年 3 月为 100，则同年 12 月为 85.4，1951 年 9 月为 101.3，1951 年 12 月为 100.3，1952 年 6 月为 95.2。全国零售商品的价格指数，以 1950 年为 100，1951 年为 112.2，1952 年为 121.1。物价稳定，尤其是粮食、日用品等价格稳定，使广大人民群众从恶性通货膨胀的恐慌中解脱出来，使其对人民币充满信心。老百姓不再竞相争购实物，而是把钱存到银行，使银行存款激增，到 1952 年年底，全国存款比 1949 年年底增加了 76.5 倍之多。②

（二）工农业生产的恢复和发展，人民生活水平改善

3 年恢复时期，在党和人民政府的正确领导下，我国在恢复和发展工农业生产方面取得巨大成就，到 1952 年年底，我国工农业生产均创历史最高水平。

1. 农业生产的恢复和发展

得益于土地改革的胜利完成、大规模的农田水利设施建设、农业生产技术的改进和提高农产品收购价格等多方面积极因素，我国农业生产迅速得到恢复和发展，并超过历史最高水平。例如，1952 年农业生产总值达 484.0 亿元，比 1949 年增加 48.4%，比解放前的最高水平增长了 18.5%；粮食产量达 16392 万吨，棉花产量达 130.4 万吨，分别比 1949 年增加

---

① 陈云：《中华人民共和国过去一年财政和经济工作的状况》，载《人民日报》1950 年 10 月 1 日。

② 董辅礽主编：《中华人民共和国经济史》（上），经济科学出版社 1999 年版，第 109 ~ 110 页。

44.8% 和 193.7%，比解放前的最高水平分别增长了 9.3% 和 53%。①

在发展生产的基础上，农民的收入水平和购买力也得到了较大幅度的增长。如表 1.5 所示，1952 年农民货币收入 127.9 亿元，较 1949 年增加了 86.7%；同期农民消费品购买力为 117.5 亿元，较 1949 年增长了 79.9%。农民的生活水平有了明显的改善和提高。

表 1.5　1949～1952 年农民货币收入和消费品购买力增长情况

项目	1949	1950	1951	1952
农民净货币收入（亿元）	68.5	87.4	111.4	127.9
以 1949 年为 100	100	127.6	162.6	186.7
农民人均净货币收入（元）	14.9	18.7	23.6	26.8
以 1949 年为 100	100	125.5	158.4	179.8
农民消费品购买力（亿元）	65.3	80.7	102.1	117.5
以 1949 年为 100	100	123.6	156.4	179.9
农民人均消费品购买力（元）	14.2	17.3	21.6	24.6
以 1949 年为 100	100	121.8	152.1	173.6

资料来源：董志凯：《1949～1952 年中国经济分析》，中国社会科学出版社 1996 年版，第 319 页。

2. 工业生产的恢复与发展

1952 年工业生产总值达 343 亿元，比 1949 年增长 144.9%，年均增长 34.8%，其中现代工业达 220.5 亿元，年均增长 40.7%。同期，各种主要工业产品的产量也有较大幅度增长，绝大多数超过新中国成立前的历史最高水平。

在工业生产恢复的同时，城市就业人数不断增加，职工生活水平有所提高。1952 年全国职工人数已达 1603 万人，较 1949 年增加了 794 万人。不仅就业人数不断增加，职工工资水平也有较大幅度增加，1952 年，全国各地区职工的平均工资比 1949 年增加了 60%～120%，已经达到或超过

————————

① 国家统计局：《光辉的三十五年》，中国统计出版社 1983 年版，第 51～60 页。

抗日战争以前的水平。① 相应地，城市居民的购买力水平和生活水平都有一定程度的增长。据调查，1936 年，全国每一职工（包括家属在内，下同）平均消费额为 140 元左右（按 1957 年物价计算，下同），1952 年增加到了 189.5 元，增长了 35% 左右。②

（三）国民经济结构发生重大变化

在短短的 3 年时间里，我国国民经济得到迅速恢复和发展的同时，国民经济结构也发生重大变化。国营经济日益壮大，在整个国民经济中占据领导地位。工业在国民经济中的比重显著提高，并且原来十分薄弱的重工业和现代工业也得到一定程度的增长。

1. 国营经济日益壮大

新中国成立以后，通过没收官僚资本、处理帝国主义在华企业、投资新建国营企业等措施，国营经济迅速壮大，确立了其对国民经济的领导地位。在工业方面，国营工业占工业总产值的比重由 1949 年的 26.2% 上升至 41.5%；在商业方面，国营及合作社商业在批发总额中由 1950 年的 23.8% 增至 1952 年的 63.2%，在零售总额中由 1950 年的 16.4% 增至 1952 年的 42%。在 1952 年，国营企业在外贸、金融、铁路运输等方面基本上占据绝对优势地位。

2. 工业在国民经济中的比重有显著提高

工业总产值从 1949 年的 140 亿元，上升为 1952 年的 349 亿元，占同时期社会总产值的比重也从 25.1% 上升至 34.4%。同时，工业结构也发生重大变化，现代工业占工业总产值的比重从 1949 年的 56.4% 增至 1952 年的 64.2%，同时期重工业由 26.4% 上升为 35.5%。

（四）文化、教育、卫生事业有了较快发展

在新中国成立初期，财政经济面临重重困难之时，国家仍然非常重视文化、教育和卫生事业的发展，人民健康水平逐步提高。

---

① 董辅礽主编：《中华人民共和国经济史》（上），经济科学出版社1999年版，第112页。
② 国家统计局：《伟大的十年》，人民出版社1959年版，第188页。

在文教领域，各级学校教育规模有了大幅度提高，1952年小学生在校人数比1949年增加了109.5%，中等学校在校人数增加了148%，高等学校在校人数增加了63.2%。另外，国家还大力发展业余教育和举办群众性扫盲活动。

在卫生事业方面，我国医疗条件有了明显改善，1952年医院和疗养院的病床数比1949年增长了114.7%，其中妇幼保健方面发展更快。多年来困扰广大人民群众的天花、霍乱、鼠疫等烈性传染病也基本上得到控制。人民的健康水平普遍有所提高。

第五节 小结

新中国通过统一财经工作、平衡财政收支、稳定金融物价等政策措施，建立了一套适应新形势下国民经济发展需要的财经制度，并在实践中不断加以调整和完善，使人民摆脱了恶性通货膨胀的困扰，为生产生活秩序的正常化提供了强有力的制度保障。不仅实现了国民经济的恢复和发展，也为我国后来的经济发展和社会主义改造提供了条件。

本章参考文献

1. 财政部办公厅编：《中华人民共和国财政史料》（第2辑），中国财政经济出版社1983年版。

2. 财政部综合计划司编：《中华人民共和国财政史料》（第1辑），中国财政经济出版社1982年版。

3. 财政部工业交通财务司编：《中华人民共和国财政史料》（第5辑），中国财政经济出版社1985年版。

4.《陈云文选》（1949—1956），人民出版社1984年版。

5.《当代中国财政》编辑部：《中国社会主义财政史参考资料（1949—1985)》，中国财政经济出版社1990年版。

6. 董辅礽主编：《中华人民共和国经济史》（上），经济科学出版社1999年版。

7. 董志凯：《1949~1952年中国经济分析》，中国社会科学出版社1996年版。

8. 高培勇主编：《中国财税体制改革30年研究》，经济管理出版社2008年版。

9. 国家统计局：《伟大的十年》，人民出版社1959年版。

10. 国家统计局：《中国统计年鉴》（1981），中国统计出版社1981年版。

11. 国家统计局：《光辉的三十五年》，中国统计出版社1983年版。

12. 柳随年、吴敢群主编：《中华人民共和国经济史简明教程》，高等教育出版社1988年版。

13. 项怀诚主编：《中国财政通史》（当代卷），中国财政经济出版社2006年版。

14. 吴承明、董志凯主编：《中华人民共和国经济史（第一卷）：1949—1952》，中国财政经济出版社2001年版。

15. 赵梦涵：《新中国财政税收史纲（1927~2001）》，经济科学出版社2002年版。

16. 曾培炎主编：《中国投资建设五十年》，中国计划出版社1999年版。

17. 中华人民共和国财政部《中国农民负担史》编委会：《中国农民负担史》（第4卷），中国财政经济出版社1994年版。

18. 中国社会科学院、中央档案馆编：《1949~1952中华人民共和国经济档案资料选编·财政卷》，经济管理出版社1995年版。

19. 中国社会科学院、中央档案馆编：《1949~1952中华人民共和国经济档案资料选编·工业卷》，中国物资出版社1996年版。

20.《中华人民共和国经济大事记》编选组编：《中华人民共和国经济大事记：1949年10月—1984年9月》，北京出版社1985年版。

第二章

宏伟蓝图：为社会主义工业化奠基的财政与税收

从 1953 年至 1957 年，既是我国发展国民经济的第一个五年计划时期，亦是生产关系上的社会主义改造时期。在尽快实现国家工业化的战略下，"一五"计划确立了重工业优先发展的方针，初步奠定了我国社会主义工业化的基础。

财税体制，作为整个计划经济体制的核心组成部分，担负了为工业化筹集资金和促进社会主义改造的双重任务：其一，在"一五"计划时期，国家财政集中的收入占国民收入的 32.7%，为工业化筹集资金高达 1241.75 亿元；① 其二，以所有制性质分界，对不同所有制的单位和部门给予不同的财政税收待遇，从而把财税政策作为发展和壮大国有制经济、削弱乃至消灭私有制经济的得力手段。

可以说，正是从这时起，在我国逐步形成了与"二元"的经济社会体制相适应的"二元"的财政税收体制。

---

① 项怀诚主编：《中国财政通史》（当代卷），中国财政经济出版社 2006 年版，第 27 页。

第一节　制度背景：重工业优先发展战略与
"一五"计划的基本任务

早在新中国成立之初，毛泽东就曾指出：我们国家在政治上已经独立，但要做到完全独立，还必须实现国家工业化。[①] 新中国成立伊始，国民经济尚需一个恢复过程，至于我国应该走什么样的工业化道路，尚停留在探讨阶段。到了1951年2月，情况发生了改变。中共中央鉴于国民经济有所好转和朝鲜战场局势开始扭转，根据毛泽东提出的"三年准备、十年计划经济建设"的指示精神，指定周恩来、陈云等人负责编制"一五"计划。从1951年试编的第一稿到1955年7月30日全国人民代表大会第二次会议正式通过《关于发展国民经济的第一个五年计划》，共历时四年，五易其稿。"一五"计划的编制过程，既是重工业优先发展战略的抉择过程，又是我国确立社会主义计划经济体制的过程。

一、重工业优先发展战略与计划经济体制的内在逻辑

（一）起点：重工业优先发展战略的确立

在"一五"计划编制之初，编制者们面临着一个根本问题："把一个经济落后的农业大国逐步建设成为工业国，从何起步？"[②] 从晚清到新中国成立前，我国的轻工业有了一定程度的发展，重工业则严重滞后，也没有一个强大的国防工业。这同我国作为一个大国的地位，显然极不相称。朝鲜战争爆发以后，以美国为首的西方资本主义国家对我国采取了全面封锁的政策，这使得我国建立一个独立工业体系的愿望更加强烈。若是没有

---

① 庞松：《毛泽东时代的中国（1949—1976）》（一），中共党史出版社2003年版，第310页。
② 薄一波：《若干重大决策与事件的回顾》（上），中共党史出版社2008年版，第204页。

重工业的发展，一个独立的工业体系是无从谈起的。正如薄一波所说："没有机器制造业，发展轻工业的装备从哪里来？没有钢铁等基础工业，机械制造的原材料从哪里来？没有能源和交通运输，整个经济又怎么运转？仰赖进口吗？办不到。一是我们没钱，二是西方资本主义国家对我们实行禁运和封锁。"[①]

经过深入讨论和反复权衡，中央做出了优先发展重工业的战略决策。这一战略在确立以后不断强化，最终上升为过渡时期的总路线和总任务，即要在一个相当长的时期内，基本实现国家工业化和对农业、手工业和资本主义工商业的社会主义改造，简称"一化三改"。原先预计要在三个五年计划内实现过渡时期总路线所提出的任务，但在实践中却只用了 3 年时间，加上国民经济恢复时期也不到 7 年时间。我国之所以在这么短时间内完成社会主义改造，其根本原因，在于优先发展重工业所造成的形势压力，国家需要尽快将全部的经济活动都纳入计划的控制范围之内，以便集中尽可能多的生产要素用于工业建设。[②]

（二）计划经济体制形成的内在逻辑

那么，新中国何以会采取这一以公有制为主体的计划经济体制呢？一般认为，要在严峻的国内外形势和资源极度稀缺的情况下求得民族自立和国家生存，优先发展重工业、培养中国经济的自我积累能力，处在列强封锁包围中的新中国只能做此选择。

林毅夫、蔡昉、李周从新中国成立之初面临的这一历史境遇及其比较优势出发，解释了公有制和计划经济体制在中国的起源。[③] 重工业作为资本密集型产业具有三个基本特征：（1）建设周期长；（2）在发展早期，大部分设备需要从国外进口；（3）初始投资规模巨大。

---

① 薄一波：《若干重大决策与事件的回顾》（上），中共党史出版社 2008 年版，第 204 页。
② 朱佳木：《由新民主主义向社会主义的提前过渡与优先发展重工业的战略选择》，载《当代中国史研究》2004 年第 5 期。
③ 林毅夫、蔡昉、李周：《论中国经济改革的渐进式道路》，载《经济研究》1993 年第 9 期。林毅夫、蔡昉、李周：《充分信息与国有企业改革》，上海三联书店、上海人民出版社 1997 年版。

然而，当时我国的基本国情是：（1）资金十分稀缺，资金的价格或利率高昂；（2）可供出口的产品少，外汇短缺，由市场决定的汇率水平非常高；（3）经济剩余少，资金动员能力弱。很显然，在当时的国情之下，依靠市场化机制是不可能实现国家重工业化的，唯一可替代的选择就是，国家通过高度集中的计划经济体制，运用行政权力配置社会资源。

在这样的条件下，计划经济体制就成为新中国成立初期确立的重工业优先发展战略之内生性制度安排，它的三大方面，即扭曲的宏观政策环境、高度集权的资源配置制度和毫无自主权的微观经营机制是三位一体、相辅相成的。其中，重工业优先发展是既定的战略目标。为此，以压低利率、汇率和资本品价格、工资和消费品价格为主要内容的宏观政策环境是关键，为了维护这一扭曲的价格体系，使资源和经济剩余流向被政府置于优先发展目标中的重工业部门，才诱致出集中分配资源的计划体制和毫无自主权的微观经营机制。

从中国当时的情形来看，虽然不能说重工业优先发展战略唯一地决定了社会主义计划经济体制的实施，但是这一战略无疑强化了对计划体制的需求，或者说，为实施计划型经济体制提供了一个颇为现实的理由。不难发现，自从第一个社会主义国家苏联通过实行计划经济和优先发展重工业以来，其后相继成立的大大小小的其他社会主义阵营成员，无不步其后尘。这与各社会主义国家建立前的实际国情有着密不可分的关系。

与革命导师的设想有所不同的是，社会主义革命不是在生产力高度发达的资本主义国家最先取得胜利，而是在贫穷落后的小农经济国家率先实现的；特别是在苏联、中国这些依靠内部力量走上社会主义道路的国家，社会主义革命并非由社会化大生产所导致的资本和贫困的两极积累所引发，而是在民族独立与民主革命的双重压力下产生的。在这些国家里，革命前都面临着经济凋敝、政治独裁、缺乏工业基础、贫富差距巨大的局面，也正是这些社会矛盾的激化引发了共产党夺权的社会主义革命。然而，革命胜利后，如何建设社会主义，对新生的政权成了一个问题。在马克思、恩格斯的经典著作里，几乎没有提及这个问题。第一个社会主义国家苏联，率先走上了优先发展重工业的道路，并由于在 1929～1933 年资本主义世界经济大危机期间的优良经济表现，而成为后来者纷纷效仿和苏联积极向外输出的经济发展模式。

新中国成立后所继承的工业化基础，比苏联还要落后。而且，还面临着比苏联更为严酷的外部封锁。我们当时面对的形势是：国民党政权留下了长达 12 年的恶性通货膨胀，物价飞涨，民族工业奄奄一息，工人大量失业，部队仍在前线扫清残敌，开支浩大，而各地财税政策尚不统一，收入组织缓慢，新生的国家政权还不巩固。[1] 这种局面激发了治国者发展工业的决心。在国有制的产权安排下，国家权力机构是国有财产的当然代表，从而合法地占有和支配社会稀缺资源，这是生存于战争阴影之下的政权，在缺少外援的情况下，尽快实现富国强兵梦的捷径。这一战略也符合当时的人才结构：处于经济建设主要岗位的多为缺乏经济管理经验的军人阶层，中国的各大行政区最初也依照军区来设置。中国共产党自土地革命以来"运用大搞群众运动的方法"所取得的一系列胜利，包括解决农民土地问题、战争问题，以及农业、手工业和资本主义工商业的社会主义改造等，使决策者相信，依靠大搞群众运动的方式，必定也能够取得经济建设的胜利。[2] 因此，中央计划与优先发展重工业，在很大程度上也可以说是社会主义政权所继承的战时经验。

专栏 2.1　计划经济体制形成的内在逻辑

> 中国传统经济体制的形成，是从选择重工业优先发展作为起点的，包括三大组成部分：扭曲的宏观政策环境；高度集中的资源计划配置制度；缺乏自主权的微观经营体制。

---

[1] 高培勇、温来成：《市场化进程中的中国财政运行机制》，中国人民大学出版社 2001 年版，第 27 页。

[2] 薄一波：《若干重大决策与历史事件的回顾》（下），中共党史出版社 2008 年版，第 507～508 页。

第二章　宏伟蓝图：为社会主义工业化奠基的财政与税收

从上述三大组成部分的内在逻辑以及功能来看，重工业优先发展是既定的战略目标。为此，压低利率、汇率和资本品价格、工资和消费品价格为主要内容的宏观政策环境是关键，为了维护这一扭曲的价格体系，使资源和经济剩余流向被政府置于优先发展目标的重工业部门，才诱致出集中分配资源的计划体制和毫无自主权的微观经营体制。

体制形成的背景	经济体制的组成部分	经济后果	
重工业优先发展战略	扭曲的宏观环境 低利率政策 低汇率政策 低投入品价格政策 低工资政策 低生活必需品价格政策	资源计划配置制度	产业结构失衡
资本稀缺的农业经济		国有工业企业和人民公社	技术效率低下和劳动激励不足

资料来源：蔡昉、林毅夫：《中国经济》，财政经济出版社2003年版，第14页。

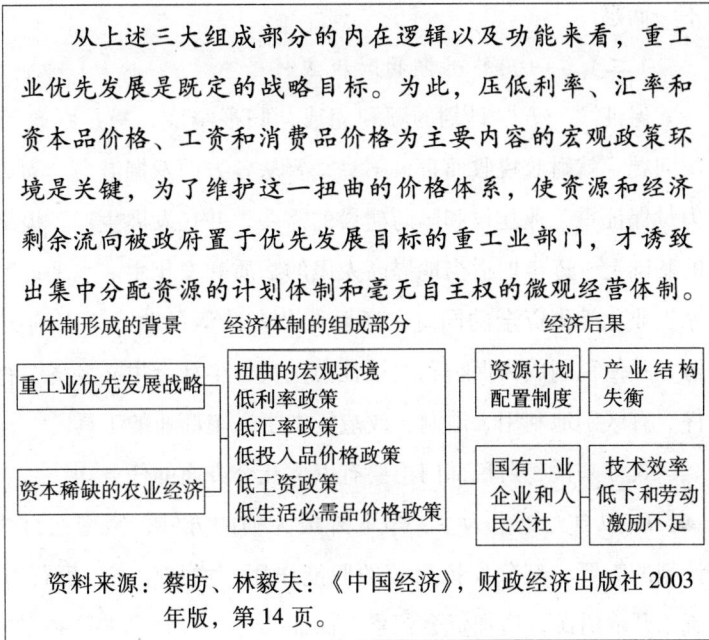

二、"一五"时期国家建设的基本任务与财税工作

（一）"一五"时期国家建设的基本任务

"一五"计划时期，国家建设的基本任务是：集中主要力量进行以苏联援助的156个项目为中心，由限额以上的694个建设项目组成的工业建设，建立我国社会主义工业化的初步基础，对重工业和轻工业进行技术改造；用现代化的生产技术装备农业；生产现代化的武器，加强国防建设；不断增加农业和工业消费品的生产，保证人民生活水平的不断提高。

为了实现上述目标，国家计划基本建设投资额5年合计427.4亿元，占财政总支出的55.8%。其中，用于工业基本建设投资148.5亿元，占投资总额的58.2%。要求工业总产值增长98.3%，平均每年递增14.7%，其中，生产资料平均年增长17.8%，消费资料生产年均增长12.4%。此外，还有铁路、公路和水上运输重点工程建设；重点工业城市建设等等，

37

不一而足。

（二）"一五"时期的财税工作

保证"一五"计划的顺利完成，归根结底，一是财政问题，二是组织问题。就财政税收而言，第一，要从各方面发掘潜力，动员资金，集中力量保证重工业建设和国防建设的需要，并在发展生产、提高劳动生产率的基础上，逐步地适当地提高人民的物质和文化生活水平；第二，在为国家工业化筹集资金的同时，还要调节各阶级的收入，以利于巩固工农联盟，并使税制成为保护和发展社会主义、半社会主义经济，有步骤、有条件、有区别地利用、限制、改造资本主义工商业的工具。

具体来说，财税部门主要有以下几个方面的任务。[①]

1. 以自力更生为主，争取外援为辅的方针，紧密结合执行"一五"计划的需要，充分发挥财政的职能作用，增加生产，厉行节约，扩大交流，开辟财源，增加资金积累，保证"一五"计划的顺利完成。

2. 根据形势变化，不断改进调整财政管理体制和财政税收工作，搞好从中央到地方的财政收支预算，加强企业财务和基本建设的财务管理，强化经济核算制度，提高投资效益。

3. 发挥财政税收的杠杆作用，促进国民经济的协调发展，推动三大改造的完成。调节社会各阶级、阶层的收入，调动人民生产的积极性，促进社会生产力的提高。

4. 在经济发展、财政收入增加的同时，正确处理积累和消费的关系，发展文教卫生事业，逐步提高人民的物质文化水平。

5. 从全局需要出发，合理安排资金的投向，确保国家重点建设，加强国防、兼顾一般，使国民经济协调健康发展。

---

① 参见赵梦涵：《新中国财政税收史论纲（1927—2001）》，经济科学出版社 2002 年版，第 137～138 页。

第二节　制度选择：经济社会体制的二元化格局

新中国成立伊始，国家就通过官僚资本国有化运动而一举消灭了中国资本主义经济的主要部分，随后，又通过对民族资本的赎买政策和对农业、手工业和资本主义工商业的社会主义改造，将所有的经济成分都纳入了公有制（主要表现为国家所有制，下同）经济的轨道，从而造就了国有制为绝对主导的经济结构。与此同时，国家通过计划定价和统购统销政策，将绝大部分的农业剩余转移到城市的国有工商业部门来实现。通过实施严格的城乡户籍制度，限制农村人口向城市流动，以保证以城市为中心的低工资、低物价、低消费和高积累、高福利、高增长体制的顺利运转。在此基础上，国家开始实施了长达几十年的不同所有制区别对待、城乡分治、重积累轻消费的二元经济体制格局。

在这一背景下，作为整个社会经济社会体制一个重要组成部分的财政税收体制，也不可避免地表现出二元化特征。这主要表现在财税待遇的所有制差异、城乡差异以及财政向生产建设领域倾斜等几个方面。

一、所有制差异

计划体制下的财政收支活动，主要在国有部门系统内部完成。至于非国有部门，则或是流离于财政的覆盖范围之外，或是位于财政覆盖范围的边缘地带。做如此的选择，其可能的原因，大致有如下两点：

其一，聚集生产建设资金的需要。

当一个社会存在着多种所有制，尤其当非社会主义性质的所有制大量存在时，国家是不可能将全部的经济资源整合起来的。国家为了达到财政收入最大化的目的，唯一的办法就是实行国有化和集体化。在进行社会主义改造的过程中，国家设计了一套特殊的财政收入机制来满足生产建设的需要。这套特殊的财政收入机制是通过农副产品的统购统销制度、城市职工八级工资制度以及国有企业利税制度来保障实施的。

先看农副产品的统购统销制。按照 1953 年颁布的《关于实行粮食的计划统购和计划供应的命令》，农民剩余的农副产品，必须按照国家规定的相对偏低的价格标准统一卖给国有商业部门。国有商业部门所执行的统购价格同市场价格（影子价格）的差价，事实上是国家对农民所创造的社会产品的分配进行"必要扣除"。农民除了直接缴纳少量的公粮并负担一些附着于消费价格中的间接税之外，其主要的纳税渠道，就是当时实行的农副产品统购统销制度。通过这一渠道，政府不仅控制了货币流向农民的"闸门"，更为重要的是，随着低价农副产品销往城市，工业原材料投入成本因此直接降低，城市居民亦因此获得实物福利（生活费用降低）并间接降低了工业的劳务投入成本。

再看城市职工八级工资制度。农产品低价统购统销政策，并没有增加城市居民的实际可支配收入。因为国家通过严格的工资管制，达到压缩消费、促进积累的目的。按照 1956 年颁布的《国营企业、事业和机关工资等级制度》，政府有权统一掌管城市职工工资标准、统一组织城市职工工资调配。城市职工，除了担负一些附着于消费价格中的间接税之外，其主要的纳税渠道，就是当时实行的八级工资制。通过这一渠道，政府不仅控制了货币流向城市职工的"闸门"，而且，随着城市职工工资水平的人为降低，工业的劳务投入成本又一次被降低了。

在工业的原材料投入和劳务投入被人为降低的同时，工业品实行计划价格制度，而且工业品的计划价格长期偏高于农副产品的统购价格，即工农产品的"剪刀差"。于是，在低成本和高售价的基础上，工业部门获得了较高的利润。

最后看重利轻税的国有企业利税制度。

在国有制为主导的经济体制中，作为财政收入的具体形式：税收和利润，就好比两个相通的"水龙头"，哪个好用就用哪个。相比较而言，利润上交比向企业征税方便多了。

在国民经济恢复和社会主义改造时期，国家还比较重视税收，不仅将其视为积累国家经济建设的重要途径，而且还注意发挥税收的调节作用，支持国民经济恢复。到了1956年，在社会主义制度建立之后，国家和企业之间的分配已经成为同一所有制内部的事情，无论是征税，还是收利润，都不会改变和影响同属全民所有制、彼此都姓公的事实。所以，公有制内部的分配可以不通过也无须通过税收来进行。于是，1958年便在部分城市推行"利税合一"的试点，试图取消税收。其结果虽然失败了，但"非税论"的影响并没有就此消除。不久，便以另一种形式——过分简化税制——表现出来。税收在财政收入以及国民经济中的地位和作用，均处于下降趋势。

综合上述诸多环节，这一特殊的财政收入机制如图2.1所示：

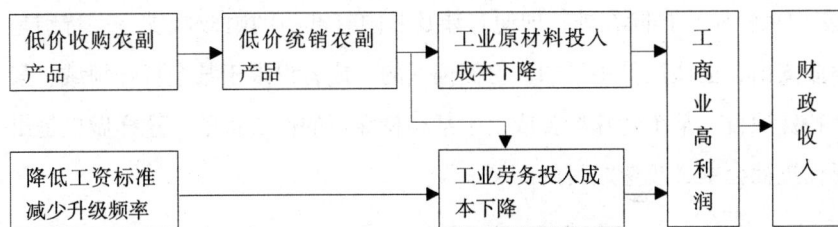

图2.1　传统体制下特殊的财政收入机制

不过，这种"以利代税"的收入机制的维持和正常运转，还需要以下两大机制作为制度支撑：

——国营企业利润全额上缴制度。在国营企业取得高利润的基础上，国家财政对这部分利润实行统收统支的管理制度，即企业创造的利润基本上缴财政。从1950~1978年，国家财政管理体制、国营企业财务管理体制虽然多次调整，但仅限于边际调整，这一特殊财政收入机制的基础条件之一未发生大的变化。

——国营企业固定资产折旧上缴财政。从经济性质上讲，固定资产折旧，原本是企业用于维持简单再生产的必要扣除，但在计划体制下，企业固定资产折旧亦由财政集中。

其二，社会主义改造的需要。

社会主义执政党在夺取国家政权之前就已经公开宣称要实现公有产权这一目标。在革命胜利并且完成过渡之后，既定的政治组织按自己的意愿建立起国有制应是题中应有之义。因此，在经典社会主义体制下，或者是国家所有制（包括近似国家所有制、集体所有制）占主导地位；或者至少在关键领域，即整个经济的制高点应该由国家所有制占据支配地位。

此外，当生产资料国有化之后，国家必须安排福利性支出，给民众提供维持劳动力生产和再生产所必需的生活资料，因此，民众对于国家福利性支出的需求和国家的供给能力之间形成巨大的矛盾。在受财力有限的情况下，国家根据所有制差异实行区别对待，一方面继续为国有经济单位（集中在城市）的职工提供无所不包的福利政策；另一方面把非国有部门（集中在农村）排除在外，即便有涉及非国有部门的财政收支——特别是财政支出，也往往是小量的、份额偏低的，或者仅限于某个特殊领域、某个特殊项目、某个特殊场合或出于某种特殊目的而安排的。这样做也是出于促进社会主义改造之目的。

二、城乡差异

在全能主义国家观的指导下，政府包揽了生产、投资乃至消费，覆盖了包括政府、企业、家庭在内几乎所有部门的职能，个人也同时丧失了大部分经济上的自主权，不得不依赖于政府的福利性支出，来维持劳动力的生产和再生产。

国家财政为城镇职工建立了"从摇篮到坟墓"的社会保障体系，国营企业职工的住房、医疗、退休金等虽由企业支付，但在财政统收统支的体制下，与财政支付无异。至于事业行政单位职工福利，则直接由财政支付。然而，这种无所不包的福利支出，却不是人人都可以享有的。同是一国的国民，同属于一国政府管辖下的农村居民，却没有享受到与城市居民同等的服务，因为这些福利都是附着在城市居民户口本上的。

1958 年全国人大常委会通过《中华人民共和国户口登记条例》，从此开始了城乡分隔的历史。政府一方面通过财政、工农产品价格剪刀差和农产品统购统销政策限制了农民的收入，保证农业剩余尽可能地输往城市和工商业；另一方面通过严格的户籍制度，限制农村人口向城市的迁移，保证城市能够减轻人口负荷成本高效率运转。

户口在确立城乡身份差异的同时，也界定了不同的人群有着不同的权利结构，即政府以行政手段来界定个人的权利界限，规定谁可以享受国家提供的"公共物品"，或者是谁不可以享受这些公共物品。[①] 虽然国家也有用于农业、农村和农民的"三农"支出，但是，且不说它所占的份额极小，就连称谓上也被贴上了特殊的标签——"支援"农业支出，而在中国人的语境中，"支援"一词，可以理解为非分内之事，可做可不做，可多做，也可少做，或者，有余力多做，没余力少做。

即便在城市居民内部，就业于不同单位的人，往往因各单位之间在资源、地位、声望等方面的差异而被赋予不同单位工作人员的身份；就业于同一单位的人，以档案编制区分一个人是干部身份还是工人身份，进而根据身份的不同来确定福利待遇的不同。究其缘由，是因为当时的福利制度只在国有经济内部进行封闭运作，一个国有单位的财政贡献越大（主要表现在上缴利税的多少），其可能获取的经济资源就越多，相应地，本单位干部职工福利待遇就可能更优越。

在巨大的国家福利性支出需求与其实际供给能力之间的矛盾面前，通过这种强制交易和权利分割的二元结构来维持低工资、低物价、低消费和高积累、高福利、高增长的体制运转，可以说是社会主义计划经济体制为了实现重工业优先发展的目标不得不做出的选择。

三、侧重生产建设的财政结构

"一五"期间通过上述一系列政策所形成的二元化经济体制结构，最

---

① 王小卫：《宪政经济学——探索市场经济的游戏规则》，立信会计出版社 2006 年版，第 96～97 页。

根本的目的是要通过将全社会的经济剩余集中到便于控制的城市国有经济体系内，以服务于社会主义工业化的资金之需。这样，财政支出就可以围绕国家经济建设的重点来安排资金。

（一）"大而宽"的财政支出格局

由于国家以政治力量统合了社会领域的方方面面，以致湮没了企业和个人在经济社会领域的私人空间，原本属于微观经济个体的私人决策，诸如消费、储蓄、投资等等，统统纳入国家财政范围，形成一个"大而宽"的财政支出格局。国家除了负责满足从国家安全、行政管理、公安司法到环境保护、文化教育、基础科研、卫生保健等方面的公共需要，负责进行能源、资源、通信和江河治理等一系列社会公共基础设施和非竞争性基础产业的投资之外，还要承担为国有企业供应经济性资金、扩大再生产以及弥补亏损的责任，甚至为国有企业所担负的诸如职工住房、医疗服务、子弟学校、幼儿园和其他属于集体福利设施的投资提供补贴等等。

国家之所以选择"大而宽"的财政支出格局，并非哪一个人或哪一批人主观臆想的结果，而是国家要把个人消费等非生产性支出压缩到最低限度，进而将尽可能多的资源用于国家工业化建设的需要。文献考察表明，1956 年以后，城市职工经常性的工资升级便被中止，在此后的 20 多年里，仅有个别年份有小范围、小幅度的工资升级工作。在农村，若按 1952 年不变价格计算，1953～1980 年的各个五年计划时期，农民人均实际收入不超过 60 元。无论城镇职工收入增长水平，还是农民收入增长水平，都与同期投资增长率相距甚远。正是在这个意义上，整个计划经济时期的财政称之为"生产建设型财政"，它的基础正是在"一五"时期为社会主义工业化筹资的过程中形成的。

（二）国家代替企业成为社会投资主体

在计划经济体制之下，企业的生产决策均须听命于政府的计划安排，企业自身基本没有投资权，亦不具备扩大再生产的能力。企业的经营利润和固定资产折旧都必须上缴国家，由财政统一使用，企业新增投资亦来自于国家财政或银行信贷的拨款。

1. 基本建设拨款

基本建设拨款是国家预算无偿拨付给各部门、各单位用于固定资产扩大再生产的款项，用于固定资产的新建、改建、扩建和恢复等。在整个计划经济时期，基本建设投资基本上是以国家预算拨款为主，在1953～1978年间，国家预算内投资占基建投资总额的79.4%，国家预算专项资金占4.5%，企业和部门的自筹资金占16.1%。[1]

我国1956～1978年基本建设拨款居整个财政支出之首，通常占国家财政支出的40%（如图2.2所示）。高额的基本建设拨款支出，对国家财

单位：%

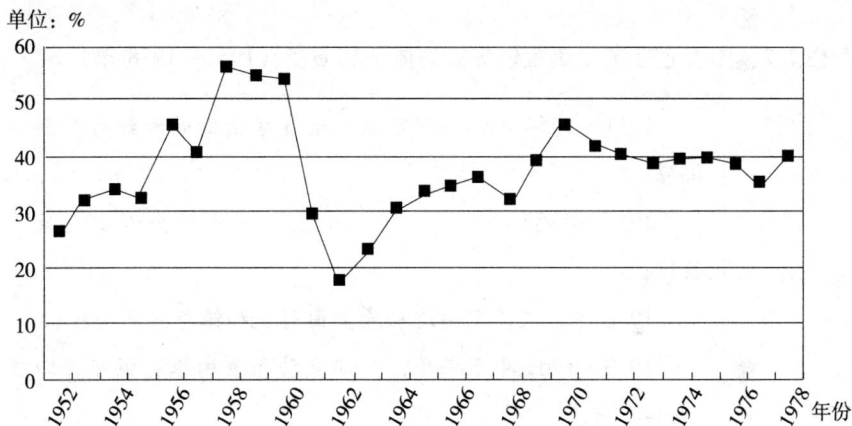

图2.2　基本建设拨款支出占财政支出的比重

资料来源：《中国统计年鉴》（1991）。

政收支以及整个国民经济运行产生决定性影响。在有的年份，甚至出现先确定基建盘子再安排其他财政支出的反常现象。财政对各部门、地区、单位基本建设拨款的多少，在很大程度上决定着该部门、地区和单位的经济发展速度、规模和结构。不过值得指出的是，在"一五"期间，我国的基

---

[1]　中国人民建设银行总行编：《中华人民共和国财政史料》（第6辑），中国财政经济出版社1987年版，第8页。

建规模还是比较适当的，优先发展重工业，并没有置其他事业于不顾。正是在执行优先发展重工业方针的前提下，适当地安排了农业、轻工业和其他事业的发展，"一五"计划才取得了巨大成就和良好的经济社会效益。[①]

2. 企业流动资金

除了基建拨款之外，国家还必须为国营企业提供流动资金，用于购买原材料等劳动对象、支付工资和其他生产费用的资金。当时的流动资金，分为定额流动资金和非定额流动资金，前者通常由财政部门定期核定、无偿拨付；后者几经变革，主要由银行信贷方式供应。由此形成的流动资金支出，往往占到国家财政支出的 20%。[②]

专栏 2.2　国有企业流动资金供应管理体制的演变（1951～1978 年）

> 1951～1954 年，实行定额流动资金由财政和银行分别供应；
>
> 1955～1957 年，自有流动资金计划定额全部由财政供应；
>
> 1958 年，恢复定额流动资金由财政和银行分别供应；
>
> 1959～1961 年下半年，全部流动资金由银行供应，即"全额信贷"；
>
> 1962～1965 年，定额流动资金全部由财政供应；
>
> 1966～1971 年，在核定流动资金占用额内，由财政和银行分别供应；
>
> 1972～1978 年，恢复定额流动资金全部由财政供应。
>
> 资料来源：高培勇、温来成：《市场化进程中的中国财政运行机制》，中国人民大学出版社 2001 年版，第 6～7 页。

---

① 薄一波：《若干重大决策与事件的回顾》（上），中共党史出版社 2008 年版，第 206～207 页。

② 高培勇、温来成：《市场化进程中的中国财政运行机制》，中国人民大学出版社 2001 年版，第 6 页。

当国家代替了企业的角色，成为社会的投资主体之后，凡是国家资金在筹集、分配、周转和使用过程中发生的一系列经济关系，都纳入综合财政计划的范畴。所谓综合财政计划包括以下三个环节：国家预算（即一般意义上的财政）、国家银行信贷和国有企业财务。上述三者在理论上有各自相对独立的活动领域，然而在实践中却是高度的"三位一体"，若是三者没有处理好平衡关系，出了问题，最后只能由国家预算（即一般意义上的财政）来承担。[①] 在实践中，国营企业往往会采取挪用流动资金、增加银行信贷和借了钱长期不还等办法，来弥补财政拨款的不足（详见专栏 2.3）。这样做，财政变相向银行透支，迫使银行多发钱，结果是财政收支的虚假、假平衡、真赤字。

专栏2.3　"财政可以说没有钱，银行不能说没有钱"

　　我们问：中央早有指示，财政资金和信贷资金要划清界限，"桥归桥，路归路"，企业亏损，物资盘亏，定额流动资金不足，你们为什么不向党委、政府反映，叫财政出钱呢？他们说，事情不这么简单。

　　"财政和银行不同。财政是统一领导，分级管理的，各级有各级的收入与支出，支出超过收入要出现赤字，地方肩上有担子。银行是全国统一的，好像一汪汪水，上下划不开，贷款指标不够了就向总行要，地方肩上没担子。这样，地方（特别是专、县），对财政和对银行的态度自然不那么一样。"

　　他们说："多数情况是这样：财政部门同企业或事业单位到党委打官司，财政部门容易赢；银行同企业到党委打官司，企业容易赢（这里所说的赢，不是有没有理，而是给不给钱）。财政有一条最有力的理由是：收入只有那

① 李成瑞：《财政、信贷与国民经济的综合平衡》，人民出版社1982年版，第65、75页。

么多，再用就发生赤字了。地方不愿有赤字，财政容易得
到党委的支持。银行贷款超过计划，银行对不合理的贷款
提出意见，党委的回答总是这两句话：'银行有理，照例
给钱。'要维持生产，要发工资，钱还得贷——总之，财
政可以说没有钱，银行不能说没有钱，反正你是个发票子
的地方。"

资料来源：李成瑞：《财政、信贷与国民经济的综合平衡》，
人民出版社1982年版，第108～109页。

第三节　财税任务的顺利实现：以高度
集中的计划体制为前提

　　"一五"时期的财税体制，是在新中国成立初期高度集中的财税体制
的基础上，并根据本阶段的形势发展需要，逐步调整和发展而来的。国家
在执行"一五"计划过程中，为了调动各方的生产积极性，在维持中央财
政的集中统一的前提下，适当地对财税体制做了局部的调整。"一五"计
划的成功，证明了这些调整是有效的，当然，也难免有些失误和教训。

一、预算政策与预算管理体制

　　1951年，我国实行了"统一领导、分级管理"的预算管理体制，由
收支两条线改为收支挂钩，地方有了自身的收支范围，地方财政可以从本
地区组织的收入中留用一部分抵充自身的财政支出。然而，这仅仅是财政
分级管理的开始，就总的财力分配来看，地方的财权和财力仍然相当有限
（详见专栏2.4）。

专栏2.4 克服财经工作中的缺点和错误（节选）

中央财政和地方财政之间的问题是，对地方财政统得太多太死。1952年我曾经向中央人民政府做过一个报告，提出统一地方财政，这是对的。但是现在统得太多了，甚至把小学生的学费（有的学费还不是人民币，是几斤米，几个鸡蛋）也统上来了。另一个就是统得太死了。财政部的钱，是按教育系统、工业系统等等"条条"发下去的。发下去之后，如果在"块块"（即大行政区、省、县等）中发生了这个部门的钱用不了，另外部门的钱不够用时，"块块"不能调剂，把"块块"限得太死了。"专款专用"是对的，不能用盖工厂的钱去盖大礼堂，但应在一定的范围内给地方以灵活调剂的权力。中国这么大，地方情况那么复杂，不可能统得太死，也不应该统得太死。解决的办法，今后准备把中央财政和地方财政划分一下。但是划分了中央财政和地方财政之后，要严格防止随意摊派的现象。

资料来源：《陈云文选》（1949—1956），人民出版社1984年版，第200~201页。

当我国进入大规模经济建设阶段后，财政运行模式也由原来的供给型转变为建设型，很显然，过度集中的预算管理体制已经不能适应新形势的需要，必须改变过去抓小不抓大的局面，通过深化预算的分级管理体制，来调动地方的积极性。另外，国家行政体制也发生了重大变革，1953年大行政区由一级政权机构改为中央派出机构，并于1954年撤销，预算管理体制亦随之做出相应的调整。

（一）预算管理体制改革的指导方针和任务

1953年8月，周恩来在全国财政经济工作会议上明确提出了改进预算管理体制的方针和任务：财政体制，要在中央统一领导和计划下，确定财政制度，划定职权范围，分级管理，层层负责。

国家预算,在国家统一预算内实行三级(中央、省市和县)预算制度,划分中央和地方的收支范围,按照主次轻重及集中和分散情况,分配中央和地方的大体比例。地方收多于支者上缴,收少于支者补助。地方财政,按照统一制度,凡超计划的征收和节约,一般归地方支配,但追加预算应经行政系统上两级批准,并报中央财政部备案。民族自治区除重大的国营企业和财政收支仍应归中央掌握外,在财政上应有一定范围的自治权,并根据需要和可能,不足时由中央补助。

1954 年,邓小平在著名的"六条方针"中进一步对中央财政划分和地方财政划分做出指示。中央财政有对收支归口包干的分配权、人员编制控制权、动用总预备费的批准权、财政的监察权等。同时对归口管理后的资金管理权和使用权,下放到地方或部门,明确地方或部门的责任和权限,而不是中央财政统揽一切。

专栏2.5 "六条方针"的具体内容

> 1954 年,邓小平兼任财政部部长时,针对当时的财政预算工作,概括了六条方针,其内容是:
>
> 1. "预算归口",即财政支出必须归口管理,按照系统(如工交为一口,农林水利为一口,文教为一口等)分配指标和编制预算,不能无人负责、无人分配的预算支出。
>
> 2. "包干使用",即财政收支在国家分配指标确定后,收入只准超过,不准减少,支出只准减少,不准增加。各项支出可在既定的指标范围内自行安排,包干使用,不得突破。包干分两种,一是中央各口的包干,二是地方的包干。
>
> 3. "自留预备费,结余留用不上缴",即各地方、各部门要在分配的指标范围内,自留必要的预备费,预算执行结果,如果有了结余,除基建结余以外,不需要上缴财政,国家不收回。

> 4. "控制人员编制"，即人员编制必须严格控制，不能随意增加，以免扩大财政支出。
>
> 5. "动用总预备费，须经中央批准"，即各地区、各部门在预算执行过程中新增加的开支，要首先动用自己的机动财力和在原预算中调剂解决，实在解决不了的，才能向中央提出追加预算。为了严格控制追加，保证预备费有重点地合理使用，动用国家总预备费，必须报请中央批准。
>
> 6. "加强财政监察"，即要加强财政管理与监督，严格执行财经纪律，保证国家资金合理使用、节约地使用。
>
> 资料来源：财政部综合计划司编：《中华人民共和国财政史料》（第1辑），中国财政经济出版社1982年版，第5页。

（二）"分类分成"预算管理体制

根据周恩来和邓小平等中央领导同志的指示精神，我国于1954年开始实行"统一领导、划分收支、分级管理、侧重集中"的预算管理体制，是1951年预算管理体制的一个延续。其具体内容如下：

1. 预算层级

由原来的中央、大行政区、省（市）三级管理，改为中央、省（市）、县（市）三级管理体制。这在一定程度上降低了中央的集权程度，适当下放了管理权限。

2. 收入划分

国家采取"分类分成"的办法，把国家财政划分为固定收入、固定比例分成收入和调剂收入三类。其中固定收入和固定比例收入的划分如表2.1所示，不再赘述；属于中央调剂收入有商品流通税和货物税，每年由财政部根据地方财政的实际情况，核定具体的调剂比例。

3. 支出划分

支出一翼，基本上按照隶属关系进行划分。属于中央的企业、事业和行政单位的支出,列入中央预算;属于地方的企业、事业和行政单位的支出,列入地方预算。地方预算每年由中央核定,按照收支划分,地方财政支出首先由地方的固定收入和固定比例分成收入抵补,不足的差额由中央划给调剂收入弥补。分成比例一年一定。地方财政的年终结余,由各地在下年度使用,不再上缴。

表2.1 1953~1957年中央和地方收入划分情况

中央固定收入	地方固定收入	中央与地方分成收入
关税 盐税 烟酒专卖 国营企业利润和折旧 信贷保险收入 中央和大区行政收入 中央和大区事业收入 中央和大区公产收入	印花税 利息所得税 屠宰税 牲畜交易税 城市房地产税 文化娱乐税 车船使用牌照税 契税 地方国营企业利润和折旧 公用事业附加 地方行政收入 地方事业收入 地方公产收入 其他收入	农业税 营业税 所得税

资料来源:赵云旗:《中国分税制财政体制研究》,经济科学出版社2005年版,第164页。

(三)"分类分成"预算管理体制的实际效果

"一五"时期,在"分类分成"预算管理体制之下,各省(市、自治区)的固定收入和固定比例收入一般占预算支出的60%~80%,这样就使地方预算能够拥有相对稳定的财源,从而发挥其组织收入的积极性。[1]

由于国家重点建设项目和部分主要支出(如国防、外交等)须由中央承担,所以中央本级财政收支占国家财政收支的比重均在70%以上(详见表2.2)。绝大部分重点建设项目,由中央各工业部门主管,投资也

---

[1] 赵云旗:《中国分税制财政体制研究》,经济科学出版社2005年版,第165页。

由这些部门直接安排，因此在国家预算内基本建设拨款中，属于中央项目的更是占到了79%，属于地方项目的仅占21%。虽然地方拥有一些固定财源和机动财力，但仍然存在着过于集中的问题。后来，毛泽东在著名的《论十大关系》中就对中央集权过多，不利于发挥地方积极性等问题做过深刻的阐述。党的八大之后，国家继续深化"分类分成"体制改革，进一步扩大地方财力。

表2.2 "一五"时期中央与地方财政收支及其比重

单位：亿元

财政收入				财政支出			
中央		地方		中央		地方	
绝对值	比重（%）	绝对值	比重（%）	绝对值	比重（%）	绝对值	比重（%）
1003.22	77.7	287.85	22.3	966.85	73.2	353.67	26.8

注：表中所列示的中央、地方财政收入和支出，均为本级收入和支出。
资料来源：楼继伟主编：《新中国50年财政统计》，经济科学出版社2000年版，第80、159页。

二、税收政策和税收管理体制

在"一五"时期，我国税收政策发生了重大的调整，其中的标志性事件，就是1953年的修正税制。以"保证税收、简化税制"为目的的新税制，因为"公私一律平等纳税"的提法而受到严厉的批评。在此之后，"区别对待"成为计划经济时期制定税收政策的根本原则。税收不仅是取得财政收入的一种手段，而且，更为重要的，它成为限制甚至取消私有制的有力政策工具。

（一）1953年的修正税制

1952年下半年，税收工作面临许多新情况和新问题，而建立于1950年的旧税制又无力解决这些问题，出现了经济日见繁荣，税收相对下降的反常情况。这主要是由于：（1）1950年年初，国营企业和合作社经济还很薄弱，于是国家在税收上给予很大照顾，从而使国营企业和合作社承担税收的能力没有得到充分的发挥；（2）与此同时，由于私营企业的比重下降、经营困难等问题，营业税和所得税减少，1952 年，私营企业的营业税只完成了 82.4%，货物税完成了 92.2%；（3）由于工商企业的经营方式发生变化，统购统销、加工订货和包销业务逐步实施，深购远销、长距离调拨、代购代销和委托加工等范围日益扩大。这些变化，减少了商品的流转次数，引起批发营业税的下降。

针对上述情况，税制修正遵循"保证税收，简化税制"的原则，其主要内容有：

——按照"保证税收"的原则：（1）工业总分机构从生产、批发到零售，要缴三道营业税；商业总分机构从批发到零售，要缴两道营业税，改变过去"相互拨货"、"不视为营业行为，不课征营业税"的做法；（2）为了堵塞漏洞，规定工厂直接卖货给零售商时，须将工商两道批发营业税移到工厂直接缴纳；（3）取消对合作社征收营业税打八折的优惠，取消合作社成立第一年免纳所得税的规定。

——按照"简化税制"，变原先的"多税种，多次征"为"多税种，一次征"的办法：（1）试行商品流通税。从征收货物税的品目中，选择国家能够控制生产或收购的 22 个品目，改征商品流通税，在商品的第一次批发或调拨环节征税，以后各环节均不再征税；（2）货物税、营业税、所得税等也将一些项目合并简化，在批发环节征税问题上，实行"公私一律平等纳税"原则。[①] 因为这次税改主要针对流通环节的，货物一上市，就只能对物不对人，商品按照一定税率平等纳税是应该的。[②]

虽然新税制存在着一些问题，但也的确起到了保证国家税收的作用，1953 年第一季度，商品流通税、货物税和营业税的总计为 11.74 亿元，

---

① 据薄一波回忆，当时发表的《人民日报》社论，为了说明修改税制的必要性和目的，原稿上有这样一句话："国营企业和私营企业都要按照修改的税制纳税。"薄一波在修改时，把这句话简化为"公私一律平等纳税"。参见薄一波：《若干重大决策与事件的回顾》（上），中共党史出版社 2008 年版，第 167 页。
② 薄一波：《若干重大决策与事件的回顾》（上），中共党史出版社 2008 年版，第 164～165 页。

比旧税制计算的 10.64 亿元增加了 1.94 亿元，增长 10.78%。①

　　然而，在新税制实行两个多月后，"公私一律平等纳税"的提法受到严厉的批评，被认为是违背了党的七届二中全会的决议。国家迅速采取了措施加以纠正。此后，"区别对待"成为计划经济时期制定税收政策的根本原则，国营企业税负要低于集体企业，集体企业税负要低于私营企业，税收政策要成为促进社会主义改造，限制甚至取消私有制的有力工具。

　　（二）促进社会主义改造的税收政策

　　1953 年 8 月，周恩来在全国财经工作会议上指出："过渡时期的税收任务，一方面要能够更多地积累资金，有利于国家重点建设；另一方面要调节各阶级的收入，有利于巩固工农联盟，并使税制成为保护和发展社会主义、半社会主义经济，有步骤、有条件、有区别地利用、限制、改造资本主义工商业的工具。过渡时期的税收政策，对公私企业应区别对待，简繁不同。对公私合营企业应视国家控制的程度按国营企业待遇。"②

　　1. 促进资本主义工商业改造的税收政策

　　根据"区别对待，简繁不同"的原则，国家在促进资本主义工商业改造方面的税收政策主要有以下几个方面：

　　——在货物税和工商业营业税的税率设计上，根据工业轻于商业、生产资料轻于消费资料、生活日用品轻于奢侈品的原则，对不同的产品和不同行业实行不同的税率；同时，工商业所得税规定，对于有利于国计民生的行业给予不同程度的税收优惠，鼓励私营企业从事有利于国计民生的生产和经营，限制其消极因素。

　　——按照区别对待的原则，使得社会主义经济处于斗私的有利地位。对私营企业征收全额累进的所得税，直接将三分之一左右的利润集中到国家手里，而对国营企业不征所得税；对国营工业，在连续生产过程中应纳商品流通税和货物税的重工业产品给予免税照顾，而私营工业则照章纳

———————————

① 赵梦涵：《新中国财政税收史纲（1927—2001）》，经济科学出版社 2002 年版，第 190 页。

② 中国社科院、中央档案馆编：《1953—1957 中华人民共和国经济档案资料选编·财政卷》，中国物价出版社 2000 年版，第 4 页。

税；对私营批发商业征收营业税，对国营则不征税。

——促进私营工商业走国家资本主义道路。对纳入国家资本主义初级形式、接受国家加工、订货或者经销、代销的私营工商业规定了较为优惠的条件。对国家资本主义高级形势的公私合营企业，在所得税的计算上，如工资、福利、固定资产折旧等列支，都适当放宽了尺度。在管理和纳税上，逐步同国营企业实行同等待遇。

2. 促进农业、手工业改造的税收政策

根据党和国家的政策，在对农业和手工业改造的税收政策上，一方面照顾个体农民和手工业者正当的生产经营；另一方面，积极引导他们逐步走上集体化的社会主义道路。例如，对新组织起来的手工业生产合作组织，按照小型工业企业的规定征收营业税，并在一定期限内给予免征所得税的优惠。国家减免的税款，作为合作社的生产基金，以扶持其发展。对小商贩组织起来的合作商店也采取相应的优待措施。在农业合作化高潮后，对于农村的工商税收，也规定了具体的低税和免税政策。

（三）"一五"时期税收收入的地位和作用

如表 2.3 所示，从 1953 ~ 1957 年，税收收入在财政收入中的比重一直呈现下降趋势，相比之下，企业收入的占比直线上升。这意味着，税收作为组织财政收入的角色不断弱化，而在限制甚至取消私有制上发挥着重要的作用，在 1953 年，来自私营经济和个体经济的收入占整个财政收入的比重为 31.1%，到了 1957 年这一比重急剧下降至 2.7%。

表2.3　"一五"时期国家财政分项目收入以及比重

单位：亿元

年度	1953	1954	1955	1956	1957
财政收入合计	213.24	245.17	249.27	280.19	303.20
税收收入	119.67	132.18	127.45	140.88	154.89
税收占财政收入的比重（%）	56.12	53.91	51.13	50.28	51.09
企业收入	76.99	99.61	111.94	134.26	144.18

续表

年度	1953	1954	1955	1956	1957
企业收入占财政收入的比重（%）	35.96	40.63	44.91	47.92	47.55

资料来源：楼继伟主编：《新中国50年财政统计》，经济科学出版社2000年版，第62、65页。

"一五"时期，农业税的绝对数维持在一个稳定的水平（详见表2.4）。1953年6月5日，政务院颁布了《关于1953年农业税工作的指示》，明确规定："今后三年内，农业税的征收指标，应稳定在1952年实际征收的水平，不再增加。"三年期满后，财政部在确定1956年、1957年的农业税征收指标时，继续稳定在1952年的实际征收水平，从而使农业税的负担水平随着农业生产和农民收入的不断提高而相对降低。不过，农业税的负担水平并不能完全说明农民对国家的贡献，因为在农业税之外，还有农副产品"统购统销"政策所带来的"价格暗税"。

表2.4　1952～1957年农业税负担情况表

单位：细粮亿斤

年份		1952	1953	1954	1955	1956	1957
实际农业税	正税	352.0	328.0	343.0	351.0	319.0	355.0
	正税＋附加	358.0	344.0	371.0	384.0	367.0	400.0
农业税占实际产量的百分比（%）	正税	12.0	11.3	11.5	10.6	9.4	10.3
	正税＋附加	12.2	11.9	12.4	11.6	10.8	11.6

资料来源：项怀诚主编：《中国财政50年》，中国财政经济出版社1999年版，第100页。

三、国营企业财务管理体制与基本建设拨款管理体制

在整个计划经济时期，国家高度集中的财税体制没有发生根本性变化，但这并不意味着这一体制就是一成不变的，在保证统一领导的前提

下，也会根据当时的具体情况，加以适当地调整。"一五"时期，国营企业财务管理体制和基本建设拨款管理体制都进行了积极调整，其中既有富有成效的改革，亦有值得借鉴的经验教训。

（一）国营企业财务管理体制

"一五"时期，国营企业财务管理体制改革主要表现在：改进国营企业奖励基金制度；实行超计划利润分成制度；1955～1957 年，取消定额信贷，实行自有流动资金计划定额全部由财政拨款。至于固定资产折旧，仍然全部集中上交国家，不再赘述。

1. 改进国营企业奖励基金制度

1952 年出台的《国营企业提用企业奖励基金的暂行办法》在调动企业和职工积极性的同时，也存在着一些问题，主要有：企业提奖比例偏高，不利于正确处理国家、企业和职工三者之间的关系；由于价格等客观因素造成企业利润高低悬殊，影响到奖金的多寡，造成福利待遇苦乐不均。针对上述问题，中财委于 1953 年 11 月 17 日颁布了《关于国营企业提取企业奖励基金的临时规定》，对提奖条件、提奖比例和使用范围做了一些修改，适当地降低了提奖比例，并明确了主管部门的调剂幅度。

2. 实行超计划利润分成制度

为了鼓励企业超额完成国家计划，进一步调动企业增产增收的积极性，1954 年 8 月，国家颁布了《国营企业 1954 年超计划利润分成和使用办法》，并于 1956 年做了进一步的规定。国营企业的超计划利润，采取分成的办法，其中 40% 归各主管企业部门使用，60% 上交国家财政。

从 1952～1957 年，企业奖励基金共提取 11.84 亿元；从 1954 到 1957年，超计划利润共提取 10.61 亿元。年度数据如表 2.5 所示。

表 2.5　1952～1957 年企业奖励基金和超计划利润分成提取金额表

单位：亿元

年份	1952	1953	1954	1955	1956	1957	合计
企业奖励基金提取数	1.09	1.62	1.56	1.73	2.62	3.22	11.84

续表

年份	1952	1953	1954	1955	1956	1957	合计
超计划分成提取数	—	—	1.44	1.46	2.58	5.13	10.61

资料来源：财政部工业交通财务司编：《中华人民共和国财政史料》（第5辑），中
国财政经济出版社1985年版，第4页。

3. 实行自有流动资金计划定额全部由财政拨款

1951～1954年，国家对国营企业流动资金的供应和管理，实行定额
流动资金由财政和银行分别供应，财政拨款和银行贷款的比例，每年有所
不同。从1955年起，国家为了加强流动资金的计划管理，实行自有流动
资金计划定额全部由财政拨款。

（二）基本建设拨款管理体制

计划经济时代，基本建设投资基本上是由财政无偿拨款，只有一小部
分系国营企业或单位自筹资金，其性质与财政资金无异。

在国民经济恢复时期，用于基本建设工作的各项费用，都作为基本建
设投资，当时国家基本建设投资平均每年只有26亿元，其中80%～90%
都由国家直接安排。[①] 从1953年起，国家对基本建设投资和企业"四项
费用"（技术组织措施费、新产品试制费、劳动安全保护费和零星固定资
产购置费）进行分别管理。后来，随着企业自主权的扩大，企业"四项
费用"逐步扩大为更新改造措施费，与基本建设费用统称固定资产投资。
"一五"时期，国家预算内基本建设投资占全部基建投资总额的93.9%，
预算外投资占6.1%，其中在预算内投资中，中央占79%，地方只占
21%；在预算外投资中，中央占48.3%，地方占51.7%。

为了执行"一五"计划，加强财政管理的需要，国家于1954年9月
设立了中国人民建设银行，作为办理基本建设拨款监督的专业银行。凡是
中央和地方各部门对基本建设的投资，其监督拨款业务均集中该行统一办

---

① 中国人民建设银行总行编：《中华人民共和国财政史料》（第6辑），中国财政经济出版社
1987年版，第1页。

理，并同时负责办理对建设单位及包干企业的短期放款业务。企业机关等用于基本建设的自筹资金，亦须集中于该行根据国家的计划和预算监督拨付。中国人民建设银行必须按照国家计划来拨款，不仅要审查预算，并且要参与预算定额的编制，从而更好地执行以国家计划和财政预算为主体的基本建设拨款管理体制。

（三）"一五"时期国营企业的财政贡献

随着社会主义改造的不断推进，非社会主义性质的经济成分对国家财政的贡献迅速下降，到 1957 年，私营经济和个体经济在国家财政收入中的比重只有 2.7%，我国财政收入几乎清一色是国有来源结构。在国有来源结构内部，国营企业（或者说全民所有制经济）的财政贡献又占绝对主导地位。"一五"时期，在国家财政分项目收入中，企业收入的占比不断上升，从 1953 年的 35.96%，逐渐上升至 1956 年的 47.92%，1957 年略有下调。在国家财政分经济类型收入中，全民所有制经济上缴收入占全部财政收入的比重，从 1953 年的 64.17%，增至 1956 年的 73.49%，1957年略降到 70.57%。

表 2.6　"一五"时期国营企业的财政贡献

单位：亿元

	经济恢复时期	1953	1954	1955	1956	1957
企业收入（分项目）	96.5	76.99	99.61	111.94	134.26	144.18
企业收入占财政收入的比重（%）	25.3	35.96	40.63	44.91	47.92	47.55
全民所有制经济上缴财政收入（分类型）	101.01	136.83	166.48	182.11	210.36	218.78
全民所有制经济上缴占财政收入的比重（%）	50.12	64.17	65.66	71.29	73.49	70.57

资料来源：中华人民共和国财政部综合计划司编：《中国财政统计（1950—1985）》，中国财政经济出版社 1987 年版。

第四节 "一五"计划的超额完成：为社会主义
工业化奠定坚实基础

从 1953 ~ 1957 年，在中国共产党和人民政府的正确领导下，经过全国人民的艰苦奋斗，我国超额完成了第一个国民经济五年计划，国民经济较快发展，为社会主义工业化奠定坚实的基础。

一、基本建设投资超额完成

"一五"时期，国家原定全民所有制基本建设投资为 427.4 亿元，实际完成 588.47 亿元。国家财政超额完成第一个五年计划的收入任务，是基本投资建设超额完成的重要条件之一。在国家全部基本建设拨款中，国家预算内投资为 531.18 亿元，占 90% 以上。在财政基本建设拨款中，用于经济和文化事业的基本建设拨款为 496.01 亿元。

5 年里，在实际完成的基本建设投资总额中，工业部门占 56%，农林水利部门占 8.2%，运输邮电部门占 18%。其中在工业部门的基本建设投资总额中，重工业占 85%，轻工业占 15%。当"一五"计划结束时，我国新增固定资产达到 492.18 亿元，5 年的建设成果超过了旧中国建设的 1.5 倍。

在施工的工矿建设单位达 1 万多个，其中限额以上为 921 个，比原计划增加了 227 个。到 1957 年年底，全部建成投产的有 428 个，部分投入生产的有 109 个。平均每两天就有一个现代化的限额以上的大型工矿单位动工兴建，平均每三到四天就有一个现代化的大型工矿企业建成投入生产。这 921 个限额以上的建设项目，有许多是过去没有的新兴工业或新的生产部门，如飞机、汽车、发电设备、重型机器、新式车床、精密仪器、电解铝、无缝钢管、合金钢、塑料、无线电和有线电器材等的制造和生产。这些新型企业及公用事业项目的建立，改变了解放前中国经济和文化落后、部门残缺不全的状况，为实现整个国民经济技术改造和文教科学事业的发展创造了条件。①

二、工业生产迅速发展

1957年工业总产值达783.9亿元，比1952年增长了128.6%，年均增长率为18.0%，高于计划规定的14.7%。如表2.7所示，工业总产值的增长速度要明显快于社会生产总值和农业生产总值的增长速度，正因为如此，工业总产值占工农业生产总值的比重从1952年的43.1%，上升至1957年的56.7%。

在工业部门内部，重工业产值的比重从1952年的35.6%，提高到1957年的48.3%。1957年生产资料生产比1952年增长2.1倍，生产资料生产占工业总产值的比重也从1952年的35.6%，提高到1957年的48.3%；1957年机器制造工业占工业总产值的比重为9.5%，比1952年的5.2%有了明显的提高。

表2.7　1953~1957年我国经济的增长速度

单位:%

项　　目	1957年比1952年增长	年均增长率
社会生产总值	70.9	11.3
国民收入	53.0	8.9
工农业总产值	67.8	10.9
工业总产值	128.6	18.0
农业总产值	24.8	4.5

资料来源:《中国统计年鉴（1981）》。

工业生产的迅速发展，尤其是重工业优先发展战略的推动，使旧中国遗留下来的落后面貌发生根本性转变，我国初步建立了相对完整的工业体系，为社会主义工业化奠定了坚实的基础。

---

① 参见项怀诚主编:《中国财政50年》，中国财政经济出版社1999年版，第126~127页。柳随年、吴敢群主编:《中华人民共和国经济史简明教程》，高等教育出版社1988年版，第128页。

三、国民经济的全面发展

在工业迅速发展的同时，农业、交通运输和科教文卫等领域也有不同程度的增长。

在农业领域，5 年内，除了 1955 年丰收之外，其余几年都是平年或歉收，但是农业生产还是有了较快的发展，农业总产值年均增长 4.5%，主要的农作物产品也有很大的增长。国家在发展工业的同时，并没有忽视对农业生产的投入。1954 年 6 月，中共中央在批准农村工作部《关于第二次农村工作会议的报告》中指出，在实行计划经济建设，发展工业特别是重工业的同时，必须使农业真正获得与工业相适应的发展。1956 年，为了扶持农业上《纲要》（即《1956 年到 1967 年全国农业发展纲要》），国家财政在兴修农田水利、推广新式农具、扩大优良品种和防治病虫害等方面加大投入，尤其是在支持建立为农村合作社服务的农业"四站"（技术推广站、良种推广站、畜牧兽医站和植物检疫站）和农田水利建设方面安排了较多的支出。"一五"时期，财政支农资金达 99.58 亿元，占财政支出总计的 7.54%。

5 年内，运输邮电部门的基本建设投资占总投资的比重为 19.2%，仅依次于工业部门。不但加强了原有的交通路线，而且增加了大量的新的交通线。邮路和电信线路也增长非常快，1952 年全国只有约 59% 的乡通邮路，到了 1957 年年底 99% 的乡都已经通邮。

5 年内，科教文卫事业也有了很大的发展。1949 年到 1957 年，我国平均每万人中的大学生从 2.2 人增加到 6.8 人，增长了 209%；中学生从 23 人增加到 110 人，增长了 378%；小学生从 450 人增加到 994 人，增长了 120.9%。1957 年全国科研机构共有 580 多个，研究人员 2.8 万人，比 1952 年增加了 2 倍多。1957 年全国工业工程技术人员达到 17.5 万人，比 1952 年增长 2 倍。

总而言之，第一个五年计划时期的经济发展，是我国历史上一个非常成功的发展时期，在一个半封建、半殖民地的国家，根据马克思主义的基本原理，把社会主义理想变成了现实。"一五"计划的超额完成，为社会主义工业化建设奠定了坚实的基础，国民经济的全面发展，则显示了社会主义制度集中力量办大事的优越性。

专栏2.6　国外学者对于中国"一五"计划的评价

按照通常的标准来衡量，第一个五年计划是一项非常成功的经济发展计划。在资源有限和经验不足的情况下，中国共产党保持了开始于经济恢复时期的经济增长势头，并且完成了自1949年到1952年底就已谨慎着手进行的制度变革。中国在这一时期的经历不同于苏联在第一个五年计划（1928～1932年）时期的经历。苏联那时的农业制度变革是灾难性的。

从经济增长的数字来看，"一五"计划相当成功。国民收入年均增长率为8.9%（按不变价格计算），农业产出和工业产出每年分别以3.8%和18.7%的速度递增。由于人口年增长率为2.4%，而人均产出增长率为6.5%，这就意味着每隔11年国民收入就可以翻一番。与20世纪前半叶中国经济增长格局相比——当时产出增长速度仅和人口增长速度相当（两者年增长率均为1%左右）——第一个五年计划具有决定性的加速作用。就是同20世纪50年代大多数新独立的、人均增长率为2.5%左右的发展中国家相比，中国的经验也是成功的。例如印度，也是大陆型的农业经济国，最初的经济状况和中国相似，但它在20世纪50年代的人均产出增长率还不到2%。

以国民收入作为衡量一国发展状况的标准，其局限性是显而易见的，对低收入国家来说尤其如此。人均寿命——唯一能显示一国健康状况的最佳数字，从1950年的36岁延长到1957年的57岁，比当时低收入国家人均寿命

长 15 岁。同期，小学学生占全体学龄儿童的比例从 25%
猛增到 50%，中学和大学在校学生人数也有较大增加。国
家新建职工住宅面积近 1 亿平方米，城市住房条件得到改
善。按不变价格计算，个人消费支出也有较大幅度提高。
现代经济部门的名义工资提高了 40% 以上，而这些工人的
生活必需费用仅提高了 10%，因此工资实际提高了 30%。
通过增加生产和适当提供农产品和工业品的交换比价，农
民收入也提高了 20%。

　　资料来源：费正清、罗德里克·麦克法夸尔主编，王建朗等
译：《剑桥中华人民共和国史（1949—1956）》，上
海人民出版社 1990 年版，第 164～165 页。

第五节　小结

　　从 1949 年新中国成立到 1956 年，中国共产党领导全国人民有步骤地
实现了从新民主主义社会到社会主义社会的转变，实行计划经济，并建立
起高度集中的经济管理体制。这是历史与现实的选择，尽管之后经历多次
的挫折，我国社会主义经济建设和社会发展仍然取得了巨大成就。其中，
与计划经济体制相适应的财政体制发挥了积极的作用。"一五"时期，国
家通过高度集中的财政体制，为社会主义工业化建设筹集了巨额资金，投
资兴建了大量的国营企业。并且，积极配合生产资料私有制的社会主义改
造，建立起全民所有制和集体所有制经济，国有经济掌握着国家的经济命
脉，成为国民经济的主导力量。

　　在高度集中的经济体制下，国家利用特殊的财政收入机制、大而
宽的财政支出机制，进行大规模的经济建设，建立起比较完整的国民

经济体系，尤其是工业体系，把我国从一个贫穷落后的农业国，变成了初具规模、走上工业化道路的新兴社会主义国家，经济社会全面发展。

高度集中的财政体制，在取得巨大成就的同时，也深深地打上了"二元"的烙印，其运行机制的突出特征是：它的收入来源与支出方向均围绕如何壮大国有经济来安排；它所提供的财税待遇是有薄有厚的，而不是一视同仁的，城市和国有制下的单位与个人受到更多的优待；专注于生产建设领域，而不是整个公共服务。这些特征根源于当时的二元经济社会体制，并随着二元经济社会体制在未来若干年内的发展而更加明显。

本章参考文献

1. 薄一波：《若干重大决策与事件的回顾》，中共党史出版社 2008 年版。

2. 蔡昉、林毅夫：《中国经济》，财政经济出版社 2003 年版。

3. 财政部办公厅编：《中华人民共和国财政史料》（第 2 辑），中国财政经济出版社 1983 年版。

4. 财政部综合计划司编：《中华人民共和国财政史料》（第 1 辑），中国财政经济出版社 1982 年版。

5. 财政部工业交通财务司编：《中华人民共和国财政史料》（第 5 辑），中国财政经济出版社 1985 年版。

6. 《陈云文选》（1949—1956），人民出版社 1984 年版。

7. 《当代中国财政》编辑部：《中国社会主义财政史参考资料（1949—1985）》，中国财政经济出版社 1990 年版。

8. 董辅礽主编：《中华人民共和国经济史》，经济科学出版社 1999 年版。

9. 高培勇、温来成：《市场化进程中的中国财政运行机制》，中国人民大学出版社 2001 年版。

10. 高培勇主编：《中国财税体制改革 30 年研究》，经济管理出版社 2008 年版。

11. 国家统计局：《伟大的十年》，人民出版社 1959 年版。

12. 国家统计局：《中国统计年鉴》（1981），中国统计出版社 1982 年版。

13. 国家统计局：《光辉的三十五年》，中国统计出版社 1983 年版。

14. 费正清、罗德里克·麦克法夸尔主编，王建朗等译：《剑桥中华人民共和国史（1949—1956）》，上海人民出版社 1990 年版。

15. 胡鞍钢：《中国政治经济史论（1949—1976）》，清华大学出版社 2007 年版。

16. 李成瑞：《财政、信贷与国民经济的综合平衡》，人民出版社 1982 年版。

17. 林毅夫、蔡昉、李周：《论中国经济改革的渐进道路》，载《经济研究》1993 年第 9 期。

18. 林毅夫、蔡昉、李周：《中国的奇迹：发展战略与经济改革》，上海人民出版社 1994 年版。

19. 林毅夫、蔡昉、李周：《充分信息与国有企业改革》，上海三联书店、上海人民出版社 1997 年版。

20. 柳随年、吴敢群主编：《中华人民共和国经济史简明教程》，高等教育出版社 1988 年版。

21. 楼继伟主编：《新中国 50 年财政统计》，经济科学出版社 2000 年版。

22. 庞松：《毛泽东时代的中国（1949—1976）》（一），中共党史出版社 2003 年版。

23. 项怀诚主编：《中国财政 50 年》，中国财政经济出版社 1999 年版。

24. 项怀诚主编：《中国财政通史》（当代卷），中国财政经济出版社 2006 年版。

25. 武力、温锐：《1949 年以来中国工业化的"轻、重"之辨》，载《经济研究》2006 年第 9 期。

26. 赵梦涵：《新中国财政税收史论纲（1927—2001）》，经济科学出版社 2002 年版。

27. 赵云旗：《中国分税制财政体制研究》，经济科学出版社 2005 年版。

28. 中共中央文献研究室编：《关于建国以来党的若干历史问题的决议》（注释本），人民出版社 1985 年版。

29. 中华人民共和国财政部综合计划司编：《中国财政统计（1950—1985）》，中国财政经济出版社 1987 年版。

30. 中国人民建设银行总行编：《中华人民共和国财政史料》（第 6 辑），中国财政经济出版社 1987 年版。

31. 中国社科院、中央档案馆编:《1953—1957 中华人民共和国经济档案资料选编·财政卷》,中国物价出版社 2000 年版。

32. 朱佳木:《由新民主主义向社会主义的提前过渡与优先发展重工业的战略选择》,载《当代中国史研究》2004 年第 5 期。

第三章

曲折中探索：全面建设
社会主义时期的
财税体制

在上面两章中我们提到，社会主义计划经济确实取得过最初的成功。在 1929～1933 年的世界经济大危机中，当资本主义世界一片萧条的时候，苏联计划经济高速增长的业绩就曾一枝独秀。就中国而言，新中国成立之初，政府就通过果断采取统一财政经济工作，实行统收统支、高度集中的政策，在很短时间内，迅速稳定了金融物价，使国家财政经济形势好转，为新中国的成立和巩固做出了历史贡献。在随后的工业化阶段，国家利用计划经济体制下特殊的财政收入机制、大而宽的财政支出机制、高度集中的管理机制，筹集巨额建设资金，进行大规模经济建设，建立了比较完整的国民经济体系，特别是工业体系，大大改变了中国社会历史发展和现代化的进程。把中国由一个贫穷落后的农业国，变成了初具规模、走上工业化道路的新兴社会主义国家，奠定了我国工业化的基础。

但是，计划经济体制下，由于权力过分集中，中央统得过死，导致经济体制的活力不足，现实中也存在着适度分权的要求。

第一节　行政性分权：改革中央计划
经济体制的初次探索

一、中央计划经济体制的弊端与行政性分权的提出

1956 年 9 月，党的八大决定根据"统一领导、分级管理、因地制宜、因事制宜"的原则，改进国家的行政体制，划分企业、事业、计划和财政的管理范围，适当扩大各省、自治区、直辖市的管理权限，并且逐一改进和加强中央各部门的工作。第二年初，中央成立了经济工作五人小组①，提出改进体制的主要方针是：实行三级分级管理体制，即：国务院一级，中央部委和省市一级，基层单位一级；逐步下放管理权限；重视综合平衡处理人、财、物和产、供、销等各环节的协调关系。

自此，中国开始了以行政性分权为核心的分权化过程。这是对中央计划经济模式的一次重大突破。

1957 年开始实行第一次财政分权化改革后，中央财政收入占财政总收入的比重大幅下降，从 1958 年的 80.4% 降至 1959 年的 24.4%，下降了 56 个百分点；中央财政支出占财政总支出的比重，从 1957 年的 71% 降至 1958 年的 44.3%，下降了 26.7 个百分点。1961 年以后，中央财政收支占财政总收入和总支出的比重略有提高。到 20 世纪 70 年代初，再次实行分权化。这两个比重又再次下降，至 1975 年，中央财政占财政总收入的比重只有 11.8%，是历史的最低点，同期中央财政占财政总支出的比重为 49.9%。"由此看来，很难说当时的中国的计划经济是属于一个典型

---

① 小组由陈云、李富春、薄一波、李先念、黄克诚组成，陈云任组长，在中央政治局领导下具体负责经济工作和改进体制工作。1957 年 1 月 10 日，中共中央为此专门发出了《关于成立中央经济工作五人小组的通知》。

的中央集权经济。说是地方分权型的计划经济，也许更确切。"①

地方分权化的趋势，助长了随之而来的"大跃进"时期的过度放权。

二、财经体制放权的七条原则

"一五"期间，我国的财政力量日益壮大，而且日益巩固。"第一个五年的财政计划基本上是适当的，它的实现不但保证了第一个五年计划的完成，而且为第二个五年计划时期的财政准备了良好的基础。"② 从 1956 年开始的对社会主义建设道路的探索，虽然在之后的"大跃进"运动中方向有所偏离，但是，探索符合中国国情的社会主义道路的努力并没有停止。

1958 年，"二五"计划进入第一个年头，在"五年看三年，三年看头年"和"苦战三年"口号的鼓舞下，广大人民以空前高涨的热情，迎接 1958 年的国民经济计划。他们期望 1958 年在各个战线上向前迈进一大步，以便为第二个五年计划奠定雄厚的基础。根据"一五"时期的经验，政府决定对财政管理制度作若干重大改进，并经批准从 1958 年起实行。"这些改进是为了在财政方面调整中央同地方、国家同企业之间的关系；是为了更好地把统一领导的原则同因地制宜的原则结合起来，更好地把全体的利益同局部的利益结合起来，以便充分调动一切积极因素，更有效地为建设社会主义服务。"③

改革过分集中的财经体制，是探索适合中国国情的经济发展道路的极为重要的一个方面。"一五"时期为了集中财力保障重点项目建设，形成了侧重集中统一的经济管理体制。但随着建设规模的扩大，社会化大生产

---

① 胡鞍钢：《中国政治经济史论（1949—1976）》（第 2 版），清华大学出版社 2008 年版，第 515 页。

② 李先念：《关于一九五七年国家预算执行情况和一九五八年国家预算草案的报告》，载财政部办公厅编：《中华人民共和国财政史料·第二辑·国家预算决算（1950—1981）》，中国财政经济出版社 1983 年版，第 190 页。

③ 李先念：《关于一九五七年国家预算执行情况和一九五八年国家预算草案的报告》，载财政部办公厅编：《中华人民共和国财政史料·第二辑·国家预算决算（1950—1981）》，中国财政经济出版社 1983 年版，第 201～202 页。

和专业化的发展，部门之间、地区之间、企业之间的联系和协作关系越来越密切，经济体制集中过多，统得过死，不适应生产力发展的矛盾就凸显出来了。

专栏 3.1　要有适当分权，中央不能过分集权

> 　　1957 年 1 月 18 日至 27 日，中央在北京召开省市区党委书记会议，讨论农业和经济问题。当议到改进经济管理体制问题时，毛主席向各省市区负责同志发问："中央、地方分权，你们感到不过瘾，'一没钱，二没权'。你们要什么，请尽量提出来。"毛主席幽默地发问，使会议的气氛更为活跃，省市区同志争相发言，分析中央权力高度集中的弊病，要求下放企业的管理权，给地方更多的机动财力，使地方自主地、因地制宜地发展经济和各项事业。
>
> 　　陈云同志在 27 日的会议上讲话时，对地方同志的要求作了明确答复。他说："中央和地方的体制中的权力和财力的分配问题，实质上就是中央举办的一些重点的基本建设工程将来势必有一部分要分散。所谓分散重点，就是要分掉一些钱。有些企业的管理权要下放，财务要下放，利润也要下放。地方上要求税收和企业利润收入按比例分成，三年不变。"他认为："中国一个省等于外国一个国，如果像现在这样，地方机动的余地很少，这种情况不能是经常的，中央不可能包揽全国的事情，所以应当有适当的分权，重点不能过分集中。"
>
> 资料来源：薄一波：《若干重大决策与事件的回顾》下卷，中共党史出版社 2008 年版，第 556 页。

　　"二五"计划提出后，解决这一矛盾变得更为迫切。对这一问题，毛泽东曾说：我们不能像苏联那样，把什么都集中到中央，把地方卡得死死

的，一点机动权也没有。把什么东西统统都集中在中央或省市，不给工厂一点权力，一点机动的余地，一点利益，恐怕不妥。

在党的八大上，周恩来对于改革过于集中的财经体制，提出了七条放权的原则：

1. 明确规定各省、自治区、直辖市有一定范围的计划、财政、企业、事业、物资、人事的管理权。

2. 凡关系到整个国民经济而带有全局性、关键性、集中性的企业和事业，由中央管理；其他的企业和事业，应该尽可能多地交给地方管理；企业和事业在下放的时候，同他们有关的计划、财务管理和人事管理一般地应该随着下放。

3. 企业和事业的管理，应该认真改进和推行以中央为主、地方为辅或者以地方为主、中央为辅的双重领导的管理方法，切实加强对企业和事业的领导。

4. 中央管理的主要计划和财务指标，由国务院统一下达，改变过去许多主要指标由各部门条条下达的办法。

5. 某些主要计划指标和人员编制名额等，应该给地方留一定的调整幅度和机动权。

6. 对民族自治地方各项自治权利，应该作出具体实施的规定，注意帮助少数民族地区政治、经济、文化事业的发展。

7. 改进体制要逐步实现，某些重大的改变，应该采取 1956 年准备，1957 年试办，到"二五"计划期间全面实施的步骤，稳步推进。

第二节　"大跃进"过度放权与财政虚假问题

根据上述改革原则和设想，为了适应大规模经济建设的需要，全面经济体制改革的尝试开始了。1957 年 10～11 月间，《关于改进工业管理体制的规定（草案）》、《关于改进商业管理体制的规定（草案）》、《关于改进财政管理体制的规定（草案）》三个规定相继获得通过，决定从1958年开始实施。

一、财税体制改革的探索与挫折

三个规定，无一例外地聚焦于改善中央和地方关系、国家和企业关系，以及地方、企业适当扩权等方面，力图解决高度集中的财政经济管理体制产生的诸多弊端。由此展开的财政管理体制改革，一个重要特点便是，与工商管理体制的改革相配套，目标则是瞄准了扩大地方财政和企业的财权。

（一）中央与地方关系方面的放权

循着上述思路，在中央和地方关系的处理上，一改过去实行"以支定收，一年一变"①的体制，1958年后，改为实行"以收定支，五年不变"，地方可以在五年之内按其收入情况来安排支出。大体做法如下：

1. 财政收入实行分类分成

属于地方财政收入的有三类：一类是地方固定收入，包括原有地方企业收入、事业收入、7种原已划给地方的税收（印花税、利息所得税、屠宰税、牲畜交易税、城市房地产税、文化娱乐税、车船使用牌照税），以及地方其他零星收入；一类是企业分成收入，包括中央划归地方管理的企业仍属中央但地方参与分成的企业的利润20%，分给企业所在省、市，作为地方收入；一类是调剂分成收入，包括商品流通税、货物税、营业税、所得税、农业税和公债收入。这些收入划给地方的比例，根据各地财政平衡的不同情况，分别确定。

2. 财政支出确定两种不同的支出——地方财政的正常支出和由中央专案拨款解决的支出

所谓地方正常支出，即地方财政支出中的经常性开支，由地方根据中

---

① 即先确定地方的支出，然后按支出划给一定的收入，每年核定一次。

央划给的收入自行安排；中央专案拨款解决的支出，包括基本建设拨款和重大的灾荒救济、大规模移民垦荒等特殊支出，每年确定一次，列入地方预算。

3. 确定地方固定收入项目和正常支出范围后，为了满足地方的正常支出，保持地方财政收支平衡，按以下四种情况确定地方的收入项目和分成比例

第一种情况，地方用固定收入能够满足正常支出需要的，不再划给别的收入，多余部分按照一定比例上交中央财政。第二种情况，地方用固定收入不能满足正常支出需要的，划给企业分成收入，多余部分按一定比例上交中央财政。第三种情况，地方用固定收入、企业分成收入仍然不能满足正常支出需要的，划给一定比例的调剂收入。第四种情况，地方固定收入、企业分成收入和调剂收入全部划给地方，仍然不能满足正常支出需要的，不足部分由中央拨款补助。

确定地方正常支出和划分收入的数字均以 1957 年的预算数为基数。收入项目和分成比例确定后，原则上五年不变。在预算执行过程中，收入超过支出，地方可以自行安排使用；地方预算的年终结余，全部留给地方，由地方在下年安排使用。对于少数民族地区征收的税收，除关税外，全部划归本地区使用。此外，基本建设支出也划给地方自行安排。[①]

（二）国家和企业关系方面的放权

在国家与企业的关系上，实行利润分成，改进财务管理制度。

1958 年起，决定在国营企业实行利润全额分成制度。企业留成比例，以各主管部为单位核定。各部在"一五"期间领取的"四项费用"（技术措施费、新产品试制费、劳动保护费和零星固定资产购置费）和商业简易仓棚建筑费、提取的企业奖励基金和社会主义竞赛奖金、40% 的超计划利润等占同一时期实现的利润总额的比例，即为主管部门利润留成比例。在确

---

① 参见《当代中国丛书》编辑部编：《当代中国财政》上卷，中国社会科学出版社 1988 年版，第 160 页。

定各主管部门利润留成比例的范围内，再由各主管部门对所属企业根据上述原则和具体情况分别核定不同的留成比例，但主管部门可以集中一部分留成资金调剂使用。企业留用的利润，在国家规定的范围内自行安排使用。这一制度从 1958 年到 1961 年实行，共提取了留成资金 146.7 亿元。

除了实行利润留成制度外，还改进了若干财务管理制度。主要措施有：报废固定资产变价收入不再上交财政，改为留给企业用于更新改造；企业结合固定资产大修理进行革新改造的费用支出，允许在大修理基金中核销；对国防工业以及其他企业特别重要的新种类产品试制费用，如果超过本企业负担能力，仍给予一定拨款。

（三）基本建设财务管理制度改革

在基本建设财务管理制度方面，对基本建设财务管理，试行投资包干制度。

具体做法是：在年度确定的基本建设投资额的基础上，在不降低生产能力、不推迟交工日期、不突破投资总额、不增加非生产性建设比重的条件下，将基本建设投资交由建设部门和单位统一掌握，自行安排，包干使用。原定的建筑工程竣工之后，投资如有结余，仍然留给建设部门和单位另行使用。如果年度终了，工程未完，投资有余，资金可以结转到下年继续使用，不再采取年终收回的办法。同时，为了加强基本建设财务管理，规定建设银行既管拨款，又管预算，使之具有财政和银行的双重职能。基本建设资金从确立预算、拨款直到工程决算，统一由建设银行管起来。基本建设投资实行包干制度，对工程预算、拨款、决算进行全面的财务监督，对建设单位加强经济核算、注意挖掘企业潜力、节约资金有促进作用。

据统计，1959 年全国实行投资包干的建设单位达 5000 多个，占全国投资总额的 40% 左右。其中，重工业占绝大部分，冶金、煤炭、水电、石油、化工等系统实行包干的投资额占本部门投资总额的 75% ~ 85%。1960 年，这一工作达到高潮。之后，由于缺乏经验，这一办法本身也不断暴露出它的缺陷，加上又偏离经济责任制的轨道，盲目追求不切实际的高指标，到 1961 年，这一做法就停止了。

（四）简化税制和征税办法

在税收制度上，实行合并税种，简化征税办法。

社会主义改造基本完成后，经济的所有制结构发生了质的变化。在以公有制为主导的情况下，"税收无用论"等弱化税制作用的舆论一度兴起。此前，计划价格决定社会资源配置的走向，税收还扮演着补充性的角色。而现在，由于利润上交代替了税收的作用，原有的税制被认为过于繁琐，不能适应变化了的新情况。1958年，国务院发布试行《中华人民共和国工商统一税条例（草案）》。改革主要聚焦于合并税种和简化纳税办法，同时，在基本维持原税负的基础上调整税率。合并税种主要是将商品流通税、货物税、营业税和印花税等合并成工商统一税。简化征税办法一是减少对"中间产品"征税，二是简化计税价格，改为一律按销售收入计税。但是，试行工商统一税，税制过于简化，削弱了税收调节经济的作用。

（五）开始试行"全额信贷"

国营企业的流动资金以往由财政和银行"两口供应"，即由财政拨款供应国营企业的定额流动资金，由银行贷款供应国营企业的超定额流动资金。定额核定后，往往多年不变，导致资金定额和生产发展之间出现不相适应的情况，也常常使财政和银行之间发生矛盾。

为解决这一矛盾，开始了试行"全额信贷"的工作。1958年12月，国务院决定国营企业的流动资金改由人民银行统一管理。1959年2月，财政部和中国人民银行总行对国营企业流动资金的管理，又作了补充规定。规定国营企业、地方国营企业和已经实行定息的公私合营企业，所需要的流动资金，自1959年起，全部改由中国人民银行按信贷方式统一供应，并实行统一管理。企业应将自有流动资金全部转给当地人民银行，作为其贷款，统一计算利息。抽调企业自有流动资金用于基本建设或其他用途的，应进行清理，设法补足，不得冲减企业法定基金，不得减少国家的流动资金。各级财政部门要将企业需要增加的定额流动资金列入预算，并全额拨交当地人民银行作为信贷基金。企业向银行所借的流动资金，只能用于生产周转和商品流转的需要，不得用于基本建设和其他用途。企业主管部门应当向财政部门和人民银行编报年度流动资金计划，由财政部门和银行共同审定，作为考核企业主管部门资金周转的依据。这一管理制度，习惯上称为"全额信贷"。这一改革旨在及时保证企业流动资金的需要，克服过去分别由财政和银行供应资金所产生的手续繁复和某些脱节现象。

"全额信贷"本身对协调财政与银行的关系，充分发挥银行融通资金的作用是有利的。但在"大跃进"时期，盲目追求高指标、高速度，也出现了"随要随贷"，"要多少贷多少"的乱贷乱放现象，破坏了必要的信贷管理制度。这一办法实行了两年，就被迫停止执行了。

（六）未达目的的改革

种种有益的尝试，未能按照原有的方向良好发展。由于"大跃进"中高指标、瞎指挥、"共产风"、"浮夸风"等，也由于财政安排宏观决策上的失误，实际执行的结果，已经同原来拟定的改革精神相去甚远。改革没有达到预期目的。

"大跃进"和人民公社化运动①，彻底打乱了"二五"计划的部署，使财政工作遭受到了挫折。原本，"一五"计划提前胜利完成，为加快社会主义经济建设步伐创造了有利的条件，但政治斗争改变了先前对国内形势的正确估计。1958 年 1 月到 5 月，中央继续对"反冒进"进行猛烈抨击，经济工作上的急躁冒进、盲目追求速度的"左"倾思想急剧膨胀起来，社会主义建设偏离了"在综合平衡中稳步前进"的正确方针。正是在不断反击这一方针的过程中，"大跃进"运动完成了酝酿和发动阶段。1958 年 1 月，中央和地方都被要求制订出生产计划的两本账，中央期成的第二本账是地方必成的第一本账，同时，地方还有一本期成的账。三本账的做法，给各地制订计划造成了极大压力，这是导致计划"跃进"，层

---

① 人民公社的特点是"一大二公"。所谓大，是指人民公社的生产经营规模比原来高级农业生产合作社大，一般是一乡一社，有的还组成了县联社。所谓公，是指人民公社把农村基层政权组织和农业生产组织合而为一，把农村中原属全民所有制的一些企业下放给公社管理，有些公社宣布实现了全民所有制；把社员的自留地、家庭副业收归社有，消除"生产资料私有制的残余"，实行组织军事化、生产战斗化、生活集体化，大搞公共食堂等公共福利事业，大搞供给制等等。

层加码的一个重要原因。在全国正处于"一天等于二十年"的时期，"大跃进"运动在全国各条战线上迅速展开，不断升级。一系列高指标不断提出，有的甚至比"二五"计划指标高出了两三倍。急于求成、急于过渡的"左"倾思想成为经济工作中占主导地位的指导思想。

专栏3.2　"急于求成"的危害性

> 　　在新中国成立以来的经济工作中，急于求成几乎已成为一种"左"倾顽症，几次大的折腾，无不是因急于求成造成的。穷困落后了一百多年的中华民族太需要强盛了，人们理所当然地渴望她尽快地发展，高速度前进，甚至在几经挫折饱受创伤后，仍不愿使前进的步伐慢下来。
>
> 　　在这种顽强的心理下，人们很容易忽视我国长期积弱的落后起点，忽视我国面临的各种困难，而过分看重主观的愿望，一时的热情，从而产生急于求成的"左"倾思想指导。这也说明，急于求成的思想不会轻易得到纠正。要克服它，必须花费极大的精力，下最大的决心。否则，就不可能真正认清我国国情，克服"左"倾顽症，调整国民经济的方针也就无法顺利贯彻。
>
> 资料来源：王洪模等：《改革开放的历程》，河南人民出版社
1989 年版，第 185 页。

二、"大跃进"中的财政收支失衡："假结余、真赤字"与"捉鬼"

急于求成的"大跃进"运动，带来了一系列虚假浮夸现象。不仅有农业生产领域农作物产量的浮夸，工业中也常利用虚假的生产数字和不合格的产品甚至废品，来宣称达到了某项高指标。发展到后来，财政中的虚假现象也出现了。工农业生产中的虚假现象比较容易被发现，财政中的虚假现象却不是一下子就能够认识清楚的，因为财政收支都是实实在在的货币进出，就此而言，容不得半点虚假。然而，"大跃进"期间的高指标、"浮夸风"、"共产风"毕竟真真实实引发了财政虚假的问题。以货币计算的财政收支，在正常情况下是代表相应的物资的。所谓的财政虚假，并不是指以货币计算的财政收支数据的虚假，数据是真实的，而是指各部门、各地区发生各种虚假现象，致使财政收入并不完全代表相应的物资，由此形成了财政虚假现象。

（一）"有名无实"的财政结余

"开国以来，我国每年财政收入增长的数额，平均在 35 亿元左右，1958 年比 1957 年增长数额却超过了 100 亿元。在收入增长的同时，1958 年的支出也增加了 100 亿元以上。1958 年国家决算收支的这种增长速度，很清楚地表明了这一年国家财政在生产大跃进基础上的巨大跃进。"①

"大跃进"期间，财政形势似乎很好。1958 年财政收入 418.63 亿元，相当于原预算的 126.1%；支出 409.40 亿元，相当于原预算的 123.4%，收支相抵，结余 9.23 亿元。

1959 年，财政收入继续猛增到 541.60 亿元，相当于原预算的 104.1%；支出 527.71 亿元，相当于原预算的 101.5%，收支相抵，结余 13.89 亿元。

1960 年，财政收入 562.98 亿元，支出 582.13 亿元，支大于收 19.15 亿元。1958 年至 1960 年，三年合计财政结余 3.97 亿元。②

生产"大跃进"，结果应该是生产增长快，财政又有结余，但市场的表现却是供应紧张。那么，生产出来的东西究竟到哪里去了？从 1958 年冬开始表现出来的这一矛盾现象，根源究竟在哪里？这不能不引起人们的关注。这一年年底，中央发出指示，要求各地认真清理商业资金，目的就

---

① 曾山：《第二届全国人民代表大会预算委员会关于一九五八年国家决算和一九五九年国家预算草案的审查报告》，载财政部办公厅编：《中华人民共和国财政史料·第二辑·国家预算决算（1950—1981）》，中国财政经济出版社 1983 年版，第 215 页。
②《当代中国丛书》编辑部编：《当代中国财政》上卷，中国社会科学出版社 1988 年版，第 176 页。

是要弄清楚财政状况很好，而经济却面临困难征兆的根源。当时，把弄清这个问题，形象地称为"捉鬼"。

（二）"假结余"与"捉鬼"

经过清理，发现了1958年国家资金运用上的一个突出问题，就是：商业部门和工业部门从银行借来的贷款里，大约有80亿元资金没有用于增加商品物资库存，而是用于以下方面：（1）商业资金办工业，用了16亿元；（2）商业部门自己办工业，用了5亿元；（3）商业部门赊销商品和预付款，占用了23.2亿元，预购定金未收回的部分，占用了5.8亿元；（4）用于其他方面的商业资金，有14亿元，其中也有部分用于基本建设；（5）工业部门用流动资金进行基本建设的有10多亿元，主要是地方工业贷款。

这样一来，混淆了流动资金和基本建设资金的使用界限；这样一来，实际上也等于在财政收支以外，通过商业和工业信贷的渠道，盲目地又把一部分资金使用出去了。结果，给经济生活带来了如下的种种不利影响：（1）使财政、商业等领域产生了一系列虚假现象，账面上财政有结余，实际上这些结余已经通过其他渠道开支出去了，"有名无实"，账面上商业和工业贷款增加很多，实际上相应的库存并没有增加这么多，产生虚假。（2）影响国家统一的基本建设和统一的投资分配计划。（3）冲击市场物资，造成人为的商品物资供应紧张。（4）不利于人民公社和企业实行经济核算。这些，都与计划经济的原则相抵牾。

发现了这些问题，"鬼"也就捉到了，财政"假结余，真赤字"的谜底也就揭开了。

（三）财政虚假性的根源

事实上，所谓财政的虚假性，根源不在于财政收支的表面上存在虚假，而是在资金收收支支的背后，有一部分财政资金并没有相应的物资作保证。这也就是说，有一部分财政收入，代表的是没有使用价值的废品或市场不需要的物资；有一部分属于应当由财政支出的款项，却通过信贷渠道由商业部门和工业部门支付出去了。因而，财政结余并不是真正的结余，而是虚假的结余。

三、财政虚假的成因与教训

（一）造成虚假的综合原因

财政部门是综合部门，其"假结余，真赤字"是当时高指标、瞎指挥、"浮夸风"、"共产风"，以及国民经济管理混乱的综合反映。推究起来，导致虚假的主要原因大致有三：

1. 财政收入的虚假

主要来自生产单位为片面追求高指标，只求产品数量不求质量，有些甚至虚报产量，商业部门为了支持"大跃进"，提出"生产什么就收购什么，生产多少就收购多少"，甚至出现了"指山买柴"、"指水买鱼"的荒唐现象。商业部门收购了物资，表明生产单位已实现销售收入，就要上交税款、利润，但这部分产品代表的却是质次价高或根本没有使用价值的东西。此外，国营工业交通企业在"大跃进"中，该计入成本的不计入成本，该摊销的不摊销，人为加大利润，也形成了一部分财政虚假收入。

2. 大量的资金损失，需要国家财政来解决

国民经济管理极度混乱造成的损失，一方面是人民公社在大炼钢铁、兴办水利等事业的过程中向银行借款的部分，需要国家财政来偿还。另一方面是国营商业部门发放的预购定金，赊销商品和预付货款中收不回来的呆账损失，只能向财政报销。还有一方面是管理混乱、财经纪律废弛造成的种种损失，最终都要靠国家财政来承担。

3. 清算损失偿还

人民公社对大量个人和集体的财产进行"平调"，在清算过程中出现的损失，相关退赔所需的资金，需要国家财政来偿还。

以上原因综合导致了"大跃进"期间形成的财政"假结余，真赤字"现象。从中可见，国民经济管理出了问题，首先并不直接在财政上暴露出来，可是，问题积累到一定程度，又必然会在财政收支上集中反映出来。

"假结余，真赤字"这一现象之所以能持续一段时间没有暴露出来，

大部分是由于商业信用和银行信用膨胀，一部分靠银行增发钞票，因而被掩盖了。

1957 年银行对工业的贷款为 33.4 亿元，1960 年增为 399.6 亿元，是 1957 年的 11 倍。在商业贷款方面，1957 年为 216.4 亿元，1960 年增至 506.3 亿元，增加了 1.3 倍。在银行现金收支方面，1957 年回笼货币 4.5 亿元，1958～1960 年却年年增加投放，到 1961 年年末竟增加了 1.4 倍。流通中货币增加过多，生产比例严重失调，符合社会需求的产品又不能增加，为了平稳市场，不得不挖商品库存，无异于"寅吃卯粮"，这是造成市场紧张的直接原因。

"大跃进"时期造成的种种损失，当时在国家财政收支决算中并没有反映出来。因为那时这些问题还没有彻底暴露，直到 1962 年才真正查清并做了比较彻底的处理。经过清查，发现需要由国家财政核销、退还或补发的，共约 348 亿元，实际处理结果，比原来预计的还多一些，达 370 亿元。数百亿元的代价，给财经工作留下的是深刻的教训。

（二）财政虚假的教训

财政虚假在当时给我们留下的教训是极其深刻的。大致说来，可以将其归结为如下六个方面：

发展事业所需的资金，应通过正常渠道，在国家财力许可范围内求得解决。属财政开支的，应走财政"大门"，不能走挪用资金、物资的"后门"。

必须切实防止盲目生产，粗制滥造。商业部门必须加强商品收购、验收和保管制度，不盲目收购以及因保管不善而导致浪费。工业生产的产品和商业收购的产品，如果没有使用价值或销售不出去，实质上是对生产的一种破坏。

必须建立和健全物资定期盘点制度、仓库保管制度和物资收发领报制度。必须加强财务管理，健全会计制度。不重视会计，"等于缺乏耳目"，这是十分危险的。

对农业，既要在资金方面大力支援，又要加强管理，注重实效。要防止不问物资、不问可能、不讲实效的做法。否则只会是国家花了一笔钱，却不能真正起到支援农业的作用。各种支援农业的资金，要划清界限，不能混淆。

财政部门必须做好资金的分配，加强管理，严格财政监督。一是收入要实在，防止虚假。二是安排好流动资金和基本建设投资的比例关系。三是不能掩盖矛盾。应由财政拨款的，要列入预算，如果财力不足，可以削减支出，不能挤占银行贷款。

银行工作要集中统一。银行服务生产和监督生产的基本方式，是发放贷款。有借有还，按期归还，是信贷活动监督的中心环节，也是银行和财政资金分口管理的重要界限，应该坚持按这一原则办事。

第三节　对"大跃进"的反思和财税体制调整

一、对"大跃进"的反思

主观上想要快，结果反而慢，这是"大跃进"给我们留下的最深刻的教训。本来是想加快经济建设的步伐，但由于对社会主义建设经验不足，对经济发展规律和经济基本情况认识不足，夸大了主观意志和主观努力的作用，因而受到了客观经济规律的惩罚。

（一）一个简略的总体评价

"大跃进"的折腾，加上当时严重的自然灾害和苏联政府撕毁合同，"二五"计划未能付诸实施，经济发生了严重困难。而且，由于盲目追求扩大生产规模和忽视必要的非生产性建设，在设备更新和城市基础设施以及居民住宅等方面，留下了大量历史"欠账"。深入追究其后果，我们还可以发现，"大跃进"期间，由于经济建设发生了"左"的错误，把"一五"时期的成功经验，如国力论原则，综合平稳原则，先安排吃穿用、再安排基本建设的原则，基本建设中以农轻重为序的原则等抛开了，也是造成失误的重要原因之一。

专栏3.3 "大跃进"与"反右倾"的严重后果

"反右倾"在经济上造成的严重后果，就是打断了纠"左"的积极进程，掀起了继续"跃进"的高潮。在"反右倾，鼓干劲"的口号下，各种"大办"一拥而上。由于各种"大办"，庐山会议前有所收敛的"一平二调"的"共产风"又大刮起来。平调范围，土地、粮食、房屋、生产工具、劳力以及生活家具，无所不有；平调单位，省、地、县、公社和生产队，一级比一级搞得厉害。

两年持续"跃进"，虽然重工业项目，靠着拼体力、拼设备、拼资源，有较大幅度的增长，如钢产量1959年达到1387万吨，1960年达到1866万吨，煤、铁等也增长较多，但重工业的这种"单兵突进"，进一步加剧了国民经济的比例失调，轻工业急剧下降，而遭到最大破坏的是农业。拿粮食来说，1959年产量仅为3400亿斤，比1958年的实际产量4000亿斤减少600亿斤。1960年粮食产量下降到2870亿斤，比1951年的2874亿斤还低。在这两年中，棉花、糖料、油料、生猪等主要农产品，也都大幅度减产。

1958年的"大跃进"和1959年"反右倾"后的继续"跃进"，给我们国家和民族造成了严重的灾难。我国人民所经历的1959～1961年"三年困难时期"，主要是"大跃进"、人民公社化运动和"反右倾"斗争造成的。在"三年困难时期"，全国广大人民因食物缺乏、营养不良，相当普遍地发生浮肿病，不少农村因饥馑死亡增加，据统计，1960年全国总人口减少1000多万。

资料来源：薄一波：《若干重大决策与事件的回顾》下卷，中共党史出版社2008年版，第612～613页。

（二）"大跃进"时期的财政"欠账"

"大跃进"和人民公社化运动，使整个经济发生了严重的扭曲，给社会生活和经济运行都带来了难以估量的损失。财政工作在这期间也陷入了新中国成立以来未曾遭遇过的种种困境。

1. 财政收入计划指标严重脱离实际

受高指标和"浮夸风"的影响，1958 年 8 月，"二五"时期财政总收入的第一个方案被定为 5200 亿元，第二方案被定为 5600 亿~5800 亿元。重大工业建设项目安排了 1000 个以上，"二五"时期预计共需投资 3850 亿元，比"一五"时期增长了 6.8 倍。然而，没有科学根据的高指标是无法实现的，它不仅打乱了综合平衡，也破坏了经济建设的各项比例关系。"大跃进"三年，基本建设投资规模急剧膨胀，并使国民收入中的积累率达到 39.3%，远远超过"一五"时期，基本建设拨款占财政支出的比重达到了 54.8%。

2. 财政体制改革偏离正确方向

"大跃进"开始后，财政体制放权的改革仍在进行，但内容与宗旨已经偏离了正确方向，成为各地"大办工业"搞自成体系的一种措施了。

——过急过多下放企业和财务管理权限。1958 年 6 月，决定对中央所属企业进行下放，十多天里就要求完成全部下放企业的交接手续。这次下放使中央各部所属企业、事业单位从 1957 年的 9300 多个减少到 1958 年的 1200 个，下放了 88%。中央直属企业的工业产值占整个工业产值的比重，由 1957 年的 39.7% 下降为 13.8%。6 月，财政部又发出通知，决定中央各部门所属企业、事业单位下放给地方管理后，其财务权限随同下放。这种变化，导致中央掌握的资源迅速减少，在当时高指标的要求下，支出负担却异常沉重，匆忙下放企业加剧了财政收支的不平衡。

——过多扩大地方对基本建设投资的管理权限。1958 年 4 月起，放宽了国家对限额以上基本建设项目的审查管理，并对基本建设程序作了一些改变。对地方兴办限额以上的基本建设项目，除提出简要的计划任务书报送中央批准外，其他设计和预算文件一律由省、自治区、直辖市审查批准。限额以下项目，则完全由地方自行决定。在各地盲目追求不切实际的高指标，都想扩大基本建设规模的情况下，这项规定实际上为地方乱上基建项目，大开方便之门。

——不适当地在农村推行"两放、三统、一包"的新体制。1958年12月决定，对农村财贸工作实行"机构下放、计划统一、财政包干"（即"两放、三统、一包"）的新体制。[①] 国家在农村的各项税收、下放企业收入（利润和折旧），事业收入和地方附加收入，统一计算，扣除原来由国家开支的行政费和事业费，由公社按收支差额包干上交。包干的办法，可以按公社收入的一定比例包干，也可以按一定的数额包干，结果助长了公社内部的"共产风"，财政、金融、商业、企业、事业单位之间乱挪、乱拉资金的现象更为严重。特别是实行财政包干，把公社财政、财务混在一起，等于在公社一级取消了税收制度和有关的财政管理制度，在财政收入、物价、经济核算和财政监督等方面造成混乱现象。1959年5月起，停止执行这一体制。

——不切实际地试办利税合一。在"大跃进"和人民公社化运动的影响下，"社会主义税收实质上不是税"的"非税论"观点大为泛滥，认为国营企业的税收和利润实质上是一个东西，因此认为利税合一，可以简化企业的交纳手续，有利于贯彻财政工作的群众路线。1959年1月，财政部指定石家庄、南京、成都等地试办利税合一。但不久，试点城市普遍反映，利税合一，弊多利少。物价方面，出现了企业自行提价，产品不好作价，以及工商争利等问题。经济核算方面，税款转为利润，利润少的变多，亏损的变成赢利，矛盾被掩盖，财务管理放松了，乱摊成本，乱列开支也出现了。财政收入方面，出现了企业压低交款计划，增加留成等问题，干部的思想也混乱了。5月，试点被紧急叫停。[②]

——规章制度废弛，破坏财政、财务管理正常秩序。"大跃进"中，片面强调"先破后立"，结果把必要的规章制度看成了"束缚群众手脚的条条框框"，是"不相信群众的表现"。1958年7月，财政部发出了废除

[①] "两放"指放机构、放人员。业务管理权限也下放给人民公社，由公社负责管理经营。"三统"就是统一政策、统一计划、统一流动资金的管理。"一包"指的是包财政任务。

[②] 参见姜长青：《"税利合一"：试点4个月被紧急叫停》，载《中国税务报》2009年3月27日。

6 个工业会计制度①的通知，还将一批工业会计方面的制度办法交由中央各主管企业部门及各省、自治区、直辖市财政厅、局自行决定是否继续使用。这批制度的废止，使不讲经济核算、"吃大锅饭"的做法合法化了，破坏了财政、财务管理的正常秩序。

3. 财政虚假的继续发展与彻底矫正

受限于客观政治环境，当时对财政问题的解决，一直无法达到比较令人满意的结果。例如，对财政虚假问题，1959 年曾对各地、各部门动用银行贷款和企业流动资金作了财政开支的 100 亿元，主要由国家财政给予解决，但并不彻底。主要原因是：庐山会议之后，"反右倾"之风盛行，把"大跃进"的错误发展到了一个新的高峰。财政虚假性问题不但没有消除，反而变本加厉。

在 1958～1960 年的三年间，财政收入比"大跃进"之前的 1957 年增长 85.7%。三年财政收支相抵，有结余 25.18 亿元。可是，这种表面的"大好形势"到了 1962 年开始进行经济调整时，才还其本来面目。调整的结果，从 1958 年到 1960 年的三年中，财政收入比原账面减少了 76.2 亿元，财政支出则比原账面增加了 97.16 亿元，收支差额由原来的结余变成了赤字 148.18 亿元（详见表 3.1）。为此，国家财政付出了巨大的代价。

表 3.1　1958～1960 年国家财政收支数额调整情况

单位：亿元

项目 年度	收入数		支出数		收支差额	
	原决算数	调整后	原决算数	调整后	原决算数	调整后
1958	410.65	379.62	400.36	400.36	+10.29	−20.74
1959	541.60	487.12	518.02	543.17	+23.58	−56.05
1960	562.98	572.29	571.67	643.68	−8.69	−71.39

---

① 6 个制度是：国营建筑包工企业统一简易会计科目及会计报表格式；国营工业企业统一成本计划规程；国营建筑包工企业施工单位会计处理办法；关于送审会计制度的几项规定（草案）；国营农场基本业务标准账户计划及会计报表格式和说明；国营企业基建投资及建筑安装工程成本的核算通则（草案）。

续表

年度 \ 项目	收入数		支出数		收支差额	
	原决算数	调整后	原决算数	调整后	原决算数	调整后
合计	1515.23	1439.03	1490.05	1587.21	+25.18	−148.18

资料来源：项怀诚主编：《中国财政 50 年》，中国财政经济出版社 1999 年版，第 134 页。

1962 年的调整，对财政虚假问题做了比较彻底的处理。当时经过清查，发现需要由国家财政核销、退还或补发的，约 348 亿元。其中属于钱和物资已经用掉，需要核销的部分有 212 亿元；属于应归还银行垫款和补拨流动资金，还有一定物资作抵的部分，有 136 亿元。但是，财政账面上，截至 1961 年年底，却还有结余 85 亿元。一方面是大量遗留问题有待处理，另一方面却是财政账面还存有一笔"结余"。这在一定程度上掩盖了国家财政亏空的真相。

经过实际处理，结果比原来预计的 348 亿元还大一些，达 370 亿元。通过种种途径，"欠账"解决了，但这种解决实际上是以压缩经济建设规模和银行信贷规模为代价的，是属于归还"大跃进"所造成的历史欠账。

有必要指出的是，虽然"大跃进"期间造成了巨大损失，但毕竟也取得了一些建设成就。比如，1959 年为了迎接中华人民共和国成立 10 周年，在全国处于"大跃进"高潮，国家建设资金非常紧张的情况下，国家财政仍然拨出专款，保证了北京"十大建筑"[①] 的资金需要。

二、财权财力的重新集中："三级模式"的推行

"大跃进"给国民经济带来了巨大损失，为此而进行的经济调整，财政调整首当其冲。为了应对经济困难，财政采取了一系列措施，重新加强

---

① "十大建筑"包括：人民大会堂、革命历史博物馆、军事博物馆、农业展览馆、民族文化宫、工人体育场、北京火车站、华侨大厦、民族饭店和迎宾馆。这些建筑在设计上既吸收了国际经验，又突出了民族特色，既注意外观的雄伟壮丽，又充分考虑经济实用性，成为当时首都北京的十大著名景观。

财权、财力的集中统一。

（一）财权上收与紧缩预算外资金

1961 年 1 月，中共中央批转了财政部《关于改进财政体制加强财政管理的报告》，3 个月后，中共中央随即又发布《关于调整管理体制的若干规定》。这两个文件明确提出，国家财权应当基本上集中到中央、大区和省、自治区、直辖市三级。大区是一级财政，它拥有对各省财政指标的分配调剂权，对所属省份财政工作的领导权和监督权。国家每年从总预备费中拿出一部分给大区直接掌握使用。

在财政体制方面，除了继续执行 1959 年开始的"收支下放、地区调剂、总额分成、一年一变"的办法之外，收回了一部分重点企业、事业单位的收入，作为中央固定收入，并将基本建设拨款改为中央专案拨款，以便对基本建设资金进行更严格的控制。同时，适当缩小了专区、县（市）、公社的财权，专区、县（市）以下的基本建设投资、国家支援人民公社的投资和特大灾害救济费等，一律改由省级财政专案拨款解决。在"大跃进"中不适当下放给地方的一些财权，也一律取消，做到"全国一盘棋"。对国营企业、事业的部分预算外收入和支出，从 1963 年起，则逐步纳入预算管理。对各地区、各部门的预算外资金，加强财政监督，有的纳入预算，有的减少数额，进行整顿。

（二）改进企业财务体制

为配合经济调整，1961 年 1 月，中共中央批转财政部《关于调低企业利润留成比例，加强企业利润留成资金管理的报告》，决定从 1961 年起将全国企业平均利润留成比例从 13.25% 降为 6.9%，并明确规定企业利润留成资金必须绝大部分用于"四项费用"，进行技术革新、技术革命和实行综合利用。企业主管部门集中的留成资金，不得超过企业留成资金总额的 20%，并且只能用于企业之间的调剂，不得用于其他开支。企业使用留成资金必须纳入财务收支计划，报主管部门批准。主管部门对本部门和所属企业使用的留成资金，必须编入本部门的财务收支计划，送财政部审核。另外，对企业成本开支范围、流动资金和基本建设资金的界限等都作了明确而严格的规定。

另外，在"大跃进"期间，国家和集体的界限一度被打破，一些地方和部门无偿调用属于人民公社集体的资金和物资。为了划清国家财政收支和集体财务收支之间的界限，当时对城乡人民公社中属于国家财政收支的部分实行了"收入分项计算，分别上交；支出下拨，包干使用，结余归社"的办法。

（三）税收管理体制的改进

为了适应经济调整的需要，财政部对税收管理体制也进行了改进，将税率税目的调整权限适当集中。其主要的规定是：（1）凡属于工商统一税税目的增减，税率的调整，盐税税额的调整，应报国务院批准；凡属于工商统一税纳税环节的变动，涉及一个大区的两个省、市、自治区以上的，报经中央局批准，涉及两个大区的，要报国务院批准。（2）凡属开征地区性的税收，地方各税税率税目的变动，以及在中央规定的所得税的税率范围内确定具体税率，必须报中央局批准。（3）凡属工商统一税中有关新试制的产品、以代用品作原料生产的产品，或者由于灾情等原因，需要给予减免照顾的，由省、自治区、直辖市批准。地方各税的征税范围、减税免税、对小商小贩加征所得税的比例和起征点的确定，也由省、自治区、直辖市批准。

总体看来，这一时期的财政体制集中程度比较高，"大跃进"中下放的许多权力被收了回来。但是，这种集中并不是过去高度集中体制的简单再现。这一时期的财政体制，有一个重要特点，就是："该松的松，该紧的紧"，调动了地方和企业的积极性，从而对迅速扭转国民经济的困难局面发挥了良好作用。采取这样一系列集中财力的措施，适应了当时经济调整的需要，使中央直接掌握的财政收入由原来的50%提高到60%左右，确保了调整方针的顺利实施。

第四节 财政收支格局的重大转变

"一五"计划的胜利完成,给人们以极大的鼓舞。随之而来的,是高涨的建设热情。"大跃进"期间,财政收支规模的急剧膨胀与回归常态,与其说是经济因素的影响,毋宁说主要是政治因素在起作用。从夸大了的经济建设规模到回归适应经济发展阶段的常态,其实正体现了计划经济时期一以贯之的"综合平衡"的经济建设指导思想。这一思想应用于财政经济领域的工作,在"大跃进"及其后的调整时期,恰恰就是经济建设回归适度规模这样一种表现。

从表 3.2 所示财政收支总计的变动趋势可以看出,正是在财政收支回归到适度规模的过程中,财政收支也逐步走向了平衡。并且,在实现平衡的基础上,还实现了另一个目标:收支均比上年度有所增长;收入增长速度还略高于支出增长速度。越到后期,这一趋势表现得越明显。

表3.2 全面建设社会主义时期历年国家财政收支

单位: 亿元

年度	财政收入总计	财政支出总计	收支差额	比上年增长（%）	
				财政收入总计	财政支出总计
1958	387.60	409.40	-21.80	25.0	34.6
1959	487.12	552.86	-65.74	25.7	35.0
1960	572.29	654.14	-81.85	17.5	18.3
1961	356.06	367.02	-10.96	-37.8	-43.9
1962	313.55	305.25	+8.30	-11.9	-16.8
1963	342.25	339.63	+2.62	9.2	11.3
1964	399.54	399.02	+0.52	16.7	17.5
1965	473.32	466.33	+6.99	18.5	16.9

资料来源:财政部办公厅编:《中华人民共和国财政史料·第二辑·国家预算决算(1950—1981)》,中国财政经济出版社 1983 年版,第 419~420 页。

一、支出缩减及其变动趋势[①]

1958～1961年，国家财政连续出现了赤字。为了扭转这一局面，政府采取了一系列非常措施，以紧缩财政支出规模。

(一) 节约非生产性开支

1962年，中央提出厉行节约的12条措施[②]，要求全国各部门、各单位"坚决贯彻中共中央不准用公款请客、送礼的指示"，"工作人员一般不准住饭店写文章，看文件"，一律不许购置家具和非生产性设备。破旧了的，修补使用；非添置不可的，通过清理仓库，调剂解决。日常办公用品尽量不买和少买。除了大力压缩行政经费外，随着各项事业调整规模，相应也紧缩了费用。从1959年到1961年，每年的国防经费也一再紧缩。国家财政总支出，根据经济调整的要求，在财政收入大幅下降的情况下，作了大量紧缩。1961年比1960年减少287.1亿元，减少43.9%；1962年又比1961年减少61.7亿元，减少16.8%。同时，国家从各方面改进了资金分配和管理，既大量节约可以节减的开支，又基本保证了各方面必不可少的资金需要，有力保障了财政收支平衡，保证了经济调整任务的完成。

在紧缩非生产性开支的同时，也大力压缩社会集团购买力。1960年约有81.8亿元的社会集团购买力，次年被压缩为54亿元，1962年进一步压缩为43亿元。这一措施，不仅节约了国家财政开支，腾出了一部分商品，增加了市场供应，而且对于政府发扬艰苦奋斗，与人民群众同甘共苦的风气，有重要意义。

(二) 减少国家工资支出

在调整经济的过程中，伴随着基本建设投资规模和重工业生产的大幅

[①] 本部分主要参考了《当代中国丛书》编辑部编：《当代中国财政》上卷，中国社会科学出版社1988年版，第217～221页。

[②] 主要措施有压缩社会集团购买力、清仓、节约差旅费等。参见中共中央、国务院《关于厉行节约的紧急规定》，载《当代中国丛书》编辑部编：《当代中国财政》上卷，中国社会科学出版社1988年版，第216～217页。

度压缩，企业生产任务普遍不足，工业生产战线过长的矛盾越来越突出地暴露出来。根据社会需要和燃料、原材料供应的可能，1961 年 9 月，国务院决定缩短工业生产战线，对没有原料、材料资源的企业，对消耗大、产量低、成本高，长期亏本而短期又不能改变的企业，分别实行"关、停、并、转"。1962 年，全国工业企业数由 1959 年的 31.8 万个减为 19.7 万个，减少了 38%，从而基本上改变了工业生产战线过长的状况。

与部分企业"关、停、并、转"相适应，从 1961 年起，各地大力抓精简职工和减少城镇人口的工作。这是克服困难的一项重要措施。到 1963 年 7 月，精简任务基本完成。两年半的时间里，全国共减少职工 1887 万人，其中全民所有制单位职工人数从 1960 年年末的 5043.8 万人减为 3183 万人；全国城镇人口在 1961 年 1 月到 1963 年 6 月共减少 2600 万人；全民所有制单位职工工资总额从 1960 年的 263 亿元降为 1962 年的 214 亿元。职工的精简，减少了国家财政开支，减轻了城市供应困难，而且降低了企业的生产成本，有利于企业扭亏增盈。"精兵简政"是经济调整中的一项关键性的措施，它的成效，不仅在调整时期的国家经济生活中充分显现出来，而且为克服财政困难，平衡财政收支提供了有利的条件。

（三）临时冻结银行存款

1960 年年末，国家财政经济面临严重困难。而与此形成对照的是，机关、团体、部队、事业单位的存款却不断增加，总额高达 115 亿元。为了合理使用资金，压缩社会集团购买力，中共中央和国务院做出指示，暂时冻结各单位的银行存款和国营企业的专项存款（不包括流动资金）。为保证生产、流通和国家行政管理的正常进行，并对冻结资金组成了清理存款办公室，分门别类提出具体处理意见。冻结银行存款是紧缩财政支出、控制货币投放的一项临时性紧急措施，对消灭赤字、回笼货币、稳定市场的作用是极其明显的。冻结存款措施和取得的良好效果，与社会主义国家银行的特殊作用是分不开的。

（四）出售高价商品回笼货币

在商品供应不足的情况下，为了平衡购买力同商品供应之间的差额，回笼多余的货币，并使消费者能在一般定量之外，再按照自己的需要和可能，购买一部分供应紧张的商品，1961 年 1 月起，全国 40 多个大中城市逐步敞开供应高价糖果和糕点。一律不凭证，不限量，充分供应。同年 3 月，全国 100 多个城市开设了高级饭店，后来又陆续决定将自行车、钟、表、酒、茶叶、针织品等商品也以高价出售一部分。据统计，1961 年和 1962 年两年，全国共销售高价商品 74.5 亿元，由此增加财政收入 38.5 亿元，对回笼货币、平衡财政收支起了一定作用。

二、调整经济加快恢复生产

1961 年 8 月，中央工作会议讨论通过了《国营企业工作条例（草案）》（简称工业“七十条”）。“七十条”明确规定国营工业企业是全民所有制的经济组织，又是独立的生产经营单位；它的根本任务是全面完成和超额完成国家计划，增加社会产品，扩大社会主义积累；国家对企业实行“五定”①，企业对国家实行“五保”②；强调建立和健全责任制及各项规章制度，实行按劳分配，加强经济核算和财务管理。结合贯彻工业“七十条”，全国展开了清产核资和扭亏增盈工作。

（一）清产核资

开展清产核资的背景是，1962 年前后，全国一方面是物资供应紧张，一方面却又有大量的原料、材料、成品、半成品以及各种消费资料储存积压，没有发挥作用，并且占用了大量的流动资金。为了充分发挥物资潜力，1962 年，中共中央和国务院发出指示，规定凡是全民所有制单位，必须进行一次全面的合理的清仓核资和物资处理，并要求通过清查处理工作，建立健全物资管理制度，进一步改进物资管理工作。

清仓核资工作自 1962 年 2 月开始，先后动员 50 多万人参加，到 1963

---

① 即：定产品方向和生产规模，定人员和机构，定主要原材料和燃料动力消耗来源，定固定资产和流动资金，定协作关系。
② 即：保证产品的品种、质量和数量，保证不超过工资总额，保证完成成本计划，保证完成上缴利润，保证主要设备的使用期限。

年 9 月底,据不完全统计,共清出超过合理储备的物资总值达 173 亿元,其中 90% 的超储物资由国家统一调剂,用于生产建设和人民生活的需要。在清仓基础上,重新核定了企业的流动资金,1962 年,全国工业企业占有的流动资金总额比 1960 年减少了 60 多亿元。

同时,清理拖欠货款的工作也取得了很大成绩。到 1963 年年底,已将几年积累下来的数万个企业之间的几十万件债权债务基本清理完毕。在清仓核资和清理拖欠货款的基础上,1963 年年底,财政部、中国人民银行总行发出通知,要求各有关部门和企业采取有效措施,积极利用和处理积压物资,大力压缩流动资金定额,减少不合理的超定额贷款,切实改进流动资金的管理工作,实行资金分口分级管理制度,并进一步健全物资管理制度,严格履行经济合同,实行按月资金平衡调度制度。

经过以上各项工作,流动资金的周转大大加速。到 1965 年,全民所有制独立核算的工业企业,每百元产值占用的定额流动资金为 25.5 元,是历史上最高水平。

(二) 调整企业扭亏增盈

"大跃进"以来,全国部分企业的利润水平下降或发生了亏损,导致亏损的原因既有国家允许的诸如经营粮食高进低销所产生的亏损,也有客观原因造成的企业亏损。国营企业收入是国家财政收入的主要来源,是实现国家预算和经济调整的关键。企业不扭亏,国家建设就没有资金来源。因此,当时的一项重大经济和政治任务就是扭亏。扭亏的奋斗目标是:对那些由于管理不善而造成亏损的企业,要求在短时期内通过改善经营管理做到不亏损,并尽可能给国家上缴利润;对那些产品质量低劣,成本又高,短期内不能扭亏的企业,则区别不同情况,实行"关、停、并、转"。在各部门努力下,1962 年后,许多企业扭亏增盈取得了很大成效。1963 年,全国亏损企业亏损总额为 64.4 亿元,比 1962 年减少 28.7 亿元,减少了 30.8%。企业减少亏损和降低成本,成为当年国家预算收入增加的主要来源。到 1965 年,全部工业企业的亏损额只有 6 亿元,基本上消灭了经营性亏损。亏损减少的同时,企业赢利额有所增加。1963 年,全国各国营企业实现利润177.9亿元，比1962年增加20.7亿元，增加了13.2%。

实现扭亏增盈，是完成财政收入任务的基本环节，对提高国营企业劳动生产率，为社会主义建设积累更多资金，具有重大意义。

（三）开展增产节约运动

经过1961年和1962年的经济调整，财政经济状况开始好转，"支大于收"的局面转变为"收大于支"，市场供应趋于缓和，集市贸易价格逐步回落。为了使财政经济状况早日实现根本好转，中央发出指示，要求进一步开展增产节约运动。这对于完成和超额完成国民经济计划和国家预算，更多地积累建设资金，并合理地节约地使用这些资金，意义重大。而进一步做好财政工作，加强财政管理，又是推动增产节约运动，贯彻勤俭办企业的方针，防止资金浪费的一个重要条件。财政部门同其他有关部门的密切结合，有力推动了增产节约运动的深入开展。

三、调整措施的成效

（一）国民经济全面好转

经过1961年到1965年整整五年的努力，国民经济"调整、巩固、充实、提高"取得了圆满成功。1964年12月，周恩来在第三届全国人民代表大会第一次会议上作《政府工作报告》时说，"调整国民经济的任务已经基本完成，工农业生产已经全面高涨，整个国民经济已经全面好转，并将进入一个新的发展时期"。

在调整的基础上，工农业生产已经超过1957年的水平。1965年全国工农业总产值为1984亿元，其中农业总产值590亿元，工业总产值1394亿元。同1957年相比，工农业总产值增长59.9%，其中农业增长10%，工业增长98%。1963年至1965年，工农业生产平均每年以15.7%的速度发展。更重要的一点是，这一速度是建立在国民经济各部门生产能力提高和生产各环节相互比例关系取得合理调整的基础上的。这是综合平衡的理论在中国财政经济实践中的进一步丰富和发展。

1. 工业产量增加，内部结构有所改善，生产能力大幅提高

自 1958 年至 1965 年间，工业基本建设投资达 938 亿元，建成 531 个大中型项目，新建和扩建了大批重要企业。据统计，到 1965 年，全国工业固定资产原值达 1040 亿元，比 1957 年增长了 2 倍。经过五年调整后，工业生产产品质量、消耗、劳动生产率等技术经济指标，都大大改善。中国工业企业在主要技术经济指标方面的历史最高水平，有相当大一部分是在 1965 年前后创造的。① 此外，在工业内部结构和布局方面，也有所改善。轻工业产值占工业总产值的比重从 1960 年的 33.4% 升到 1965 年的51.6%。从历史上看，这是一个可以兼顾生产建设和人民生活、保证市场稳定的合理界限。在工业布局上，原来缺少工业的广大内地和边疆各地，新建起了不同规模的现代工业。内地工业的产值在全国工业产值中的比重，由 1957 年的 32.1% 提高到 1965 年的 35%。

2. 农业生产恢复，生产条件改善，工农业比例比过去协调

1965 年粮食总产量达 3891 亿斤，比 1960 年的 2870 亿斤增产 1021 亿斤，接近 1957 年的 3901 亿斤水平。粮食净征购量达 672 亿斤，已恢复到1957 年的水平，比 1962 年增加了 158 亿斤。

从 1958 年年初开始，农村掀起了兴修水利的高潮。8 年内投资水利137.9 亿元，平均每年 17.2 亿元，相当于"一五"时期平均每年投资的3.2 倍。这一时期，农业现代化技术装备程度也大大提高。

由于农业生产条件的不断改善，1965 年与 1957 年相比，虽然粮食总产量没有恢复到当年水平，但平均亩产则比 1957 年超过 3%。值得注意的是，工业与农业的产值比例，经过调整后已经由 1960 年的 3.58∶1 改进为 1.68∶1，它比较接近中国当时的工农业生产发展和人民生活的客观需要。

---

① 如：每百元固定资产原值实现的利润为 20.9 元，每百元资金实现的利税为 29.8 元，每百元固定资产净值实现的利税为 39.8 元，每百元工业产值实现的利润为 21.3 元，每百元产值占用的流动资金为 25.5 元。参见《当代中国丛书》编辑部编：《当代中国财政》上卷，中国社会科学出版社 1988 年版，第 232 页。

3. 积累与消费比例趋于正常

"大跃进"时期，国民经济比例失调的关键在于积累过高，基建规模过大，导致人民生活困难。当时陈云提出，国家建设规模必须符合国力，并指出国家计划"首先要保证生活必需品的生产部门最低限度的需要，其次要保证必要的生产资料生产的需要，剩余的部分用于基本建设"[①]。当时，根据这个精神和"八字方针"，压缩了基本建设规模，以维持消费。积累占国民收入使用额的比例，从43.8%（1959年）一路降为39.6%（1960年）、19.2%（1961年）、10.4%（1962年）、17.5%（1963年），1964年和1965年，积累率分别回升到22.2%、27.1%。基本建设规模与当时国家的财力物力基本相适应，积累率与消费的比例关系逐步趋向正常合理，既兼顾了人民生活需要，又保证了经济恢复中基本建设和一批重点项目能按计划建设，按时投产。

（二）财政收支趋于平衡

1. 财政收支平衡，略有结余

从1958年起出现的财政赤字格局，随着经济调整工作的进行，生产恢复，增产节约，财政收入逐年增加，1962年终于实现了财政收支平衡。1965年，财政收入473.3亿元，和1957年相比，增加163.1亿元，增长52.6%；财政支出466.3亿元，结余7亿元。在对内克服自身困难的同时，对外顶住了苏联领导集团的压力，还清了对苏联的全部债款[②]，并大力支援了许多国家的革命和建设事业。事实证明，国家财政在国民经济调整过程中发挥了重要职能作用。

2. 货币回笼，市场稳定

在国民经济最困难的1961年和1962年，国家为了回笼货币，稳定市

---

① 《陈云文选》第三卷，人民出版社1986年版，第53页。

② 中国向苏联的各项借款，主要是在抗美援朝战争中欠下的苏联军用物资款和应付利息，折合人民币计算，共为57.43亿元，到1962年年底，偿还了52.89亿元，剩余的4.54亿元于1965年前已分年还清。参见《当代中国丛书》编辑部编：《当代中国财政》上卷，中国社会科学出版社1988年版，第236页。

场，采取的措施主要是紧缩财政支出，压缩社会集团购买力，冻结银行存款，精简职工，增加商品供应，部分消费品实行高价政策以增加收入等，这些对回笼货币起了一定作用。货币流通量和社会商品零售额之比，1961年为5.5，1962年为5.9，1963年为7.3。说明流通中的货币在逐步减少，市场供应的商品在逐步增加。同时，货币流通量和国内商业部门商品库存比例，1961年为1:2.97，1963年为1:4.34，1964年为1:4.87，已高于"一五"时期的1:4.5。货币流通量和农副产品采购总值的比例，1961年为1:1.9，1965年为1:4.1，有所回升。以上这些，都反映了财政收支从赤字转向结余，物价从上涨到回落，市场供应从紧张到缓和的转变过程。

（三）人民生活水平回升

1965年全国居民年均消费水平为每人125元，比1957年增加23元。由于农业尚未完全恢复，1965年全国平均每人的粮食、食油、棉布消费量，仍略低于1957年的水平。但是，总体来看，因经济调整，市场供应增加，许多农副产品调高了收购价格，农业税减低税率，农民生活水平已有了提高。

据国家统计局计算，1963年全社会零售物价总指数比上年下降5.9%，其中平价下降0.8%，高价、议价、集市价格分别下降40%～50%。集市贸易价格经过两年大幅度下降，到1965年年底平均比牌价只高40%左右。种种迹象都表明，中国人民度过了困难时期，生活水平开始回升了。

经过扎扎实实的五年努力调整，国民经济得以迅速恢复和发展。最主要的表现是：1963年至1965年，工农业总产值平均每年增长15.7%，财政收入平均每年增长14.7%（增速较快有经济迅速恢复的因素），各项经济指标已经恢复到或超过了"一五"时期的最高水平。但是，限于当时的历史条件，对于"大跃进"急于求成和"左"的思想并没有认真清算和根本纠正，因此，社会主义经济建设仍然潜伏着一定的隐患。在随后的十年"文化大革命"中，经济中的隐忧不同程度地慢慢显现出来了。

第五节 经济调整中的财政管理体制变迁

一、严格财政纪律：以配合经济调整为导向

对国民经济实行全面调整，是在 1960 年下半年开始酝酿的。当年 8 月底，国家计划委员会向国务院汇报 1961 年经济计划时，正式提出应对国民经济实行调整、巩固、提高的意见。周恩来表示赞成，并增添了"充实"两字，从而形成"调整、巩固、充实、提高"的八字方针。1961 年 1 月间，党的八届九中全会正式批准了这一方针，并向全国人民宣布，应当适当地缩小基本建设规模，调整发展速度，在已有胜利的基础上，采取巩固、充实、提高的方针。从此，国民经济进入调整阶段。

（一）财政工作：缩减支出以求平衡

调整初期，财政工作面临的一个最大困难是：物资少，票子多，财政收支不能平衡。面对这一形势，中央发出一系列指示，要求采取坚决的平衡收支的措施，加强管理。在经济困难面前，国家没有通过普遍提高物价和增加税收的办法，而是要求全国上下同甘共苦，切切实实增产节约，克服困难。

1961 年 7 月，财政部召开会议，要求各地坚决执行中央调整预算的指示。调整当时预算收支的关键，是坚决地压缩支出，这不仅是一个财政问题，而且成为一个政治问题。要求各地区、各部门收入必须调低，支出则应区别对待，有些费用支出必须大力压缩。经过努力，1961 年财政收支规模均比上年大幅下降，赤字也减为 10.9 亿元，财政收支基本实现平衡。1961 年初战告捷，为在日后的经济调整中进一步发挥财政的调节作用，打下了比较扎实的基础。

（二）继续加强财政管理

经过 1961 年和 1962 年的经济调整，财政经济状况开始好转，支大于

收的局面扭转过来了。为了使财政经济状况早日实现根本好转，1963 年，中共中央发出通知，要求继续贯彻执行财政、银行工作"双六条"①，严格财政信贷纪律，并根据集中领导和分级管理相结合的精神，进一步健全各项财政、财务制度，加强基本建设投资的拨款监督，坚决按计划、按程序、按预算、按工程进度拨款，防止和克服不按计划和不按制度办事的现象。

以上措施，是和增产节约运动相辅相成的。做好财政工作，加强财政管理，是推动增产节约运动，贯彻勤俭办企业的方针，防止资金浪费的一个重要条件。财政部门同有关部门密切配合，通过加强财政管理，严格财政纪律，有序推进了增产节约运动的深入发展，有力保障了经济调整的顺利进行。

二、财权：从相对松动到重新趋于集中

（一）地方扩权：1958 年体制的大变化

1958 年，我国进入第二个五年计划时期。当时，社会主义改造已经基本完成，经济建设有了很大发展，中央各主管部门所管的企业事业大大增加了，并且分布在各个地区。为了加强对国营企业的生产领导和经营管理，有必要把一批适合于地方经营的企业下放给地方管理。同时，地方也要求掌握更多的财权，以便因地制宜地安排本地的经济建设事业。毛泽东在《论十大关系》一文中指出，应当在巩固中央统一领导的前提下，扩大一点地方权力，让地方办更多的事情。根据当时的客观情况和毛泽东的指示精神，中央决定把一大批中央企业下放到地方管理，因此，财政管理体制也相应进行了改革。

---

① 所谓"双六条"，是指 1962 年三四月间中央先后发布的《关于切实加强银行工作的集中统一，严格控制货币发行的决定》和《关于严格控制财政管理的决定》。之所以称为"双六条"，是因为两个《决定》的大致内容均有六大方面，强调加强财政信贷管理，严格控制财政支出，并重申了加强财政管理的十项禁条，以确保国民经济的调整和发展。详细内容可参见财政部综合计划司编：《中华人民共和国财政史料·第一辑·财政管理体制（1950—1980）》，中国财政经济出版社 1982 年版，第 137～147 页。

1957 年 11 月，国务院决定从 1958 年起，实行"以收定支，三年不变（以后又改为五年不变）"的财政管理体制。这个体制的总体精神是，根据新的情况，明确划定地方财政的收支范围，进一步扩大地方财政的管理权限，并且在保证国家重点建设的前提下，增加地方的机动财力。其主要内容是：

1. 收入实行"分类分成"。属于地方财政的收入有三种：一是固定收入，二是企业分成收入，三是调剂分成收入。这些收入划给地方的比例，根据各个地区平衡财政收支的需要，分别计算确定。

2. 支出方面，属于地方财政的支出有两种：一是地方的正常支出，即地方财政支出中比较经常的开支，这些开支由地方根据中央划给的收入自行安排。二是由中央专案拨款解决的支出，包括基本建设拨款和重大灾荒救济、大规模移民垦荒等特殊性支出。这些专案拨款，每年确定一次，由中央拨付，列入地方预算。

3. 为保证地方正常支出的需要，以省（市、自治区）为单位，分四种情况分别划定地方的收入项目和分成比例：一是地方用固定收入能够满足正常支出需要的，不再划给别的收入，多余部分按一定比例上缴中央；二是地方用固定收入不能满足需要的，划给企业分成收入，多余部分按一定比例上缴中央；三是地方用固定收入、企业分成收入仍然不能满足需要的，划给一定比例的调剂收入；四是上述三种收入划给地方仍不能满足需要的，中央给予拨款补助。

4. 确定地方正常支出和划分收入的数字，均以 1957 年的预算数作为基数。收入项目和分成比例确定后，原则上五年不变，地方多收了可以多支。

5. 地方可以在划定的收支范围内，根据收入安排支出，预算执行中收入超过支出，地方可自行安排，年终结余留给地方转入下年度自行安排使用。

1958 年的财政体制进一步下放了财权，增加了地方的机动财力。同以前的财政体制相比，区别体现在三个方面：

1. 收入划分方面，过去中央企业收入地方不分成，这次体制规定地方参与分成；过去各种税收的分成比例，是一种税一个比例，这次规定除地方税收外，其余税收都作为调剂收入，其分成比例在一个省（市）范围内是一个比例。

2. 支出划分方面，基本建设拨款过去包括在地方支出中，新规定改为全部由中央专案拨款。地方所需基本建设拨款，不包含在地方正常支出基数内。

3. 改变过去"以支定收，一年一变"，确立"以收定支，五年不变"的做法。这是这次体制和过去体制的根本区别。过去每年先由中央确定地方支出，然后根据支出划给一定的收入项目，并确定分成比例。这次体制改为中央把地方财政的收入项目和分成比例确定以后，五年不变，在五年内，地方可根据收入情况自行安排支出。

这种改进的好处就是，"实行这种制度以后，地方可以根据收入安排支出，按照实际需要，因地因事制宜；免得像过去那样，一些临时发生的和特殊的支出，须要向中央要求拨款，以致有时问题得不到解决或者得不到及时的解决。而实行新制度的一个更大的好处是，随着经济的发展，地方收入多了可以多支，结余了可以继续使用，这就大大有利于发挥地方组织收入和节约支出的积极性"[1]。

总之，1958年的体制改革是一次比较大的改革，但只执行了一年后，形势就变了。主要原因是：这一年，经济工作上的高指标、"浮夸风"带来了财政的"虚假性"问题，地方财政的投放方向也没有把好把稳。这一年地方分得的机动财力，大大超过了原来设想，并且各地也不平衡，地方钱多了就扩大基本建设规模，同国家经济建设的统一布局发生了矛盾。同时，中央直接管理的企业、事业单位大批下放给地方管理等，过多扩大了地方的财权，相对缩小了中央财政的机动力量，不利于国家有计划地发

---

[1] 李先念：《关于一九五七年国家预算执行情况和一九五八年国家预算草案的报告》，载财政部办公厅编：《中华人民共和国财政史料·第二辑·国家预算决算（1950—1981）》，中国财政经济出版社1983年版，第203页。

展经济建设事业。

（二）适当收权：1959年改革的总趋势

针对1958年财政管理体制执行中出现的问题，国务院决定从1959年起，改为实行"收支下放，计划包干，地区调剂，总额分成，一年一变"的财政管理体制，简称"总额分成，一年一变"（有时也称"一年一定"）。基本精神是：在继续下放收支项目的同时，适当收缩一部分地方的机动财力，通过一年一变的做法，解决财政计划同国民经济计划不相衔接的问题。

1959年财政管理体制的主要内容，"收支下放"是指除少数中央直接管理和不便按地区划分的收入外，其余收入全部划给所在省（市、自治区）管辖，作为地方财政收入，不再按不同类别划分收入。支出方面也采取类似的做法，除了中央部门直接办理的若干项目外，全部划为地方财政支出，不再区分。"计划包干"指的是根据国民经济计划和其他有关指标计算地方的财政收支，收支相抵后，收大于支的地方，多余部分按比例上解中央；收小于支的地方，不足部分由中央给予补助。然后在此基础上，归省（市、自治区）包干使用。在预算执行中，超收部分按原定比例解留，中央补助款按原计划数额拨补，年终如有结余，归地方自行安排。"地区调剂"是指地方上解中央的收入，除了少数用于中央的开支以外，主要用于补助经济落后地区、少数民族地区和收入少、建设多的地区的资金不足。"总额分成"是指地方负责组织的总收入和地方财政总支出挂钩，以省（市、自治区）为单位，按收支总额计算一个分成比例，即地方财政总支出占地方财政总收入的比例，作为地方总额分成的比例。"一年一定"指的是地方当年的财政收支指标，分成比例和补助数额，由中央每年核定一次。

与1958年的财政体制相比，1959年的财政体制最主要的变化是，将"以收定支，五年不变"改为了"总额分成，一年一变"。这种体制把地方负责组织的全部收入和地方财政支出挂起钩来。国家通过预算指标一年一定的办法，适当集中了财力。此外，新的体制，在方法上比过去有很大的简化。从 1959 年到 1960 年，基本上实行的就是这种体制。

三、财政管理体制的逐步"回归"与财政收支平衡

（一）财政管理体制：重新走向集权

三年"大跃进"，经济工作中失误不少，又加上连续几年发生严重的自然灾害，国民经济发生了严重困难。1961 年，"调整、巩固、充实、提高"的八字方针提出后，为了更好地贯彻这个方针，需要强调集中统一领导，在统一政策、统一计划和统一制度下，统一调配人力、物力和财力。而 1958 年到 1960 年间实行的财政管理体制，主要方面都是较多地强调了扩大地方的财力和财权。由于财政下放较多和财力分散，财政管理偏松，不利于国民经济计划的综合平衡，因此，财政管理体制有必要因应形势发展而作改进，即在一段时间内实行比较集权的办法。

在这一大背景下，1961 年 1 月，中央批转财政部的报告，提出了改进措施，强调财政管理的集中统一。主要内容有：

1. 国家财政权基本上集中在中央、大区和省（市、自治区）三级，缩小专区、县、公社的财权。

2. 继续实行"总额分成，一年一变"的办法，但是，收入方面收回了一部分重点企业、事业单位的收入，作为中央固定收入，支出方面则将基本建设拨款改由中央专案拨款，加强了对基本建设资金的严格控制。

3. 国家预算从中央到地方改为实行"上下一本账"，坚持"全国一盘棋"，各级预算的安排，坚持收入平衡，略有节余，一律不准打赤字预算。

4. 当年地方财政的超收分成和支出结余等，如用于基本建设的，必须纳入国家基本建设计划。

5. 严格财政纪律，加强财政监管。各地区、各部门和单位的预算外资金，采取"纳、减、管"的办法进行整顿，即：有的纳入预算，有的减少数额，都要加强管理。

（二）推行"双六条"与平衡财政信贷收支

为了进一步加强财政信贷管理，促进国民经济调整，1962 年三四月间，中央先后发布《关于切实加强银行工作的集中统一，严格控制货币发行的决定》和《关于严格控制财政管理的决定》（即"双六条"），要求所有经济部门和企业单位都要改进经营管理，加强经济核算，加强财务管理，维护应当上缴国家的财政收入，严格控制各项财政支出，不准用银行贷款作为财政性支出，并要求切实加强财政监督。这些决定，对集中财权，加强管理，平衡财政信贷收支，起了重要作用。

从 1962 年到 1964 年间，除了在收入划分上，地方税（小固定收入）有所变动外，大体执行的还是 1961 年的体制。到了 1965 年，随着国民经济情况的好转和其他一些变化，财政体制又作了一些小的改变：（1）财政收入恢复了"总额分成"加"小固定"的办法。（2）财政支出方面，地方各项支出，包括基本建设在内，都列入预算基数参与收入分成，只保留临时性的特大防汛、抗旱和特大救济支出作为专案拨款。（3）预算调剂权方面，各项事业经费，财政上只下达分类的财政指标，地方有权调剂；地方的基本建设和各种费用安排，中央只分配下达总数，由地方具体安排。

经过几年的调整，经济恢复了元气。1965 年的各项经济指标，已恢复到"一五"时期的最高水平。

第六节　小结

全面建设社会主义时期的财税体制，经历了一系列的变化与调整。

"一五"时期，为了集中国家有限的财力，保障重点建设，形成的是侧重集中统一的财政经济体制。这种体制对保障国民经济的发展起到了重要作用。但是，随着生产资料所有制改造的基本完成，原有体制集中过多，统得过死，与生产力发展不相适应的矛盾越来越突出了。

在"一五"建设成就的鼓舞下，"大跃进"时期，地方建设的积极性促成了中央财权的下放，因而也促成了财政管理体制的全面改革。

与工商管理体制改革相配套，财政管理体制改革的总体精神是：在保障国家重点建设的前提下，扩大地方的财权和企业的财权。

在中央与地方的关系上，开始实行"以收定支，五年不变"的财政新体制。

在国家与企业的关系上，实行利润分成，改进财务管理制度。1957年11月，国务院发布《改进工业管理体制的规定》，对实行企业利润分成作了原则规定。1958年起，国营企业开始实行利润全额分成制度。1958年7月，国务院发布《关于改进基本建设财务管理制度的几项规定》，基本建设财务管理试行投资包干制度。

在税收制度上，实行合并税种，简化征税办法。1958年9月，国务院发布《中华人民共和国工商统一税条例（草案）》。这次改革，试行工商统一税，但税制过于简化，削弱了税收调节经济的作用。之后，由于不切合经济现实，推行"税利合一"试点，也仅仅经过了4个月便被紧急叫停。

过度的权力下放，引发了种种问题。在"大跃进"期间，财政虚假问题对经济产生了诸多负面的影响，直接导致之后的数年时间，国民经济不得不花费巨大代价用于调整、回归正常发展轨道。在这一过程中，1959年财政管理体制做了局部微调，财权重新适度上收，财政管理体制逐步"回归"初期制度框架，财政收支从不平衡重新走向平衡，都深刻反映了计划经济体制下"综合平衡"的财税治理思想在经济领域中的应用。

1958年到1960年间实行的财政管理体制，更多强调的是扩大地方财力和财权。经历了"大跃进"之后，财政管理体制有必要因应形势之变而作出改进。于是，在一段时间内开始实行比较集权的办法。1961年，中央批转财政部报告，提出了改进措施，强调财政管理的集中统一。1962年到1964年间，大体沿袭了1961年的体制，强调维护应当上缴国家的财政收入，严格控制各项财政支出，并要求切实加强财政监督。这些决定，对集中财权，加强管理，平衡财政信贷收支，起了重要作用。

　　经过几年的调整，到了1965年，各项经济指标，已逐渐恢复到"一五"时期的最高水平。在经济恢复的过程中，财政对经济的支援作用主要体现于"生产建设型财政"。基本建设投资占财政支出的比重一直偏高，有力保障了经济的恢复进程。

本章参考文献

1. 薄一波：《若干重大决策与事件的回顾》上、下卷，中共党史出版社2008年版。

2. 财政部办公厅编：《中华人民共和国财政史料·第二辑·国家预算决算（1950—1981）》，中国财政经济出版社1983年版。

3. 财政部综合计划司编：《中华人民共和国财政史料·第一辑·财政管理体制（1950—1980）》，中国财政经济出版社1982年版。

4. 财政科学研究所编：《十年来财政资料汇编》第一、二辑，财政出版社1959年版。

5.《陈云文选（1949—1956）》，人民出版社1984年版。

6. 丛进：《曲折发展的岁月》，河南人民出版社1989年版。

7.《当代中国丛书》编辑部编：《当代中国财政》上、下卷，中国社会科学出版社1988年版。

8. 费正清、罗德里克·麦克法夸尔主编，王建朗等译：《剑桥中华人民共和国史（1949—1965）》，上海人民出版社1990年版。

9. 费正清著，薛绚译：《费正清论中国》，台北正中书局1994年版。

10. 高培勇、温来成：《市场化进程中的中国财政运行机制》，中国人民大学出版社2001年版。

11. 胡鞍钢：《中国政治经济史论（1949—1976）》（第2版），清华大学出版社2008年版。

12. 姜长青：《"税利合一"：试点4个月被紧急叫停》，载《中国税务报》2009年3月27日。

13. 林蕴晖、范守信、张弓:《凯歌行进的时期》，河南人民出版社1989年版。

14. 刘国光主编：《中国十个五年计划研究报告》，人民出版社 2006 年版。

15. 吴承明、董志凯主编：《中华人民共和国经济史（第一卷）：1949—1952》，中国财政经济出版社 2001 年版。

16. 项怀诚主编：《中国财政 50 年》，中国财政经济出版社 1999 年版。

17. 《中国共产党中央委员会关于建国以来党的若干历史问题的决议》（单行本），人民出版社 1981 年版。

18. 中华人民共和国财政部、财政科学研究所、中央财政金融学院编：《中国财政问题》，天津科学技术出版社 1981 年版。

19. 中华人民共和国财政部综合计划司编：《中国财政统计（1950—1985）》，中国财政经济出版社 1987 年版。

20. 《中华人民共和国十年财政的伟大成就》，财政出版社 1959 年版。

第四章

危局与酝酿中的变局：“文化大革命”时期频繁调整的财税体制

在经历了“大跃进”和人民公社化后的三年经济调整之后，于1964年年底召开的第三届全国人民代表大会宣布，调整国民经济的任务已经基本完成，整个国民经济将进入一个新的发展时期，要努力把我国逐步建设成为一个具有现代农业、现代工业、现代国防和现代科学技术的社会主义强国。然而，由于“文化大革命”的发动，这一战略部署未能得到实行。在新中国历史上，1966～1978年是经济增长率比较低、经济波动系数比较显著的时期，也是生产停滞的时期。

处于如此的背景下，概括说来，国家的财政工作先后经历了三次严重破坏：第一次发生在“文化大革命”初期，财政经济状况急剧恶化，财政管理工作大大削弱；第二次发生在1974年，财政工作遭受“反右倾回潮”的严重冲击；第三次是在1976年，财政工作又遭受“反击右倾翻案风”的严重冲击。其间，财政工作在困境中进行了两次整顿，曾有过转机，但又因受到重重阻挠和破坏而遭遇重大挫折，给之后的工作带来了不容忽视的影响。

总体来看，“文化大革命”十年间，经济形势起伏不定，财政体制频繁更易，财政工作遭遇诸多困难。同时，也面临新的生机。

第一节　财政经济的混乱局面

一、没有计划的计划经济

（一）国民经济发展的曲折反复

从 1966 年到 1969 年的四年间，国民经济经历了一个"增长—大幅度下降—初步回升"的过程。

1966 年"文化大革命"伊始，动乱主要还是集中于上层建筑领域，经济建设还算是顺利的，仍然保持了 20 世纪 60 年代前半期调整国民经济的好势头。同往年相比，1966 年经济仍有较大幅度增长，各项生产建设都完成或超额完成了国家计划。1966 年全年工农业总产值为 2534 亿元，比上年增长 17.3%。其中农业总产值 641 亿元，超额完成计划 6.8%，比上年增长 8.6%；工业总产值 1686 亿元，超额完成计划 11.5%，比上年增长 20.9%。基本建设投资总额 209.42 亿元，比上年增长 16.6%。国家财政收入 558.7 亿元，比上年增长 24.4%，支出 541.6 亿元，收支节余 17.1 亿元。[1]

1967 年和 1968 年，是"文化大革命"最为动乱的年代，全国出现了"打倒一切"、"全面内战"的大动荡局面。政治局势的动乱，打乱了正常的社会、生产和工作秩序，国民经济处于无政府或半无政府状态，经过数年调整获得的大好形势被断送了。财政经济状况和财政工作也由此陷入了混乱之中：

一方面，经济指挥和管理机构瘫痪或基本瘫痪，国民经济实际上处于无计划的状态。全国全面夺权，大批有经验的干部"靠边站"，从上到下原有的一套经济指挥和管理系统失灵，计划管理和经济管理难以为继，统计机构瘫痪了，一些报表被造反反掉了，年报迟迟不能报齐，一些基本统计

---

[1] 参见王年一：《大动乱的年代》，河南人民出版社 1988 年版，第 356 页。

资料也提供不出来。由于形势极度混乱,1968年的年度计划也无法制订,1968年成为我国推行计划经济体制以来唯一没有国民经济计划的一年。

另一方面,行之有效的经济政策和规章制度废弛,无政府主义、经济主义、平均主义猖獗。对"利润挂帅"、"物质刺激"、"生产第一"的批判,把人们的思想搞乱了。对"唯生产力论"的批判,严重破坏了生产力的发展。

经济形势的恶化,最直接地表现在一系列指标的变化上。

1. 工农业生产大幅度下降

1967年工农业总产值比1966年下降了9.6%,1968年又比上年下降了4.2%。1967年和1968年,工业企业全员劳动生产率分别比上年下降了19.2%和7%。

2. 国家预算内基本建设投资额持续下降

1967年比1966年下降了33.7%,1968年比1967年又下降了16.9%。基本建设新增固定资产交付使用率,1967年只有50.6%,1968年降为45.9%,是新中国成立以后最低的两年。

3. 国民收入和财政收入遭受较大损失

1967年比1966年减少99亿元,1968年又比1967年减少72亿元。这直接导致国家财政陷入严重困境。1967年的财政收入只有419.36亿元,比1966年锐减139.35亿元,减少25%;1968年继续减为361.25亿元,比上年减少58亿元左右,减少13.9%,基本上倒退回1961年困难时期的收入水平。这一期间的困难局面,迫使中央财政与地方财政之间,不得不暂时再次实行"收支两条线"的统收统支办法,以应付非常局面。

不过,由于政局相对稳定,经过努力,1969年的生产情况主要是工业生产情况有所好转,基本上刹住了前两年生产下降的趋势。财政收入虽未达到1966年(558.71亿元)的水平,但比1968年(361.25亿元)增长很多,达到526.76亿元。

(二)基本建设投资结构失衡

"左"倾思想泛滥,打乱了国民经济规划。从1969年起,由于片面强调战备需要，加强"三线"建设，提出了"靠山、分散、进洞"的方针，国家预算内的基本建设投资一增再增。1969 年和 1970 年两年的基本建设拨款猛增到 206.22 亿元和 298.36 亿元，这两年的基本建设拨款占当年财政支出的比重分别达到 39.2% 和 45.9%，是"大跃进"以后出现的第二次高峰。

在基本建设投资安排中，用于重工业的部分猛增，使农、轻、重结构在工农业总产值中发生了很大的变化。此外，"重'重'轻'轻'"的投资结构，直接导致生产性建设挤占非生产性建设，1970 年与 1968 年相比，生产性建设投资比例由 80.7% 上升到 88.3%；非生产性建设投资比例则降为 11.7%。这就不可避免地引起了国民收入中积累和消费比例关系又一次严重失调。1970 年和 1968 年相比，积累率由 21.1% 激增至 32.9%。这一情况在随后的年度中还继续有所发展。

（三）财政管理体制遭到严重破坏

伴随着财政收支格局失衡而来的，是财政管理体制遭到了严重破坏。

1. 财政管理指挥体系大大削弱

1967 年年初，国家财政大权一度被"财政部造反司令部"夺去，这年的 7 月 1 日，中共中央、国务院及时发出《关于对财政部实行军事管制的决定》，并在李先念主持的国务院业务组的领导下，全国财政工作才得以在混乱局面中有效运行。即便如此，整个财政金融工作仍处于被动和遭受困扰的状态。地方各级财政、税务、建设银行，撤的撤，并的并，大大削弱了财政管理职能作用的发挥。

2. "革命大批判"造成了财政管理思想的混乱

财政工作被诬蔑为执行的是"一套修正主义的纲领"。合乎马克思主义分配原理的社会主义积累，被斥为"利润挂帅"；多年来行之有效的财政规章制度和专业管理与群众管理相结合的工作方法，被斥为"修正主义的管、卡、压"等等。是非颠倒了，思想搞乱了，于是，一度出现了"制度无用"、"税收无用"、"抓业务危险"等论调，财政管理工作的正常开展遭遇重重困难。

3. 国家财经纪律受到严重践踏

无政府主义的泛滥，导致有章不循、各行其是。例如，收入方面，侵占截留国家财政收入，化预算内资金为预算外资金以及扩大成本范围者有之；公开抗税不交和超越权限减税免税者有之。支出方面，基本建设投资"大敞口"，花钱"大撒手"，施工"吃大锅饭"的情况普遍。种种情况，实际上造成了许多合理的财政规章制度"不破自废"的严重后果。

二、财政运行的起伏波动

（一）财政收支：向"力保平衡"的转变

"文化大革命"十年间，虽然政治动荡不安，经济起伏变化，但财政收支仍然达到了一定规模，在保证国家重点建设资金的需要上尽了极大的努力。1966～1976年的11年间，国家财政收入共计7225.27亿元，财政支出共计7244.16亿元；11年间的收支相抵，赤字18.89亿元（详见表4.1）。

表4.1　1966～1976年国家财政收支状况

单位：亿元

年份	总收入	总支出	收支差额
1966	558.71	541.56	+17.15
1967	419.36	441.85	−22.49
1968	361.25	359.84	+1.41
1969	526.76	525.86	+0.90
1970	662.90	649.41	+13.49
1971	744.73	732.17	+12.56
1972	766.56	766.36	+0.20
1973	809.67	809.28	+0.39
1974	783.14	790.75	−7.61
1975	815.61	820.88	−5.27
1976	776.58	806.20	−29.62
合计	7225.27	7244.16	−18.89

资料来源：《当代中国》丛书编辑部编：《当代中国财政》上卷，中国社会科学出版社1988年版，第258页。

从表面看，十年间的财政收支相抵，只有赤字约 19 亿元，似乎问题不大，但深入一步看，这种平衡是在紧缩支出、许多事业停办缓办、勒紧裤带过日子的情况下进行的，而且是采取了非常措施，动员全社会财力才得以实现的，是极不正常的。新中国成立的前 36 年中，国家曾有 3 次被迫采取冻结银行存款的措施，以应付财政经济困难。而其中有两次就是在"文化大革命"期间实行的，一次在初期的 1967 年，一次在末期的 1976 年。

（二）被扭曲的生产建设财政支出

十年"文化大革命"对国家财政的严重破坏，表现在诸多方面。其中，最为重要的是如下两个方面：

一是基本建设战线长，超过了财力物力承受范围，使大批工程不能迅速形成综合生产能力，而预算内基本建设拨款又占据了财政支出的高额比例。从表 4.2 中可见，自 1969 年起，每年度预算内基本建设拨款占财政支出的比例都高于"一五"时期和三年调整时期，到"文化大革命"后期才逐步趋于"一五"时期的较为合理的水平。

表 4.2　国家预算内基本建设拨款占财政支出情况

单位:%

时　间	预算内基本建设拨款占财政支出比例
"一五"时期	37.6
三年调整时期	30.1
1969 年	39.2
1970 年	45.9
1971 年	42.3
1972 年	40.3
1973 年	39.2
1974 年	39.6
1975 年	39.8
1976 年	38.6

资料来源：《当代中国》丛书编辑部编：《当代中国财政》上卷，中国社会科学出版社 1988 年版，第 261 页。

同"一五"时期比较,"四五"时期(1971~1975年)全国基本建设投资总额增加了两倍,但建成投产的项目增加还不到四分之一。"四五"时期全国施工的大中型项目2963个,建成投产的只有742个。已经形成的固定资产也不能提供更多的积累。例如,1966~1976年间,国家用于"三线"建设的投资达1300亿元以上,占全国投资的42%左右,但由于建设项目上得过快过猛,许多项目难以正常生产获利。1976年,三线企业每百元固定资产增加的产值只有71元(全国是103元),每百元产值提供的积累只有14元(全国是24元),均远低于全国的平均水平。所有这些,固然有当时政治因素的影响,但无论从经济观点还是从财政观点来看,效益都是比较差的。

二是投资结构畸形发展,农、轻、重比例严重失调。全国投资总额中,"一五"时期,重工业只占36.1%,"三五"、"四五"时期却达到51.1%和49.6%。因而,在工农业总产值中,从1966年到1976年,重工业的比重由32.7%上升到38.9%,农业由35.9%下降到30.4%。工业内部则由于过分突出钢铁和机械加工工业,不仅轻重工业比例失调,重工业内部的加工工业和原材料工业也不相适应了。从数据上看,十年中重工业产值构成的变动趋势是,制造工业的比重由50.5%升为52.8%,原材料工业则由38.3%降为34.9%。主要产业部门之间的比例严重失调,给国民经济的发展造成了严重困难,这给未来的调整埋下了一个攻坚难点。

十年"文化大革命"留下的大量此类"欠账",给后来的财政分配增加了巨大负担。国家不得不花费大量财力用于"还账"。"还账"诱发的一个后果就是财政收支陷入紧张格局,直接导致1979年和1980年出现了巨额财政赤字。

不过,即便"文化大革命"十年间留下了种种"欠账",财政极度紧张,但客观地看,财政亦并非无所作为。在困境中,国家多次采取增收节支的措施,财政除了保证国家最低限度的经常性开支外,还发挥分配、监督的职能作用,集中有限财力,在支持经济建设和工农业生产方面,也取得了一些明显的成就。

十年间，农业领域兴建起了大批水利工程，农业现代化的装备水平也有了较大提高，粮食生产因而保持了比较稳定的增长。工业方面，建设了一批大型工业企业，最突出的是石油工业的迅猛发展。国家原油产量在1976 年达到 8700 多万吨，相当于 1967 年的 6.7 倍。中国由贫油国一跃成为自给自足的产油国。随着原油产量的增加，石油化学工业也在这个时期迅速崛起。冶金、机械、煤炭、电力等工业则兴建了一批新的大型企业。

第二节　逆境中的整顿与成就

1969 年经济的回升，助长了经济建设中"急于求成，盲目追求高指标、高速度"的"左"倾思想再度抬头，再加上 1970 年对国际形势的误判，把对付国外敌人的突袭和大规模入侵当做压倒一切的中心任务，直接导致了这一年初全国计划会议制订出了脱离实际的国民经济计划。1970年和 1971 年的经济冒进，给财政工作增加了不小的压力。

一、财政收支新趋势：从"平衡"走向新的"失衡"

1971 年 9 月，在毛泽东的支持下，周恩来开始对经济工作进行整顿，国家财政形势一度出现转机。

从总体来看，"文化大革命"后期的财政收入水平，与前期一样，呈一种起伏不定的态势。1971 年至 1973 年的三年间，财政收入呈上升趋势，收支平衡，并略有节余（参见表 4.1）。但是，1973 年年底至 1974 年年初，所谓的"批林批孔"运动展开后，政治运动的干扰，使已经出现转机的各项工作，重新陷入了困难之中。刚有些起色的财政经济工作，也再次受到严重冲击。1974 年 1～5 月，全国财政收入比上年同期减少 5 亿元；财政支出比上年同期增加 25 亿元，恶化的财政经济状况，到了当年年底也未能扭转。1974 年一年，财政收入仅为 783.14 亿元，比上年减少

26 亿多元,出现赤字 7.61 亿元。①

　　1974 年年底,在周恩来病重期间,邓小平开始着手对多方面的工作进行整顿。全国形势在很短的时间里明显好转,国家财政经济在全面整顿中也出现了新的转机。1975 年这一年,工农业总产值增长较快,比上年增长了 11.9%,财政收入也略有增加,达到了 815.61 亿元,财政支出 820.88 亿元,收支相抵,尽管还有赤字 5.27 亿元,但从总的情况来看,财政工作在各个方面都得到了改善和加强,整个国民经济在摆脱停滞倒退之后,又回到了恢复和发展的道路上。② 这是一次新的转机。

　　可是,在批邓后,又撤销了邓小平在党内外的一切职务,全国经济再度陷入混乱之中。已经纠正的错误政策和错误做法重新抬头,国民经济又被逼近崩溃的边缘,1976 年,经济效益全面下降,财政收入只有 776.58 亿元,比上年减少了 39 亿元,比 1974 年的水平还低。当年财政收支相抵,不仅没有结余,而且赤字达 29.62 亿元。为了应对困难局面,国家不得不再次采取特殊措施,冻结国营企业事业单位和国家机关等在银行的存款,以渡过财政难关。这是"文化大革命"期间国家再一次采取冻结银行存款措施,也是最后一次。③

二、"三个突破" ＋ "一个窟窿"

　　1971 年 9 月以后,周恩来主持中央日常工作,开始提出要整顿经济。

　　在整顿的背景下,财政工作从思想上、管理上和组织上采取了一系列措施。随着财政整顿工作的展开,1972 年年初,周恩来察觉到了国民经

---

① 《当代中国丛书》编辑部编:《当代中国财政》上卷,中国社会科学出版社 1988 年版,第 244 页。
② 《当代中国丛书》编辑部编:《当代中国财政》上卷,中国社会科学出版社 1988 年版,第 257 页。
③ "文化大革命"期间,为应付财政经济困难,国家曾两次采取冻结银行存款的特殊措施。一次在初期的 1967 年,一次在末期的 1976 年。采取这种特殊措施,充分说明当时财政经济形势严峻。

济的所谓"三个突破"问题①。所谓"三个突破",就是到 1971 年年底,全民所有制职工突破 5000 万人(实际达 5318 万人),工资支出突破 300 亿元(实际达 302 亿元),粮食销量突破 800 亿斤(实际达 855 亿斤)。

这一问题引起了高度关注。然而,由于"四人帮"的干扰破坏,在 1972 年的一年时间里,问题非但没有缓解,甚至还有所加深。到了这一年年底,全民所有制职工人数增加到 5610 万人,工资支出增加到 340 亿元,粮食销售量增加到 927 亿斤。结果,为了解决好粮食销售量增加的问题,在这一年,除了增加进口粮外,还不得不动用了国家的粮食库存。②"三个突破"问题未能解决好,反而又增加了"一个窟窿",从而形成了"三个突破 + 一个窟窿"的局面。随之,经济形势又陷入了被动之中。

从深层面分析,出现"三个突破",主要是由于基本建设规模过大,战线过长,根子则在于"急于求成"思想的抬头。在 1969 ~ 1971 年三年间,经济好转,财政收入增加,国家预算内基本建设投资年年大幅增长,致使积累占国民收入的比重迅速提升,到了 1971 年已高达 34.1%。其结果,不仅职工人数、工资支出和粮食销量增加过多,而且,也引发了钢材、木材、水泥紧缺,市场紧张,货币回笼困难,银行不得不大量增发钞票。整个国民经济发出了危险的信号。

从 1972 年起,特别是 1973 年,国务院先后采取种种措施,力图解决"三个突破"问题。这些措施包括:大力发展粮食生产,控制职工人数和吃商品粮的人口,核减农村不合理的粮食销量,压缩农民工过高的粮食补助,加强劳动工资管理,控制各地区、各部门和各单位的工资总额,等等。

这些措施反映到财政工作上,便是控制基本建设规模,加强基本建设

---

① 也有一种说法是"四个突破",即上述"三个突破"外加"货币发行量突破了警戒线"。当时,针对严峻的形势,周恩来曾说:"不只三个突破,货币发行量也突破了。""票子发多了,到了最大警戒线。三个突破不如这一个突破。"可参见《周恩来选集》下卷,第 464、465 页;引自王年一:《大动乱的年代》,河南人民出版社 1988 年版,第 368 页。

② 详见《当代中国丛书》编辑部编:《当代中国财政》上卷,中国社会科学出版社 1988 年版,第 252 ~ 254 页。

管理。1972 年 5 月,国务院针对当时的基本建设存在"战线长、浪费大、制度松弛"等现象,提出了如下 8 条意见:(1)加强基本建设的计划管理和拨款监督。(2)用自筹资金安排的基本建设投资、材料和设备必须落实。各省、自治区、直辖市都要按国家核定的指标,严加管理,不得超过。(3)必须按照基本建设程序办事。(4)认真做好勘察设计工作。(5)基本建设项目所需设备,实行成套供应。(6)加强施工管理,提高投资效果。(7)加强经济核算。(8)积极进行基本建设投资大包干的试点。

在这一年的 11 月,财政部又发出通知,规定从 1973 年起,中央各主管部门都要编制年度基本建设财务计划。为了促进建设单位和施工单位实行经济核算,对于原来实行经常费办法的建筑安装企业,一律改按取费制度办理,国家不再直接拨给经常费。所有这些,对于恢复过去行之有效的基本建设工程"四算"① 与基本建设拨款"四按"② 的成功做法,产生了作用,从而在一定程度上强化了基本建设的管理。

经过 1972 年和 1973 年的努力,虽然经济工作中还存在不少问题,但"三个突破"膨胀的势头得到了有效的遏制。1973 年,国内粮食也实现了收支平衡,对财政的压力有所减轻。当年工农业总产值比上年增长9.2%,财政收入达 809.67 亿元,比上年增长 5.6%,收支相抵还有结余0.39 亿元。

三、财政压力的累积与寻求化解之策

"文化大革命"十年间,从总的情况看,虽然经济形势一直起伏不定,但财政形势似乎没有发生巨大的波动变化。1966 年至 1976 年的 11 年间,财政赤字年份为 4 年,盈余年份为 7 年。从表面来看,情况似乎不坏。但是,如果深入探究一下收支差额的具体数目以及各年度的财政形势

---

① "四算",即:基本建设项目有概算,施工有预算,成本有核算,竣工有决算。
② "四按",即:基本建设按计划拨款,按预算拨款,按基本建设程序拨款,按基本建设进度拨款。

（详见表 4.1），便可以发现，问题并不那么简单。

首先，从财政盈余的角度看，在收支盈余的七个年份中，最多的年份为 1966 年，达 17.15 亿元，然后是 1970 年的 13.49 亿元和 1971 年的 12.56 亿元。1966 年的收支盈余格局，大多被认为与当时的政治形势尚无太大关系；1970 年和 1971 年的财政形势较好，与这两年的经济上的冒进主义关系甚大。当时普遍存在积累率过高，基本建设投资规模过大的现象。1971 年还实行了基建投资、物资分配、财政收支的大包干（权力下放），直接导致了基本建设规模和重工业生产的急剧膨胀。反映在财政收支差额上，则是延续了 1968 年、1969 年以来的财政盈余格局。除了 1966 年、1970 年、1971 年外，其余 4 个年份，每年财政盈余最多不超过 1.5 亿元，大多在 1 亿元以下。以当时中国的经济总量而言，这样一个财政收支差额，显然是财政极力平衡收支而得到的结果。

其次，从财政赤字的角度看，虽然在 11 个年份中，赤字年份只有 4 个，但都发生在比较特殊的年份——1967 年、1974 年、1975 年和 1976 年。

1967 年，受政治斗争形势的影响，经济形势开始趋于恶化，财政形势也受到波及。这一年，财政收支格局一下子转变为赤字达 22.5 亿元左右。而 1966 年，财政收支盈余 17 亿元。

1974 年后，在所谓"反击右倾翻案风"的冲击下，此前经济整顿工作的成效被打了折扣，经济形势重新陷入了困境，财政形势也趋于恶化。1974 年到 1976 年，财政收支差额日渐扩大。1976 年赤字达 29.62 亿元，比 1968～1973 年间财政收支累计盈余的总和（28.95 亿元）还大。

这种局面，一方面反映了"文化大革命"十年以来所累积的财政压力正在不断加大；另一方面，经济体制改革的动因已经在巨大的财政压力下有所展现了。

第三节 苦撑时局：财政体制的频繁变更与改革①

一、频繁的体制调整：一个概览

"文化大革命"期间，我国财政管理体制变动的一个总体特征可以概括为：在"综合平衡"思想的指导下，为应对不断增加的财政压力，财政管理体制变动十分频繁。

据统计，"文化大革命"十年间，财政管理体制共有 7 次大的变动，是变动最频繁的时期，创下了历史纪录，也反映出中央集权与地方分权之间的矛盾和冲突。

1966～1967 年，实行的是"总额分成、一年一变"的体制。

1968 年，为了应对困难局面，改行"收支两条线"，即凡是预算范围内的财政收入全部上缴，完全由中央支配，不搞收支挂钩。

1969 年，生产好转，财政收支又恢复了"总额分成，一年一变"的办法。凡完成或超额完成收入任务的，地方自求平衡收支，超出分成和支出结余，归地方使用。没有完成预算收入任务的，由中央按预算确定的支持指标补助，不因短收使地方减少既定的支出指标。

1970 年，对企事业单位适当下放权力，实行中央统一领导下的中央、省、县三级管理。与 1969 年相比，体制增加了"定收定支"。

1971 年至 1973 年，随着经济体制"大下放"，财政实行"定收定支、收支包干，保证上缴（或差额补贴），结余留用，一年一定"的管理体制。各地方的预算收支经中央综合平衡，核实下达。收支实行"大包干"，即地方收支指标经中央核定以后，收入大于支出的，包干上缴中央

---

① 本小节前四部分主要参考财政部综合计划司编：《中华人民共和国财政史料·第一辑·财政管理体制（1950—1980）》，中国财政经济出版社 1982 年版，第 1～28 页。

财政，支出大于收入的，由中央按差额包干补助。在执行中，超收或结余都归地方支配使用，超收或超支由地方自求平衡。

1973 年，再次修订财政体制，在华北、东北和江苏试行"收入按固定比例留成（即地方所负责组织的收入中，按一定比例提取地方机动财力，当时称'旱涝保收'），超收另定分成比例，支出按指标包干"的体制。地方从所负责组织的收入中，按一定比例提取地方机动财力，超收另定分成比例，支出按指标包干。

1974 年和 1975 年，全国推行上一年度在华北、东北和江苏试行的体制。

1976 年，对地方财政试行"定收定支，收支挂钩，总额分成，一年一变"的财政管理体制。这种体制，同 1959 年实行的"总额分成"体制基本一致，把地方财政的权力和责任在一定程度上联系起来，多收则多支，少收则少支，对调动地方增收节支的积极性有一定的作用。

对中央计划经济体制而言，上述种种调整，尽管有所不同，但并都不具有根本上的变革意义。

二、放权与集权之间的"平衡术"："总额分成"

1966～1970 年间，财政管理体制总体上是沿袭 1959 年"总额分成，一年一变"的体制。

1958 年的财政体制进一步下放了财权，增加了地方的机动财力。而针对 1958 年财政管理体制执行中出现的问题，从 1959 年起实行"收支下放，计划包干，地区调剂，总额分成，一年一变"的财政管理体制，基本精神是：在继续下放收支项目的同时，适当收缩一部分地方的机动财力，通过"一年一变"的做法，解决财政计划同国民经济计划不相衔接的问题。

1966～1970 年间，除 1968 年因上年出现财政赤字，不少地区生产和收入大幅度下降，暂时实行"收支两条线（即收入全部上缴，支出由中央分配）"的办法外，其他各年都是继续实行"总额分成，一年一变"的财政管理体制。其核心仍是沿袭 1959 年体制的做法，既比 1958 年的体制有了简化，也通过将地方组织的全部收入和地方财政支出挂钩的方式，通过预算指标"一年一定"，适当集中了财力。

这种做法与当时的财政收支格局是紧密相连的。财政收支在这几个年度内均略有节余，在当时的政治形势下，为了积极支持国家经济建设和工农业生产的发展，国家有必要集中有限的财力。而"总额分成，一年一变"的体制有利于国家及时根据形势调整安排基本建设计划。

总的来说，这一时期虽然讲究相对集中财力，但也有放权的趋势，可以说是形成了一种在"收""放"权中寻求平衡的体制。

这种机制的形成，其主要的导因，在于"文化大革命"初期毛泽东曾经对一切统一中央的方式表达了一定的忧虑或不满。1966 年 3 月，毛泽东曾提出："一切统一于中央，卡得死死的，不是好办法。"而后，在中共中央政治局扩大会议上，他又说："中央只管虚，只管政策方针，不管实，或少管点实。中央部门收上来的厂多了，凡是收的都叫他们出中央，到地方去，连人带马都出去。"①

到了 1969 年 2 月，全国计划座谈会下发财政、企业、物资管理体制三个文件。财政管理体制方面，除中央直接管理的企业收入之外，其余各项收入一律下放到地方。除中央财政的有关支出外，其余各项支出下放到地方。

企业管理体制方面，中央各部门所属科研、设计单位和大专院校下放给地方，扩建改建工程应随生产下放，新建单位除重点工程外尽可能下放。

物资管理体制方面，主要原料和设备由中央统一分配，其余物资由地方管理，自行组织区间衔接，各主管部门协助。首次规定地方"五小"企业生产的产品不纳入中央统一分配。

---

① 相关详细分析，可参见胡鞍钢：《中国政治经济史论（1949—1976）》（第 2 版），清华大学出版社 2008 年版，第 512~515 页。

应当说，这是一次旨在中央下放给地方权力的行政性分权，针对中央部门权限集中过多、机构重叠的体制弊端而进行的改革。①

三、经济激励因素的成长：从"包干"到"分成"模式

（一）1971～1973 年："财政收支包干"体制

到了 1971～1973 年间，由于此前几年经济被过于夸大、膨胀，经济再次进入调整周期，于是，适应经济形势的需要，中央再次下放财权，转而实行财政收支包干的财政管理体制。

实行财政收支包干体制的一个重要背景是，1970 年，国务院提出"四五"计划发展纲要，对经济体制改革有了一个比较全面的设想。为了充分调动地方的积极性，中央决定把大部分企业、事业单位下放到地方管理。这次下放的企业比 1958 年还要多。与此相适应，财政管理体制也就必须进行较大的变更。1971 年 3 月，财政部发出通知，决定当年起实行"定收定支，收支包干，保证上缴（或差额补贴），结余留用，一年一定"的体制，简称为财政收支包干。这一体制的主要内容是：

1. 随着中央企业、事业单位的下放，相应地扩大地方财政收支的范围，国家的财政收入和支出，除了中央部门直接管理的企业收入、关税收入和中央部门直接管理的基本建设、文教行政、国防战备、对外援助和国家物资储备等支出以外，其余都划归地方财政，由地方负责管理。

2. 地方预算的收支指标，由地方提出建议，经中央综合平衡，核定下达。核定的省（市、自治区）预算收支指标，收大于支的，包干上缴中央财政（按绝对数包干上缴，不再按比例计算）；支大于收的，由中央财政按差额包干给予补助。

3. 上缴和补助数额确定之后，一般不作调整，地方要保证完成上缴任务，中央要按确定的数字给予补助。

---

① 胡鞍钢：《中国政治经济史论（1949—1976）》（第 2 版），清华大学出版社 2008 年版，第 512 页。

4. 预算执行过程中，地方收入超收或支出结余，都归地方支配使用，如果发生短收或超支，由地方自求平衡。

1971 年的财政管理体制，贯彻了财权下放的精神，扩大了地方的财政收支范围，同时按绝对数包干，超收部分全部留归地方，这就大大地调动了地方增收节支的积极性，地方的机动财力随之大量增加。

但是，这一做法也存在问题：一是确定财政收支包干指标时，未能完全符合实际，结果有的地方超收很多，有的地方甚至短收，地区之间存在机动财力"苦乐不均"现象。二是实行绝对数包干，超收部分全部留归地方，短收的地方仍需中央财政补贴，增加了中央财政平衡的困难。

为了改进这些不足，1971 年年底，财政部规定：自 1972 年起，地方超收一亿元以下的，全部留归地方；超收一亿元以上的部分，一半留归地方，一半上缴中央财政。这样就有利于中央在地区之间进行必要的调剂，有利于实现全国财政收支的综合平衡。1973 年，大部分地区沿袭了这一体制。

（二）1974～1975 年："分成"与"包干"相结合

"文化大革命"发动以来，国民经济受到很大损失，许多地区生产下降，财政收入难以完成，更没有超收可言，这就使得"财政收支包干"的体制很难有效推行。针对当时财政经济不稳定的状况，提出了"收入按固定比例留成，超收另定分成比例，支出按指标包干"的办法，1973年先在华北、东北和江苏试行，1974 年、1975 年即在全国推行。这一办法的主要内容是：（1）地方负责组织的收入，各省按不同的固定比例留成（平均为 2.3%），作为地方一笔比较稳定的机动财力。（2）地方财政收入的超收部分，另定分成比例，但留给地方部分，一般不超过 30%。（3）地方财政支出按中央核定的指标包干。（4）地方年终结余，留归地方财政使用。

在当时财政收入不稳定的情况下，上述办法保证了地方必不可少的支出，但由于收支不挂钩（不管收入完成多少，支出照样按包干指标使用，机动财力照样按既定比例稳拿），地方一级财政的权责关系不匹配，不利于调动地方增收节支和平衡预算的积极性。因而，它只能是经济发展不正常，地方财政收入极不稳定时所采用的一种临时性过渡措施。

四、回到老路上——"收支挂钩，总额分成"

到了 1976 年，为解决固定比例留成体制存在的问题，财政体制因应时局之变，转而再次实行"定收定支，收支挂钩，总额分成，一年一变"的体制（简称"收支挂钩，总额分成"）。这实际上就是 1959～1970 年间实行的"总额分成，一年一变"的体制。与原有的做法稍稍不同的是：(1) 扩大了地方财政的收支范围，增大了地方财政的管理权限。(2) 保留地方实行固定比例留成的既得利益，使地方有一定固定的机动财力。(3) 改变了过去超收部分也按总额分成比例分成的办法，规定超收分成比例为 30% 或 70%：地方总额分成比例在 30% 以下的，超收部分按 30% 分成；总额分成比例在 70% 以上和受补助地区，超收部分按 70% 分成。

这一办法优于固定留成办法之处在于，能够把地方财政的权力和责任结合起来，体现了中央和地方共同平衡预算的精神。但是，也还存在如下两个问题：其一，机动财力同地方收入任务是否完成仍然没有关系，不利于地方发挥增产增收的积极性。其二，总额分成比例一年一变，容易产生年初争指标现象，预算不容易较快确定下来，影响预算的执行。

五、试行新体制：从"总额分成"到"超收分成"

为了解决种种矛盾，1978 年，在继续实行原有"收支挂钩，总额分成"办法的基础上，又在部分省（市）试行"增收分成，收支挂钩"的措施：(1) 地方财政支出，仍同地方负责组织的收入挂钩，实行总额分成。(2) 中央同地方的总额分成比例，仍是一年一变。(3) 地方机动财力的提取，依照当年实际收入比上年增长的部分和确定的增收分成比例来进行。(4) 取消按固定数额留给地方的机动财力，但地方的这一部分既得利益，包含在增收分成比例内。

这种体制保留了"收支挂钩，总额分成"体制的优点，使地方财政权责结合,同时,地方所需机动财力按增收数额提取,有利于调动地方增产增收的积极性,也能缓和年初争指标的矛盾。不过,这种办法只有在经济发展比较正常,财政收入稳定增加的情况下,地方才能获得好处。

六、财政高度集中性与"二元"格局的延续

由上述财政体制的频繁更迭可以看出,"一五"时期所形成的高度集中的财政体制,在全面建设社会主义时期和十年"文化大革命"期间,并没有发生本质的变化。虽然其间也有向地方分权的尝试,但总体看来,都还是在保证工业化发展、注重基本建设投资规模的前提下展开的。

传统体制下,国家基本建设投资都是仰赖财政无偿拨款。由此,财政体制必然和基本建设财务管理体制有着不可分割的联系。在国民经济调整时期和"文化大革命"期间,基本建设财务管理体制并未突破财政按国民经济计划无偿拨付基建投资的模式,尽管专门办理基建拨款的建设银行几经沉浮,也有一定监督功能,但与真正意义上的商业银行角色相去甚远。

这种体制致命的弱点是,基本建设投资责、权、利脱节,缺乏内在的投资约束机制。在此体制下,基建投资项目由计划部门审批、立项,列入国民经济计划,财政部门按计划编制国家预算,安排基本建设支出,将资金拨付给建设银行。建设银行根据计划为建设单位提供资金,并监督资金用途。建设项目成功,皆大欢喜;一旦失败,计划、财政、建设银行很难单独承担责任。建设部门或单位,更没有基本建设投资风险之虑。因而,争项目、争投资,基本建设规模容易失控,成为顽症。[1]

在"大跃进"和十年"文化大革命"期间,情形一仍其旧。财政资金的投向,主要仍是以工业化项目、基本建设投资为主。即便在经济出现冒进倾向之后,中央收权,也还主要是保障基本建设项目尤其是保障大型

---

[1] 参见高培勇、温来成:《市场化进程中的中国财政运行机制》,中国人民大学出版社2001年版,第20~22页。

建设项目在地区间的综合平衡。财政保障基本建设投资的功能十分明显。在这一前提下，大规模的赤字政策是不被认可的。因此，财政强调增收节支，"收支挂钩"，从最初的"总额分成"，一直到"增收分成"也好，到"超收分成"也罢，各年度政策的调整，实际上均围绕这一重心展开。

对经济史实的考察也可以发现，从 1958～1978 年，财政服务经济建设的一个总体思路，仍然是注重基本建设拨款。历年来基本建设拨款占财政支出的比重，除了在"大跃进"之后的数年有所下降以外，其余年份，这一比重均稳定在 30%～40%。据统计，1950～1978 年，国家预算内基本建设支出累计达 5621.56 亿元。[①] 这反映了一种趋势：即使是在和平建设时期，国家也一以贯之地实行"工业化导向"的经济发展模式，注重对基本建设的投资。这与中国力图建立起一个独立的、门类比较齐全的工业体系的内在需求紧密相关。其背后的运作逻辑，仍然是建立于传统财政体制重生产建设轻公共服务的"二元"格局之上。

总体上看，"文化大革命"期间，财政管理体制迫于应付时局，变动频繁。而且，基本上都是临时性的过渡措施，很难说是真正形成了一套比较完整有效的财政制度。其目的，最直接的就是为了在困境中勉强度日。但有一点颇值得注意，那就是：在频繁更易的财政管理体制中，对基本建设投资的管理体制，则似乎并未有根本性的变革，也没有触及"二元"财政的基本格局。

第四节　改革大潮来临前的变动

一、全面整顿经济

如前文所述，"文化大革命"后期，财政压力的累积与寻求化解之

---

① 项怀诚主编：《中国财政 50 年》，中国财政经济出版社 1999 年版，第 300 页。

策,逐渐成为改革旧体制的动力源。扭转财政经济形势,成为催生新体制的一个强劲动力。

"文化大革命"期间,国家财政遭到严重破坏。1971年年底,曾开始对财政工作进行了第一次整顿。整顿之后,1973年整个国民经济形势和财政形势趋于好转。但是,1974年受"四人帮"的干扰,经济重陷低谷,1975年起,邓小平开始主持中央工作,着手全面整顿。

全面整顿是以铁路运输的整顿为起点的。邓小平当时曾指出国民经济的薄弱环节是铁路运输问题,根据1975年二三月间的全国工业书记会议所反映的情况,中央做出了《关于加强铁路工作的决定》,改进铁路管理体制,经过一两个月的整顿,铁路运输形势明显改观,对全国工交战线产生了重要影响。

5月,根据铁路整顿的经验和钢铁生产存在的严重问题,又提出了整顿钢铁工业的办法。经过近一个月的整顿,钢铁生产形势开始好转。6月,欠产严重的几个大钢厂,生产状况逐步好转,全国钢的平均日产量超过了全年计划平均日产水平。

经过几个月的整顿,1975年上半年,全国工业总产值完成全年计划的47.4%,财政收入完成全年计划的43%,收支平衡,略有结余。

为了抓好整个工业的整顿,1975年7月中旬起,国家计委起草了《关于加快工业发展的若干问题》。邓小平对此极为重视,要求在"工业七十条"的基础上制定这一文件。文件后来被改写成二十条,对整顿企业管理、挖潜革新改造、采用先进技术等18个问题做了规定。① 这个文件在征求意见的过程中受到普遍欢迎,对工业整顿产生了积极的影响。

---

① 详细内容可参见王年一:《大动乱的年代》,河南人民出版社1988年版,第526~527页。

专栏 4.1 全面整顿的伟大成就和意义

> 1975 年，邓小平主持党和国家的日常工作，坚持全面整顿，坚决同江青一伙作斗争，使国民经济由停滞、下降迅速转向回升。全年工农业总产值 4504 亿元，比上年（下同）增长 11.9%。其中，工业总产值 3219 亿元，增长 15.1%；农业总产值 1285 亿元，增长 4.6%。工农业产品产量：粮食 2.845 亿吨，增长 3.4%；棉花 238.1 万吨，下降 3.4%；钢 2390 万吨，增长 13.2%；原煤 4.82 亿吨，增长 16.7%；原油 7706 万吨，增长 18.8%；发电量 1958 亿度，增长 16%。基建投资总额 409.32 亿元，增长 17.7%。铁路货运量 8.67 亿吨，增长 12.9%。社会商品零售总额 1271.1 亿元，增长 9.2%。国家财政总收入 815.6 亿元，总支出 820.9 亿元，赤字 5.3 亿元。
>
> 更重要的是，全面整顿是党和人民反对"左"倾错误和"四人帮"的一场重大斗争，唤起了全国人民的空前觉醒，加速了"四人帮"走向灭亡的进程。全面整顿又是后来党所进行的拨乱反正伟大斗争的先导，从思想和组织等方面做了重要的准备。
>
> 资料来源：王年一：《大动乱的年代》，河南人民出版社 1988 年版，第 533 页。

二、加强财税工作

根据邓小平"全面整顿"的指示，财政管理工作也采取了一系列整顿措施。全国财政经济形势又焕发出新的生机。

（一）财政工作逐步走向正常轨道

1975 年年初，四届人大决定撤销财政部军事管制委员会，恢复"文化大革命"前的司、局组织建制，从组织架构上逐步把财政工作纳入了正常轨道。

几乎同时,国务院也发出了《关于进一步加强财政工作和严格检查1974年财政收支的通知》。通知规定:(1)凡属任意减免税收,扣留国家收入,乱摊生产成本,虚报企业亏损,以及化大公为小公的,都要清理收回,补缴国库。(2)对各项开支,特别是基本建设拨款,必须逐笔核算,不准采取预算外支出转到预算内开支,不准用任何手法转移资金。(3)1974年国家预算内的基本建设拨款结余,除经中央批准结转使用的以外,全部上缴中央财政。未完工程需要的拨款,在1975年基本建设计划内统一安排。① 这些措施的贯彻落实,对扭转财政收支的不正常情况和纠正违反财经纪律的现象,起到了很好的作用。

(二)改进税收管理工作

1. 全国税务工作会议

为了消除"税收无用论"的影响,于1975年4月召开的全国税务工作会议,着重讨论了税收的地位、作用以及如何加强税收工作等问题。会议在揭露几年来削弱税收管理、政出多门、制度混乱、偷税漏税现象严重等问题的基础上,强调必须加强税收工作,充分发挥税收的作用。要求各级财政税务部门,加强税收管理工作,采取有力措施,坚决堵塞漏洞,维护国家财政收入。

2. 关于税收管理体制的规定

为改变"文化大革命"十年中税收管理的混乱状况,国务院于1977年11月向全国转发《关于税收管理体制的规定》,明确规定了国务院、财政部和省、自治区、直辖市的税收管理权限。省、自治区、直辖市不得超载管理权限不适当地层层下放,不得任意扩大减税、免税范围,不得任意停征税种、税目。财政部还根据一些企业单位偷税、漏税的情况做出规定:

---

① 引自《当代中国丛书》编辑部编:《当代中国财政》上卷,中国社会科学出版社1988年版,第255页。

——对工业企业的自销产品，一律按照实际销售价格征收工业和商业两道工商税；对低价自销和削价私分的商品，一律按照国家规定的价格征收工业、商业两道工商税。

——工业企业倒卖非本企业生产的产品，一律按临时经营征收工商税，情节严重的，加成或加倍征税。

——对机关、团体、部队、企业、事业单位，自行到农村采购应税未税的农、林、牧、水产品，都要依法征收工商税。

3. 恢复税务总局

为了进一步落实全国税务工作会议的精神，1975 年 7 月，财政部发出通知，要求清理漏欠税款，进一步整顿和加强纳税纪律。财政部税务局也在 1975 年恢复了"税务总局"的名称，以加强对全国税收工作的领导。

上述规定的贯彻执行，体现在税收上，最直接的反映就是：1977 年的税收，完成了 468 亿元，比上年多收 60 多亿元，1978 年完成了 519 亿元，同比又增加 51 亿元。"文化大革命"十年期间，税收收入相对来说比较稳定，基本上年年有所增长，但像 1977 年、1978 年这两年每年增加五六十亿元，却是少见的。

三、"财政十条" 与经济体制改革的萌芽

（一）"财政十条"的出台

1974 年年底，邓小平主持中央日常工作后，开始全面整顿经济。为了尽快恢复国民经济，1975 年夏秋之间，在国务院直接领导下，财政部起草了《关于整顿财政金融的意见》，也就是后来通常所说的"财政十条"。"财政十条"提出，要努力促进工农业生产的发展，调整财政收入，节约财政支出，迅速扭转企业亏损局面，加强基本建设拨款的管理，管好用好更新改造资金，加强信贷管理，控制货币发行，改进财政和信贷管理体制，严格财经纪律。

"财政十条"所提出的要求进一步改进财政信贷管理体制，是针对之前几年生产遭到破坏，资金偏于分散的情况提出的。具体要求是：财政资

金需要适当集中；继续实行"统一领导，分级管理"的原则，管理权限主要集中于中央和省、自治区、直辖市两级；强调财政方针、政策、国家预算、税法税率、全国性的开支标准、企业基金提取比例、生产成本和商品流通费用的开支范围等，都由中央统一规定。为了加强省、自治区、直辖市财政收支的权力和责任，从 1976 年起，除继续保留各省、自治区、直辖市的机动财力数额以外，实行"定收定支，收支挂钩，总额分成，一年一定"的办法。

围绕贯彻落实"财政十条"，财政部还起草了关于改进财政体制，加强预算管理、固定资产管理、国营企业财务管理和农业财务管理，以及扭亏增盈等一系列整顿文件。虽然当时受客观局势限制，这些文件都未能正式对外公布，但有关内容在实际工作中得到了不同程度的贯彻，对财政工作的整顿还是起了一定的作用。

（二）新体制的擘画与萌芽

旧体制累积了一系列问题，新时期的财政工作，又面临着一系列新情况。开展财政整顿工作的一个重要方面，就是着手对新财政体制的规划与构建。大体说来，它包含以下几个主要方面的工作：

1. 设立国务院财政经济委员会

党的十一届三中全会后不久，1979 年 3 月，李先念和陈云根据国民经济中存在的问题，向中央提出了对国民经济进行调整的建议。并建议在国务院下设立财政经济委员会，作为研究制定财经工作的方针政策和决定财经工作中大事的决策机关。随着对济形势的认识逐步深入，中国的最高决策集体通过对国情的深刻总结，为正确方针、政策的制定奠定了思想基础。中共中央最终决定成立国务院财政经济委员会，以陈云为主任，李先念为副主任，姚依林为秘书长。这为经济工作的拨乱反正，为正确方针、政策的提出和贯彻，提供了组织保证。

2. "调整、改革、整顿、提高"新八字方针的提出

党的十一届三中全会召开后，又经过了 3 个多月的反复酝酿，慎重考虑，中共中央和国务院的决策集体对我国经济现状的认识已经逐步趋于一

致。在此基础上，1979 年 4 月，中央召开工作会议，讨论修改 1979 年国民经济计划和政治经济领域的一些理论问题。李先念受国务院委托，在会上作了《关于国民经济调整问题》的讲话。他在阐述了当前经济形势和进行经济调整的必要性后，提出了今后一段经济工作的方针——也就是著名的新"八字方针"——"调整、改革、整顿、提高"。要"以调整为中心，边调整边前进，在调整中改革，在调整中整顿，在调整中提高"。

李先念对以调整为中心的新"八字方针"做出了清晰阐述。调整的主要任务是：坚决地、逐步地把各方面严重失调的比例关系基本上调整过来，使整个国民经济真正纳入有计划、按比例健康发展的轨道；积极而又稳妥地改革工业管理和经济管理体制，充分发挥中央、地方、企业和职工的积极性；继续整顿好现有企业、建立健全良好的生产秩序和工作秩序；通过调整、改革和整顿，大大提高管理水平和技术水平，更好地按客观经济规律办事。为了保证上述任务的完成，李先念在讲话中还具体提出了12 条原则和措施。

会议经过认真讨论，正式通过了新"八字方针"。同 1961 年提出的"调整、巩固、充实、提高"相比，新方针标志着我国经济工作的指导思想已经开始了根本性的转变，经济工作中"左"的束缚已经被打破，中国社会主义经济建设道路的新探索已经开始了。

专栏 4.2　经济调整的初步成就

在工农业总产值中，农业、轻工业、重工业所占的比例，1981 年和 1978 年比较，依次为：

	农业	轻工业	重工业
1978	27.8%	31.1%	41.1%
1981	31.5%	35.2%	33.3%

在工业总产值中,轻工业和重工业比例的变化情况是:

年份	轻工业	重工业
1978	43%	56.9%
1981	51.4%	48.6%

1978 年到 1981 年,积累和消费的比例变化情况是:

年份	积累比重	消费比重
1978	36.5%	63.5%
1979	34.6%	65.4%
1980	32.4%	67.6%
1981	28.3%	71.7%

历史经验证明,1981 年的这种比例关系是比较符合我国的实际情况的。既保证了扩大再生产所必要的投入,又能逐步改善 10 亿人民的生活。

资料来源:《党史通讯》1984 年第 9 期;王洪模等:《改革开放的历程》,河南人民出版社 1989 年版,第 189～190 页。

3."放权让利"体制改革的萌芽

——扩大地方和企业的财权。1979 年起,国家确定全国 49 个大中城市可以从工商业利润中提取 5% 的城市建设资金,地方可以从县办工业企业中提取一定比例的收入分成。这一年,全国国营企业还普遍实行了提取企业基金的制度,在 4000 多家工业企业和商业系统中试行了利润留成的办法。这两项措施,对促进增产增收,逐步解决城市建设中生产和生活安排的比例严重失调起了相当大的作用。

——加强基本建设投资管理。上述措施主要是针对提高消费水平。消费上去了,积累必须降下来。而降低积累的关键则是控制和压缩基本建设规模。因此,调整国民收入分配中积累与消费的比例,成为这一次经济调整的重要任务之一,财政部门始终把控制和压缩基本建设规模当做主要问题来抓。1979 年 6 月,财政部发出通知,规定基本建设拨款必须控制在国家预算指标之内，不能突破；要求严格按照国家计划供应资金；严格按照基本建设程序办事。

　　一方面仍是资金供应紧张，另一方面则是中央在财政上仍然对地方统得过多，管得过死，矛盾日渐突出。为了激活地方经济发展活力，调动地方增收节支的积极性，1980 年 2 月，国务院发布《关于实行"划分收支、分级包干"财政管理体制的暂行规定》，在中央财政和地方财政之间，实行"分灶吃饭"的办法。当年，地方机动财力迅猛增长了 30 亿元。

专栏 4.3　　"分灶吃饭"的基本做法

　　　　为了打破中央在财政上对地方统得过多、管得过死的弊端，调动地方增收节支的积极性，全国从 1980 年起实行了"分灶吃饭"的新的财政体制。这是改革国家预算制度的一种试验。这种新财政体制的特点是"划分收支、分级包干"。基本做法是：对大部分省划分中央与地方收入和支出的范围，再按照各省的情况确定地方上交比例或中央定额补助，一定 5 年不变。地方在这个范围内安排自己的财政收支，多收多支，少收少支，促使地方增收节支；同时，财政支出由"条条"下达改为地方统筹使用，地方能主动规划本地区经济的发展，不必事事报批。此外还对 5 个民族自治区实行特殊照顾，中央补助的数额每年递增 10%。针对广东、福建两省在对外经济活动中实行特殊政策和灵活措施的情况，对两省在财政上实行"划分收支，定额上交（广东）和定额补助（福建）"的体制。只有对北京、天津、上海三大直辖市仍实行中央"统收统支"的体制。这种"分灶吃饭"的财政体制，打破了过去那种"统收统支、收支脱节"的状况，扩大了地方的财权，极大地调动了地方当家理财的积极性。

　　　　资料来源：王洪模等：《改革开放的历程》，河南人民出版社
1989 年版，第 261～262 页。

第五节　小结

　　“文化大革命”的爆发，打乱了中国经济发展的良好态势。1966 年至 1978 年成为中华人民共和国历史上经济增长率比较低、经济波动系数比较显著的时期，也是生产停滞的时期，实际 GDP 总量比不发生“大跃进”减少了 40%。

　　“文化大革命”期间的财税体制，虽然变动频繁，但客观地看，它有一个主要的贡献，即在经济起伏波动不断的情况下，仍然苦撑危局，保持财政运行的相对稳态的状况。然而，在二元化经济体制格局未发生根本变革的前提下，财政体制的历次变革只能看做是传统二元财政框架内的调整。其间，财政一直强调并服务于以基本建设投资为主导的国家经济建设格局。

　　若以此为背景来观察“文化大革命”期间财政运行的效果，可以发现，1966～1976 年的 11 年间，财政运行形势表面上虽仅有 4 年是财政赤字，其余 7 年皆为收支盈余，并且，11 年间财政收支相抵，只有赤字约 19 亿元，似乎问题不大，但实际上，这种平衡是在紧缩支出、许多事业停办缓办、勒紧裤带过日子的情况下进行的，而且是采取了非常措施，动员社会财力才得以实现的，是极不正常的。

　　这种不正常，导源于两个方面：一是基本建设战线长，超过了财力物力承受范围，而预算内基本建设拨款又占据了财政支出的高额比例。二是投资结构畸形发展，农、轻、重比例严重失调。全国投资总额中，“一五”时期，重工业只占 36.1%，“三五”、“四五”时期却达到 51.1% 和 49.6%。主要产业部门之间的比例严重失调，给国民经济的发展造成了严重困难，这给未来的调整埋下了一个攻坚难点，也使后来的财政分配增加了巨大的负担。国家不得不花费大量财力用于"还账"。"还账"直接导致了 1979 年和 1980 年出现巨额财政赤字。在此背景下实施的财政体制调整，成为后来的"放权让利"体制的雏形。

本章参考文献

1. 薄一波：《若干重大决策与事件的回顾》上、下卷，中共党史出版社 2008 年版。

2. 财政部办公厅编：《中华人民共和国财政史料·第二辑·国家预算决算 (1950—1981)》，中国财政经济出版社 1983 年版。

3. 财政部综合计划司编：《中华人民共和国财政史料·第一辑·财政管理体制 (1950—1980)》，中国财政经济出版社 1982 年版。

4. 财政科学研究所编：《十年来财政资料汇编》第一、二辑，财政出版社 1959 年版。

5.《陈云文选（1949—1956）》，人民出版社 1984 年版。

6. 丛进：《曲折发展的岁月》，河南人民出版社 1989 年版。

7.《当代中国丛书》编辑部编：《当代中国财政》上、下卷，中国社会科学出版社 1988 年版。

8. 费正清、罗德里克·麦克法夸尔主编，王建朗等译：《剑桥中华人民共和国史（1949—1965）》，上海人民出版社 1990 年版。

9. 费正清著，薛绚译：《费正清论中国》，台北正中书局 1994 年版。

10. 高培勇、温来成：《市场化进程中的中国财政运行机制》，中国人民大学出版社 2001 年版。

11. 胡鞍钢：《中国政治经济史论（1949—1976）》（第 2 版），清华大学出版社 2008 年版。

12. 姜长青：《"税利合一"：试点 4 个月被紧急叫停》，载《中国税务报》2009 年 3 月 27 日。

13. 刘国光主编：《中国十个五年计划研究报告》，人民出版社 2006 年版。

14. 王洪模等：《改革开放的历程》，河南人民出版社 1989 年版。

15. 王年一：《大动乱的年代》，河南人民出版社 1988 年版。

16. 吴承明、董志凯主编：《中华人民共和国经济史（第一卷）：1949—1952》，中国财政经济出版社 2001 年版。

17. 项怀诚主编：《中国财政 50 年》，中国财政经济出版社 1999 年版。

18. 中共中央文献研究室编：《关于建国以来党的若干历史问题的决议》（注释本），人民出版社 1985 年版。

19. 中华人民共和国财政部、财政科学研究所、中央财政金融学院编：《中国财政问题》，天津科学技术出版社 1981 年版。

20. 中华人民共和国财政部综合计划司编：《中国财政统计（1950—1985）》，中国财政经济出版社 1987 年版。

中　篇

第五章

放权让利：为整体
改革"铺路搭桥"

1978 年，党的十一届三中全会确立了对内搞活、对外开放的重大战略方针，把全党的工作重点转移到社会主义现代化建设上来。经过了"十年浩劫"，国民经济遭受严重破坏，经济社会发展几乎停滞不前。不仅人民生活没有显著提高，而且，我国与其他国家（地区）的经济社会发展差距也在日益扩大。在这种长期未摆脱贫困的内部压力与发展差距日益扩大的外部压力的双重作用下，唯有改革才有出路。

前面说过，沿袭多年的高度集中的计划经济体制，经过几十年的实践，暴露出不少弊端，其中最突出的一条，就是它在很大程度上压抑了地方、企业、个人的积极性。因此，只有对症下药——将更多的决策权下放给地方政府和生产单位，并且给予地方、企业和劳动者个人以更多的利益。这两条简单地归纳起来，就是放权让利。

前面也说过，计划经济体制最大的特征是高度集中，这在作为计划经济体制一部分的财税体制上的表现更为突出。故而，在财权以及财力分配上进行突破，改变以往的利益分配格局，激发了各方面发展经济、提高人民生活水平的积极性，显得十分重要。于是，财税体制的率先改革并以其作为突破口，也就成为一种自然的选择。

第一节 放权让利：拉开整体经济改革序幕

20 世纪 70 年代末，"十年浩劫"和"洋跃进"遗留下的矛盾堆积如山，国民经济和国家财政严重破坏。加之多年来实施的重工业优先、"轻""重"失衡的赶超战略，导致国家对农民、居民以及社会的大量"欠账"。例如，1978 年全国农民人均年收入为 125 元，相比 1966 年的 106 元，仅增加了 19 元，年均增加不足 2 元；1976 年，全民所有制职工人均年工资为 605 元，比 1966 年还下降了 31 元；与此同时，在"三五"、"四五"时期，科教文卫等社会事业支出占总支出的比重，也由 20 世纪 60 年代初的 10.5% 下降到 8% 左右。

一、分配上向农民、城市职工和企业适度倾斜

在这场由中央政府主导的放权让利式的制度变革中，政府是推动改革的主体，改革的大部分成本自然也需由政府来承担。减少财政在国民收入分配格局的份额，通过政府还权于企业、让利于居民的一系列"还账"举措，激发各利益相关主体的改革积极性，从而恢复几乎被传统计划经济体制所窒息了的国民经济活力，便成为改革之初的思路和选择。

（一）提高农产品收购价，增加农民收入

我国的减税让利先从农村开始。1979 年，以农村联产承包责任制为突破口，国家大幅提高了粮、油、棉、麻、猪、牛、羊、鱼、蛋、甘蔗、甜菜、桑蚕茧等主要农副产品的收购价格。当年全国农副产品收购价格总指数（包括牌价、议价和超购加价）比上年上升 22.1%。[①] 农副产品价

[①]《中华人民共和国国家统计局关于一九七九年国民经济计划执行结果的公报》，1980 年 4 月 30 日，国家统计局网站 http://www.stats.gov.cn。

格提高，农民收入增加（据测算当年增加 70 多亿元）；与此同时，政府还通过实施对低产地区农业税的起征点制度，较大幅度调减了农业税负担（当年免征 47 亿元），并通过适当提高农村社队企业工商所得税的起征点，适当放宽新办社队企业减免税期限等办法，减轻农村社队企业的各项税负（当年各项减免税为 20 亿元）（高培勇，1999）。

（二）提高城市职工工资，改善居民生活

在增加农民收入同时，政府也逐步放松了对城市职工的工资管制。不仅恢复了企业和行政事业单位的奖金制度，实行副食品价格补贴制度，还进行了职工工资同企业经济效益挂钩浮动的试点。因而，在那几年，城市职工工资收入有了较大幅度提高。据统计，从 1978 年到 1984 年的 6 年间，国有制职工年平均工资水平提高了 60.6%，即使扣除物价上涨因素，提高的幅度也达到 33.9%。

（三）调整企业利润分配体制，促进企业提高经济效益

农副产品收购价格提高后，农副产品的销售价格并未随之提高，购销价格倒挂，商业部门的利益受损。为了弥补高额的损失，国家财政向商业部门拨付了价格补贴（当年的价格补贴就为 78 亿元，次年增加至 168 亿元）。

在增加补贴、维持企业既有利益的同时，高度集中的国有企业利润分配体制开始松动。1978 年 11 月，国务院批转财政部《关于国营企业试行企业基金的规定》，企业在全面完成产量、质量、利润（包括实现利润和上缴利润）和供货合同等四项计划指标后，可以按照职工工资总额的 5% 提取企业基金，主要用于职工福利、奖金和提高生产技术水平。原有国有企业统收统支体制被打破，国营企业初步掌握了一定的财力。不过，企业掌握的财力仍然偏小，难以促进企业经济效益的长期提高。

1979 年，我国在部分企业中开始推行全额利润留成试点。1980 年进行基数利润留成加增长利润留成试点，并进一步扩大了试点范围。1981 年又针对上述办法作了调整，提出了国家对企业和主管部门，根据不同情况实行"基数利润留成加增长利润留成"、"全额利润留成"、"超计划利

润留成"、"上缴利润包干、超收分成留用"、"亏损补贴包干、减亏分成或留用"等多种形式的利润留成和盈亏包干办法。国有企业的财权和财力进一步扩大,企业留利占实现利润的比重,从 1978 年的 2%、1979 年的 7.6% 上升至 1982 年的 21.1%。这对打破高度集中的国民收入分配格局并激发企业提高经济效益的积极性,发挥了很好的作用。

企业基金制度和利润留成制度,初步打破了过去统收统支的分配模式,在一定程度上承认了企业的自主利益,调动了企业改善经营管理、发展生产的积极性。但是,这并没有从根本上改变政府与企业的分配关系,企业的行政隶属关系依然存在。

二、财政为改革"埋单"

改革初期,放权让利政策频频出台,传统的财政收入机制被各种减税让利的改革举措所打破。来源于低价统购统销农副产品并以价格"剪刀差"方式由农业部门向工业部门转移利润这一渠道的财政收入相应减少;在城市职工工资水平提高,财政支出增加的同时,工业成本增加,上缴利润和财政收入减少。财政收入各项机制的调整,均造成了财政的减收。在"以收定支"的思路下,客观上要求政府必须压缩财政职能范围,才能实现财政收支平衡。

然而,中国经济体制的转型改革才刚刚启动,为了使改革能顺利推行下去,就必须有一个良好的起点,为改革参与者创造或增加因改革而带来的收益,使他们形成对改革的良好预期。计划经济体制下高度集中的分配格局若继续延续,则难以激发其他利益主体参与改革的积极性。因此,在分配上向他们倾斜进而引导他们参与到改革进程当中,在维持既得利益的同时,又能得到增量利益,才会使他们以积极的热情支持并投身到改革中。而对政府来讲,为了推动改革,调动其他利益主体参与改革的积极性,就自然需要将一部分自身利益让渡出去,支付一定的改革成本。这反映到财政上,则是财政支出范围非但无法收缩,反而要增加许多新的支出项目,由此财政支出剧增。比如,1979 年的财政支出,就比 1978 年增长了 14.25%。

计划经济体制下高度集中的利益分配格局在调整中逐渐被打破，取而代之的是渐渐形成的新的利益分配格局。在这种新的利益分配格局下，各方的利益都得到了兼顾。虽然利益让渡方暂时失去了部分利益，但从全局和长远来看，正是财政为各项改革措施埋单，增加了其他利益主体的切身利益，从而减少了改革的实施成本和摩擦成本，才会有随之而来的一系列改革措施的出台。从分配入手，以重塑新的利益格局为起点，兼顾各方的合理利益需要，尽管在财政上要以付出一定的改革成本为代价，却由此拉开了我国整体经济改革的序幕。

第二节 "分灶吃饭"：调整中央与地方分配关系

前面说过，传统财税管理体制的最显著的特征是高度集中性——中央财政对地方实施统收统支制度，地方财政没有独立预算，地方收支标准均由中央政府统一规定。高度集中于中央政府的财税管理体制，是新中国成立初期集中全国有限资源、资金大力发展重工业的现实选择。然而，这种高度集中、统收统支的财税管理体制，无法适应差异化的各地现状，也不利于调动地方政府的积极性。另外，中央与地方政府间信息不对称、监管难度加大等问题越来越突出。尽管改革以前针对高度集权的财税体制也做过"放权"的尝试，但往往陷入"一放就活、一活就乱、一乱就收、一收就死"的恶性循环中。

因此，在处理中央与地方财政关系方面，需要进行新的探索，同时还要避免过去那种"放"与"收"频繁变动的老路。这一调整的直接背景，则是 20 世纪 70 年代末 80 年代初中央财政陷入了困境。

一、中央财政困境：中央与地方分配关系亟待调整

早在 1979 年，财政体制就分别在四川省和江苏省展开了改革试点。其中，四川试行的是"划分收支，分级包干"，江苏试行的是"收支挂钩，总额分成，比例包干，三年不变"，即所谓的"四川式体制"和"江苏式体制"。两种办法都扩大了地方的财权，加大了地方的责任。

由于国家于 20 世纪 70 年代末启动了一系列改革措施，归还欠债，落实政策。每一项措施都增加了政府的财政支出，是政府为进一步推进改革而不得不付出的成本，也使原本并不宽裕的财政收支平衡状况继续恶化。在 1979 年和 1980 年，财政分别出现了 170.67 亿元、127.5 亿元的赤字。各方面都伸手向中央要钱，使中央财政重负不堪。为释放过多的财政压力，中央需要引入新的财政分配制度，调整中央与地方的财政关系，扩大地方自主权，使其承担相当的支出责任。于是，将四川、江苏两省的试点转变为向全国全面推广。

可以说，当时从试点转向全面推行分灶吃饭，扩大地方财权，使财政体制改革在城市经济体制改革中先行了一步，这并不是有意识的安排，而是逼出来的，是把担子分给地方，"千斤重担众人挑"（戴园晨、徐亚平，1992）。

二、"财政包干制"：探索稳定的中央与地方分配关系

以 1980 年前后为界，传统的中央与地方财政分配体制开始进入革命性变革时期。1980 年 2 月，国务院颁布了《关于实行"划分收支，分级包干"的财政管理体制的暂行规定》（以下简称《规定》）。与以往的调整不同，这次财权的下放伴随着经济管理体制改革的推进。《规定》按经济管理体制的隶属关系，明确划分了中央财政与地方财政的收支范围，从以往中央与地方"一灶吃饭"变为中央与地方"分灶吃饭"，高度集中统一的体制被打破，地方独立利益主体的地位开始形成，并逐步得到加强。

（一）1980 年"划分收支，分级包干"体制

从 1980 年年初开始，除北京、天津和上海三个直辖市继续实行"收支挂钩，总额分成，一年一定"模式外，其他各省、自治区均统一实施"划分收支，分级包干"体制，并根据不同的省、市的具体情况，采取"划分收支，分级包干"，"财政包干"，"比例包干，四年不变"，"定额上缴或定额补助"等多种运行模式（见表5.1）。

表5.1　1980 年"划分收支，分级包干"体制的具体模式

具体模式	实施省（自治区）	模式内容
划分收支，分级包干	四川、山西、陕西、甘肃、辽宁、吉林、河南、湖北、湖南、江西、山东、辽宁等	1. 划分收支范围：收入方面，分为固定收入、固定比例分成收入和调剂收入，分类别分成。其中，固定收入中属于中央财政收入有：中央企业收入、关税收入和其他税收；属于地方财政收入有：地方企业收入、盐税、农牧业税、工商所得税、地方税。固定比例分成收入是指经国务院批准，各地方划给中央部门直接管理的企业，其收入按固定比例80%归中央，20%归地方。工商税作为中央和地方的调剂收入，调剂收入的比例根据各地区财政收支情况确定。 支出方面，分为一般性开支和特殊性开支。一般性开支按企业和事业的隶属关系划分。其中，归中央支出的部分主要为：国防费、对外援助支出、国家物资储备支出、中央科教文卫支出、农林、水利、中央基本建设投资、中央所属企业流动资金、工业、商业部门事业费和行政费等；地方支出的部分包括：地方统筹基本建设投资，地方所属企业流动资金、支援农村公社支出和农林、水利、气象等事业支出，城市维护建设费、抚恤和社会救济费以及行政费等。而特殊性开支使用方向、数量在地区和年度间并不稳定，中央以专项拨款方式下拨。该类支出主要包括：地方基建专项拨款、特大自然灾害救济费、支援经济不发达地方的发展资金和边境事业补助等。 2. 确定收支基数，分级包干：在划分收支范围基础上，以 1979 年财政收支预计数为基础，经调整后确定包干基数。地方收入大于支出的，多余部分按一定比例上缴；支出大于收入的，不足部分由中央从调剂收入工商税中拨付。分成比例与补助数额五年不变。在这五年中，地方在包干范围内，多收可多支，少收少支，自行安排预算，自求预算平衡。

具体模式	实施省（自治区）	模式内容
财政包干与民族自治结合	内蒙古、西藏、广西、云南、青海、贵州等	参照"划分收支，分级包干"模式，划分中央与地方财政收支范围；确定中央补助数额，五年不变，且地方收入增长部分全留给地方。仍然享受中央对民族自治区的补助，且每年以 5% 的比例递增。
财政包干与"定额上缴或定额补助"结合	广东、福建	1. 划分收支范围：收入方面，除中央直属企业、事业单位收入和关税划归中央外，其余收入均作为地方收入；支出方面，除中央直属企业、事业单位支出归中央外，其余归地方支出。 2. 特殊的包干方法：对广东实施"划分收支，定额上缴"的包干体制；对福建实施"划分收支，定额补助"的包干体制。
比例包干，四年不变	江苏	江苏继续实施"比例包干，四年不变"体制。

1980 年进行的"划分收支、分级包干"体制改革，是改革开放以来财政领域进行的第一次较为全面和深入的改革。它从根本上转变了中央高度集中、全国财政吃"大锅饭"的局面，初步形成中央、地方各有其收入和各负其责的格局（贾康、阎坤，2000）。多种模式的探索，体现着转型时期我国渐进式改革的思路以及中央对经济多元化、地区差异性等因素的考量；五年一变的系数确定方法，也利于地方政府形成稳定的收支预期以及地方关注和制定推动本地经济发展的长远规划。

但是，在实际运行过程中，由于形势变化，1981～1984 年的中央财政连年赤字，造成中央政府不得不分别于 1981 年、1982 年向地方政府借款 70 亿元、40 亿元。并且，在 1983 年，又以调减地方财政支出包干基数的方式替代向地方政府的借款，包干体制不得不进行调整：1981 年，适当缩小财政包干范围；1982 年起，除广东、福建外，其余省、自治区和直辖市均改为"总额分成，比例包干"办法，取消分类分成，在地方收入总额基础上，按一定百分比划分中央与地方收入，实行包干。

（二）1985 年"划分税种，核定收支，分级包干"体制

1983 年、1985 年国家两步"利改税"，完善税制的改革进一步推进了中央与地方财政关系的调整。1985 年，在第二步"利改税"基础上，税收收入逐渐取代企业上缴利润成为财政收入的主要形式，财政分配的基础发生了变化。"划分收支，分灶吃饭"的形式相应改为"划分税种，核定收支，分级包干"，即按照税种和企业隶属关系，确定中央、地方的固定收入以及中央与地方共享税收入。

1985 年，国务院决定除了广东、福建两省继续实行"财政大包干体制"外，其余各省、自治区和直辖市均实施"划分税种，核定收支，分级包干"模式（参见专栏5.1）。

专栏5.1 1985 年"划分税种，核定收支，分级包干"体制的主要内容

1. 划分收支范围。

（1）收入方面，在第二步"利改税"基础上，以税种为基础划分各级政府财政收入。其中，中央财政收入包括：中央国营企业所得税、调节税；铁路、民航、邮电和各银行总行、保险总公司的营业税；中央军工企业和包干企业收入；关税和海关代征工商税；海洋石油、外资、合资企业的工商税、所得税和矿区使用费；国库券收入和国家能源交通重点建设基金。此外，石油部、电力部、石化总公司、有色金属工业总公司所属企业的产品税、增值税、营业税以其70%作为中央财政的固定收入。地方财政收入包括：地方国营企业所得税、调节税和承包费；集体企业所得税；农（牧）业税；车船使用牌照税；城市房地产税；牲畜交易税；契税；地方企业包干收入；地方经营的粮食、供销企业亏损；税款滞纳金、补税惩罚收入和其他收入。此外，石油部、电力部、石化总公司、有色金属工业总公司所属企业的产品税、增值税、营业税以其30%作为地

方财政的固定收入。中央和地方财政共享收入包括：产品税、增值税、营业税（不包括石油部、电力部、石化总公司、有色金属工业总公司以及铁道部和各银行总行、保险总公司缴纳部分）、资源税、建筑税、盐税、个人所得税、国营企业奖金税以及外资和中外合资企业缴纳的工商税、所得税等。

（2）支出方面，基本沿袭了旧体制按照隶属关系划分支出范围，只是对个别事业管理体制进行了调整。

2. 核算分成基数，确定分成办法。

以1983年各省、自治区、直辖市收入决算数为基础，按照重新划分收支范围和"利改税"后收入转移情况核定收入基数。以1983年决算收入数和旧体制确定的分成比例和其他调整因素计算地方支出基数。在此为基础进行分成：凡地方固定收入大于地方支出者，定额或定比例上解中央；凡地方固定收入小于地方支出，从共享收入中确定分成比例，留给地方；如地方固定收入和共享收入全留给地方仍不足者，由中央定额补助。以上包干方法五年不变，地方多收多支，少收少支，自求平衡。

3. 对少数民族自治区以及视同民族自治区待遇的省区予以照顾。重新核定定额补助数额，并规定五年内年递增10%的补助额。此外，中央还建立了"支援经济不发达地区发展资金"，每年给予资金补助，加速民族自治区经济发展。

4. 1985年，在全国范围内开征城市维护建设税，专用于城市维护建设开支，但不计入地方收支包干范围，只在预算内列收列支。

1985 年中央与地方财政分配方式的调整，是在第二步"利改税"基础上收入范围的再划分。但是，由于当时我国税制改革尚未到位，价格体制也未理顺，并不完全具备推广"划分税种"的前提。在这样一种背景下，1985 年、1986 年，中央又不得不暂行实施"总额分成"的过渡方法，即除中央税划为中央收入外，地方在划分税种、核定收支基础上，把地方财政固定收入与共享收入捆在一起，与地方支出挂钩，确定分成比例，实施总额分成。尽管如此，1985 年财政体制的改革仍然具备了"分灶吃饭"体制的优势，在给予地方更多财政权利的同时，保证了中央财政收入持续、同步的增长；此外，"划分税种，分级包干"的提出也为进一步推进我国税收体制和财政体制的改革明晰了方向。

（三）1988 年后的"多种形式包干"体制

从 1987 年，为扭转企业效益持续下滑的局面，全国绝大部分国营企业先后实施了承包经营责任制，在企业上缴所得税时，不是按照利润而是按照承包数额倒推填入。第二步"利改税"在某种程度上名存实亡，税制改革的步伐减缓。对应的"划分税种，分级包干"的财政分配模式也进行了改变。从 1988 年起，全国 39 个省、直辖市、自治区和计划单列市分别推行"收入递增包干"、"总额分成"、"总额分成加增长分成"、"上解额递增包干"、"定额上解"、"定额补助"等六种财政包干形式。

上述"多种形式包干"模式以两年为期。到 1992 年时，除部分地区成为分税制试点外，财政包干体制具体形式已调整为五类：固定比例留成（山西、安徽），固定比例增长留成（河南、河北、北京、哈尔滨、江苏、宁波），定额上解（上海、黑龙江、山东），定额递增上解［广东（含广州）、湖南］，定额补助［内蒙古、新疆、西藏、贵州、云南、青海、广西、宁夏、海南、甘肃、陕西（含西安）、吉林、福建、江西］。

表 5.2　1988 年地方财政包干体制的多种模式

模式	实施省份	主要内容
收入递增包干	北京等 10 个省（市）	以 1987 年决算收入和地方应得支出财力为基数，参照各地近几年收入增长情况，确定地方收入增长率和留成、上解比例。地方每年在收入递增率以内的收入，按照既定的留成、上解比例实行中央与地方分成；超过部分，全部留给地方；收入达不到增长率而影响上解中央部分，由地方用自有财力补足。
总额分成	天津等 3 个省（市）	根据各地区前两年预算收支情况，核定收支基数，以地方支出占总收入的比重确定地方留成、上解中央比例。
总额分成加增长分成	大连等 3 个计划单列市	每年均以上一年实际收入为基数，基数部分按照总额分成比例分成，每年实际收入比上年增长部分另加分成比例。
上解额递增包干	广东、湖南	以地方 1987 年上解中央收入为基数，参照近几年地方财政收入增长情况确定上解额递增率，地方每年按确定递增率上解中央。地方除保证递增上解中央数额外，增加收入全留给地方。
定额上解	上海等 3 个省（市）	按照原核定收支基数，收大于支的部分确定固定的上解数额。
定额补助	吉林等 16 个省（市）	按照原核定收支基数，支大于收部分确定固定的补助数额。

　　"分权让利"思路下实施的财政包干体制逐渐凸显其优势：分权让利使地方政府成为了独立的利益主体，由原来被动安排财政收支转变为主动参与经济管理，调动了地方政府改善财政收支的积极性，很大程度上促进了地方经济的发展；分权使得地方政府财力不断增强，地方增加了对本地区的重点建设项目以及教育、科学、卫生等各项事业的投入的能力，促进地方经济建设和社会事业的发展（寇铁军，1996）；财政体制改革支持和配合了其他领域的体制改革，激发出地方政府的经济活力，带动财政收入增长，为其他改革提供了财力支持。

三、"包而不干"：中央与地方分配关系仍待进一步规范

尽管"分灶吃饭"模式取得了不少成效，对"分灶吃饭"模式的具体形式也不断进行着完善和改进，但在当时财政体制框架下，传统计划经济体制的症结始终未彻底消除。分级包干体制收入划分仍没有摆脱行政隶属关系的制约，政府仍然条、块分割和控制着各级企业，政、企尚未彻底分离，国有企业活力难以发挥。同时，又涌现了新的问题和矛盾：

分灶激活的地方独立经济利益，助长了市场分割、产业逆调节倾向、低水平的重复建设、结构失调、中国宏观经济波动增加等诸多问题出现和激化，对中国经济持续稳定的发展和财政经济体制改革的进一步深入形成威胁（贾康、阎坤，2000），此其一。

财政包干体制包死了上交中央的数额，导致中央财政在新增收入中的份额逐步下降，中央政府宏观调控能力弱化（王绍光、胡鞍钢，1993），此其二。

财权分配模式的频繁调整也暴露了制度建设的非规范化，一对一讨价还价的财政包干体制缺乏必要的公开性，各省、市的讨价还价的欲望和能力在规则的更迭中不断强化，不利于政局态势的稳定和维持中央强有力的宏观调控能力，此其三。

中央与地方多种财政分配体制形式并存，不同体制形式对地方财政收入的增长弹性不一致，体制形式的选择也存在机会不均等、信息不对称和决策不透明等因素，这都会导致财力分配的不合理，此其四。

注重既得利益导致财政包干体制缺乏横向公平性。保证既得利益一直是贯穿财政体制改革的主线，主要是出于顺利推进改革的考虑。例如在每一次核定基数时都以地方政府以往的既得财力作为基数。但在不同财政分配模式下，地方既得利益形成存在客观性的差异；既得利益中也遗留着许多计划经济的影响成分，并非完全公平，此其五。

调节地区间的非均衡和实现公共服务均等化的功能没有成为体制设计的政策目标，没有完整的横向财政调节机制；财政包干体制对财权分配的

公平性考虑不够（陈共，1998），此其六。

因此，在经济体制改革的大背景下，合理、科学地安排财政分配体制，并以规范化的法律制度予以确立和保证，才能终止中央政府与地方政府之间无休止的"讨价还价"，我国的财政分配体制才能逐渐步入规范化的轨道。

第三节 两步"利改税"：规范国家与企业分配关系

伴随着经济体制改革的逐步深化，我们对国有企业的性质和地位开始有了新的认识。国有企业逐步脱出政府附属物的桎梏，而演变成为具有相对独立性的经营实体。于是，对于政府与国有企业的分配关系，需要一种适当的方式来加以稳定。为此，国务院决定在 1983 年 1 月和 1984 年 10 月，分两步对国有企业实行"利改税"改革，以此规范政府与企业之间的分配关系，实现从"利润上缴"经"税利并存"完全过渡到"以税代利"。

一、重塑政府与企业分配关系：市场化改革的现实要求

计划经济条件下，国有企业与财政的关系是一种指令性的计划分配关系。国有企业主要通过利润的方式将收入上缴财政。相应地，税收在调节国有企业与国家财政之间仅起辅助作用。

从 20 世纪 70 年代末拉开改革开放序幕，到 80 年代初期"利用商品交换、价值规律的计划经济"和"计划经济为主，市场调节为辅"的探索，发展到 1984 年《中共中央关于经济体制改革的决定》确立"有计划商品经济"，再到 1992 年邓小平南方谈话后确立"社会主义市场经济"。虽然中国社会经济转型的最初定位并没有明确为建立市场经济体制，但中国改革渐行渐进地踏向了通往市场经济的道路。

在这个过程中，随着市场因素的逐步引入，计划经济下国有企业与财政的分配关系开始发生变化。国有企业需要从财政的附属依赖转变到确立

独立商品生产经营者和市场竞争主体地位，走上市场化经营的道路；国家财政与企业的关系，也应从指令性的直接干预转变为与市场化趋势相适应的指导性间接调控。因此，重塑政府与企业之间的分配关系成为市场化改革的现实要求。

二、利税改革：政企分离的开端

早在改革初期，国家就开始酝酿调整政府与企业分配关系。为调动企业生产积极性，政府恢复了企业利润留成制，通过企业基金制和企业留利制，稳定了计划经济中财政与企业的关系。在那时，尽管尚未打破旧有的分配体制，但这种对政府与企业分配关系的探索与实践，为下一步的"利改税"创造了前提条件。

1979 年，国家先是在湖北省光化县对 15 户县办工业企业进行"利改税"的试点。继而，1980 年，进一步将试点范围扩大至广西壮族自治区柳州市的市属工业企业。同时，上海市、四川省的部分工业企业也陆续进行了试点。到 1981 年年底，全国共有 18 个省、市、自治区的 456 户工交企业试行了"利改税"（郝昭成等，1993）。"利改税"的试点办法在全国约有 30 多种。这些办法的共同特点是，以所得税为主要税种，国家首先通过征收 55% 左右的所得税参与企业的利润分配；征收所得税后的利润，或者全部留归企业自行安排使用，或者采用诸如调节税、资金占有费、资金分红等形式，由国家进一步参与分配。试点过程为"利改税"政策的出台与实施提供了丰富且宝贵的经验。

根据国务院、财政部的部署，在全国广泛试点的基础上，作为企业改革和城市改革的一项重大举措，"利改税"实行"分步到位"的改革思路：第一步实行税利并存，扩大上缴税收的比重，待条件成熟后，再过渡到实行完全的"利改税"。

（一）第一步"利改税"

1983 年，国务院决定在全国试行国营企业"利改税"，即将新中国成立以后实行了 30 多年的国营企业上缴利润的制度改为缴纳企业所得税的制度。在财政税收发展史上,这被称之为第一步"利改税"。

第一步"利改税"的主要内容包括:

1. 对有赢利的国有大中型企业(包括金融保险机构),根据实现的利润,按55%的税率缴纳所得税。企业缴纳所得税后的利润,根据不同情况,分别采用递增包干上缴、固定比例上缴、定额包干上缴和缴纳调节税等方法上缴国家财政一部分,余下的作为企业留利。

2. 对有赢利的小型国有企业,根据实现的利润,按照 8 级超额累进税率缴纳所得税。缴纳所得税之后,由企业自负盈亏,国家不再拨款,但对税后利润较多的企业,国家可以收取一定的承包费,或者按固定数额上缴一部分利润,对营业性的宾馆、饭店、招待所和饮食服务公司按 15%的税率缴纳所得税。

3. 对县以上供销社,以县公司或县供销社为单位,按 8 级超额累进税率缴纳所得税。

4. 军工企业、邮电企业、粮食企业、外贸企业、农牧企业和劳改企业暂不实行"利改税"办法。

5. 经财政部门审查同意后,国有企业的各种专项贷款可用缴纳所得税之前的新增利润归还。

6. 企业税后留用利润,按规定要建立新产品试制基金、生产发展基金、后备基金、职工福利基金和职工奖励基金。前三项基金的比例不得低于留利总额的60%,后两项基金的比例不得高于40%。

(二)第二步"利改税"

为了进一步为企业自主经营、自负盈亏创造条件,充分调动企业和职工的积极性,1984 年 10 月起,在全国推行了第二步"利改税"的改革。"利改税"的第二步改革,是在第一步"利改税"的基础上,对国有企业所得税和调节税的进一步改革和完善,其核心内容是将国营企业原来上缴国家的财政收入改为分别按 11 个税种向国家缴税,从而完成了第一步"利改税"的税利并存向完全的以税代利的过渡。

第二步"利改税"实际上包括国有企业"利改税"和工商税制改革

两个部分，其主要内容包括：

1. 改革工商税，将原来的工商税按纳税对象"一分为四"，即产品税、增值税、盐税和营业税。对某些采掘企业开征资源税，同时恢复和开征房产税、土地使用税、车船使用税、城市维护建设税等税种。

2. 将国有大中型企业征收所得税后的利润上缴形式，改为征收调节税。按照一户一率的原则，根据企业的实际情况分别核定税率。

3. 对国有小型赢利企业改按新的 8 级超额累进税率缴纳所得税，不征调节税。一般由企业自负盈亏，国家不再拨款。但对税后利润较多的企业，国家可以收取一定数额的承包费。

4. 营业性的宾馆、饭店、招待所和饮食服务业，也改按新的 8 级超额累进税率缴纳所得税。

5. 继续实行企业用贷款项目投产后新增利润，在缴纳所得税前归还贷款的政策。

实施第二步"利改税"和工商税制改革，是我国改革开放以后第一次、新中国成立以后第四次大规模的税制改革（金人庆，2000）。此后经过进一步的税制完善，我国初步建立起了包含 32 个税种的工商税制整体框架。由此，我国的税制建设开始进入健康发展的新轨道，从而完成了由单一税制向复合税制的转变，并进一步加快了中国财政体制适应市场化进程的历史转变。

三、两步"利改税"：为下一步税制改革奠定基础

站在今天的时点上评价"利改税"在中国财税体制改革进程中的历史地位，可以说，始于 20 世纪 80 年代的"利改税"是我国国家财政与国有企业分配关系史上的一次重大变革，对整个财税体制改革、经济体制改革及制度创新所产生的影响，相当深远。

（一）"利改税"体现了财税运行机制的新变化

实行"利改税"后，不仅以税收形式规范了政府与企业的分配关系，也增加了企业自我改造、自我积累和自我发展的能力。更重要的是，"利

改税"顺应了国民经济市场化进程中的财税运行机制变化的大趋势,是财政退出企业直接经营过程,并最终把企业推向市场的突破口,成为财政对企业由指令性的直接调控向指导性间接性调控转变的起点(赵梦涵,2003)。以国有企业所得税(当时称为"国营企业所得税")的开征为标志,政府改变了直接干预的方式管理企业,而是通过法律的形式确立处理政府与企业分配关系的基本准则,对于此后实现政企分开、两权分离,培育市场主体,建立现代企业制度等一系列制度变革具有奠基性意义。

(二)"利改税"奠定了现行税制的基础

在我国现行税制体系中,相当部分的重要税种都是从此次改革的基础上发展演变而来,因此,"利改税"使得中国财政收入开始呈现明显的公共化特征。

通过 1980 年、1984 年的两步"利改税",动摇了利润上缴在财政收入中的原有地位。税收占政府财政收入的比重由 1978 年的 45.9% 上升到 1981 年的 53.6%,到 1985、1986 年,该比重上升为 90% 以上;相应地,利润上缴占政府财政收入的比重由 1978 年的 50.5% 下降为 1985 年后的 5% 以下。税收收入替代利润上缴成为财政收入的最主要方式。

利润是产权收益的一种方式,是所有者分享企业收益的一种分割方式。税收则是企业、居民等为政府提供公共产品而支付的价格,是与市场经济相适应的财政收入的主要形式。因此,税收取代利润成为国有与企业利益分配关系的主流,也就意味着作为公共管理职能的政府与作为国有企业所有者的逐步分离。这种将"国家"性质的利润上缴转变为"公共"性质的税收的变化,鲜明地表现出我国财政收入在市场化改革作用下的公共化趋势(张馨,2004)。

但是,由于受到当时客观经济和社会条件的制约,以及"利改税"制度设计自身的局限,"利改税"在推动税制建设,重构财政运行机制的同时,也产生了一些新的问题,既定的改革目标并未完全实现。

从理论准备上看,"利改税"的终极目标是实现完全的以税代利,试图用单一的税收形式完全代替利润上缴形式。这就使国家以行政管理者的身份替代了资产所有者的身份，混淆了社会主义国家的两种身份和两种职能。由于否定了上缴利润形式，也就弱化了国家作为资产所有者的职能，这就不利于国家对国有资产的管理（高培勇，2005）。从某种程度上，造成了"过犹不及"的局面。

从实际操作上看，也存在许多有待改进的地方：一是所得税的税率过高，国营企业的税负重，因而法律约束不严造成税收减免多；二是征收所得税后，又征收调节税，而且调节税是每户一率一法，征收随意性大；三是实行税前还贷的办法，实质上是用财政资金替企业归还贷款，出现企业争贷款、银行保收益、国家财政收入减少的局面。企业和银行自我约束机制软化，易于诱发投资膨胀。正是由于"利改税"存在这样或那样的问题，为进一步推进全面的税制改革埋下伏笔。

第四节　工商税制改革：改革开放的重要推动器

一、改革开放呼唤现代税收制度

在1978年以后，在逐渐引入并强化市场配置社会资源的过程中，国民经济发生巨大改变，所有制结构呈现多元化趋势。外资、中外合资以及私营企业多种经济成分蓬勃发展，合作、合伙、独资等多种经营方式大量并存。这导致全民所有制（国有制）经济成分比重下降，其他多种所有制经济成分比重上升。此外，国有企业作为参与市场竞争的经济主体，逐步走向独立，接受市场信号的导向。计划经济下主要依赖利润方式调节企业与财政分配关系的做法，已不合时宜。

在经济体制改革大背景下，政府调控逐渐由直接调控向间接调控转变，主要通过市场参数（包括税率、汇率、利率等方式）调节微观主体企业的运行是现实的必然选择。在价格不能大动的情况下，税收应更多地被赋予组织政府财政收入、调节政府、各类企业、个人等多方利益、贯彻执行经济政策的职能。工商税收在经济中的作用，重新被定位。

但是，1973 年简并的税制是与产品经济相适应的单一税制。税率、税目粗，范围不全面，税负与企业赢利不匹配，难以满足经济体制改革中税收应承担的调控要求。为了推进改革，确立面向市场的调控规则，就需要一种多税种、多层次、多环节发挥调节作用的复合税制。

二、工商税制改革正式启动

在改革开放初期，我国工商税制的改革，是以建立和健全涉外税制为起点的。

（一）建立和健全涉外税制：调节外资经济

1980 年 9 月，全国人民代表大会公布了《中华人民共和国中外合资经营企业所得税税法》和《中华人民共和国个人所得税税法》。随后不久，1981 年，《中华人民共和国外国企业所得税法》出台，并且规定：涉外企业沿用修订后的工商统一税，照章缴纳车船使用牌照税和城市房地产税。于是，我国涉外税制初步建立，将开放后数量日增的外国企业和外国在华工作人员纳入征税范围，初步适应了外资经济蓬勃发展对税制建设的要求，保障对外开放后国家的经济利益。

（二）原工商税"一分为四"：调节产供销关系

改革之前的流转税，经过多次简并后只剩下"工商税"，税目、税率简单，无法适应产品性能和产销多样化的征税需要。1984 年 9 月，国务院颁布了产品税、增值税、营业税和盐税等 4 个条例（草案），将原工商税"一分为四"。

产品税是从原工商税中分解出来，针对烟酒、手表、化妆品、焚化品等二十多种特定产品征收的税。本着调节产品利润，合理企业负担的原则，按照产品和产品类别设置了税目以及分档定率。

增值税是为适应商品经济的调整，促进专业化分工协作，解决重复征税矛盾，而针对产品新增价值和附加值所征的税。当时将机械、钢铁、钢材、西药、自行车、电风扇、缝纫机、印染丝织品等 5 类产品纳入征税范围，按产品销售额征税，以不同范围、不同扣除方法扣除已税部分，消除重复征税带来的税负不公。

恢复和改进营业税。主要针对商业、交通运输、金融保险、邮电电讯、建筑安装服务等行业征收，增加对商业批发营业税的征收，结束了近30年商业批发不征税的做法，税目由5个增加到11个，税目税率由按行业设置改为按项目设计。

调整盐税。从工商税中单独制定税收条款，恢复盐税的独立性。为了适应价格的变化调整了盐税税额，缩小了工业用盐的免税范围。

（三）开征资源税：调节级差收入

为合理利用自然资源，调节企业因为自然资源差异而获得的级差收入，1984年10月，我国开征了资源税。主要针对开采原油、天然气、煤炭和金属矿产品的企业和个人所征的税。由于当时金属矿产品的价格尚未合理调整，暂缓征收。自然资源的级差收入综合反映在产品销售利润上，因此确定依照产品销售利润率设计税率。在缴纳产品税收，产品销售利润率在12%以下不征资源税，销售利润率超过12%的部分，则按三个不同的档次，按销售利润每增加1%，税率增加0.5%、0.6%、0.7%，分档累进计算，依据销售收入额计征。1986年改进计税方式，由按照销售利润率超率累进计征改为从量定额征收。

（四）开征和恢复地方税种：完善税收制度

地方经济在改革开放得到不断发展，地方经济成分、产业结构和生产分工逐渐呈现多元化和复杂化趋势。同时，向地方放权让利的改革过程中，地方政府承担了更多的支出责任，对财力的需求加大。要因地制宜地发展地方经济，就需要开征和恢复地方税种，以使地方获取更为稳定的收入。

地方税制改革的内容包括：扩大地方税的征收范围，加强地方的税收自主性。地方税的征收原则和税率最高限额决定权在中央，但开征、停征、减免税以及具体征税规定则由省、市、自治区根据实际情况而定。恢复城市房产税、车船使用牌照税、印花税、特种消费行为税和集市交易税。新开征土地使用税和城市建设税。至此，地方税收体系的雏形建立起来。

三、多层次复合税制逐步形成

经过工商税收改革以及同一时期的"利改税",我国初步建立起了包含32个税种的工商税制框架(见图5.1),一个适应多种经济成分、多种

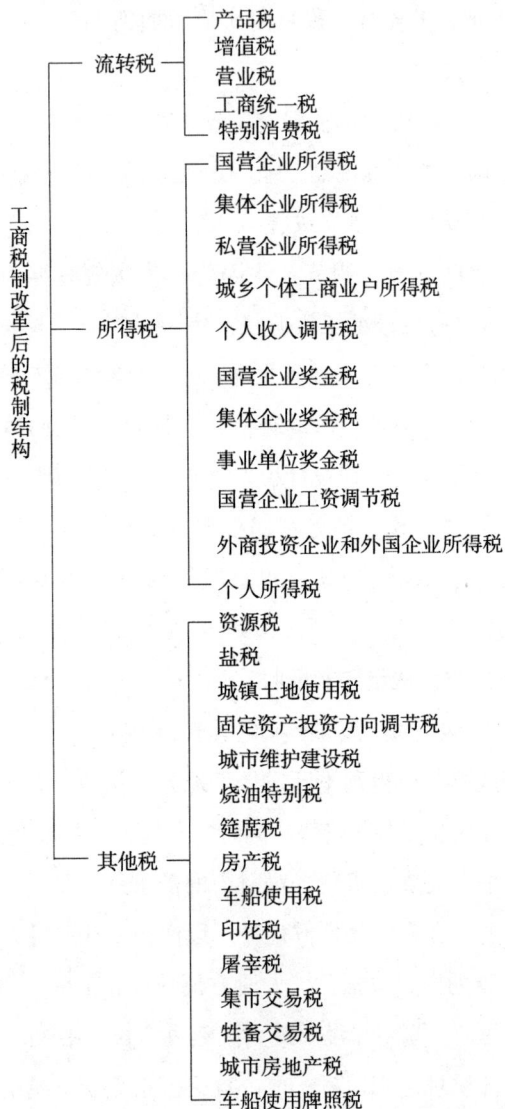

```
工                ┌ 流转税 ┌ 产品税
商                │        │ 增值税
税                │        │ 营业税
制                │        │ 工商统一税
改                │        └ 特别消费税
革                │
后                │        ┌ 国营企业所得税
的                │        │
税                │        │ 集体企业所得税
制                │        │
结                │        │ 私营企业所得税
构                │        │
                 │        │ 城乡个体工商业户所得税
                 │        │
                 ├ 所得税 ┤ 个人收入调节税
                 │        │
                 │        │ 国营企业奖金税
                 │        │
                 │        │ 集体企业奖金税
                 │        │
                 │        │ 事业单位奖金税
                 │        │
                 │        │ 国营企业工资调节税
                 │        │
                 │        │ 外商投资企业和外国企业所得税
                 │        │
                 │        └ 个人所得税
                 │        ┌ 资源税
                 │        │ 盐税
                 │        │ 城镇土地使用税
                 │        │ 固定资产投资方向调节税
                 │        │ 城市维护建设税
                 │        │ 烧油特别税
                 │        │ 筵席税
                 └ 其他税 ┤ 房产税
                          │ 车船使用税
                          │ 印花税
                          │ 屠宰税
                          │ 集市交易税
                          │ 牲畜交易税
                          │ 城市房地产税
                          └ 车船使用牌照税
```

图 5.1 两步"利改税"后的我国工商税制结构图

流通渠道、多种经营方式，以流转税和所得税为主体的复合税制体系基本上成型，税制建设开始进入健康发展的新轨道。这不仅适应了经济体制改革的要求，同时也推动了经济体制改革的深化。

更为重要的是，在这一过程中，政府对新形势下税收调节经济的功能有了进一步的探索和实践。例如，在转轨阶段主要以产品税保证国家财政收入的稳定性，并以价格配合调价市场供求；以增值税调节企业税负，促进专业化分工；运用资源税调节级差收入，促进资源的合理利用；运用特种行为税，以抑制某些经济行为；依赖所得税调节企业、个人所有分配等。如何依照各种税种的不同功能寻求不同发展阶段多税种的最优组合成为设计税制的目标（贾康、阎坤，2000）。

第五节 调整支出结构：探索缓解财政困难之路

前文曾提及，与计划经济条件下政府包办社会各项事业的"大而宽"的职能范围相适应，其财政支出格局也同样带有事无巨细、包揽一切的特征。这一时期的中国财政被冠以"生产建设财政"的称谓。其主要表现是：财政作为社会投资主体，基本建设拨款支出规模浩大，通常占到政府财政支出的40%左右；财政承担无偿拨付国有企业流动资金的任务，在大多数年份，由此形成的流动资金支出，往往占到财政支出的20%；此外，财政还几乎包揽了科技、教育、文化、卫生等全部社会事业，并为城市职工建立了"从摇篮到坟墓"的社会保障制度。与此同时，主张并坚持实现财政总收支的年度平衡，是当时奉行的一贯政策，一度被认为是社会主义优越性的体现之一。

然而，随着改革的逐步深化，这种与计划经济时代相适应的"大而宽"的"生产建设财政"格局，面临着严峻挑战。

一、财政困境:"建设财政" 难以为继

1978 年,伴随放权让利的经济体制改革,财权财力大规模由中央政府向地方政府、从政府向企业转移。财政收入增长乏力,与此同时,体制改革、经济增长的要求以及国家政策规定的各种义务使得财政支出急剧增加,国家财力不堪重负,实现财政收支平衡困难。

国有制企业的利润上缴一直是计划经济年代财政收入的主要来源。从"二五"到"五五"时期,国有制企业提供的财政收入一直占财政收入80% 以上。在改革开放以后,多种经济成分蓬勃发展。从 20 世纪 70 年代末到 80 年代初,非国有制企业的快速发展却没有贡献相应的税收收入。作为财政支柱的国有制企业提供的财政收入比重仍高达 78.7%;非国有制企业提供的比重仅占 21.3%。再加上政府推动改革而实施的减税让利政策,故而,自 20 世纪 70 年代末起,我国财政收入一直增长缓慢。在1979 ~ 1982 年间,财政收入分别为 1132.26 亿元、1146.38 亿元和1159.93 亿元,增长绝对数几乎停滞。

而到 20 世纪 80 年代末至 90 年代初,国有企业由于经营机制、管理机制问题效益不佳,出现了通常所说的国有企业"三分之一在明亏、三分之一在暗亏、三分之一在赢利"的局面;乡镇企业也因为缺乏规模经济以及官僚体制倾向纷纷倒闭破产,国有企业和集体企业无法再为政府贡献高额持续的税收收入。预算内收入占 GDP 比重持续下降(见表 5.3),预算内收入占 GDP 比重由 1978 年的 31.2% 迅速下降为 1980 年的 25.7%;到 1987 年后,降至 20% 以下。政府可支配的社会资源比例不断降低。

表 5.3　1979 ~ 1990 年财政收入占 GDP 的比重

年份	财政收入（亿元）	国内生产总值（亿元）	财政收入/国内生产总值
1979	1146.38	4038.20	28.4
1980	1159.93	4517.80	25.7
1981	1175.79	4862.40	24.2

续表

年份	财政收入（亿元）	国内生产总值（亿元）	财政收入/国内生产总值
1982	1212.33	5294.70	22.9
1983	1366.95	5934.50	23.0
1984	1642.86	7171.00	22.9
1985	2004.82	8964.40	22.4
1986	2122.01	10202.20	20.8
1987	2199.35	11962.50	18.4
1988	2357.24	14928.30	15.8
1989	2664.90	16909.20	15.8
1990	2937.10	18547.90	15.8

资料来源：《中国统计年鉴1994》，中国统计出版社1994年版。

　　计划经济下财政大包大揽的格局难以为继。1979年、1980年分别出现了135.41亿元、68.9亿元的巨额财政赤字。而财政收支失衡的压力反映到财政支出上，就是在全社会固定资产投资支出中，预算内投资所占比重迅速且持续下跌（见表5.4），预算内投资占全社会固定资产投资从计划经济时期30%左右的比例，下降为20世纪80年代中期的10%左右，甚至降到5%以下的水平。

表5.4　预算内投资/全社会固定资产投资总额

年份	预算内投资/全社会固定资产投资总额（%）
1981	28.1
1982	22.7
1983	23.8
1984	23.0
1985	16.0
1986	14.6
1987	13.1
1988	9.3
1989	8.3

续表

年份	预算内投资/全社会固定资产投资总额（％）
1990	8.7
1991	6.8
1992	4.3
1993	3.7

资料来源：《中国统计年鉴1994》，中国统计出版社1994年版。

在财政收入无法实现短期快速增长的情况下，适时调整财政支出格局，将有限的资源用到"刀刃上"，成为探索解决财政困难之路。"一要吃饭，二要建设"的口号，形象地反映了当时财政支出结构的调整与财政的转型。

二、解困之道：调整财政支出结构

在财政收入规模短期内不可能有较大改观的情况下，扭转财政困难的着眼点便被转移至财政支出结构的调整上。其基本的做法，是对财政支出结构"有保有压"：投向传统生产领域的支出减少，而能源交通和基础设施成为了支出重点。这种调整，以今天的眼光看，多多少少具有了公共化的意味。

（一）传统生产领域投资减少

在计划经济体制下，政府通过计划方式直接配置整个社会绝大部分的资源。故而，财政支出中包含了大量投资性支出的内容。20 世纪 70 年代末，带有计划经济性质的生产建设支出占财政支出的比重达 60% 以上（贾康、阎坤，2003）。其中，全民所有制企业的生产建设资金（包括企业挖潜改造资金、企业流动性资金等）也主要由财政提供。如在 1978 年，生产性流动资金支出为 66.6 亿元。

随着经济体制改革的深入，市场因素逐步占据主导地位。在大部分的社会资源经由市场提供的情况下，财政逐渐开始从竞争性行业退出，财政支出对传统生产领域的投资也随之减少。如对企业流动资金的财政拨款，就由 1978 年的 66.6 亿元下降为 1981 年的 22.84 亿元，到 1984 年，更降到了 9.96 亿元。这种趋势，伴随国有企业的改制以及国有银行的市场化改革而渐渐增强。

（二）预算内支出重点投向能源交通和基础设施

相应地，预算内财政投资的重点转向了对能源交通和基础设施领域的投入。诸如市政道路、水、电、气等基础交通设施，连接省、市等之间的高速公路、铁路，环保、城市营运支出等方面的能源交通和基础设施，属于典型的公共物品。这些物品，对于一个发展中国家实现经济腾飞来讲，是不可缺少的基础条件。而它们大都属于资本密集型行业，在投资前期要求有大量资本成本投入，建设周期长，投资形成生产能力和收回投资要历经多年，往往成为制约经济发展的"瓶颈"。因此，能源交通和基础设施属于市场失灵的范围，属于政府进行干预的领域。在压缩传统领域投资的同时，财政加大了对这些领域的投入。

（三）财政支出走上自发公共化进程

从 20 世纪 70 年代末到 80 年代的财政支出格局的调整，虽然是为缓解当时财政困境的一时之策，但当我们从改革开放以来财税体制的变迁过程看，这些调整，在整个经济体制改革的不断推动下，时时孕育着一些有别于传统计划经济体制下财税体制的新因素，成为一种新的财税体制形成的种子。实质上，财政在经济体制改革过程中对"一要建设、二要吃饭"两者关系的处理上，逐步摆脱计划经济的影响，从"一要建设、二要吃饭"，甚至不顾"吃饭"而要"建设"的状态转变为只是集中于市场失灵的领域，反映出了一个基本事实，那就是在经济体制改革的推动下，财税体制正自发地朝着公共化方向变革。而这种变革，又进一步有力地推动了经济体制改革的实践。

第六节 财会制度改革：打造财税体制的微观基础

现代企业制度的一个重要环节，便是企业财务会计制度。当时我国实行的财务会计制度，基本上是在计划经济年代形成的。随着市场化的进程，财务会计制度与市场经济体制的矛盾越来越尖锐。突出的问题是，财务会计制度不统一、不规范，企业财务会计管理权限小，同国际通行会计惯例的差距大，直接制约了对外经济技术的交流与合作。因此，企业财务会计制度的改革很快被提上了议事日程。

作为计划经济年代国家财政基础环节的企业财务会计制度，它的调整，所牵涉的不仅仅是国有企业制度本身，而且，也包括财政运行机制。事实上，财务会计制度的改革就是作为整体财政运行机制改革方案的一个组成部分而设计、提出的。从这项改革的初衷和意义看，它实质是在构建财税体制的微观管理基础。

一、计划经济财会模式弊端凸显

从某种意义上讲，计划经济是在国有制基础上建立的全社会范围的大企业（吴敬琏，2003）。全国经济由国家统一领导，国有企业并不是独立的主体，而是附属于国家财政。国家财政不仅负责生产领域外的分配领域，还包括生产领域内的分配关系，形成了一个包括国家预算、银行信贷和企业财务在内的社会主义财政体系。[①] 因此，国有企业的计划、生产、销售等均纳入计划管理；企业的财务会计管理实质上也构成财政管理体制的重要部分，属于全社会传统公共财务管理。伴随国有企业下放，市场因素逐步地发育，计划经济财会模式弊端凸显。

[①]《经济与管理大辞典》，中国社会科学出版社 1985 年版，第 422 页。

原有的国有企业财务会计管理体制和会计核算体系是在计划经济体制下制定的，片面地服从国家计划以及宏观财政财务政策，许多的财务会计制度和政策不能客观、真实地反映企业的财务状况和经营成果，造成企业资产不实、盈亏虚假；原有企业会计制度按照所有制、分部门分别制定，使得不同行业的企业之间会计信息无法比较，考评国有企业绩效、制定相关激励和惩罚措施非常困难；会计考核指标体系是按照国有企业完成国家计划等进行考核，无法适应经济体制改革中企业独立市场行为的要求。

二、配合财税体制改革，改革财会制度改革

伴随着财税体制改革的进程，建立与财税体制相吻合的新的财会制度就成为必然。

从国家层面看，"利改税"改革使得政府与国有企业之间的财政分配关系日益远离计划经济体制下的分配模式，政府与国有企业之间的分配关系逐渐以税收的形式加以法制化和规范化。作为真实反映企业经营情况和利润信息记录的会计制度，不仅是政府征税的微观基础，也是政府相关部门制定宏观经济管理政策的基本依据。

从企业层面来看，经济体制改革使国有企业慢慢成为自主经营、自负盈亏、参与市场竞争的主体。企业要在竞争中立足，需要有真实可靠的财会信息为依据，并能通过这些信息，改善内部管理，制定可行的经营决策，提高企业的竞争力，并反映真正的经营成果，据实向政府缴纳税收（或利润）。除此之外，在改革开放所带来的国内经济国际化的过程中，逐步增强会计信息的可比性，还可大大减少国际商务中的交易成本。

（一）《会计法》：确立会计行为的基本规范

1985年1月，第六届全国人大常委会第九次会议审议通过了《会计法》。于1985年5月1日起实施的《会计法》是我国会计工作的根本大法，是会计行为的基本规范。它对其他会计法规、制度起统驭作用。这是新中国第一部会计法，对我国会计管理体制、会计工作职能、会计核算、会计监督等基本内容做出规定。此后，《会计法》历经两次修改。

1993 年 12 月 29 日，第八届全国人大常委会第五次会议通过了《关于修改〈中华人民共和国会计法〉的决定》。修改的内容主要包括：一是确立会计工作在发展社会主义市场经济的地位和作用；二是突出企业领导人的责任；三是扩大《会计法》适用范围；四是完善相关会计准则。

党的十四大后，我国改革开放和社会主义市场经济进程加快，对会计工作提出了更多更新的要求。所有制结构和投资主体的多元化、筹资活动的多样性，要求有关经济责任人和政府部门在经济活动中和宏观调控中更加注重运用会计信息，因此，需要进一步以法律形式确立和规范会计信息生成、披露标准，做到会计有法必依、执法必严、违法必究。

以此为背景，1999 年 10 月 31 日，全国人大常委会第十二次会议通过了修订的《会计法》。其主要的修订内容，大致包括：（1）突出了规范会计行为、保证会计资料质量的立法宗旨；（2）突出本单位负责人对单位会计工作和会计资料真实性、完整性的责任，规定国有大、中型企业必须设总会计师；（3）对公司、企业会计核算做出特别规定；（4）进一步加强会计监督制度；（5）对会计从业资格管理做出规定，并修改并加强了相关法律责任的内容。

（二）"两则两制"：基本实现国内会计与国际会计惯例接轨

在实施《会计法》、奠定符合新形势要求的会计制度的基础后，财政部继续推进会计制度的改革。按照社会主义市场经济的要求，建立适合中国国情、与国际会计准则相协调的会计准则体系成为改革的目标。1992年，财政部发布了《企业会计准则》、行业会计制度和《企业财务通则》，行业财务制度，简称"两则两制"。"两则两制"的主要内容包括：

1. 规定或重申了会计核算的一般原则

第一次强调会计核算不再是以满足国家计划的需要，而是为了满足包括国家在内的投资者、债权人以及社会各方面的需要，体现了在市场经济条件下，国有企业享有独立地位，国家是国有企业投资者，具有所有者的身份；基本统一不同所有制、不同行业、不同经营方式、不同行业的会计政策，体现市场经济下社会资源流动、在社会范围内合理评价企业财务状况和经营成果对会计信息的需要。

2. 借鉴国际通行会计惯例，在许多重大方面实现了国际会计管理协调一致

例如确立国际通行的"资产＝负债＋所有者权益"会计平衡式，在此基础上建立以资产负债表、利润表、现金流量表三表为核心的会计核算体系。这样才能够科学地反映企业的资产规模、债权、债务以及所有者权益结构和质量，为企业管理者决策、企业所有者监督、银行以及市场资产评估企业提供基础性的数据指标，是合理界定产权、构建现代企业制度，引导企业有效利用资源、推动财税和金融体制改革的微观基础。

3. 会计制度设计中引入企业激励和控制原则，确保企业资产、资金管理独立的同时，保障国家作为所有者的权益

新的会计制度取消了沿用多年的专户存储制度，允许企业自主调配资金；实行资产保全原则，即设立企业必须符合法定要求资本，资本金不能以任何方式抽回；提取折旧、资产盘亏不得核减资本。上述条款对于增强国有企业独立自主地位，保证国有资产的保值增值，保障国家在内的所有者权益意义重大。改革成本管理，采用制造成本法，遵循配比原则，将当期发生的管理费用和销售费用直接计入当期损益，真实地反映企业当期成本和经营状况。

三、适应市场经济的财会模式逐步确立

以"两则两制"为标志的企业财务会计制度改革，完成了我国财务会计制度模式的转化，基本实现了中国会计核算制度与国家会计惯例相协调，为改革开放背景下，促进国内外商品、资本的自由流动，推动国内国有企业改革，加强企业成本意识，激励考核以及政府部门审查税基、保护国家税收利益提供了会计核算的微观基础。

除此之外，"两则两制"的实施，正值我国市场经济和证券市场进入一个新的快速发展期。国有企业正按照建立现代企业制度的要求转化经济资源配置，通过证券市场筹集更多的资金。市场经济财会模式的确立、更

为透明公正公开的会计信息的披露环境、真实可靠的会计信息，客观上为证券市场的发展、引导投资信贷以及社会资源配置发挥了积极的作用。

第七节　小结

20 世纪 70 年代末到 90 年代初，经济体制改革是以放权让利为主轴的。通过放权让利，以分配为切入点，对传统计划经济体制下的高度集中的分配格局重新进行了调整。最具高度集中特征的财税体制，因处于分配领域的中枢环节，而率先成为这场改革的突破口，充当了"排头兵"或"开路先锋"的角色。这不仅为整体改革铺路搭桥，也有力地推动了改革向纵深发展。

一、财税体制改革深植于经济体制改革之中

从部分与整体的逻辑关系上看，财税体制隶属于经济体制，它的改革，当然取决于整个经济体制改革。虽然在以放权让利为特征的改革初期，财税体制改革因其鲜明的高度集中特征而成为改革的前沿，但如果没有我国经济体制改革的全面铺开，则很难想象财税体制改革"捷足先登"，也不会发挥推动整体改革的作用。

从着手进行改革的计划经济体制开始，到全面推进市场经济体制的确立为止，对经济体制改革的探索先后经历了"计划经济为主、市场调节为辅"（1978～1984 年）→"有计划的商品经济"（1984～1987 年）→"有计划的商品经济体制"，实行"国家调节市场、市场引导企业"的经济运行机制（1987～1989 年）→"有计划的商品经济体制，以及与之相适应的计划经济与市场调节相结合的运行机制"（1989～1991 年）几个阶段。在这些阶段中，相应地，无论是政府与企业、政府与居民的利益关系的调整，还是中央与地方利益关系的调整，以及相关的其他一些配套改革

措施，处处体现着经济体制改革的决定性影响。

二、财税体制改革推动了经济体制改革

以放权让利为特征的改革，自然涉及众多方面权力的下放，而作为计划经济体制下"国家总会计师"的财政的权限下放无疑是其核心内容；"让利"，是中央政府向地方政府、向企业、居民实施的倾斜政策，最终必然要在政府财政收支变化上得以体现。这种由此产生的利益格局重构，尽管后来出现一些不尽如人意的地方，但由于存在着利益的同向性，所以在很大程度上激发了各利益主体参与改革的积极性，也为一些利益主体的"自费改革"提供了一定的财力保障。

财税体制改革所形成的激励，不仅释放了体制内的活力，打破了传统体制下高度集中的分配格局，促使传统体制出现松动；更重要的意义在于逐渐培育了体制外的活力，通过分配格局的再造，促进了多元化市场主体和市场化价格的形成。而且，财税体制改革以放权让利的形式承担改革的稳定成本，减轻了经济体制改革所带来的阵痛，有力地支撑了其他改革措施的平稳出台。

因此，作为经济体制改革突破口的财税体制改革，在改革初期所担纲的角色，就是通过放权让利，在不断探索如何适应且促进经济体制改革中，为整个经济体制改革搭桥铺路。

三、财税体制改革是渐进的制度变迁

要推动制度的变革，改革就需要承认现有的利益格局，保护存量利益分配上的均衡，而且，改革参与者在能够通过改革获得新增利益的同时，不会对其他利益相关者产生负面影响。否则，变革后新的资源分配以及激励格局产生的新的利益分配非均衡又将成为改革成本，阻碍制度变革的进程。因此，在计划的机体内引入新的成分，既要保证国民经济基本运转，又要启动改革模式的转化，就必须保证社会中改革相关参与者的既得利益，或是增加它们的收益，顺利地使得传统体制有所松动的同时，逐步扫

清改革的阻力，为触动和改革计划经济之根本——计划、物价、工资等机制提供空间（贾康、阎坤，2000）。

在这种思路下，从20世纪70年代末到90年代初的财税体制改革，采取了渐进式的制度变迁。在承认各方既得利益的存量不变的前提下，加大增量的供给。随着增量部分在整个体制总量中所占的比重越来越大，逐步对旧体制产生潜移默化的影响。当这种影响积累到一定程度时，向新体制的全面过渡就会水到渠成。

从1980年进行的"划分收支，分级包干"体制改革，到1985年"划分税种，核定收支，分级包干"体制，再到1988年后"多种形式包干"体制，结合1983年、1985年的两步"利改税"和多税种配合发挥作用的复合税制的形成以及财会制度的不断规范，使我国的财政收入逐步从按行政隶属关系划分向按税种划分转变，再加上财政支出结构的调整，使我们可以清晰地看到财税体制渐进性变迁的轨迹。也正是这种变迁，才会有了财税体制1994年和1998年具有时代意义的制度创新。

四、财税体制改革孕育了财政公共化的种子

我国的财税体制，自从新中国成立以来，几经变动，"收"与"放"、"集中"与"分散"屡屡交替。即便是在统收统支体制下，也曾有过类似改革初期放权让利式的体制调整，比如"大跃进"时期地方有较大的财权，再如1971～1973年实行过财政收支大包干的体制。财税体制的这些调整，与改革以来财税体制的变迁有一个共同点，那就是都在探索如何调动各方面的积极性，使国民经济能够更充满活力地发展。而不同之处在于，改革之前的财税体制调整，都是在计划经济体制的范畴下，其出发点和归宿依然是计划经济体制；改革以来10多年间以放权让利为特征的财税体制改革，虽然始于计划经济体制下如何搞活经济的初衷，但由于其不同于以往体制的增量改革、以增量促存量的改革轨迹，预示着这样的财税体制变迁，与传统的财税体制渐行渐远，最终实现质的变化。

这也正是改革以来以放权让利为特征的财税体制改革的重要意义所

在。在经济体制改革的大背景下，放权让利满足了各利益主体的合理利益需求，形成了整体利益一致性下的多元利益主体。对税制结构的完善，使税收取代利润上缴成为财政收入最重要的形式；通过财政支出结构的调整，初步淡化了"建设财政"的色彩，使财政支出更多地面向非生产领域；而政府与国有企业分配关系的变革，不仅增强了企业活力，也使企业开始依据市场来制定生产经营决策。这些积极的变化，虽然还无法用市场经济体制下的财政公共化来一语冠之，却不乏孕育着公共化的因素。

改革对计划经济体制的冲击，市场因素在经济运行中日渐增强的作用，使得财税体制必然对其有所反映，并顺势做出响应。当财税体制的变迁中接纳了市场因素后，与市场相适应的财政公共化自然也要体现到财税体制的变迁中。因此，从这个意义上讲，从20世纪70年代末到90年代初的财税体制改革，已经使财政公共化初露端倪，并沿着公共化的轨迹演进下去。

本章参考文献

1. "中国财政改革的历史评价与战略机遇期发展设计"课题组：《我国财政改革中几个全局性问题的思考》，载《财贸经济》2003年第8期。

2. 戴柏华等：《从放权让利到制度创新》，广西师范大学出版社1999年版。

3. 戴园晨、徐亚平：《财政体制改革与中央地方财政关系变化》，载《经济学家》1992年第4期。

4. 高培勇、温来成：《市场化进程中的中国财政运行机制》，中国人民大学出版社2001年版。

5. 高培勇：《国债运行机制研究》，商务印书馆1995年版。

6. 高培勇等：《财政体制改革攻坚》，中国水利水电出版社2005年版。

7. 郝昭成等编著：《财税：体制突破与利益重组》，中国财政经济出版社1993年版。

8. 胡书东：《经济发展中的中央与地方关系——中国财政制度变迁研究》，上海三联书店、上海人民出版社2001年版。

9. 贾康、阎坤：《中国财政：转轨与变迁》，上海远东出版社2000年版。

10. 贾康：《我国财政体制改革的回顾与评析》，载《财经科学》1999年第

5 期。

11. 寇铁军:《中央与地方财政关系研究》,东北财经大学出版社 1996 年版。

12. 汪海波:《中国国有企业改革的实践进程（1979—2003 年)》,载《中国经济史研究》2005 年第 3 期。

13. 汪洪涛:《制度经济学——制度及制度变迁性质解释》,复旦大学出版社 2004 年版。

14. 王绍光、胡鞍钢:《中国国家能力报告》,辽宁人民出版社 1993 年版。

15. 吴敬琏:《吴敬琏自选集（1980~2003)》,山西经济出版社 2003 年版。

16. 项怀诚:《财政体制改革的回顾及对今后的总体设想》,载《管理世界》1989 年第 1 期。

17. 项怀诚编著:《中国财政管理》,中国财政经济出版社 2001 年版。

18. 肖冬连:《1978~1984 年中国经济体制改革思路的演进——决策与实施》,载《当代中国史研究》2004 年第 5 期。

19. 杨之刚等:《财政分权理论与基层公共财政改革》,经济科学出版社 2006 年版。

20. 张馨:《构建公共财政框架问题研究》,经济科学出版社 2004 年版。

21. 赵梦涵:《新中国财政税收史论纲（1927~2001)》,经济科学出版社 2002 年版。

22. 周冰:《策略型过渡性制度安排——中国财政大包干体制研究》,载《浙江大学学报》(人文社会科学版) 2006 年第 6 期。

23. 周叔莲:《二十年来中国国有企业改革的回顾与展望》,载《中国社会科学》1998 年第 6 期。

第六章
制度创新：1994年的
财税改革

历史的车轮转到了 1994 年。这一年，元旦的钟声刚刚敲过，我国政府便在财税改革方面推出了一系列重大举措，从而展开了以制度创新为显著特点的 1994 年的财税改革。

第一节　走向市场经济：财税改革的基本背景

一、改革目标的确立：建立社会主义市场经济体制

前面说过，1978 年中国开始推行的改革开放政策，最初是针对高度集中的计划经济而进行的体制调整。其基本思路，是通过"减税让利"和"放权让利"，处理好政府与国有企业、中央政府与地方政府的关系，以达到调动企业和地方政府积极性和促进经济发展的目的。这种改革思路被称为"行政性分权"，其所采用的主要手段，则是对国有企业和地方财政实行"承包制"。

但是，在政企不分的制度背景下，将国有企业下放地方政府管理的同时，对企业和地方政府实施的"放权让利"极大地削弱了中央政府的宏

观调控的能力，在很大程度上导致了"地方封锁"的局面。"行政性分权"的改革思路，难以从根本上解决财政体制面临的种种问题。也就是说，作为计划经济体制重要组成部分的财政体制，无法通过其内部的调整，解决计划经济所带来的问题。①

以 1992 年邓小平同志南方谈话为契机，中国共产党第十四次代表大会明确提出中国经济体制改革的目标是建立社会主义市场经济体制。与此相适应，作为经济体制的重要组成部分，财税体制改革的目标也随之确立：建立与社会主义市场经济体制相适应的财税体制。自此，中国财税体制改革开始摆脱"行政性分权"的束缚，进入以"制度创新"为特征的崭新阶段。

专栏 6.1　中国经济体制改革的目标：建立社会主义市场经济体制

> 1992 年 1 月 18 日至 2 月 21 日，邓小平同志在视察武昌、深圳、珠海、上海等地时，发表著名的南方谈话，明确指出："计划多一点还是市场多一点，不是社会主义与资本主义的本质区别。计划和市场都是经济手段。"② 2 月 28 日，中共中央将邓小平南方谈话作为中央 1992 年 2 号文件下发，并发出通知，要求尽快逐级传达到全体党员干部。
>
> 1992 年 10 月，中国共产党第十四次代表大会在北京召开，江泽民代表十三届中央委员会作《加快改革开放和现代化建设步伐，夺取有中国特色社会主义事业的更大胜利》的报告，报告明确提出了我国经济体制改革的目标是建立社会主义市场经济体制。社会主义市场经济体制是同社会主义基本制度结合在一起的。

① 参见杨之刚：《公共财政学：理论与实践》，上海人民出版社 1999 年版，第 570 页。
② 参见《中国共产党大事记·1992》，http://cpc.people.com.cn/GB/64162/64164/4416144.html。

> 1993 年 3 月 29 日，八届人大一次会议通过了宪法修正案，将宪法第十五条"国家在社会主义公有制基础上实行计划经济。国家通过经济计划的综合平衡和市场调节的辅助作用，保证国民经济按比例地协调发展"；"禁止任何组织或者个人扰乱社会经济秩序，破坏国家经济计划"修改为"国家实行社会主义市场经济"；"国家加强经济立法，完善宏观调控"；"国家依法禁止任何组织或者个人扰乱社会经济秩序"。
>
> 宪法修正案的通过为包括财税体制在内的更深层次的经济体制改革奠定了法律基础。按照建立社会主义市场经济体制的要求全面推进制度创新是 1994 年财税体制改革的基本背景。
>
> 资料来源：根据相关文献整理。

二、1994 年财税体制改革的背景

事实上，在 20 世纪 90 年代初，财政承包体制和脱胎于"计划经济"税制的弊端，已经日益暴露出来。对于这些弊端的认识，也迫使中国必须尽快实施财税体制的深刻变革。

（一）税收制度的弊端

从 1978 年到 1991 年，随着改革开放政策的实行和经济的发展，中国的工商税制改革从建立涉外税收制度入手，进而推行国营企业"利改税"（即将国营企业上缴利润改为缴纳所得税）和工商税制的全面改革，初步建成了一套内外有别的税制体系。但是，这套以计划经济价格体制和以所有制"区别对待"为基础的税制远远不能适应社会主义市场经济体制的要求，迫切需要进行彻底的改革。

专栏6.2　1994年税制改革前工商税制存在的主要问题

《国务院批转国家税务总局工商税制改革实施方案的通知》中对当时工商税制的基本情况归纳为：

我国现行工商税制（不包括关税和农业税收）的基本框架，是在1984年"利改税"和工商税制全面改革后形成的。现行工商税制以流转税和所得税为主体税种，其他辅助税种相配合，共有32个税种，是一个多税种、多环节、多层次课征的复合税制。现行工商税制突破了原计划经济体制下统收统支的分配格局，强化了税收组织财政收入和宏观调控的功能，基本上适应了十年来经济发展和经济体制改革的需要。但是，现行工商税制仍存在一些不完善之处，特别是与发展社会主义市场经济的要求不相适应，在处理国家、企业、个人的分配关系和中央与地方的分配关系方面，难以发挥应有的调节作用，其主要表现是：

1. 税负不平，不利于企业平等竞争。企业所得税按不同所有制分别设置税种，税率不一，优惠各异，地区之间政策也有差别，造成企业所得税税负不平；而流转税税率是在计划价格为主的条件下，为缓解价格不合理的矛盾设计的，税率档次过多，高低差距很大。目前产品价格已大部分放开，如不进行简并、调整税率，将不利于企业公平竞争。

2. 国家和企业的分配关系犬牙交错，很不规范。一些过高的税率使企业难以承受，名目繁多的优惠政策又导致财政难以承受。地方政府和主管部门也用多种名义从企业征收数量可观的管理费、各种基金和提留等等。企业总体负担偏重。

3. 中央与地方在税收收入与税收管理权限的划分上，不能适应彻底实行分税制的需要。

4. 税收调控的范围和程度，不能适应生产要素全面进入市场的要求。税收对土地市场和资金市场等领域的调节，远远没有到位。

5. 内外资企业分别实行两套税制，矛盾日益突出。

6. 税收征管制度不严，征管手段落后，流失较为严重。

7. 税收法制体系尚不健全，没有形成税收立法、司法和执法相互独立、相互制约的机制。

资料来源：《国务院批转国家税务总局工商税制改革实施方案的通知》（国发〔1993〕90 号文）。

1. 1978 年以来税收制度的演变，是建立在所有制成分的逐步多样化和国有企业改革不断深化的基础之上的

由此导致税种的设置不仅内外有别，而且在内资企业中，也区分国营、集体、私营、个体工商户和事业单位。如在所得税方面，有外资企业和外国企业所得税、个人所得税、国营企业所得税、国营企业调节税、集体企业所得税、私营企业所得税、城乡个体工商业户所得税、个人收入调节税、国营企业奖金税、集体企业奖金税、事业单位奖金税、国营企业工资调节税等多个税种。[①] 这种以所有制为基础区别对待的税制结构，显然不符合以公平竞争为核心的社会主义市场经济的要求。

2. 在间接税制中，国内企业与外商投资企业适用不同的税种和税率

---

① 到 1991 年为止，中国的工商税制共包含 32 种税收，即产品税、增值税、营业税、资源税、盐税、城镇土地使用税、国营企业所得税、国营企业调节税、集体企业所得税、私营企业所得税、城乡个体工商业户所得税、个人收入调节税、国营企业奖金税、集体企业奖金税、事业单位奖金税、国营企业工资调节税、固定资产投资方向调节税、城市维护建设税、烧油特别税、筵席税、特别消费税、房产税、车船使用税、印花税、屠宰税、集市交易税、牲畜交易税、外商投资企业和外国企业所得税、个人所得税、工商统一税、城市房地产税和车船使用牌照税。其他税种还有：农业税、牧业税、契税、耕地占用税、关税。另外，还包括国家交通能源重点建设基金和国家预算调节基金。

185

其中，适用于内资企业的增值税有 13 个（8% ~ 45%）税率，产品税 21 个（3% ~60%），营业税 4 个（3% ~15%）；适合于外资企业的工商统一税 40 个（1.5% ~69%）税率。这些复杂的税率结构，是在中央计划经济体制下为平衡不合理的计划价格而在不同时期建立的。随着中国经济体制改革的深入，复杂的差别性税率体系已经没有存在的必要。

3. 在税收征管体制方面，1994 年以前，除国家税务总局之外的其他所有税务机关，都是地方政府的职能部门

而在财政承包体制下，中央和地方政府都拥有税收的减免权。由于地方政府实际控制了税收的征管权，因此通过尽可能向地方企业减免税，地方政府可以"藏富于企业"而减少与中央政府的税收分成。这直接导致财政收入占 GDP 的比重迅速下滑。1978 年，财政收入占 GDP 的比重为31.06%，1985 年则下降为22.24%，1992 年则进一步下滑为12.94%。[①]

总的来说，在"放权让利"思路的指导下，基于所有制成分的多样化和计划价格调整而逐步建立起来的复杂、繁琐的工商税制体系，远远不能适应以公平竞争为基础的社会主义市场经济的要求，而财政承包制下过度分散的税收征管则进一步导致了税收秩序的混乱。在简化税制的前提下公平税负，为不同所有制性质的企业创造公平竞争的税收环境，是社会主义市场经济体制对税制改革的基本要求。

（二）财政承包体制的弊端

1993 年前"放权让利"改革的重要措施是实行"行政性分权"，即在扩大国有企业自主权的同时，将原来隶属中央各部的国有企业下放给地方政府管理。而同一时期实行的"分灶吃饭"和"财政大包干"体制，在很大程度上是与上述国有企业改革措施相适应的。

然而，当中国经济体制改革进入到建立社会主义市场经济体制的新阶段后，财政承包体制远远不能适应社会主义市场经济体制的要求，因此亟待从"制度创新"的层面重建政府间的财政关系。

---

① 根据《中国统计年鉴 2007》数据计算。

专栏6.3 财政承包制的弊端

> 《国务院关于实行分税制财政管理体制的决定》中对财政承包制的弊端表述为：
>
> 现行财政包干体制，在过去的经济发展中起过积极的作用，但随着市场在资源配置中的作用不断扩大，其弊端日益明显，主要表现在：
>
> 税收调节功能弱化，影响统一市场的形成和产业结构优化；
>
> 国家财力偏于分散，制约财政收入合理增长，特别是中央财政收入比重不断下降，弱化了中央政府的宏观调控能力；
>
> 财政分配体制类型过多，不够规范。
>
> 从总体上看，现行财政体制已经不适应社会主义市场经济发展的要求，必须尽快改革。
>
> 资料来源：《国务院关于实行分税制财政管理体制的决定》（国发〔1993〕85 号文）。

具体来说，财政承包制的弊端主要表现在以下四个方面：

市场经济体制要求摒弃过去计划经济体制下以计划为主的经济模式，国家对经济的调控由过去的以计划为手段的直接管理为主向以市场机制为手段的间接调控为主转变。为了保证中央对宏观经济的有效控制，中央政府必须掌握充裕的财力。而财政包干体制过于强调调动地方组织收入的积极性，在收入增量分配方面过于向地方倾斜，使得中央财政收入在整个财政收入增量分配中所占份额越来越少，造成国家财力过于分散，中央财政收入占全部财政收入的比重不断下降，困难日益加剧。中央财政收入占全国财政收入的比重（不含债务收入）由 1985 年的 38.4% 下降为 1992 年的 28.1%[1]，严重弱化了中央的宏观调控能力，与建立社会主义市场经济

---

[1] 参见《中国统计年鉴2007》。

体制的总体目标相悖。

专栏 6.4　悬崖边上的中央财政

> 20 世纪 80 年代末 90 年代初，中国的中央财政陷入了严重危机，由于财政收入占 GDP 比重和中央财政收入占整个财政收入比重迅速下降。中央财力的薄弱，使那些需要国家财政投入的国防、基础研究和各方面必需的建设资金严重匮乏。
>
> 正是这场财政危机，让党中央、国务院痛下决心，一场具有深远影响的分税制改革在中国拉开了序幕。
>
> 20 世纪 80 年代以后，中国出现持续性的高速经济增长。1980～1990 年间，国内生产总值平均增长率为 9.5%。经济的高速增长并没有带动和促进国家财力的同步增长。当时，财政部透露，政府财政收入占国内生产总值之比，由 1978 年的 31%，下降到 1992 年的 14%，中央财政收入的比例不断下降，已经严重削弱了中央政府对宏观经济的调控能力。
>
> 为什么财政收入占 GDP 比重不断下降？为什么中央财政收入占整个财政收入的比重不断下降？是什么原因造成中央政府财政能力降至历史最低点？在财税部门工作 41 年、已经卸任的原财政部部长项怀诚认为，这是因为当时税收体制造成的结果，税收已被"包"死了；中央没有增量。
>
> 他说："在分税制改革之前，我们的财政体制始终处于多变的、不稳定的状态之中。1993 年之前的 40 多年里。变动了不下 15 次，最短的一次财政体制只维持了一年。"
>
> 当时，全国的财政体制大体上分为收入递增包干、总额分成、总额分成加增量分成、上解额递增包干、定额上解、定额补助，另外还有五五分成的分税制试点。这种状况，被形象地比喻为"一省一率"的财政体制。

老财政体制的弊病，从上海和北京可见一斑。上海实行的是定额上解加递增分成的模式。定下每年财政收入 165 亿元，100 亿元归中央财政，65 亿元留地方财政，每增加一亿元，中央与地方五五分成。结果，上海实行财政包干 5 年间，年年财政税收入在 163 亿元～165 亿元之间，一点没增长。对北京采取如是收入递增包干分成模式，约定的年增长率是 4%。5 年之中，北京每年财政增长为 4%。分税制之后才发现北京隐瞒了 98 亿元的收入。

所谓承包是"包盈不包亏"，即使包上来的也跟不上物价上涨，物价一涨财政就又缺了一块，这些都造成了税收来源困难。同时，地方承包之后，有这样一种心理：我增收一块钱，你还要拿走几毛，如果不增收不就一点都不拿了吗？于是出现了"藏富于企业"、"藏富于地方"的现象，给企业减免产品税，造成"不增长"，然后通过非财政途径的摊派收取费用。最后，虽然生产迅速发展，而间接税（产品税）收不上来。如此，中央收入被"包"死了，"包"到了中央财政困难的窘境。而地方的日子相对于中央财政要好过得多。

由于"税"收不上来，政府开始打"费"的主意，刘仲藜说：到 20 世纪 80 年代中期，没有办法就出现了"能源交通基金"，在原有的基础上增加 10%（整体约 100 多亿元），来补充中央财政的不足。到 1989 年还是过不下去，财政受到政策体制的限制，又出台了一项政策叫"预算调节基金"，同样的口径增收 5%，而且那时候每年财政会议之前，总要千方百计地出台一些收费措施。

资料来源：赵忆宁：《分税制改革背景回放》，载《瞭望新闻周刊》2003 年 9 月 15 日第 37 期。

市场经济体制要求政府营造良好的经济发展氛围，以利于企业在市场经济条件下公平竞争，通过市场实现资源的有效配置，达到提高全社会宏观经济效益的目的。但旧的包干体制将对不同产品按不同税率征收的流转税全部作为地方收入，导致各地政府在自身的财政利益的驱动下，热衷于发展那些税高利大的企业，导致"小酒厂、小烟厂"盲目发展，重复建设严重，不利于资源的优化配置和产业结构的合理调整；同时，这种体制将政府的财政利益与企业耦合在一起，强化了政府对企业生产经营的干预，不利于政企职能的分离。

市场经济体制要求经济政策相对稳定、公正和规范，减少不必要的波动和人为因素的干扰。而财政包干体制种类繁多，计算复杂，人为因素影响大，容易造成各地区间的苦乐不均，不利于地方经济的均衡发展，不利于营造规范的社会主义市场经济环境。

包干体制将大部分收入混在一起实行大包干的办法，容易造成中央与地方之间的利益界限不明晰，各级财政的职责、权限模糊，相互挤占收入和收入流失现象非常严重。[1]

（三）抑制经济过热，加强宏观调控

1994 年的财税体制改革，还与当时特殊的宏观经济背景有密切的关系。

1992 年，以邓小平南方谈话为契机，中国经济一举扭转了 1989 年以来低速徘徊的局面，在 1991 年国内生产总值增长 9.3% 的基础上，1992 年经济增长率越过两位数，达到 14.2%；1993 年经济增长再次加速，第一季度为 15.1%，第二季度为 16.4%。伴随着经济的过快增长，1993 年上半年开始，经济生活中的过热势头开始出现。其具体表现主要是"四高"（高投资增长、高货币投放、高物价上涨和高贸易逆差）、"四热"（房地产热、开发区热、集资热和股票热）、"两乱"（金融秩序混乱、市场秩序混乱）。

全国零售物价上涨幅度较大，如大城市生活物价便上涨 22%，使群众受到很大的压力。物价快速上涨主要是由于投资需求过大，使得生产资料

---

① 参见财政部地方司：《中国分税制财政管理体制》，中国财政经济出版社 1998 年版。

价格大幅度上涨造成的。1993 年 1～5 月份，原材料、燃料、动力购进价格指数同比上涨 31%，生产资料价格指数上涨 43%，相当一部分企业生产成本明显增加，建设项目造价大幅度提高，导致下游企业产品价格不断攀升。

在这种情况下，1993 年 6 月 24 日，中共中央、国务院联合发出《关于当前经济情况和加强宏观调控的意见》（中发［1993］6 号），以整顿金融秩序为重点，提出了 16 条措施。其中明确指出：当前经济中出现的矛盾和问题，从根本上讲在于原有体制的弊端没有消除，社会主义市场经济体制尚未形成，那种盲目扩张投资、竞相攀比速度、缺乏有效约束机制等问题没有得到根本解决。在这种情况下，解决当前的问题必须采用新思路、新办法，从加快新旧体制转换中找出路，把改进和加强宏观调控、解决经济中的突出问题，变成加快改革、建立社会主义市场经济体制的动力。在深化改革中，特别要加快金融体制、投资体制和财税体制的改革。

正因为如此，1994 年的财税体制改革，尤其是税制改革中税制的设计，与当时的宏观经济形势有着密切的联系。于是，财税体制改革被赋予了控制投资需求的过快增长、抑制经济过热的任务。

三、建立社会主义市场经济体制对财税体制改革的要求

党的十四大确立建立社会主义市场经济体制的目标后，财税体制改革很快提上了议事日程。

（一）财税改革的酝酿与决策

1992 年 12 月 29 日，中共中央政治局常委、国务院总理李鹏与出席全国财政会议的财政厅局长和税务局局长座谈时指出：财税改革是整个经济体制改革的重要组成部分，其核心是按照社会主义市场经济的要求，正确处理国家与企业、中央与地方的利益分配关系，为市场发育和企业之间的公平竞争创造良好的外部条件，改进和加强宏观调控。因此，改革要加快进行。①

为了在新的形势下进一步提高税收的地位，更好地发挥税收的职能作

① 参见《中国财政年鉴·1993》，中国财政经济出版社 1993 年版。

用，加强对税收工作的领导，1993 年 4 月 19 日，国务院在机构改革中将国家税务局改名为国家税务总局，并升格为国务院直属机构。

1993 年 4 月下旬，中共中央总书记江泽民先后三次主持召开中央财经领导小组会议，听取国家税务总局局长金鑫等人关于税制改革等问题的汇报，研究税制改革工作。中央财经领导小组在听取了上述汇报以后，充分肯定了中国改革开放以来税制改革取得的明显进展和税收工作发挥的重要作用。同时指出：现行税制已经不适应经济发展的需要，对于理顺中央与地方以及国家、企业、个人的分配关系，难以起到有效的调节作用。因此，必须加快税制改革。这次会议的决议明确提出：税制改革涉及面广，影响大，既要积极，又要稳妥；要同投资体制、企业体制、财政体制等方面的改革协调配套进行。

为了加强对财税体制改革的领导，决定由中共中央政治局常委、国务院副总理朱镕基负责，研究制定改革的具体方案和步骤。在改革中，要注意把握以下原则：一是要有利于加强中央的宏观调控能力；二是要有利于发挥税收在调节个人收入和地区经济发展差距方面的作用；三是要体现公平税负，促进平等竞争；四是要体现国家产业政策，促进经济结构的有效调整。[①]

（二）财税改革的重点内容

1993 年 11 月 14 日，中国共产党第十四届三中全会审议通过了《中共中央关于建立社会主义市场经济体制若干问题的决议》（以下简称《决议》），《决议》专设"积极推进财税体制改革"一节，将财税体制改革的重点内容确立为如下三项：

1. 把现行地方财政包干制改为在合理划分中央与地方事权基础上的分税制，建立中央税收和地方税收体系

维护国家权益和实施宏观调控所必需的税种列为中央税；同经济发展直接相关的主要税种列为共享税；充实地方税税种，增加地方税收入。通过发展经济，提高效益，扩大财源，逐步提高财政收入在国民生产总值中的比重，

---

① 参见刘佐：《社会主义市场经济体制中的税制改革》，载《当代中国史研究》2003 年第 5 期。

合理确定中央财政收入和地方财政收入的比例。实行中央财政对地方的返还和转移支付的制度，以调节分配结构和地区结构，特别是扶持经济不发达地区的发展和老工业基地的改造。

2. 按照统一税法、公平税负、简化税制和合理分权的原则，改革和完善税收制度

推行以增值税为主体的流转税制度，对少数商品征收消费税，对大部分非商品经营继续征收营业税。在降低国有企业所得税税率，取消能源交通重点建设基金和预算调节基金的基础上，企业依法纳税，理顺国家和国有企业的利润分配关系。统一企业所得税和个人所得税，规范税率，扩大税基。开征和调整某些税种，清理税收减免，严格税收征管，堵塞税收流失。

3. 改进和规范复式预算制度

建立政府公共预算和国有资产经营预算，并可以根据需要建立社会保障预算和其他预算。要严格控制财政赤字。中央财政赤字不再向银行透支，而靠发行长短期国债解决。统一管理政府的国内外债务。

根据《决议》的要求，1993 年 11 月 25 日和 26 日，国务院总理办公会议和国务院常务会议先后审议并原则通过了国家税务总局草拟的《工商税制改革实施方案》和增值税、消费税、营业税、企业所得税、资源税、土地增值税等六个税收暂行条例。1993 年 12 月 15 日，国务院颁布了《关于实行分税制财政管理体制的决定》（国发〔1993〕85 号文），决定从 1994 年 1 月 1 日起改革地方财政包干体制，实行分税制财政管理体制。

第二节 税收制度改革：旨在创造公平竞争环境

一、1994 年税制改革的主要内容

（一）税制改革的指导思想与基本原则

按照《国务院批转国家税务总局工商税制改革实施方案的通知》（国发

[1993] 90 号文）的规定，1994 年工商税制改革的指导思想是：统一税法、公平税负、简化税制、合理分权，理顺分配关系，保障财政收入，建立符合社会主义市场经济体制要求的税制体系。其基本原则包括以下几个方面：

税制改革要有利于调动中央、地方两个积极性和加强中央的宏观调控能力。要调整税制结构，合理划分税种和确定税率，为实行分税制、理顺中央与地方的分配关系奠定基础；通过税制改革，逐步提高税收收入占国民生产总值的比重，合理确定中央财政收入和地方财政收入的分配比例。

税制改革要有利于发挥税收调节个人收入和地区间经济发展的作用，促进经济和社会的协调发展，实现共同富裕。

税制改革要有利于实现公平税负，促进平等竞争。公平税负是市场经济对税收制度的一个基本要求，要逐步解决目前按不同所有制、不同地区设置税种税率的问题，通过统一企业所得税和完善流转税，使各类企业之间税负大致公平，为企业在市场中进行平等竞争创造条件。

税制改革要有利于体现国家产业政策，促进经济结构的调整，促进国民经济持续、快速、健康的发展和整体效益的提高。

税制改革要有利于税种的简化、规范。要取消与经济发展不相适应的税种，合并那些重复设置的税种，开征一些确有必要开征的税种，实现税制的简化和高效；在处理分配关系的问题上，要重视参照国际惯例，尽量采用较为规范的税收方式，保护税制的完整，以利于维护税法的统一性和严肃性。

专栏 6.5　1994 年税制改革的实施过程

> 　1993 年 7 月 22 日，国务院总理办公会议决定：为了保持中国经济的持续、快速、健康发展，要加快实施财税体制改革的步伐，将原定分步实施的改革设想改为一步到位，并于 1994 年 1 月起施行。次日，中共中央政治局常委、国务院副总理朱镕基在全国财政、税务工作会议上的讲话中就财税改革问题作了明确的部署。

根据朱镕基副总理的部署，从同年 7 月下旬到 8 月中旬，国家税务总局起草了《关于税制改革的实施方案（要点)》并上报国务院。从 8 月下旬到 9 月上旬，国务院总理办公会议、国务院常务会议和中共中央政治局常委会议先后听取了国家税务总局关于税制改革问题的汇报，审议并通过了上述方案（要点）。

为了做好税制改革方案实施以前的各项准备工作，1993 年 10 月中旬，国家税务总局召开了全国税制改革工作会议，进一步研究改革方案和即将出台的一系列新的税收法规草案或者讨论稿。

1993 年 10 月 31 日，第八届全国人民代表大会常务委员会第四次会议通过了《关于修改〈中华人民共和国个人所得税法〉的决定》，同日以中华人民共和国主席令公布，自 1994 年 1 月 1 日起施行，同时废止国务院 1986 年发布的城乡个体工商业户所得税暂行条例和个人收入调节税暂行条例。1994 年 1 月 28 日，国务院发布了《中华人民共和国个人所得税法实施条例》。至此，统一个人所得税制的改革顺利完成。

1993 年 11 月 14 日，中国共产党第十四届三中全会审议通过《中共中央关于建立社会主义市场经济体制若干问题的决议》后，根据该决议的要求，全面税制改革正式启动。

1993 年 11 月 25 日和 26 日，国务院总理办公会议和国务院常务会议先后审议并原则通过了国家税务总局草拟的《工商税制改革实施方案》和增值税、消费税、营业税、企业所得税、资源税、土地增值税等六个税收暂行条例。

1993 年 12 月 25 日，国务院批准了国家税务总局报送的《工商税制改革实施方案》，从 1994 年 1 月 1 日起在全国施行。国务院在为此发出的通知中指出：这次工商税制改革是新中国成立以来规模最大、范围最广泛、内容最深刻的一次税制改革，其目的是为了适应建立社会主义市场经济体制的需要。这次改革必将有力地促进我国社会主义经济的持续、快速、健康发展。要求各省、自治区、直辖市人民政府高度重视，加强领导，切实抓好《工商税制改革实施方案》的组织实施。

同年 12 月 13 日，国务院发布了《中华人民共和国增值税暂行条例》、《中华人民共和国消费税暂行条例》、《中华人民共和国营业税暂行条例》、《中华人民共和国企业所得税暂行条例》、《中华人民共和国土地增值税暂行条例》。12 月 25 日，国务院发布了《中华人民共和国资源税暂行条例》。以上六个税收暂行条例均自 1994 年 1 月 1 日起施行，同时废止在此之前施行的产品税条例（草案）、增值税条例（草案）、营业税条例（草案）、资源税条例（草案）、盐税条例（草案）、国营企业所得税条例（草案）、国营企业调节税征收办法、集体企业所得税暂行条例、私营企业所得税暂行条例和关于征收特别消费税的有关规定。

1994 年 1 月 23 日，国务院发出了《关于取消集市交易税、牲畜交易税、烧油特别税、奖金税、工资调节税和将屠宰税、筵席税下放给地方管理的通知》，决定自 1994 年 1 月 1 日起取消集市交易税、牲畜交易税、烧油特别税、奖金税和工资调节税，废止在此之前施行的集市交易税试行规定、牲畜交易税暂行条例、关于征收烧油特别税的试行规定、国营企业奖金税暂行规定、国营企业工资调节税暂行规定、集体企业奖金税暂行规定、事业单位奖金税暂行规定，并将屠宰税和筵席税下放给地方管理。

为了统一税制，公平税负，改善中国的投资环境，适应建立和发展社会主义市场经济的需要，1993 年 12 月 29 日，第八届全国人民代表大会常务委员会第五次会议通过了《全国人民代表大会常务委员会关于外商投资企业和外国企业适用增值税、消费税、营业税等税收暂行条例的决定》，决定自 1994 年 1 月 1 日起外商投资企业和外国企业适用增值税、消费税、营业税等税收暂行条例，同时废止《中华人民共和国工商统一税条例（草案）》。

为了贯彻执行全国人大常委会的上述决定，1994 年 2 月 22 日，国务院发布了《关于外商投资企业和外国企业适用增值税、消费税、营业税等税收暂行条例有关问题的通知》。

至此，中国 1994 年税制改革的主体工程完成，新税制初步建立，共设 25 个税种，即增值税、消费税、营业税、关税、企业所得税、外商投资企业和外国企业所得税、个人所得税、资源税、城镇土地使用税、城市维护建设税、耕地占用税、固定资产投资方向调节税、土地增值税、房产税、城市房地产税、遗产税、车船使用税、车船使用牌照税、印花税、契税、证券交易税、屠宰税、筵席税、农业税、牧业税。[1]

资料来源: 刘佐:《社会主义市场经济体制中的税制改革》，载《当代中国史研究》2003 年第 5 期。

---

[1] 证券交易税、遗产税至今没有开征。

（二）税制改革的主要内容

从总体上看，新税制的基本内容可以大致概括如下：

1. 建立以增值税为主体、消费税和营业税为补充的流转税制。在商品的生产、批发、零售和进口环节，采取基本税率在加一档低税率的模式，普遍征收增值税；选择烟、酒、化妆品、小轿车等原适用较高产品税率的产品以及高档、奢侈的消费品进行特殊调节，在征收增值税的基础上再征收消费税；对不实行增值税的非商品经营，如交通运输、金融保险、邮电通信、建筑安装、文化娱乐等行业，继续征收营业税，并对税率作适当调整。

改革后的流转税制统一适用于内外资企业，取消原对外商投资企业征收的工商统一税。由于新税制不可避免地造成外资企业税负的上升或下降，为了实现新旧涉外税制的平稳过渡，1994 年税制改革规定所有外资企业实行新的增值税制度时，如因实施新增值税而增加的税负可以在五年内享受"超税负返还"退税政策。

2. 统一内资企业所得税。对国有企业、集体企业、私营企业以及股份制和各种形式的联营企业，均实行统一的企业所得税制，相应取消原只对国有大中型企业征收的调节税。内资企业所得税实行 33% 的比例税率，同时对一部分赢利水平较低的企业，增设 27% 和 18% 两档照顾税率，并统一、规范税前列支项目和标准。取消了国家交通能源重点建设基金和国家预算调节基金。统一的内资企业所得税出台后，不再执行承包企业所得税的做法。

3. 建立统一的个人所得税制。将原来分别征收的个人所得税、个人收入调节税、城乡个体工商户所得税合并为统一的个人所得税。统一的个人所得税采用超额累计税率，按 11 种所得分类征收。

4. 扩大资源税征收范围、开征土地增值税。对所有金属矿产品和非金属矿产品等资源开征资源税，同时，减并税率，适当调整资源税税负水平，完善征收办法。

在房产和地产的交易环节，对开发经营房地产的增值部分开征土地增值税，并实行超额累进税率。

5. 结合税制改革，确立适应社会主义市场经济需要的税收基本规范。纳入这些基本规范的主要内容，包括：严格控制减免税，除税法规定的减免税以外，各级政府和任何部门都不能开减免税的口子；应从价计征的税收坚持从价计征，取消原对某些行业提价收入不征税的政策；税务机关依法征税，任何地方、部门、企业都不能"包税"或者任意改变税率；采取有效措施，最大限度地减少偷税、漏税、避税、骗税、欠税、压税等现象；加强出口退税的管理，通过实行专用税票以及采用电子计算机管理等措施，堵塞出口退税的漏洞；积极推行纳税申报制度和税务代理制度，建立严格的税务稽核制度；等等。

6. 适应分税制的需要，组建了中央和地方两套税务机构。

二、1994 年税制改革的成就及其局限

（一）税制改革取得的成就

1994 年的税制改革是一次全方位、根本性的改革，在时间上也体现了一揽子推出的特点。其改革力度之大、利益调整之深、影响范围之广，在新中国历史上从未有过。此次税制改革初步建立了与社会主义市场经济相适应的税制体系，其成就主要体现在以下几个方面：

1. 以增值税为主体的流转税制的建立，初步实现了不同行业间的公平竞争

在计划经济体制下，大多数产品的价格是由政府制定的计划价格。对不同产品流转税的设计原则是利用不同的税率去平衡各种产品价格的扭曲。如果一些产品的价格偏高，这些货物的产品税率就相应地高，以此减少超额利润从而平衡高价格；反之，价格偏低的货物间接税税率就低，以此增加利润降低价格。在这种价格体制下，不可能也没必要建立公平税负的机制。但是，截至 1992 年，经过多年的改革开放，中国当时由市场决定价格的比重已经扩大到 80% 左右。① 因此，迫切需要建立体现税收"中

---

① 参见李鹏：《1993 年政府工作报告》。

性"原则，促进不同行业公平竞争的流转税制。以增值税为主体，对大多数产品适用17%基本税率的税制设置，符合建立社会主义市场经济体制的要求，是中国第一次以贯彻公平原则为目的建立起的流转税体系，为不同行业在市场中的公平竞争奠定了税制基础。

2. 内资企业所得税的统一和内外资企业流转税的统一为各种所有制企业创造一个公平竞争、同等纳税的外部环境，奠定了基础条件

按所有制性质分立税种，同一课税对象多税种并立，是改革开放以来经济转轨过程中税制设置的特点，这导致国有企业、集体企业、私营企业、外商投资企业分别适用不同的税种和税率，这种以所有制性质为基础区别对待的税制体系不符合社会主义市场经济体制的要求。因此，1994年税制改革统一了不同所有制性质的内资企业的所得税，并对内外资企业实施统一的流转税制。尽管处于种种考虑，当时并未统一内外资企业所得税，但内资企业所得税的统一和内外资企业流转税的统一在为各种所有制企业创造公平竞争、同等纳税的外部环境方面奠定了重要的基础条件。

3. 实现了税制的简化，推出了较为规范的新税种，初步建立了适应社会主义市场体制要求、较为完备的税制体系

税制改革前的工商税制共有32个税种，1994年的税制改革将工商统一税和特别消费税纳入新的增值税和消费税；国营企业所得税、集体企业所得税、私营企业所得税和国营企业调节税合并为新的内资企业所得税；盐税并入了新的资源税；将个人所得税、个人收入调节税、城乡个体工商户所得税合并为统一的个人所得税；取消了国营企业奖金税、集体企业奖金税、事业单位奖金税、国营企业工资调节税、烧油特别税、市场交易税和牲畜交易税等税种。另外，新开征了土地增值税。改革后，工商税制中的税种数量减少为18个，初步实现了税制的高效和简化。

4. 初步建立了与社会主义市场经济体制和分税制财政管理体制相适应的税收征管体系

通过分设中央地方两套税务机构，建立了与分税制财政管理体制相配套的税收征管机构。并且，明确规定中央税和全国统一实行的地方税的立法权集中在中央，并特别强调除税法规定的减免税以外，各级政府和任何部门都不能开减免税的口子。同时，要求普遍建立纳税申报制度、积极推行税务代理制度、加速推进税收征管计算机化的进程、建立严格的税务稽查制度等。通过上述措施，改变了税制不合理、税政不统一、税权划分不清和缺乏严密的控制机制的局面，初步建立了与社会主义市场经济体制和分税制财政管理体制相适应的税收征管体系。

（二）1994 年税制改革的局限

然而，在当时所面临的若干因素的制约下，这次税制改革也有不少不尽如人意的地方。这又主要体现在生产型增值税、保持原税负等方面。

1. 生产型增值税留下的难题

1994 年税制改革实施时，宏观经济运行中存在着投资需求增长过快、通货膨胀严重等问题，因此在具体税制设计时，希望税收能够起到控制投资需求、抑制经济过热的作用。在这种背景下出台的增值税被设定为生产型增值税，即固定资产投资不能作为进项税额抵扣税款。这种设计无疑有利于控制投资过热的局面，但从长期来看，生产型增值税存在着重复征税的问题，不利于有机构成高的资本密集和技术密集型行业的发展，无法起到鼓励企业技术改造和设备更新的作用。因此，随着中国经济增长方式的转变，生产型增值税需要适时转型为消费型增值税。

另外，1994 年确立的增值税制的征收范围主要是有形商品的生产销售和加工、修理修配劳务，建筑安装、交通运输、金融保险、邮电通信等行业则征收营业税，这些行业与产品生产的关系密切，不征收增值税使得增值税链条不够完整，不利于生产性劳务进项税款的合理抵扣，影响了增值税中性作用的发挥，还造成管理上的困难。为了弥补这种不足，税制规定交通运输业征收营业税，但增值税一般纳税人购进或销售应税货物支付的运输费用可以按 10% 的抵扣率①抵扣税额。在实行增值税的成熟市场经济国家，增值税的征收范围既包括有形商品的生产销售，也包括无形商

---

① 1998 年 7 月，财政部、国家税务总局将运输费用增值税抵扣率由 10% 降为 7%。

品，其抵扣链条是完整的。

因此，增值税制需要适时进行"转型"和"扩围"改革。"转型"即由生产型增值税转变为消费型增值税，允许固定资产抵扣；"扩围"即扩大增值税的征收范围，将货物运输业、建筑业、代理业、仓储业、租赁业、广告业等与商品生产、销售密切相关的劳务纳入增值税征收范围，完善增值税抵扣链条。这样可以提高税收征管效率，更好地发挥增值税的中性作用。

2. 保持原税负不变的税制改革原则

保持原税负不变是 1994 年税制改革的基本指导思想，这一原则体现了对既得利益的照顾，因此在许多方面采取了带有过渡性或变通性色彩的变法。如在这一原则指导下，对外资企业实行增值税后超过原税负的部分实行了为期五年的"超税负返还"的过渡性措施；对省以上批准的税收减免政策可执行到 1995 年（采取先征后返的措施）；对国有企业新老贷款实施区别对待的税前还贷政策等等。这些照顾既得利益的措施有利于减少改革的阻力，但也使许多改革内容没有一次到位，在一定程度上影响了税制改革的效果。

3. 许多税制改革设想迟迟未能实现

1994 年税制改革实现了内外资企业流转税制的统一和内资企业所得税的统一，同时明确指出：1994 年 1 月 1 日起统一内资企业所得税，下一步再统一内外资企业所得税。[①] 而实际上由于种种原因，直到 14 年后的 2008 年内外资企业所得税才最终实现了统一。

税制改革方案中也明确规定："把现在对股票交易征收印花税的办法，改为征收证券交易税。由于全国人大常委会正在审议《中华人民共和国证券法》，为了便于衔接，开征证券交易税拟缓一步出台。"[②] 但迄今为止，对股票交易由征收证券交易印花税改为征收证券交易税的税改设想

---

① 参见《国务院批转国家税务总局工商税制改革实施方案的通知》（国发［1993］90 号文）。
② 参见《国务院批转国家税务总局工商税制改革实施方案的通知》（国发［1993］90 号文）。

一直没有实现。另外，1994 年税改方案明确提出开征遗产税，而由于各种条件的限制，遗产税也一直没有开征。

第三节　分税制财政体制建立：规范中央与地方分配关系

一、分税制财政体制改革的历程

针对财政承包制出现的种种问题，早在 1985 年，在《中共中央关于制定国民经济和社会发展第七个五年计划的建议》中就提出："要按税种划分中央税、地方税、中央地方共享税，同时明确划分中央、地方的财政支出范围，做好财政的分级管理。"

1990 年 12 月 30 日，中国共产党十三届七中全会通过的《中共中央关于制定国民经济和社会发展十年规划和"八五"计划的建议》则针对财政承包制的弊端以及"两个比重"（即财政收入占国民收入的比重和中央财政收入占财政收入的比重）过低的严峻局面，明确提出："现行的财政包干体制调动了各地方当家理财的积极性，但也存在一些弊端，改革的方向是在划清中央和地方事权范围的前提下实行分税制。"并且"为了兴办一些地方难以办而必须由国家办的关系国民经济全局利益的大事，需要适当集中财力。适当提高财政收入占国民收入的比重和中央财政收入占整个财政收入的比重"。

但是，党的十三届七中全会并没要求"八五"期间全面推行分税制改革，而只是提出"八五"期间，继续稳定和完善包干体制，同时进行分税制的试点。在 1991 年 4 月 9 日，七届全国人大四次会议审议通过的《中华人民共和国国民经济和社会发展十年规划和第八个五年计划纲要》延续了这种改革思路，也要求"八五"期间，继续稳定和完善财政包干体制。同时，在有条件的城市和地区，积极进行分税制的改革试点。

1992 年 10 月 12 日，党的十四大报告在明确提出中国经济体制改革的目标是建立社会主义市场经济体制的同时，明确指出：围绕社会主义市场经济体制的建立，加快经济改革步伐。并将"统筹兼顾国家、集体、个人三者利益，理顺国家与企业、中央与地方的分配关系，逐步实行利税分流和分税制"作为加快经济改革步伐的重要内容。

1993 年 11 月 14 日，党的十四届三中全会通过的《中共中央关于建立社会主义市场经济体制若干问题的决定》中则进一步明确"把现行地方财政包干制改为在合理划分中央与地方事权基础上的分税制，建立中央税收和地方税收体系"是"近期改革的重点"。

1993 年 12 月 15 日，国务院颁布《关于实行分税制财政管理体制的决定》（国发［1993］85 号文），规定"从一九九四年一月一日起改革现行地方财政包干体制，对各省、自治区、直辖市以及计划单列市实行分税制财政管理体制"。

二、分税制财政体制改革的主要内容

（一）分税制财政体制改革的原则与主要内容

国务院颁布的《关于实行分税制财政管理体制的决定》（国发［1993］85 号文）中指出：根据建立社会主义市场经济体制的基本要求，并借鉴国外的成功做法，要理顺中央与地方的分配关系，必须进行分税制改革。

分税制改革的原则和主要内容是：按照中央与地方政府的事权划分，合理确定各级财政的支出范围；根据事权与财权相结合原则，将税种统一划分为中央税、地方税和中央地方共享税，并建立中央税收和地方税收体系，分设中央与地方两套税务机构分别征管；科学核定地方收支数额，逐步实行比较规范的中央财政对地方的税收返还和转移支付制度；建立和健全分级预算制度，硬化各级预算约束。

（二）分税制财政体制改革的指导思想

1. 正确处理中央与地方的分配关系，调动两个积极性，促进国家财政收入合理增长

既要考虑地方利益，调动地方发展经济、增收节支的积极性，又要逐

步提高中央财政收入的比重，适当增加中央财力，增强中央政府的宏观调控能力。为此，中央要从今后财政收入的增量中适当多得一些，以保证中央财政收入的稳定增长。

2. 合理调节地区之间财力分配

既要有利于经济发达地区继续保持较快的发展势头，又要通过中央财政对地方的税收返还和转移支付，扶持经济不发达地区的发展和老工业基地的改造。同时，促使地方加强对财政支出的约束。

3. 坚持统一政策与分级管理相结合的原则

划分税种不仅要考虑中央与地方的收入分配，还必须考虑税收对经济发展和社会分配的调节作用。中央税、共享税以及地方税的立法权都要集中在中央，以保证中央政令统一，维护全国统一市场和企业平等竞争。税收实行分级征管，中央税和共享税由中央税务机构负责征收，共享税中地方分享的部分，由中央税务机构直接划入地方金库，地方税由地方税务机构负责征收。

4. 坚持整体设计与逐步推进相结合的原则

分税制改革既要借鉴国外经验，又要从我国的实际出发。在明确改革目标的基础上，办法力求规范化，但必须抓住重点，分步实施，逐步完善。当前，要针对收入流失比较严重的状况，通过划分税种和分别征管堵塞漏洞，保证财政收入的合理增长；要先把主要税种划分好，其他收入的划分逐步规范；作为过渡办法，现行的补助、上解和有些结算事项继续按原体制运转；中央财政收入占全部财政收入的比例要逐步提高，对地方利益格局的调整也宜逐步进行。总之，通过渐进式改革先把分税制的基本框架建立起来，在实施中逐步完善。

（三）分税制财政体制改革的具体内容①

根据上述指导思想，分税制改革首先要建立社会主义市场经济条件下分税制财政体制的主体框架，分别建立中央财政和地方财政的收支体系，

---

① 参见财政部地方司：《中国分税制财政管理体制》，中国财政经济出版社1998年版。

尽可能明确划分中央和地方的收支范围；其次，与中央和地方收支体系相配套，分别建立中央和地方收入征管机构，调动两级政府组织收入的积极性；再次，尽量减少分税制体制对各方面造成的"震动"，妥善处理新旧体制的衔接问题。

具体而言，分税制财政体制改革的内容主要有：

1. 在划分事权的基础上，划分中央与地方的财政支出范围

中央财政主要承担国家安全、外交和中央国家机关运转所需经费，调整国民经济结构、协调地区发展、实施宏观调控所必需的支出以及由中央直接管理的事业发展支出。地方财政主要承担本地区政权机关运转所需支出以及本地区经济、事业发展所需支出。

中央财政支出具体包括：国防费，武警经费，外交和援外支出，中央级行政管理费，中央统管的基本建设投资，中央直属企业的技术改造和新产品试制费，地质勘探费，由中央财政安排的支农支出，由中央负担的国内外债务的还本付息支出，以及中央本级负担的公检法支出和文化、教育、卫生、科学等各项事业费支出。

地方财政支出具体包括：地方行政管理费，公检法支出，部分武警经费，民兵事业费，地方统筹的基本建设投资，地方企业的技术改造和新产品试制经费，支农支出，城市维护和建设经费，地方文化、教育、卫生等各项事业费，价格补贴支出以及其他支出。

2. 按税种划分收入，明确中央与地方的收入范围

根据事权与财权相结合的原则，按税种划分中央与地方的收入。将维护国家权益、实施宏观调控所必需的税种划为中央税；将同经济发展直接相关的主要税种划为中央与地方共享税；将适合地方征管的税种划为地方税，并充实地方税税种，增加地方税收入。具体情况如下：

中央固定收入包括：关税，海关代征消费税和增值税，消费税，中央企业所得税，地方银行和外资银行及非银行金融企业所得税，铁道部门、各银行总行、各保险总公司等集中缴纳的收入（包括营业税、所得税、利润和城市维护建设税），中央企业上缴的利润等。外贸企业出口退税，除 1993 年地方已经负担的 20% 部分列入地方上缴中央基数外，以后发生的出口退税全部由中央财政负担。

地方固定收入包括：营业税（不含铁道部门、各银行总行、各保险总公司集中缴纳的营业税），地方企业所得税（不含上述地方银行和外资银行及非银行金融企业所得税），地方企业上缴利润，个人所得税，城镇土地使用税，固定资产投资方向调节税，城市维护建设税（不含铁道部门、各银行总行、各保险总公司集中缴纳的部分），房产税，车船使用税，印花税，屠宰税，农牧业税，对农业特产收入征收的农业税（简称农业特产税），耕地占用税，契税，遗产和赠与税，土地增值税，国有土地有偿使用收入等。

中央与地方共享收入包括：增值税、资源税、证券交易税。增值税中央分享 75%，地方分享 25%。资源税按不同的资源品种划分，大部分资源税作为地方收入，海洋石油资源税作为中央收入。证券交易税，中央与地方各分享 50%（证券交易税未开征，仍沿用证券交易印花税，从 1997 年开始，该分成比例调整为中央 80%，地方 20%）。

关税、海关代征消费税和增值税、消费税作为中央财政固定收入，主要是因为：第一，上述税种属国家宏观调控税种，这些税种收入如果划归地方，受地方利益机制的影响，可能会不利于国家宏观调控政策的实施。第二，国家宏观经济政策的变动，会造成上述收入的波动，如果将上述收入作为地方收入，不利于地方收入的稳定，也容易形成国家政策对地方预算平衡的冲击。

出口退税增量改为全部由中央财政负担，主要是因为实行新的收入划分办法后，消费税全部作为中央收入，增值税也大部分作为中央收入，改变了改革前那种征税在地方、退税在中央的状况，同时，由于海关代征进口产品消费税和增值税作为中央财政收入，因此，与此相对应的出口退税也由中央财政承担。

资源税，按照资源国有的原则，应当划归中央，但目前我国的实际情况是资源大部分集中在中西部地区，资源大省一般都是财政穷省，因此将资源税划为共享税，除海洋石油资源税划归中央外，其他资源税全部划给地方，以体现对中西部地区的政策照顾。

证券交易税（证券交易印花税）主要集中在上海、深圳两个城市，这部分税收是按交易额分别对证券交易双方征收千分之三实现的。尽管证券交易所设在个别城市，但税源来自全国各地，所以这个税种的收入不能全部留在当地，把它列为中央和地方共享税比较适当。

按照上述划分办法，按 1993 年数字计算，中央财政收入占全国财政收入的比重提高到 57.5%。

3. 分设中央和地方两套税务机构，分别征税

1993 年以前我国只有一套税务征收机构，中央税收主要依靠地方税务机构代为征收。这种办法容易造成收入征管职责和权限划分不清，既不利于保障中央财政收入，也不利于调动地方组织收入的积极性。分税制财政体制规定，与收入划分办法相配套，建立中央和地方两套税务机构分别征税，国家税务局和海关系统负责征收中央级固定收入和中央地方共享收入，包括消费税、铁道营业税、各银行总行和保险总公司营业税、海洋石油资源税、关税、海关代征消费税和增值税、地方和外资银行及非银行金融企业所得税、中央企业利润、增值税、证券交易税、中央企业所得税等其他各项中央预算固定收入；地方税务局负责征收地方级固定收入，包括营业税（除中央的营业税外）、资源税（除海洋石油资源税）、地方企业所得税、地方企业利润、地方其他各项税收等其他地方固定收入。

4. 实行中央对地方的税收返还

为了使财政体制改革顺利运行，分税制财政体制办法实行保证地方 1993 年既得利益的政策。实行按税种划分收入的办法后，原属地方支柱财源的"两税"收入（消费税和增值税收入的 75%，下同）上划到中央，成为中央级收入，如果中央不采取相应补偿措施，必然影响地方的既得利益。为此，分税制体制制定了税收返还的办法，即以 1993 年为基期年，按分税后地方净上划中央的收入数额，作为中央对地方的税收返还基数，基数部分全额返还地方。为了尽量减少对地方财力的影响，国务院还决

定，不仅税收返还基数全额返还地方，1994 年以后还要给予一定的增长。增长办法是：从 1994 年开始，税收返还与消费税和增值税（75%）的增长率挂钩，每年递增返还。关于税收返还的递增率，国务院国发〔1993〕85 号文件规定，按当年全国增值税和消费税平均增长率的 1∶0.3 系数确定。1994 年 8 月，根据各方面的意见和要求，为了更充分地调动各地区组织中央收入的积极性，将税收返还的递增率改为按各地区分别缴入中央金库的"两税"增长率的 1∶0.3 系数确定。即各地区"两税"每增长 1%，中央财政对该地区的税收返还增长 0.3%。

5. 妥善解决原体制遗留问题

1994 年实行分税制后，原包干体制的地方上解和补助办法基本不变。即：原实行递增上解的地区，仍按原规定办法继续递增上解；原实行定额上解的地区，仍按原确定数额继续定额上解；原实行总额分成的地区和原分税制试点地区，改为一律实行递增上解，即以 1993 年实际上解数为基数，从 1994 年起按 4% 的递增率递增上解。

为了进一步规范分税制体制，1995 年对上述办法进行了调整，规定：从 1995 年起，凡实行递增上解的地区，一律取消递增上解，改为按各地区 1994 年实际上解额实行定额上解。

6. 开始建立规范的转移支付制度

分税制改革前，我国财政体制中存在着中央对地方的体制补助、专项补助以及结算补助等形式，从严格意义上讲，这些都属于转移支付的范畴，但是当时在财政体制中没有明确地提出转移支付的概念。同时，这些补助的确定在技术上也一直沿袭着行政性分配的方法，还不够规范和科学。

1994 年分税制建立之初，由于中央财政集中的财力很有限，困难较大，没有能力建立转移支付制度，只能先行建立税收返还制度。经过一年的运行后，在中央财政集中收入的目的基本达到的基础上，从 1995 年起，中央财政开始建立转移支付制度。但是，由于中央财政财力仍然非常紧张，加上数据资料不全，因此，规范化财政转移支付制度的建立只能采取渐进的办法,首先实行"过渡期转移支付办法",待各方面条件成熟后再逐步过渡到规范的转移支付制度。

1995年,中央财政从收入增量中共拿出21亿元用于对地方的转移支付,在30个省区中,有18个获得了中央的转移支付。这一结果基本反映了现实各地区的发展情况,实现了缩小地区间差异的政策目标。1996年,中央财政对转移支付方案又进行了较大的调整,使之更为科学、合理。当年中央财政共从收入增量中拿出35亿元用于对地方的转移支付,获得补助的地区增加到20个。①

(四)省以下分税制财政体制的建立

在中央与省级分税制财政体制框架确立之后,各地按照中央实行分税制财政体制的要求,根据本地区的情况,制定了切实可行的省对下分税制体制办法,并在因素法、地区间利益调整等方面做了有益的尝试。1994年年底各地基本上都已制定了对下分税制体制,使得分税制在全国范围内迅速确立并顺利运行。综合各地体制情况,大致呈以下特点:

1. 收入划分方面

从各地区通行做法看,除了分税制改革上下划的税种外,其他原有的地方税收基本上仍按原收入级次划分,个别地区调整了营业税的划分办法。增值税上划中央75%以后,大部分地区将地方25%部分留归了市、县,少部分地区省与市、县共享。中央下划的税种及新开征的税收大部分地区都实行了省与市、县共享的办法。

2. 税收返还增量的分配

多数地区按1:0.3系数将中央返还的增量如数返还给市、县,也有相当一部分地区为了达到省级集中财力的目的,集中了部分增量。集中办法主要有三种:一是对各市、县统一调整返还系数,如将递增返还系数调整为1:0.15;二是对市、县区别不同情况规定不同的返还系数;三是对中央的增量返还在省级与地市间实行总额分成。

---

① 参见财政部地方司:《中国分税制财政管理体制》,中国财政经济出版社1998年版。

3. 原体制上解补助的处理

多数地区比照中央对省的办法将原体制的上解和补助放在税收返还之外单独处理，体制上解继续递增，体制补助定额结算，也有一些地区做了适当调整。调整的办法主要有两种：一是重新计算财政体制收支基数，核定上解、补助或税收返还数；二是将原体制上解或体制补助与税收返还相抵，核定税收返还数。

4. 对地区间财力差异的调整

不少地区在制定对下体制时，对现存的不合理的财力分配格局进行了适当的调整。除了吸取中央分税制改革的思路，在保证地方 1993 年既得利益的前提下，通过增量分配集中部分财力调节外，有些地区还打破了保证地方 1993 年既得利益的原则，对存量也进行了调整。实行这种办法的主要有广东、江苏、广西等省、自治区。它们集中财力后，一般都补助给了财力较低的县、市，在一定程度上扭转了原体制下不合理的分配格局。

三、分税制财政体制改革的成就与存在的主要问题

（一）1994 年分税制财政体制改革的成就

以明确划分中央和地方的利益边界、规范政府间财政分配关系为主旨的分税制改革，是对财政包干体制的彻底否定，在克服或弱化包干体制的种种弊端上取得了实质性进展。作为一项难度大、涉及范围广的重要经济体制改革，从 1994 年以来的运行实践看，分税制财政体制改革实现了新旧财政体制的平稳过渡，没有造成对宏观经济的冲击和消极影响，市场物价稳定，国民经济继续保持了高速稳定的增长势头，而且有力地推动了整个社会主义市场经济体制改革的进程。从财政领域看，各项财政工作顺利进行，财政收入连年大幅度增长，财政支出管理得到有效加强，新形势下的财源建设工作蓬勃开展，财政职能得以强化，中央宏观调控能力大大增强。

具体来说，分税制财政体制改革的成就可以概括为以下几点：

1. 初步建立了与市场经济体制相适应，相对规范稳定的财政体制

分税制财政体制改革结束了财政包干制下中央与地方之间复杂而不稳

定的财政分配关系，建立了统一的中央与地方之间的财政关系，有利于我国财政体制的长期稳定，为实行规范的转移支付制度创造了条件。

在原体制下，中央与地方之间的财政体制关系是非常复杂的：一是体制分配形式多样，既有总额分成、定额补助，也有收入递增包干、上解额递增干等；二是财政资金双向运动，对一个地区而言，既有中央对其的体制补助或结算补助，又有对中央的各项上解、贡献。实行分税制后，体制形式得以统一，各地区都将增值税的 75% 和消费税等收入上划中央，同时，中央对地方实行税收返还，取消了长期使用的体制上解、补助等形式。

2. 建立了有效保障中央收入的机制

在税种划分方面，将实施宏观调控所必需的税种划为中央税；同经济发展直接相关的主要税种划为中央与地方共享税。同时，中央与地方分设税收机构，分别征税，彻底打破了包干制下中央与地方在收入征管方面的"委托—代理"关系。这些措施使中央在财政收入的分配中占据了主导地位，摆脱了包干制下中央收入主要依靠地方上解，缓慢增长的窘境，改变了财力与财权过于分散的局面，增强了中央财政的宏观调控能力，改变了中央财政收入占财政收入比重过低的局面。分税制财政体制改革实施前的 1992 年、1993 年，中央财政收入占财政收入的比重仅为 28.1%、22%，分税制改革实施的当年，即 1994 年该比重就上升到 55.7%，尽管以后年度有所下降，但 1999 年后都保持在 50% 以上。

3. 调动了中央地方两个积极性，财政收入大幅增长

分税制财政体制界定了各级政府的财权事权，在体制机制上保障中央财政收入，由于分税体制的规范和稳定，充分调动了地方政府组织收入的积极性，地方财政收入并没有因为主体税种上划到中央而大幅减少，反而在实行了分税制后的几年中，保持了高于中央财政的增长幅度。分税制改革后的 1994 年，地方财政收入占财政收入的比重为 44.3%，1995 年、1996 年、1997 年三年中地方财政收入的比重逐步上升为 47.8%、50.6% 和 51.1%。[①] 中央和

---

① 参见《中国统计年鉴 2007》。

地方财政收入的同时增长，使分税制改革后财政收入的增长速度始终保持了高于 GDP 的增幅，财政收入占 GDP 的比重稳步提高。

4. 促进了资源的优化配置和产业结构的合理调整

分税制财政体制改革后，除企业所得税外，基本改变了过去按企业隶属关系划分收入的做法，在一定程度上减轻了政府对企业的控制，有利于实现政企分离，更好地发挥市场机制在资源配置中发挥基础性作用。将增值税的大部分和全部消费税划为中央税，对于抑制地方政府的投资冲动，在全国范围内实现产业结构的合理调整起到了积极的作用；而将营业税设置为地方税，有利于调动各地区发展第三产业的积极性。

5. 有利于缩小地区间财力差距，逐步实现公共服务均等化

分税制财政体制改革实施后，中央财政收入占财政收入的比重维持在 50% 左右，而中央本级财政支出则在 30% 左右，中央对地方各种形式的转移支付占到财政收入的 20% 左右，这为中央通过不断完善转移支付制度，缩小地区间财力差距，逐步实现公共服务均等化奠定了体制基础。

（二）1994 年分税制财政体制改革存在的主要问题

分税制改革是一项复杂的综合性工程，它不仅涉及财政工作的各个方面，而且涉及有关的社会经济领域。因此，为了顺利推进分税制改革，中央采取了循序渐进的方式，将一些不易解决的问题暂时搁置起来，随着体制的运行和各项条件的不断成熟，逐步加以解决。因此，分税制改革就不可能将现实财政工作中存在的问题在很短的时间内全部解决，而需要逐步采取措施加以完善。

具体而言，1994 年实施的分税制财政体制改革所存在的问题，大致可归结为如下几个方面：

1. 政府间事权划分尚不明晰

1994 年分税制财政体制改革的重点是财政收入的划分，而对不同级次政府间事权和支出范围的划分尚不清晰，这与社会主义市场经济体制建立初期政府与市场的界限划分本身就不明晰有着直接的关系。但是，随着社会主义市场经济体制的逐步完善，不同级次间政府职能的合理划分具有越来越重要的意义。

2. 为照顾既得利益采取的措施影响了改革效果

为了减少分税制财政体制推行的阻力，照顾地方的既得利益，1994年的分税制改革规定以 1993 年为基期年，有些地区为了扩大既得财力，采取了许多手段人为增加收入，从而造成虚增收入基数的情况。1992 年地方财政收入增长率仅为 13.23%，而 1993 年则一下子达到了 35.45%。

分税制改革所采取的"不触动地方既得利益"原则和"保存量，调增量"的渐进改革模式方式在促进改革的顺利推行，减少社会震荡方面发挥了积极作用，但是这也同时削弱了它在调整地区间财力差异方面的力度。如按照"两税"增长率实行 1:0.3 税收返还的政策也在很大程度上照顾了经济发达地方的利益，不利于缩小地区间的财力差距。

专栏 6.6 广东谈判一波三折

> 从 1993 年 9 月 9 日到 11 月 21 日两个多月的时间，朱镕基带领 60 多人的大队人马，有体改办、财政部、国家税务总局及银行等部门的同志，其中主要是财税系统的同志，飞遍 17 个省、市、自治区，由远及近，第一站是海口，最后一站是河北。
>
> 在 70 多个日日夜夜里，他们首先是充分听取各省同志的意见，做调查研究，与省里认真细致地算财政体制账，每到一个省，了解历史上多次体制变更状况；另外按照实施分税制后的 10 年，预测中央从地方拿多少钱、占地方税收比重。这种预测的结果，决定对分税制切割线的确定。中央既可以拿到必要的增量，又要考虑到地方的承受力。
>
> 与每一个省份谈判。中央的同志晓之以建设社会主义市场经济之"理"、动之以顾全大局向前看之"情"，千方百计说服所有省份拥护分税制改革。

在这两个月里，中央原定的分税制方案在地方政府的强烈要求下不得不做出一系列调整、妥协与让步。但实行全国统一分税制改革的大原则，始终没有动摇。

朱镕基一行来到广东。刚刚落脚，马上接见省委省政府领导。省里同志明确表示不同意搞分税制。

9 月 13 日上午召开大会，广东省五套班子人员全部参加，有些地市委领导也参加了会议。据参加会议的人介绍，朱镕基先向大家宣布中央决定，开门见山地说："这次我与铁映同志带领有关部委的同志来广东，是受江泽民同志、李鹏同志委托来的，是来向同志们传达、介绍党中央、国务院关于财政体制、金融体制、投资体制等方面的改革内容，同时与广东同志一起就落实改革方案进行商量，一起算账。"

他详细给省委省政府官员介绍了分税制改革方案，特别提到广东对分税制方案了解的信息不确切，指出现在的方案与财政工作会议时已经有很大变化。他讲了四个问题：为什么要实行分税制改革？分税制是什么内容，如何搞？分税制改革是否损害了地方利益？实行分税制广东到底要吃多大亏？所有人都在认真地听，快速地记。

9 月的广州没有此时北京的秋意，仍是那样闷热潮湿。北京来的人全部住在绿树成荫的珠岛宾馆。

晚饭前，朱镕基把财政部部长及地方预算司司长叫到他的房间。手上拿着广东省给他的两张表格，核心内容是包干体制 10 年不变，地方财力是什么样的；实行分税制后的 10 年内，中央将从广东多拿走 1000 多个亿。他表情严肃地说：看来分税制是搞不下去了，将来拿地方这么多的增量，如果广东搞垮了，追不上"四小龙"，就成了咱们的罪状。此后，他焦急地在房间踱步。

地方预算司司长对朱镕基说："按照已经修改的方案，广东账口径不对，因此误差很大。"因为分税制已经确定增值税中央和地方按 75：25 分成，并会给地方一个增长系数，分税制中央会从广东多拿一些财力，但是将营业税留给地方，也会给地方带来相应的增量。朱镕基要求他们当晚做出 10 年间两种体制的测算账。

已经是凌晨 1 点，朱镕基还在等。做两种体制 10 年税收测算，大大小小税种加在一起，非常不易，他们一夜未眠，直到早晨开会之前才算出来。最后测算的结果：中央从广东所拿财力少了 300 多个亿，但是分税制之后，蛋糕做大了，地方的财力也会有更大的增长。朱镕基舒心地笑了，因为这样就不会因此影响广东的开放和追赶"四小龙"。

一波刚平一波又起。广东进而又提出四条意见，核心是提出以 1993 年为基数的问题。他们认为，小平同志南方谈话是 1992 年上半年的事了，下半年经济发展起来，反映到财政收入上是 1993 年的事情。假如以 1992 年为基数，小平同志南方谈话成果都没有包含在内，这怎么行？他们坚决要求以 1993 年为实行分税制的基期年。

朱镕基心里早有准备。他来广东之前请示了江泽民，江泽民决心已下；搞分税制是中央的决定，不能再讨论是不是实行分税制的问题。朱镕基在一次内部会议上说，只要广东同意搞分税制，分开征税，这一条定下了，有些地方做些妥协有好处，大家思想愉快，不然改革搞不好。9 月 14 日下午，在内部会议上他明确表示，对于广东提出的四条意见，可以同意两条，否定两条。

第一条，他们要求按 1993 年做基数，我赞成。因为我们一再讲，保证目前既得利益，这就是 1993 年嘛。以 1993

年为基数，道理上说得过去，当然中央少拿一点。以 1993 年做基数，全国各省都会欢迎的。

第四条，他们要求中央对重点建设一视同仁。我说了，不仅可以一视同仁，而且可以照顾。有人说这是空头支票，但总不能叫我签字画押啊。

第二、三条不能同意。税制改革、分税制改革后，增值税分成比例全国必须统一，广东不能另立比例。第三条提出要按广东的收入增长率来确定返还数，这一条也不能同意。其实，还有一条就是同意减免税再延长两年。

这时出现了一个小插曲。当朱镕基提出可以以 1993 年为基数时，财政部的刘仲藜和项怀诚都不同意。他们的理由也简单，第一，认为只能以 1992 年决算为基数。因为谈判时间是 1993 年 9 月，还有 3 个月才作决算，数没有出来，以 1993 年为基数，账不好算，到 1994 年四五月份才能算清楚；第二，有个很大问题是各个省要做手脚，基数的东西历年来都是历史的，从来没有预知的、将来式的。1980 年是按 1979 年年底的电报数为基数的，1985 年是按 1983 年的决算数为基数的。以前都是静态基数，这次竟然弄出动态基数。

十年之后项怀诚还记得，朱镕基指着他说："老项，你们财政部不就是以基数治天下吗？你这些东西我耳朵里的老茧都听出来了。"

对刘仲藜、项怀诚来说，尽管有他们自己的意见，但是，他们还是接受了总理的意见，因为他们还在面对最大的未知数，即广东到底是否同意实行分税制改革。

第二天的会议上，尽管朱镕基没有给广东最后的保证与许诺，他只是表明他同意以"1993 年为基数"的"个人意见"，这已经让广东喜出望外。到9月29日中南西南十省领导参加的会议上，中央领导认为大家的意见很有道理，最后确定以1993年为基数。

真是一波三折。9月15日，广东再次提出要不要取消包干制，实行分税制的问题。朱镕基回答说："至于广东是否继续实行包干体制，没有授权我在这里研究这个问题，不能在这里讨论包干问题，不然我可回不去了。我想，我们搞分税制应该比包干制好，不然就倒退了。"

最后，广东终于被说服。这样，中央财政从广东拿回来的钱，相当于在原体制下上交的两倍。让广东高兴的是以1993年作基数。

事后，朱镕基在评价广东时说：总体上讲，广东的同志最后顾全大局，牺牲自己部分利益，也是为了要发展中国经济，完成党中央交给的任务。

接下来他们还是一个省一个省地做工作。

资料来源：赵忆宇：《分税制改革背景回放》，载《瞭望新闻周刊》2003年9月15日第37期。

3. 按隶属关系划分企业所得税收入的方法有待改进

1994年分税制财政体制改革中对企业所得税保留了按隶属关系划分收入的做法，将中央企业所得税划分为中央收入，地方企业所得税划分为地方收入。随着经济体制改革的深入，这种划分办法越来越不适应社会主义市场经济的要求。[1]

4. 省以下分税制财政体制有待进一步明确和完善

1994年分税制财政体制改革只是在中央和省级政府之间建立了统一

---

[1] 2001年所得税分享体制改革解决了这一问题。

的分税制财政体制，并没有规定统一的省以下各级政府间的财政体制，而是由各地根据自身情况分别确定。这种做法有利于因地制宜建立符合地方实际的多样化的省以下财政体制，但也带来了省以下财政体制变动频繁，难以遏制级次较高的政府通过财权上移、事权下移层层集中财力的问题，这在一定程度上加剧了基层财政的困难。因此，建立规范稳定的省以下分税制财政体制是未来进一步完善分税制的重要方向。

5. 转移支付制度有待进一步完善

分税制财政体制作为一种严谨的规范的现代财政制度，主要由两个方面组成，一是要从地方适当集中财力于中央，使中央在财力分配中居于主导地位；另一方面就是要建立中央财政对地方的转移支付制度，以此调整各地区的利益分配，实现公共服务均等化的目标。这两个部分是有机地结合在一起的，缺一不可。

1994 年分税制财政体制改革在建立规范、科学的转移支付制度方面有待进一步完善，在改革后相当长的时间内，税收返还和各项专项转移支付的比重较大，而以公共服务均等化为目标的财力性转移支付的比重较低，中央财政调解地区间财力差距的力度需要加强。

第四节　1994 年财税体制改革的配套措施

一、在"两则"基础上规范国有企业利润分配

在计划经济体制下，国有企业利润上缴是财政收入的重要组成部分。改革开放以来，随着外资企业、集体企业、私营与个体经济的发展，多种所有制并存的局面逐步得以确立。在这种情况下，如果处理国家与国有企业的利润分配关系不仅关系到国有企业自身的改革，也是建立符合社会主义市场经济要求的财税体制面临的重大问题。

1994 年的税制改革，在《企业财务通则》和《企业会计准则》基础

上，推出了规范、稳定的国有企业利润分配制度，对国有企业实行了利润分流，即国家分别作为社会管理者和资产所有者向国有企业征收所得税和收取投资收益。而此次改革中内资企业所得税的统一，合理规范了所得税税基（如取消税前还贷、固定资产投资借款利息进成本等），免除了原对国有企业征收的利润调节税和国家能源交通重点建设基金、国家预算调节基金，为各种所有制成分的内资企业创造了公平竞争的外部环境，对于政企分开和转换国有企业经营机制奠定了税制基础。

二、规范财政与中央银行的关系

1994 年财税体制改革还包括明确规定禁止财政向中央银行透支，财政赤字只能通过发行国债的办法加以弥补。在此之前，我国的财政赤字既可以通过向中央银行透支或借款的方式弥补，也可以通过发行国债的方式弥补，而且往往以前一种方式为主。采用向中央银行透支或借款的方式弥补财政赤字，容易引发通货膨胀，难以体现中央银行货币政策的独立性。禁止财政向中央银行透支，规范了财政与中央银行的关系，有利于财政政策与货币政策更好地发挥作用，对于建立与社会主义市场经济体制相适应的财政运行机制具有特别重要的意义。

第五节　小结

1994 年的财税体制改革，是在中国改革开放进入新的历史时期时，以建立社会主义市场经济体制为背景进行的一次全方位、根本性的改革，其改革力度之大、利益调整之深、影响范围之广，在新中国历史上从未有过。此次改革，在充分借鉴国际经验的基础上，奠定了社会主义市场经济体制下税收制度的基本框架，为各种经济成分创造了较为公平的竞争环境；分税制财政体制改革规范了中央与地方的财政关系，彻底扭转了

"两个比重"过低的局面，对于加强中央的宏观调控能力、实现经济社会的持续稳定发展具有十分重要的意义。

今天，我们回顾 1994 年财税体制改革，其成功经验大体可以归结为以下几个方面：

第一，财税体制作为经济体制的重要组成部分，要从根本上进行"制度创新"，离不开更为基础的经济体制改革的支撑。此次财税体制的根本性变革，尽管与中央财政面临困难有直接的关系，但改革并没有沿袭计划经济时期"一放就乱"、"一统就死"的恶性循环，而是通过"制度创新"奠定了符合社会主义市场经济要求的财税体制基本框架。究其原因，改革目标的明确和改革思路的转变至关重要，这在很大程度上要归功于经济理论界长期以来对市场经济体制运行规律的不懈探索，从有计划的商品经济到社会主义市场经济，理论界对市场经济规律的认识和把握为财税体制改革奠定了较为清晰、明确的原则和框架。

第二，具体改革方案的设计充分吸收了成熟市场经济国家税收制度和分税制的经验。这突出体现在选择具有"中性"特征的增值税作为流转税的主体税种，建立较为规范的所得税制度，按分税制的要求设立中央税、地方税、共享税等方面。对成熟市场经济国家经验的借鉴所产生的制度变迁的"后发优势"对于改革的成功具有重要作用。

第三，1994 年财税体制改革是在建立社会主义市场经济的总体改革框架下进行的，此次改革的成功离不开改革设计者对各项改革措施的统筹把握，改革的魄力和决心以及对改革方案的周密部署，也离不开财税部门等改革执行者对改革措施的有效实施。

但是，我们也应当看到，在当时的环境下，与其他领域的改革相似的是，为了减少改革的阻力，照顾既得利益，更多地采取了"保存量、调增量"的渐进式改革模式，这种循序渐进的方式有利于更好地推进改革，但也容易积累问题。例如，分税制财政体制改革在收入划分方面取得了显著的效果，基本达到了改革目标，但在事权划分、省以下分税体制和转移支付方面则有待进一步完善。

本章参考文献

1. 财政部地方司：《中国分税制财政管理体制》，中国财政经济出版社 1998 年版。

2. 高培勇：《演变中的中国财政运行机制：困难、走势及政策选择》，载袁宝华、黄达主编：《市场化改革整体推进条件下的中国经济》，中国人民大学出版社 1995 年版。

3. 高培勇、温来成：《市场化进程中的中国财政运行机制》，中国人民大学出版社 2001 年版。

4. 刘佐：《社会主义市场经济中的税制改革 1992—2002》，中国税务出版社 2002 年版。

5. 许善达、张学瑞：《1994 年中国财税改革的深刻背景》，载中国宏观经济信息网（2001 年 9 月 4 日）http://www.usc.cuhk.edu.hk/wk_ wzdetails.asp?id=1264。

6. 杨之刚：《公共财政学：理论与实践》，上海人民出版社 1999 年版。

7. 杨志勇：《中国财政体制改革理论的回顾与展望》，载《财经问题研究》2006 年第 7 期。

8. 赵忆宁：《分税制改革背景回放》，载《瞭望新闻周刊》2003 年第 37 期。

第七章

目标定位：构建公共财政框架

　　1994 年的财税改革，虽然使中国财税体制走上了制度创新之路，但并没有解决问题的全部。因为，说到底，一方面，1994 年财税改革所覆盖的，只是体制内的政府收支，而游离于体制之外的政府收支，则没有进入视野；另一方面，1994 年财税改革所着眼的，主要是以税制为代表的财政收入一翼的制度变革，财政支出一翼的调整，虽有牵涉，但并未作为重点同步进行。

　　随着 1994 年财税改革成果的逐步释放，蕴涵在游离于体制之外的政府收支以及财政支出一翼的各种矛盾，便日益充分地显露出来并演化为困扰国民收入分配和政府收支运行过程的"瓶颈"。于是，在 20 世纪 90 年代后期，以规范政府收支行为及其机制为主旨的税费改革以及财政支出管理制度的改革，先后进入中国财税体制改革的重心地带，并由此将改革带上了整体框架的重新构造之路——构建公共财政体制框架。

第一节　规范政府收支行为：1998 年
开始的"税费改革"

　　作为 1994 年财税改革的一个重要成果，税收运行体制机制理顺了，税收收入迈上了持续高速增长的轨道。从 1994 年到 1997 年，税收收入的年增长额分别为 953 亿元、903 亿元、1077 亿元和 1175 亿元。不仅实现了与 GDP 的同步增长，而且，还略大于 GDP 的增长速度。然而，与此同时，关于税负重的抱怨声出现了。有人甚至将国有企业在那一时期的经营困难同税负问题联系起来，并由此引发了对 1994 年后所实行的新税制的质疑。

这种矛盾的现象，很快使人们从 1994 年财税改革的一片欣喜中冷静下来。

一、财政收入 ≠ 政府收入

一旦冷静下来并透过数字表象而深入到税负问题的实质层面，一个基本事实立刻进入了人们的视野：在现时的中国，财政收入（预算收入）不等于政府收入。

一般而言，在各国的经济文献中，财政收入同政府收入是一回事。因为，各国的政府收入都是要纳入预算的，也都是要拿到立法机关——国会或议会——去讨论审批的。列入预算并交由立法机关审议、批准的政府收入，就是我们通常所说的财政收入或预算收入。

中国现时所使用的财政收入概念，则只是各国所使用的政府收入概念的一部分。除了以税收为主体并且纳入预算的财政收入之外，各级政府还使用别的形式、通过别的渠道取得收入。其中，未纳入预算但可比较精确地统计的收入有：预算外收入、政府性基金收入、社会保障基金收入等；纯系制度外且无法加以精确统计的收入，则是由各部门、各地区"自立规章，自收自支"的各种收费、罚款、集资、摊派收入等。如果将上述几个层次的这些收入统统相加，中国政府收入的总量，起码要以财政收入的倍数计算。

如果以是否纳入预算作为判定规范性与否的标准，那么，前一个层次的政府收入便是规范性的，后两个层次的政府收入则是非规范性的。正是由于规范性的政府收入和非规范性的政府收入同时并存，而且，相比之下，在数额上，后者又大于前者，这种政府收入格局，被时任国务院总理的朱镕基同志形象地称之为"费大于税"。

专栏7.1 1998年朱镕基总理等答中外记者问

> 1998年3月19日，九届全国人大一次会议举行记者招待会，大会新闻发言人曾建徽邀请新任国务院总理朱镕基和副总理李岚清、钱其琛、吴邦国、温家宝与中外记者见面，并回答记者的提问。朱镕基总理首先向记者们介绍了各位副总理，并且对中外记者出席这个招待会表示欢迎。
>
> 在回答记者提问时，朱镕基总理将财政税收制度改革的进一步完善列为本届政府五项改革之一。他说："现行财税制度是1994年改革的，取得了极大成功，保证了每年财政收入以很高的比例增加。但是目前存在的一个问题是'费大于税'。很多政府机关在国家规定以外征收各种费用，使老百姓负担不堪，民怨沸腾，对此必须整顿和改革。也就是说，各级政府机关除了必要的规费以外，不允许再巧立名目向人民群众收费。"
>
> 资料来源：《人民日报》1998年3月20日。

二、"费大于税"格局的形成

那么，"费大于税"的政府收入格局是怎样形成的呢？

前面的考察曾经表明，计划经济体制下，我国的财政收入结构具有两大特征：一是税利并存，以利为主；二是来自国有经济单位的缴款占大头儿。在这样一种特殊的财政收入结构的背后，是以农副产品统购统销、国家统管城市职工工资制度和财政统收统支体制为基本前提、以"先扣后分"为基本特征的国民收入分配机制。

改革以后，伴随着市场化的进程，农副产品统购统销制度、国家统管城市职工工资制度和财政统收统支体制的格局相继被打破。原有的财政收入渠道基本上不复存在了，所有制成分也发生了很大的变化。在新的体制下，政府履行职能所需的资金显然只能通过规范化的税收渠道去获取。进入 20 世纪 80 年代以来，我国税制建设的力度明显加大，个人所得税、中外合资经营企业所得税、外国企业所得税、国营企业所得税、集体企业所得税、城乡个体工商业户所得税、私营企业所得税等一系列新的税种，陆续出台。期间一些税种也作了调整，如将外资企业所缴纳的企业所得税统一为外商投资企业和我国企业所得税，到 1994 年税制改革之时，税种的总数达到 34 个，正是政府为此而采取的积极行动。

然而，长期"无（明）税"的惯性作用，加上种种因素的制约，给税收制度的正常运行带来了严峻挑战：

普通百姓，多年生活在"无（明）税"的环境之中，一旦须拿出本已装入兜中的一部分钱缴税时，出于心理和行为上的不适应，一个本能的反应便是"躲"。能躲就躲，能躲多少躲多少。在税收严管重罚的力度未能相应跟上、依法治税的社会环境远未确立的条件下，各种偷漏税的行为犹如"病毒"，附着于"明税"的肌体上繁衍而生，致使大量该征的税不能如数征收上来。

政府部门，多年习惯于以行政命令的办法、非税的方式组织收入，在各方面的政府支出增势迅猛、规范化的税收渠道不畅、财政部门所能提供的资金存在较大缺口的情况下，一个自然的反应，就是转而操用非规范性的行政命令，去另外找钱。于是，在"创收"的旗号下，各个政府职能部门开始自立收费项目，介入财政性分配。以收费形式取得的收入，既然被视为非规范性的"创收"范畴，由各个部门自收自支，游离于预算之外，也就变为顺理成章的事情。

问题还有复杂之处。收费之门的打开，非但没有缓解税收运行中的困难，反而把人们的注意力转到了收费上。甚至于，在尝到了收费甜头、有了规范性和非规范性两种收入来源可以依赖之后，为数不少的政府部门对"费"的偏爱超过了"税"。于是，"费挤税"的事情——以收费项目的扩大及其规模的增加冲击税基，以擅定减免税条款、鼓励企业偷逃税款的手段截留中央税收——发生了。"重费轻税"加上"费挤税"，事情演化下来，便是"费大于税"的政府收入格局的形成。

更富有挑战意义的一个问题，出在非规范性收费规模的判断上。事实上，非规范性收费大多是游离于既有制度之外的。故而，关于收费的种类和数量，全国尚无统一数据，只能通过典型调查或其他方面的办法迂回地取得。

由国家计委、国家经贸委、财政部、监察部、审计署、国务院纠风办等单位联合通知取消的行政事业性收费（基金）项目数推算，收费种类繁杂，数额相当可观。从1997年7月至1998年3月，中央各部门、省、地三级共取消不合理收费20516项，共计363.5亿元，几乎相当于1996年全国国有企业实现利润的总和。

根据1998年6月10日《经济日报》的报道，在湖北省利川市，从上到下行政事业收费竟达2200多项，而且，这2200个收费项目，都有红头文件支持。其中，中央部委办33项，省665项，涉及工商、公安、建委、教育、文化等19个部门，最多的是城建部门，收费项目达198个。另据该市物价局调查，个体经营户所交的税款平均只占到所交费款的1/6，企业单位所交税款也只占到所交费的1/3。

也曾有学者对制度外收入的规模做过总体估算。其办法是，通过国民收入账户分析法，推算出政府实际支出的总规模，再扣减预算内和预算外财政收入，进而估算政府的制度外收入规模（参见表7.1）。

表7.1　1988～1996年中国制度外收入规模及增长速度

年份	制度外收入（亿元）	增长速度（%）	预算内收入增长速度（%）
1988	831.70	24.6	7.2
1989	860.92	3.5	13.1
1990	1051.02	22.1	10.2
1991	1490.81	41.8	7.2
1992	2186.87	46.6	10.6
1993	3141.36	43.6	24.8
1994	4971.30	58.2	20.0
1995	5365.57	7.9	19.6
1996	5979.71	10.3	18.7

资料来源：转引自杨斌、胡学勤：《政府税外收费的理论研究与实证分析》，载高培勇主编：《费改税：经济学界如是说》，经济科学出版社1999年版。

三、税费关系混乱对财政运行机制的冲击

在如此的条件下，众多的公共权力机构插手分配领域，收费种类繁多，数额巨大、管理失控，对财税体制及其运行机制构成了异常严重的冲击：

（一）侵蚀税基、转移利润，损害国家财政收入稳定增长

有权收费的机构，都是政府权力部门，或其授权垄断经营的事业单位。企业和居民等市场主体，如不交费，就难以完成所需的市场交易。有时明知收费不合理，也是敢怒不敢言，更谈不上抵制、拒交。收费力度实际比征税更强，税可欠，费不能不交。而对企业的收费或者打入企业当期成本费用，或者减少税后留利。在前者情况下，各种收费挤入当期成本费用，减少了计税依据，缩小了税基，直接影响国家税收收入。在后者情况下，减少企业利润，影响国有资产收入，削弱其扩大生产经营规模的能力，从长远看，也减少了国家税源。因此，在 1994 年以后最初的几年，税收收入的绝对数，尽管每年以 800 亿～1000 亿元的增长额在增长，但税收占 GDP 的比重却徘徊不前，1997 年为 11%。这样大量资金游离于财政预算之外，形成所谓体外循环，使国家集中性财政收入相对萎缩，预算内财政收入占 GDP 的比重，1978～1995 年一直是下降趋势，1997 年为11.5%，仅比上年增长 0.6 个百分点。国家财力明显不足，财税运行十分艰难。

（二）削弱政府宏观调控能力

财政的集中性资金是实现政府政策目标的保障。大量资金脱离财政控制和人大监督，进行体外循环；众多权力机构参与收入分配、自收自支，造成国家财力过度分散，政府没有足够的财力，调节国民经济运行，及时解决改革开放、经济社会发展所面临的种种难题。例如，当时收入仅几百亿元的个人所得税，很难调节收入差距，体现社会公平；占财政支出仅1.5% 的抚恤和社会福利救济支出，不可能建立完善的社会保障体制；对农业、科技、教育等战略重点投资，国家财力捉襟见肘，力不从心，1997

年对教育投入没有达到《中国教育改革和发展纲要》的要求，有的省、自治区已连续几年没有完成任务；收入仅占全国财政收入 48.9% 的中央财政，增加转移支付，缩小地区差距的回旋余地很小等等。

（三）扰乱市场运行机制

供求、价格、竞争等市场机制的健康运行，需要规范、统一的市场规则。在税收之外，大量存在不规范、不统一、征收带有很大随意性的收费行为，严重扰乱了市场机制运行，扭曲了价格形成机制，使企业、个人在生产经营业中，很难合理预期成本、利润，进行科学决策，适应市场供求关系，积极参与市场竞争，取得最大经济效益。在费挤税、费大于税的情况下，还有可能产生对企业和居民行为的误导，使其生产经营活动偏离国家产业政策的导向，加剧市场供求关系的失衡，以及市场经济运行秩序的紊乱，影响经济持续、快速、健康的增长。在经济全球化，我国进一步深化改革、扩大开放的背景下，乱收费对市场运行机制的干扰，必然对我国引进外资，积极参与国际市场竞争，产生消极影响，易使外商对我国投资环境产生怀疑、误解，造成不良的国际影响。因而乱收费对市场机制的干扰，通过企业和个人行为，最终反映到财政收支，对财政运行产生冲击。

（四）加重企业和农民负担

众多公共权力机构介入收入分配，行政事业性收费缺乏明确的法律依据，相当部分收费处于失控状态，财政部门难以把握收费的总量、结构。受部门、地区、单位利益驱动，收费的规模、种类呈不断膨胀之势，企业、农民负担沉重，已到难以为继的地步。据当时国家经贸委调查，国有企业的各种不合理负担，大体占到当年实现利润与税收之和的 20%，有的甚至超过了当年实现的利润。在农村，乱收费、乱摊派、乱罚款屡禁不止，各种达标升级活动不断，县、乡、村干部上门向农民催粮要钱，加重了农民负担，造成基层干群关系紧张，构成农村改革、稳定与发展的隐患。企业、农民负担加重，直接危及我国经济增长的基础，以及社会生产力的发展，经济是财政之源，经济基础遭到损坏，则很难有平衡、稳健运行的国家财政。

（五）助长各种消极腐败行为

大量缺乏约束的行政事业性收费，在制度上，为贪污受贿、敲诈勒索、公款吃喝玩乐、以权谋私等消极腐败行为，提供了漏洞，在经济上，为之提供了可能。因而，乱收费，也是一个关系党风廉政建设的政治问题。

四、"费改税"与"税费改革"的启动

面对上述种种税费关系的混乱状况，在我国，事实上，从 1995 年起，即开始了旨在治理政府部门乱收费的所谓"费改税"改革的尝试。其中，取得明显成效的当属湖南省的武冈市。① 1998 年 3 月，随着新一届政府的组建，作为新一届政府的施政纲领之一，"费改税"又正式纳入了政府议事日程。由此，"费改税"以及后来其内涵与外延加以拓展的"税费改革"，在全国正式拉开了帷幕。

针对向企业乱收费的问题，中共中央、国务院 1997 年第 14 号文件《中共中央、国务院关于治理向企业乱收费、乱罚款和各种摊派等问题的决定》（以下简称《决定》）要求，坚决取消不符合规定的向企业的行政事业性收费、罚款、集资、基金项目和各种摊派。全面清理按规定未被取消的向企业的行政事业性收费、罚款、集资、基金项目。对不合理的项目要坚决取消并向社会公布；合理的保留，但标准过高的要把标准降下来；重复收取的要予以合并。凡需保留的包括降低标准和合并的项目，要按照管理权限从严重新审批。建立健全向企业的行政事业性收费、罚款、集资、基金项目的审批管理制度。加强对行政事业性收费、罚款、集资、基金的收缴和使用管理的监督，防止截留、挤占和挪作他用。加强监督检查，加大执法力度。要组织力量对重点地区、部门和单位进行重点检查和审计。充分发挥新闻舆论的监督作用。

---

① 基本做法就是将原村级对农民收取的三项提留和乡镇的五项统筹收费等改为统一征收"农村公益事业建设税"，其税负不得超过农民上年收入的 5%。

根据上述《决定》，财政部和国家计委分三批取消了部分不合理的行政事业性收费。1997年12月23日财政部会同国家计委在国务院有关部门自查自纠的基础上，对国务院有关部门直接收取或归口管理的行政事业性收费项目进行了清理，经国务院减轻企业负担部际联席会议批准，决定取消第一批行政事业性收费项目，共计29项，分别涉及工商、建设、外贸、交通、外交、公安、税务、保密8个部门。1998年10月14日财政部、国家发展计划委员会公布取消第二批行政事业性收费项目，共计20项，分别涉及文化、公安、建设、旅游、广播电视、林业、口岸7个部门，自1998年11月1日起执行。1999年12月30日公布取消的第三批收费项目共计20项，分别涉及经贸、交通、劳动和社会保障、新闻出版、海关、环保、外汇、司法部门，自2000年1月1日起执行。

与此同时，根据农村乱收费、乱集资、乱摊派屡禁不止，农民税外负担沉重，干群关系紧张，群体性事件时有发生，农民、农业和农村问题成为影响中国城镇化、现代化进程大重大政治问题的状况，1998年，国务院农村税费改革工作小组成立，开始对农村税费改革工作进行先期调查研究，其办公室设在财政部。

2000年3月2日，中共中央、国务院下发《关于进行农村税费改革试点工作的通知》，决定率先在安徽全省进行农村税费改革试点。2002年3月27日国务院办公厅发布的第25号文件《关于做好2002年扩大农村税费改革试点工作的通知》中将这项改革进一步推广到全国20个省份，试点省份分为两类，一类是河北、内蒙古、黑龙江、吉林、江西、山东、河南、湖北、湖南、重庆、四川、贵州、陕西、甘肃、青海、宁夏等16个省市自治区，中央财政将向其分配专用于税费改革转移支付资金；另一类是上海、浙江、广东等沿海经济发达省市，它们不享受中央转移支付资金，可以自费扩大改革试点。改革的措施被高度概括为"三个取消，一个逐步取消，两个调整和一项改革"：即取消屠宰税，取消乡镇统筹款，取消教育集资等专门面向农民征收的行政事业性收费和政府性基金；用三年时间逐步减少直至全部取消统一规定的劳动积累工和义务工；调整农业税政策、调整农业特产税征收办法，规定新农业税税率上限为 7%；改革村提留征收和使用办法，以农业税额的 20% 为上限征收农业附加税，替代原来的村提留。

第二节 由"适度从紧"转向"积极"：
财政政策担负宏观调控"主角"

一、东南亚金融危机的爆发

（一）东南亚金融危机

1997 年 7 月 2 日，泰国首先爆发了金融危机，迅速波及马来西亚、新加坡、印度尼西亚、菲律宾、中国香港等国家和地区，使欧洲、拉美和美国都受到不同程度的影响。这场金融危机，危害之大，超出了早先一般人的估计。

东南亚金融危机使我国经济深受影响。一方面，出口需求锐减。亚洲金融危机爆发后，许多亚洲国家和地区的货币大幅度贬值，对我国的产品出口造成很大的压力，1998 年后影响加深，出口增幅逐月递减。1998 年上半年的外贸出口额为 869.8 亿美元，同比增长了 7.6%，与 1997 年同期的 26.2% 和 1997 年全年的 20.9% 形成鲜明的对比。其中 5 月份出口下降了 1.5%，为 22 个月以来的首次负增长，1998 年全年外贸出口增长 0.6%，几乎是零增长。另一方面，外商投资下滑。由于亚洲地区是金融危机的重灾区，1997 年亚洲国家对我国直接投资占我国实际吸收外资总量的比例由以往的 80% 以上降为 75.6%，1998 年继续下降为 68.7%。这样对我国经济运行产生重大影响，成为影响市场需求不足的重要原因。

专栏 7.2　1997 年爆发的亚洲金融危机始末

1997 年 7 月，在亚洲爆发了一场金融危机，这场危机大体上可以分为三个阶段：1997 年 7～12 月、1998 年 1～7 月、1998 年 7 月到年底。

第一阶段：1997 年 7 月 2 日，泰国宣布放弃固定汇率制，实行浮动汇率制。当天，泰铢兑换美元的汇率下降了 17%，外汇及其他金融市场一片混乱。在泰铢波动的影响下，菲律宾比索、印度尼西亚盾、马来西亚林吉特相继成为国际炒家的攻击对象。10 月下旬，国际炒家移师国际金融中心——中国香港，矛头直指香港联系汇率制。28 日，香港恒生指数跌破 9000 点大关。面对国际金融炒家的猛烈进攻，中国香港特区政府重申不会改变现行汇率制度，恒生指数上扬，再上万点大关。11 月中旬，韩国也爆发金融风暴。17 日，韩元对美元的汇率跌至创纪录的 1008:1。21 日，韩国政府向国际货币基金组织求援，暂时控制了危机。但到了 12 月 13 日，韩元对美元的汇率又降至 1737.60:1。1997 年下半年，由于日本的一系列银行和证券公司相继破产，一场席卷东南亚的金融风暴演变为亚洲金融危机。

第二阶段：1998 年 2 月 11 日，印尼政府宣布将实行印尼盾与美元保持固定汇率的联系汇率制，以稳定印尼盾。此举遭到国际货币基金组织及美国、西欧的一致反对。国际货币基金组织扬言将撤回对印尼的援助，印尼陷入政治、经济大危机。2 月 16 日，印尼盾同美元比价跌破 10000:1。受其影响，新元、马币、泰铢、菲律宾比索等纷纷下跌。4 月 8 日，印尼同国际货币基金组织就一份新的经济改革方案达成协议，东南亚汇市才暂告平静。与之关系密切的日本经济也陷入困境。日元汇率一路下跌，一度接近 150 日元兑 1 美元的关口。随着日元的大幅贬值，国际金融形势更加不明朗，亚洲金融危机继续深化。

第三阶段：1998 年 8 月初，国际炒家对香港发动新一轮进攻。恒生指数跌至 6600 多点，香港特区金融管理局动用外汇基金进入股市和期货市场，吸纳国际炒家抛售的港币，将汇市稳定在 7.75 港元兑换 1 美元的水平上，国际炒家损失惨重。8 月 17 日，俄罗斯中央银行宣布年内将卢布兑换美元汇率的浮动幅度扩大到 6.0～9.5∶1，并推迟偿还外债及暂停国债券交易。9 月 2 日，卢布贬值 70%。俄罗斯政策的突变，使在俄罗斯股市投下巨额资金的国际炒家大伤元气，并带动了美、欧国家股市、汇市的全面剧烈波动。亚洲金融危机已经超出了区域性范围，具有了全球性的意义。到 1998 年年底，俄罗斯经济仍没有摆脱困境。1999 年，金融危机结束。

资料来源：http://finance.sina.com.cn/j/20080509/16474851510.shtml。

（二）从"适度从紧"到"积极"

面对东南亚金融危机所带来的国内市场疲软、社会有效需求不足和经济增长乏力的情况，我国政府决定及时调整宏观经济政策，由"适度从紧的财政政策"转向"积极的财政政策"。

1998 年 6 月 16 日，《人民日报》发表《财政宏观调控与启动经济增长》的署名文章，提出转变适度从紧的财政政策，转向扩大财政举债规模和财政支出，增加投资，刺激消费，扩大出口，以此促进国民经济增长。1998 年 7 月，国家发展计划委员会发布《关于今年上半年经济运行情况和下半年工作建议》，正式决定实施旨在扩大需求的积极财政政策。1998 年 8 月，全国人大常委会第四次会议审议通过了财政部中央预算调整方案，决定增发 1000 亿元国债，同时配套增加 1000 亿元银行贷款，全部用于基础设施专项建设资金，正式启动了积极的财政政策。

　　在当时，积极财政政策还是一个新生概念，不仅在经济学教科书中没有系统的阐述，而且在各种经济词典或工具书中也找不到有关它的相应解释。然而，事实上，所谓积极财政政策，不过是根据中国人的语言风格所给出的关于扩张性财政政策的富有中国特色的表述。其基本含义，就是指通过扩大财政支出，调整收入分配，使财政政策在启动经济增长、优化经济结构中发挥更直接、更有效的作用。在需求不旺、经济增长乏力阶段，实施积极的财政政策，不需要中间传导过程，时滞短，对经济的拉动作用明显。由于1998年前后我国经济运行及政府财政的实际状况，我国这次积极财政政策主要是通过大量发行国债，扩大公共支出，推动经济增长。而没有采用减免税收，扩大社会需求的方法。1998年至2004年国债发行情况可见表7.2。

表7.2　实施积极财政政策期间的国债发行情况（1998～2004年）

单位：亿元

年份	1998	1999	2000	2001	2002	2003	2004
实际发行总额	3808.77	4014.30	4153.59	4483.53	5934.30	6153.53	6726.28
其中长期国债发行额	1000.00	953.50	1120.00	1320.00	1273.30	1400.00	
还本付息额	2245.79	1792.33	1552.21	1923.42	2467.10	2952.23	3542.42
还本付息额占财政收入的比例（%）	22.70	15.70	11.60	11.70	13.10	13.60	13.40
债务余额	7765.70	10606.85	13674.00	15618.00	19366.10	23935.10	25777.60

续表

年份	1998	1999	2000	2001	2002	2003	2004
债务余额占 GDP 的比重（%）	9.90	12.90	15.30	16.00	18.50	20.50	18.80

注：（1）还本付息额 2000 年以后为还本额。（2）财政收入不包含债务收入。
（3）未包括 1998、1999 年分别发行的 2700 亿元特别国债。
资料来源：《中国统计年鉴 2005》，中国统计出版社 2006 年版；《1991~2003 国家债务变化情况》，财政部综合司（打印稿）。

二、积极财政政策：若干评价

从 1998~2004 年，在我国，积极的财政政策实施了长达 7 年之久。这次财政政策的制定、实施以及最后结果，都可说是一次有关财政政策介入宏观经济调控并在其中担负主要角色的成功演练。这次实践，在事实上，为中国公共财政框架的形成以及进程的加快奠定了很好的基础。

东南亚金融危机波及范围和影响，远远超出了人们的预料，对我国经济运行产生了严重冲击。并且，国内出现了新中国成立后从未见过的供给过剩、市场需求不足的问题。面对内外交困的局面，中央审时度势，及时停止了"九五"计划中制定的"适度从紧的财政政策"，从 1998 年下半年开始，增发国债，扩大政府投资，实施"积极财政政策"，抓住了宏观调控的有利时机，为保持经济稳定增长，维护经济社会运行秩序，继续推进经济社会体制改革创造了良好的条件。此其一。

在这次积极财政政策实施中，中央政府主要采取了增发中长期公债，扩大政府公共投资，带动银行信贷和民间投资增长，促进经济增长的措施。公债发行的数量、时机和公债项目的安排，都满足了国家宏观调控的需要。另一方面，政府则没有采取减免税收，减轻企业和个人负担，增加社会有效需求，促进经济增长的措施。这是常规扩张性财政政策的主张之一。现在回过头来看，这种选择是正确的。因为，在当时的情况下，减免税措施实施效果存在很大的不确定性，且直接削弱政府宏观调控的能力。这表明我国政府对市场经济条件下的宏观艺术趋于成熟。此其二。

从这次积极财政政策的实施效果分析，既实现了宏观调控的目标，也促进了公共财政建设。比如，国家统计局提供的分析数据表明，1998、1999年通过增发国债、扩大政府投资规模，拉动经济增长分别达到1.5%和2%，2000年积极财政政策对GDP增长的贡献约为1.7%。再如，政府运用公债资金建成一大批重大基础设施项目，促进了产业结构优化升级，巩固了农业发展的基础地位，推动了区域生产力布局的合理调整。还如，政府利用公债资金用于低收入群体补助等支出，通过直接投入和增加财政转移支付等方式，提高国有企业下岗职工基本生活费和离退休人员基本养老金。并且，建立起了社会统筹和个人账户相结合的城镇居民职工基本养老制度，健全了失业保险制度和城镇居民最低生活保障制度，等等。此其三。

积极财政政策的成功实施，表明财政政策作为政府宏观调控重要手段的地位得到复归和运用，有力地推动了公共财政建设。积极财政政策的成功运用，用事实证明财政政策与货币政策是市场经济条件下同等重要的政策工具，在经济社会发展和政府宏观管理中各有其活动领域，只能相互配合而不能相互替代，更不能相互贬低。拉美等国的经验教训表明，财政危机对国家经济社会发展的危害并不比金融危机来得轻。此其四。

第三节　划时代的事件：1998年全国财政工作会议

在积极财政政策的实施效果日渐显露的同时，财税体制改革也在稳步推进中。1998年年末，每年一度的全国财政工作会议召开。在这一次会议上，收获了一个非同小可、具有划时代意义的重要成果——"构建公共财政基本框架"的目标得以正式确立，并由此开启了全力和全面建设公共财政的时代。

一、关于财政改革目标的讨论

构建公共财政基本框架目标的确立，是理论与实践共同推动的结果。改革以来，中国学术界从来没有停止过对财税体制改革目标的讨论。1992年之后，实行"公共财政"的呼声越来越高。这与财税公共化的趋势合兵一处，对中国财税体制改革产生了积极而深远的影响。

20 世纪 80 年代，在社会主义有计划商品经济改革目标提出之后，对整体改革目标的解读曾有过一段模糊且差异颇大的经历，如有人强调计划经济为主，市场调节为辅；有人则持市场调节为主的看法。故而，反映在财税体制改革目标上，也就有了不同的理解。

比如，陈秉元、徐世友（1985）认为，具有中国特色的新财政模式应当是，在国家统一政策法令下"分灶吃饭"、开放式、经营管理型财政。何振一（1987）在讨论新时期财政分配模式时，指出需要变革财政分配模式。他认为，放权让利没有触动旧的财政分配格局。全方位服务是财政分配模式变革的方向。历史上由于过分强调财政生产性造成的消极后果至今没有完全消除，这一教训是不应忘记的。因此，在新的时期，财政分配既不能以吃饭型为模式，更不能坚持旧的生产型模式，而应当以纠正财政分配职能上的偏颇和残缺不全为改革重点，向按比例的全面满足社会共同需要的全方位服务型模式转化。与此同时，市镇财政应向公共财政转变。

张振斌、解学智（1986）对有计划的商品经济下的财政转轨问题进行了研究。在他们看来，经济体制模式从产品经济转向有计划的商品经济，要求财政从传统的"大财政"转到适应社会化商品经济的"小财政"上来，要求财政实现从"生产性财政"到以公共需要为主的"公共需求财政"的转变。张振斌（1989）在回顾十年财政体制改革的基础之上，适应"国家调节市场、市场引导企业"的新要求，提出要确立公共需求型和经济建设型相统一的财政类型。王绍飞（1991）认为，有中国特色的社会主义财政新模式，应该是以公有制为主导，适应商品经济发展的客观需要，具有调节功能，使中央和地方都有相应财力，能促进国民经济持续、稳定、协调发展的模式。

一些学者在讨论经济体制改革和财政体制改革问题时，提出中国财政应转向"公共财政"。高文舍、高拴平（1987）认为，要搞活（国有）企业，财政应退出直接生产领域，要实现收支范围的调整和功能的转换，要向"公共财政"方面转变。蒋一苇（1989）在讨论社会主义社会"投资饥渴症"的治理之策时，提出政府的财政应实行"公共财政"，把税收用于公共开支和对公共设施的投资，不用于对营利性企业的投资。晋自力（1989）将（国有）企业财务约束软化的原因归结为国家作为所有者的行为同政府行为（主要指公共财政行为）交错，提出将国家作为所有者的行为同公共财政行为分离开来的改革思路。《中心城市的综合改革研究》课题组（1989）提出，在企业内部举办的社会福利事业广泛推行独立核算、自负盈亏的改革，同时中心城市政府要积极准备实行公共财政体制。争取在第二阶段，使企业举办的社会事业从企业中独立出来，纳入中心城市政府的公共财政，转由中心城市政府举办。杨斌（1989）认为，在国家层次上"两权分离"的前提下，生产财政就转变为公共财政。王雍君、吴强（1990）在研究中国财政困境对策时，指出增收节支并非治本之策。在他们看来，造成中国财政困境的根本原因在于财政包揽一般工商经济，因此财政应从工商经济领域退出，只承担那些市场不愿提供或市场不宜提供或市场无力提供的社会公共产品和公共服务，走公共财政的道路。

陈喜强（1991）认为，中国有计划商品经济下的国家财政不仅仅是公共财政，而且还作为生产资料全民所有制的代表参与社会生产活动。邵红烈（1991）从国家职能与财政职能的关系出发，论证了初级阶段财政既是消费性财政或公共财政，又是生产性财政、建设性财政的观点。

但也有学者不赞同中国实行公共财政。梁尚敏（1985）区分了多种形式的财政模式，认为应立足中国国情，建设有中国特色的社会主义财政。马国贤、郭代模（1986）在讨论财政宏观调控问题时，指出财政对一般企业的直接投资的减少，只是一种政策调整，中国财政不应该转向公共财政。赵赴越、黄瑞新（1991）认为，"公共财政论"是与计划的深入和强化不相适应的，其影响导致财政状况不断恶化。于中一（1991）认为，中国财政不是"公共财政"，更不是"吃饭财政"，社会主义生产和流通是财政分配的主要服务对象。

然而，受邓小平南方谈话和党的十四届三中全会的影响，社会主义市场经济观念迅速对财政界产生了影响。

1992 年 7 月 29 日～8 月 3 日，中国财政学会在辽宁抚顺召开"全国第六届财政基础理论讨论会"。此次会议受到邓小平南方谈话的影响，对财政改革的目标模式进行了讨论。《中央财政金融学院学报》1992 年第 5 期发表齐力、岳福斌整理的《全国第六届财政基础理论讨论会综述》。根据该综述，此次讨论会上有一种观点认为，在运行模式上，财政应该从"生产建设型"转到"公共财政型"模式上来。

邓子基（1992）认为，在运行模式上，财政应该从"生产建设型"转到"生产建设型"同"公共财政型"相结合上来。他认为，公共财政（public finance）的基本内涵，是指由政府出面，向全社会提供那些难以受市场力加以引导的，具有消费上的非排他性特征的公共产品和服务。他认为，当时中国特区财政基本上就属于公共财政型，但从全国范围来说，是不可能像西方国家那样搞纯"公共财政"的，其原因是中国是社会主义公有制国家，政府必须要以一定的方式管理国有经济，必然要凭借财产权利参与国有企业利润的分配并关心国有财产的保值和增值。由"生产建设型财政"转向"生产建设型财政"与"公共财政"相结合，就意味着国家财政要减少对营利性项目的投入，而主要参与那些无利、微利但又关系到国民经济全局的项目；同时，国家财政中的"公共"型成分应该适当增加，财政在为全社会提供公共产品和服务方面可以扮演更重要的角色。实际上，这也是与深化经济改革和转变政府职能的基本要求相一致的。

安体富和高培勇（1993）直接从社会主义市场经济改革目标出发，讨论了国家财政的职能范围，认为计划经济体制下的财政可以称为"生产建设财政"，而在市场经济条件下，由于社会资源的主要配置者是市场，不是政府，财政的职能范围相对于计划经济条件的财政职能范围来说是小而窄的，此时的财政可称为"公共财政"。

叶振鹏和张馨（1993）在借鉴西方财政学的基础之上，提出"双元（结构）财政论"，即适应社会主义市场经济条件的财政模式是由"公共财政"和"国有资产财政"所组成的财政模式。前者是指在市场失效范围内活动的财政，而后者是在市场有效范围内活动并以营利为目的的财政。叶振鹏和张馨（1995）对"公共财政"作了一些基本分析。张馨（1997a）对"公共财政"进行了系统的分析。张馨（1997a）认为，"公共财政"是与市场经济相适应的财政；它重在提供"公共服务"；与之相对应的是"家计财政"（私人财政）。张馨（1997b）进一步对"公共财政"作了说明，指出"公共财政"与"国家财政"的区别和联系。在他看来，国家财政可以看做一种财政类型，当将它视为一种财政类型时，它是与公共财政并列的；国家财政也可以被视为对财政本质的一种表述，此时它可以涵盖公共财政、家计财政（私人财政）以及作为一种财政类型的"国家财政"。

二、改革目标终于定位于公共财政

同学术界围绕改革目标问题的讨论相伴随，在财税实践领域，改革的日益深化也将人们的认识带上了新的高度。

无论是财政支出一翼的调整，还是以"税费改革"为代表的收入一翼的变动，所涉及的，终归只是财税体制及其运行机制的局部而非全局。局部的或在限于某一翼上的改革固然重要，但毕竟属于零敲碎打型。若没有作为一个整体的财税体制及其运行机制的重新构造，并将局部的或限于某一翼上的改革纳入到整体财税体制及其运行机制的框架之中，就不可能真正构建起适应社会主义市场经济的财税体制及其运行机制。于是，将包括收入、支出、管理以及体制在内的所有财税改革事项融入一个整体的框架之中，并且，作为一个系统工程加以推进，便被提上了议事日程。

这显然需要财税改革总体目标的定位。在当时，人们也发现，能够统领所有的财税改革线索、覆盖所有的财税改革事项的概念，除了公共财政之外，还找不到任何其他别的什么词汇担当此任。学术界围绕公共财政问题的讨论与实践层为改革总体目标定位的需要对接在一起，将公共财政作为财税体制改革的总体目标加以定位，也就成为一件自然之事。

其实，早在 1994 年前后，在一次财政改革的电视讲座中，时任财政部副部长的项怀诚便明确提出过"公共财政"概念。时隔 4 年之后，1998 年上半年，当面临东南亚金融危机袭扰的时候，转任财政部部长的项怀诚又强调了这个概念（贾康，2001）。这些，对于公共财政走入改革实践层面，显然是一种极好的铺垫。

1998 年 12 月 15 日，每年一度的全国财政工作会议在北京召开。有别于以往，除了经常性的工作之外，这次会议被赋予了一个特别重要的使命——为中国财税体制改革的总体目标定位。时任中共中央政治局常委、当时主管财政工作的国务院副总理李岚清到会，并且，代表中共中央明确宣布，要"积极创造条件，逐步建立公共财政基本框架"。

李岚清在会上还指出，保证公共支出应当作为财政的首要任务，这是实行社会主义市场经济的基本要求。在财力有限和需求不断增长的条件下，应当合理确定公共支出的范围，并实施坚决而有效的管理。要通过财政立法，贯彻公平分配，依法理财，依法监督，以促进收入分配公平合理、社会保障能力增强、市场竞争有序进行。国家主要通过预算、税收政策、国债等，参与调节宏观经济，促进地区经济协调发展。各级财政对国有企业，要从直接管理向间接管理转变，对国有资产应实行国家统一所有、政府代表分级分类监督、企业依法自主经营的方法，促使国有资产保值、增值。同时继续有重点、有步骤地调整财政支出结构，逐步向公共财政的职能转变。①

---

① 孙杰、李建兴：《李岚清在全国财政工作会议上要求深化改革振兴财政确保明年财税目标实现》，载《人民日报》1998 年 12 月 16 日。

　　时任财政部长的项怀诚也在那次会议上提出，要转变财政职能，优化支出结构，初步建立公共财政的基本框架。他认为，从总体上讲，调整和优化支出结构，实现财政职能转变，建立公共财政的基本框架，必须符合市场经济的一般规则。财政预算的范围、结构和方法必须与政府职能的范围和方向相适应，要充分体现满足社会公共需要、服从政府职能转变以及与我国国情及财力水平相适应的原则。调整和优化支出结构要有紧迫感。财政资金要逐步退出生产性和竞争性领域，各级财政都要大幅度减少财政预算中的生产性基建投资和企业挖潜改造资金；调整下来的资金要用于保证国有企业下岗职工基本生活和再就业经费等目前急需安排的重点支出。①

　　1998 年全国财政工作会议正式确认公共财政建设目标，意味着有关社会主义市场经济条件下财政改革方向的争论告一段落，这是我国改革开放进程中具有里程碑意义的事件，表明我们对财政与市场经济关系，财政在我国经济和社会转型时期的功能，有了更高层次的认识。

　　正是从那个时候起，作为整个财税体制改革与发展目标的明确定位，带有整体改革布局性质的公共财政框架的构建，正式进入到财税体制改革的轨道和政府的议事日程之中。

专栏 7.3　公共财政体制的方向已经确定

　　　　新中国成立以来财政体制改革经历了供给财政、建设财政和公共财政三个阶段。供给财政制是从战争时期财政演变而来的，总的方针就是毛主席提出的"一切为了前线"，"发展经济，保障供给"。建设财政大体从 1953 年开始，一直到 1998 年前后。从建设财政到公共财政的转变，

---

① 项怀诚：《项怀诚同志在全国财政工作会议上的讲话（1998 年 12 月 13 日）》，《中国财政年鉴 1999》，第 707～713 页。

包括观念、制度和分配结构，已经取得长足的进步，但尚未完成，它是今后财政改革的总方向。2000 年党中央在中央党校首次举办了省部级主要领导干部财税专题研讨班，江泽民、胡锦涛、朱镕基、李岚清等党和国家领导人都有重要讲话，李岚清同志讲的就是公共财政。在中国财政史上，这次专题研讨班具有里程碑的意义。建立与社会主义市场经济相适应的公共财政，这个改革的大方向党中央已经明确。

资料来源：摘引自项怀诚：《十思堂上思财政》，载《中国财经报》2008 年 4 月 10 日。

三、构建公共财政体制框架的深远影响

"财政既是一个经济范畴，又是一个政治范畴，事关治国安邦、强国富民。因此，推进与社会主义市场经济发展相适应的公共财政改革，不仅是一项重要的经济体制改革，而且还是一项重要的政治体制改革，有利于规范政府行为，促进政治稳定和社会稳定"（李岚清，2002）。

构建公共财政体制框架，对经济、社会和政治发展都将产生巨大的保障和推动作用，对规范政府与企业和个人的分配关系，以及提高公共资金的管理效率，构建公共服务型政府，都将产生深远的影响。构建公共财政体制框架，不只是财政收支结构和范围的简单调整，更重要的是财政所代表的政府活动范围的调整。对财政活动范围的界定，代表了对政府活动空间的限定以及对市场作用的尊重。从这个意义上说，构建公共财政体制框架，表明财税改革不仅仅是经济体制改革的一个组成部分，而且还构成了政治体制改革的重要内容，将为中国的长治久安和繁荣发展打下坚实的制度基础。

公共财政框架的构建，是继 1994 年财税体制改革之后，中国财税经济领域力度较大、范围甚广的一项根本变革，它已经并正在对中国的经济社会发展产生一系列积极而深远的影响：

（一）公共财政概念的提出以及公共财政框架的构建目标的确立，财税的公共化改革趋势将不会逆转

改革开放以来，财税体制改革虽然表现出公共化的趋势，但对于财政改革的目标是什么，一直没有较为清晰的界定。在这种情况下，财税体制改革经常是与财力的不足联系在一起的。当国家财力面临困境的时候，财税体制改革的压力就更大一些。而内在的支撑着财税公共化改革的趋势则容易被忽略。1994年的改革最直接的原因，是为了"振兴财政"，提高"两个比重"（财政收入占GDP到比重和中央财政收入占全国财政总收入的比重）。财税制度的设计考虑了财力因素。但与此同时，如何促进全国统一市场的形成，如何保证不同市场经济主体之间的公平竞争，已进入决策层的视野。统一内外资企业的流转税税制，实现内资企业所得税制的统一，统一个人所得税制，等等，都旨在为各种市场经济主体提供公平竞争的环境。分税制在税种的划分时，直面导致市场封锁的"诸侯经济"，在一定程度上纠正了财政包干制的一些弊病。但是，1994年的财政改革没有涉及财政支出，没有对财政支出制度与财政支出结构的调整做出明确的规定。这样，一旦财政状况好转的目标实现，改革者一定程度上就面临逆转的危险。公共财政改革目标的确立，意味着市场与政府之间界限的确立，意味着政府财政收支活动边界的确立，也意味着多年来财税的公共化改革趋势得到认可并将得到保持。

（二）当公共财政框架作为中国财政改革与发展的目标得以明确下来之后，财税体制改革蓝图基本绘出；财税体制改革缺乏统一规划的局面终于被打破，财税制度的调整有了较为明确的依据

不仅财政支出结构的调整被纳入到了整个财税体制及其运行机制的调整框架，过去的那种多少带有被迫性的选择也已逐步转变为有目标的自觉行动。所以，财政支出结构调整的步子加快了，力度也加大了。比如，基本建设支出，过去一向占整个财政支出的较大比重。现在，这个比重数字，已经从1979年的38.70%一路下滑到2005年的12.77%；2006年更下滑至11.33%。①

---

① 根据《中国财政年鉴2007》计算。

再如，科教文卫事业支出，过去在整个财政支出中的占比并不高。1979
年的时候，仅为 11.52%，大大低于基本建设支出的占比。到 2005 年，这
个比重数字已经超过基本建设支出而增长至 19.29%；2006 年该比重达到
19.16%。① 诸如此类的例子还有很多。可以看出，中国的财政支出结构
的确在朝着公共财政的方向迈进。财政与企业和个人之间的关系，也逐步
得到明确，财政收入制度与分税制财政体制的进一步完善摆上议程，财政
的宏观调控空间也非常清晰，从此，财政改革从分散的零敲碎打的改革，
走向整体系统；财政的公共化改革由自发转向自觉，财政改革进一步
加快。

（三）公共财政改革目标的确定，全面细致公开透明的部门预算
改革与旨在改变"雁过拔毛"、提高财政资金效率的国库集中收付制
度，以及其他财政改革，不仅仅在财政制度的规范化上具有历史意
义，而且还进一步推动了中国的政治民主化进程，为中国的长治久
安和繁荣发展打下了制度基础

实行公共财政，构建公共财政框架，便意味着社会成员的切身利益同
政府的收支行为直接挂上了钩。因此，社会成员对政府收支的监督意识已
经萌发并在逐步增强。正是在这样的背景下，政府财政部门推出了一系列
旨在规范政府收支行为及其机制的举措。

如编制部门预算，初看起来，只不过是以各个政府部门为单位，将其
所有收支（包括预算内收支、预算外收支，甚至包括某些制度外收支）
纳入到一个统一的预算之中。但它实际上是一种过渡性办法，是在各种既
得利益格局阻碍编制完整统一的政府预算的制约下而做出的暂时妥协。有
了这个基础，今后再往前走一步，最终将形成一个覆盖所有政府收支、不
存在任何游离于预算之外的政府收支项目的完整统一的公共预算。

再如，实行国库集中支付制度和政府采购制度，其初衷，就是通过统

① 根据《中国财政年鉴 2007》计算。

一管理财政资金，提高财政资金运作的透明度，从而避免以至杜绝财政资金的滥花、滥用，铲除各种腐败滋生的土壤。还如，实行税费改革，其目的，并不在于将一部分政府收费改为收税。而是以此为契机，将政府取得收入的行为及其机制纳入规范化轨道。可以预期，沿着这个路子走下去，中国政府收支行为及其机制的规范化，是有可能得以实现的。

（四）构建公共财政框架，成为中国进一步改革的新动力

在公共财政框架背景下，市场失效成为财政干预的前提条件。中国是一个从计划经济向市场经济转型的国家，市场经济能否建成，能否建好，在很大程度上取决于政府能否从竞争性领域退出，财政支出能否不再支持竞争性国有企业的发展。① 公共财政改革目标确定之后，政府退出竞争性领域有了制度性保障，这为中国市场经济的发展奠定了制度基础。政府的职能要转变，推动科学发展、实现社会和谐成为改革的应有目标。财政不能再大包大揽，而应将更多的资源用于提供公共物品和公共服务，重点加强科技、教育、卫生、文化、社会保障、环境保护等公共服务领域，克服市场失灵，解决市场机制失灵所产生的收入分配不公、区域发展不平衡、资源破坏环境恶化等问题，满足公共需要，化解社会矛盾，实现和谐发展、可持续发展。财政改革不再只是由财政压力推动，致力于公共财政制度建设成为财政改革的新动力。

（五）公共财政改革目标的明确，为促成传统观念的转变搭建了一个很好的平台

按照公共财政框架的要求，政府只应着眼于满足公共需要，而不应从事营利性的投资活动。从发展方向看，财政无论如何要从竞争性领域退出去。这便在事实上向各级政府部门传递了一个明白无误的信息：今后政府所应着眼的促进经济发展的措施，主要是为整个经济的发展提供制度保证和必要的基础设施或公共设施。应当看到，由于"财政支出到位之处，才

---

① 之前，财政已基本上不给竞争性国有企业注资，但这是由于财力困境所引起的，"裁判"下场"踢球"的问题尚未从根本上得到解决，特别是当财力状况改善的情形出现的时候。

是政府履行职能之地"①，公共财政框架的构建以及为此而推出的一系列配套措施，事实上形成一个转变传统观念和规范政府职能的强大推动力。

第四节　着眼自身改革：预算管理制度改革
　　　　迈出关键步伐

以构建公共财政基本框架目标的确立为契机，我国在预算管理制度方面推出了一系列改革举措。

一、部门预算改革

预算是财政资金运行的总枢纽，从 2000 年开始的中央部门预算改革，从规范管理入手，使预算编制和执行更加公正、公平、公开，管理进一步"公共化"，这是构建公共财政框架的重要内容，也是 1994 年实行"分税制"财政管理体制以来，在财政支出管理体制方面所进行的又一项制度创新。

目前在中央及省级政府预算管理中，已基本实现了"一个部门一本预算"、提前编报和批复预算、细化预算、增加透明度、强化预算监督等阶段性工作目标，初步建立起一个统一、规范的部门预算框架。从编制范围看，部门预算涵盖了部门或单位的所有收入和支出，不仅包括财政预算内资金收支，还包括各项预算外收支、经营收支以及其他收支；从支出角度看，部门包括部门或单位所有按功能分类的不同用途的资金；从编制程序看，部门预算是汇总预算，它是由基层预算单位编制、逐级汇总形成的。从细化的程度看，部门预算既细化到了具体预算单位和项目，又细化到了按预算科目划分的各项支出功能。

---

① 通常情况下，只有政府职能确定了，财政支出才有比较明确的方向。在经济和社会转型期，要完全界定清楚政府职能难度很大，因此，只要财政支出尽可能符合公共财政的要求，财政支出对政府职能满足的约束力增强，就会在一定程度上推动政府的转型。

二、预算管理技术改革

在推行部门预算的同时，我国在零基预算、政府采购预算、国有资本金预算、绩效预算等预算管理技术方面，也进行了探索。

（一）零基预算

零基预算（ZBB），是指不考虑过去预算项目和收支水平，以零为基点编制的预算。零基预算主要是作为计划工具，而不是控制或评估的工具。零基预算最早在美国试行。20世纪80年代末至90年代中期，我国在部分省级财政如安徽、河南、湖北、云南以及深圳等地区开始试行零基预算制度，并取得了一定成效。

（二）国有资本金预算

实行国有资本经营预算，是国家以所有者身份取得企业国有资本收益，用于支持实施产业发展规划、国有经济布局和结构调整、企业技术进步，补偿国有企业改革成本以及补充社会保障。国有资本经营预算包括收入和支出两部分。收入包括企业的分红、国有独资公司上缴利润、国有产权处置收入等。支出包括补充重要国有企业资本金、新的战略投资、一些困难企业的退出成本等。2007年5月30日召开的国务院常务会议，决定从2007年开始在中央本级试行国有资本经营预算。2007年试行的国有资本经营预算将按照"适度、从低"的原则进行，"分红率也将大大低于证券市场的平均分红水平"，从试行范围看，国资委监管的中央企业2007年试行，烟草企业2008年也开始实行，而铁道企业暂时不实行。

（三）绩效预算

绩效预算最早在美国等国试行，在编制绩效预算的过程中，要求预算有众多规划项目所组成，每个项目需要以绩效目标为基础进行成本估计，择优列入预算。党的十六届三中全会提出"建立预算绩效评价体系"的要求后，我国在推进财政支出绩效考评方面做了一些探索性的工作，包括制定有关绩效考评管理办法，选择一些预算安排的重大支出项目进行绩效考评试点等。2005年制定了《中央部门预算支出绩效考评管理办法（试行)》，对绩效考评对象的选择、绩效考评指标的制定、绩效考评结果的运用等做出了原则性的规定。

在中央财政推进绩效考评工作的同时，一些地方财政部门也积极开展这项工作。如湖南省出台了《湖南省财政支出绩效评价管理办法（试行)》，并选择"贫困地区第二期义务教育工程"等项目进行绩效考评试点；广东省出台了《广东省财政支出绩效评价试行方案》，并选择"高校基本建设财政贴息贷款"等项目进行试点。这些试点工作在加强财政支出管理、提高财政资金使用效率和效益方面，都发挥了积极的作用。

从预算改革趋势分析，实施绩效预算是加强财政支出管理的必然要求。目前，由于各方面条件不够成熟，改革尚处于探索阶段。今后，我国将不断总结试点经验，完善有关制度，按照统一规划、分步实施的原则，逐步建立起与公共财政相适应、以提高政府管理效能和财政资金使用效益为核心，科学、规范的公共支出绩效考评制度体系，为远期引入绩效预算探索道路。同时，在条件成熟时，绩效考评结果要向社会公开，接受社会公众的监督。

三、国库集中收付制度

国库是政府预算的重要执行机构，国库管理也是政府宏观管理的重要政策工具。在传统国库制度下，机构设置不到位，在收入方面，多头设置账户，财政资金收入滞后，给财政收入带来了应缴未缴和此项目变为彼项目的问题。在支出方面，财政资金分层次、多重设置银行账户，资金层层转拨，财政资金支付迟缓，资金分散拨款环节多、周期长、资金挪用、浪费和违规使用现象普遍，且财政资金过早流出国库，减少了宏观调控的可用财力。同时，资金运行信息反馈不充分，不能满足政府宏观调控的需要。因而，国库宏观调控职能弱化制约了预算改革进程。

针对传统国库制度存在的问题，我国从 2001 年推行了国库集中收付制度改革。这次改革按照社会主义市场经济体制下公共财政的发展要求，借鉴国际通行的做法和成功经验，结合我国具体国情，建立和完善以国库准备阶段：

财政部

1
"一下"前确定考评对象,并下达考评通知

2
『二上』提出绩效目标

部门预算『二下』

根据『二下』预算调整绩效目标,报财政部备案

考评具体实施者

中央部门考评方案报审定

4

中央部门

实施阶段：

中央部门

1
提交绩效报告

考评具体实施者

2
形式审查

3
考评

4
综合评价

现场考评

非现场考评

撰写和提交报告阶段：

考评具体实施者

1
撰写考评报告

2
提交考评报告

中央部门

3
报财政部备案

财政部

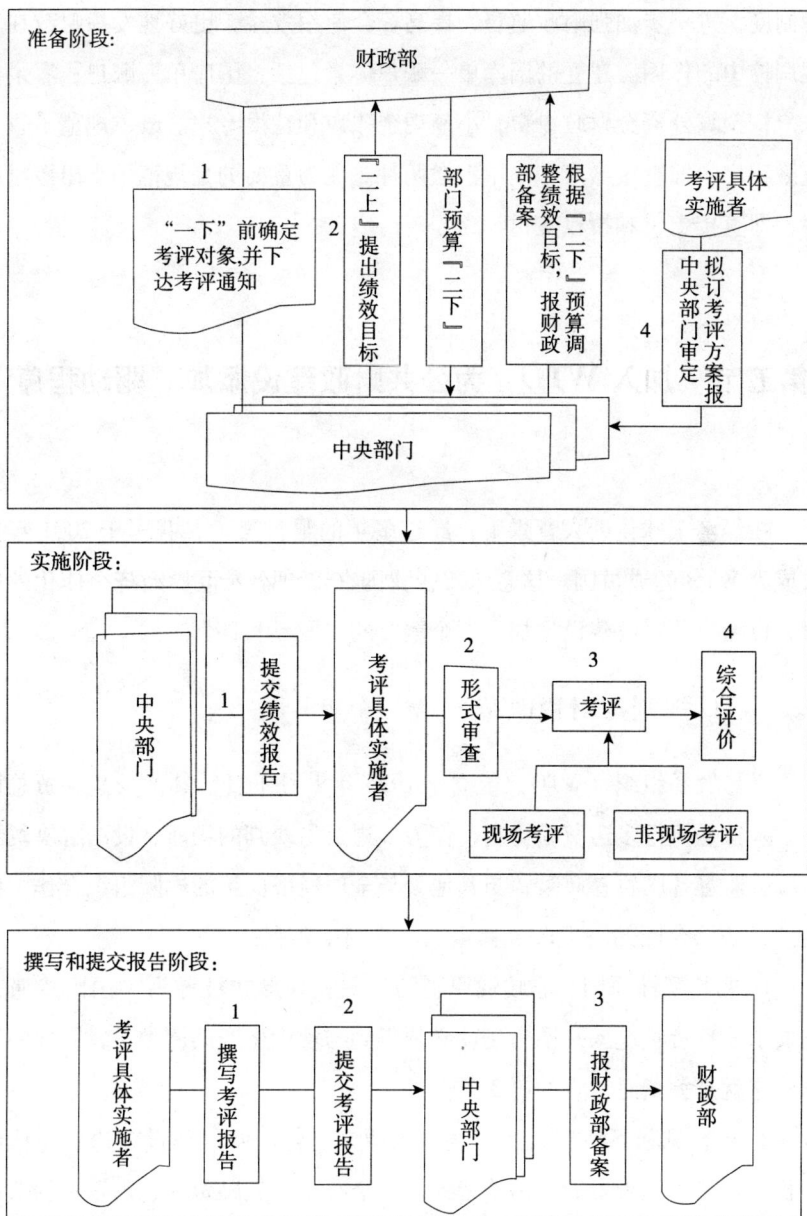

图7.1　中央预算绩效考评工作流程图

单一账户体系为基础，资金缴拨以国库集中收付为主要形式的财政国库管

理制度，进一步加强财政监督，提高资金使用效益，更好地发挥财政在宏观调控中的作用。建立的国库单一账户体系包括：国库单一账户；零余额账户；预算外资金财政专户；小额现金账户和特设专户。改革规范了收入收缴程序，即直接缴库和集中汇缴两种。更为重要的是规范了支出拨付程序，即直接支付和授权支付。

第五节　加入 WTO：为公共财政建设添加"驱动程序"

在经济全球化的大背景下，经过多年的艰苦努力，我国于 2001 年正式成为 WTO 的成员国。这意味着，我国在加快融入世界经济一体化的同时，也为公共财政建设添加了一个重要的"驱动程序"。

一、WTO 规则与财税改革

世界贸易组织（WTO）成立于 1995 年 1 月 1 日，其前身是关贸总协定，宗旨是执行多边贸易协定，作为多边贸易谈判的场所，设法解决贸易争端，监督各国贸易政策，与其他参与全球经济决策的国际组织合作。作为"经济联合国的"WTO，其遵循的规则主要有：

1. 非歧视性原则。非歧视原则的另一表现形式被称为"国民待遇"，它要求一旦货物进入一国市场就必须得到与境内生产的同类货物同样的待遇，这就是关贸总协定的第 3 条。

2. 可预见和不断扩大的市场准入原则。各国政府建设多边贸易体制的目的，在于向投资者、消费者提供一个有益于鼓励贸易、投资和创造就业的环境，以及具有可选择性和低廉价格的市场。这样的市场必须是稳定和可预见的。

3. 促进竞争的原则。WTO 是一套旨在保护公平、公开和公正竞争的规则体系。

4. 鼓励发展与经济改革的原则。四分之三以上的世界贸易组织成员，都是发展中国家或是处在从非市场经济向市场经济改革过程中的国家，因而其规则中有对发展中国家，特别是"最不发达国家"的照顾性措施。①

政府财政管理体制和制度，是市场经济运行的重要规则。我国成为WTO成员国后，政府财政管理体制和制度也必须遵守上述规则，从而对政府财政管理体制和制度提出了严峻挑战，成为这一时期财政体制改革和公共财政建设的重要推动力。

1. 在认真清理财税法律、法规和规章制度的基础上，需继续修改财税法律、法规、规章制度中与WTO规则及中国政府对外承诺不一致的内容，制定符合WTO规则的财税法律、法规和规章制度，不断提高财政管理的法制化水平。

2. 需进一步清理规范行政审批，对能够用市场机制动作代替行政审批的项目，通过市场机制来处理，加快转变政府对经济的管理方式。

3. 需按国际惯例进一步提高财政透明度，财政部门出台的政策和规章制度应通过《中华人民共和国财政部文告》等对外公开发布。

4. 对各类财税优惠政策和财政补贴政策进行全面清理，取消针对个别企业和地区的财税优惠政策，取消不符合中国政府对外承诺和WTO规则要求的财政补贴方式，并针对加入WTO可能给中国经济带来的影响，在WTO有关原则和协议允许的范围内，研究采取对国内重要产业的财税保障措施，以促进国内产业健康发展和维护社会稳定。

二、加入WTO过渡期的应对策略与成效

在我国加入WTO后，在规定的过渡时期内，我国政府采取了各项应对措施，兴利除弊，既逐步实现了我国经济运行与世界经济发展的对接，国内市场与国际市场的结合，又维护了国内经济社会发展正常秩序，特别是对农业、汽车、电信等行业给予了关注，保证了入世前期的平稳过渡。

---

① 杜厚文：《世界贸易组织规则与中国战略全书》，新华出版社1999年版，第747~754页。

在政府财政方面，主要采取的措施有：

（一）按 WTO 规则要求逐步降低关税水平，同时，积极调整关税的税率结构

根据我国政府入世承诺以及国家经济社会发展的需要，我国关税总水平从 2001 年年末至 2005 年，开始了连续 4 年大幅度、大范围的下调：2002 年，关税总水平由入世前的 15.3% 大幅下降到 12%；2003 年，又下降一个百分点，降至 11%；2004 年，再次下降至 10.4%；2005 年，继续下调至 9.9%。到 2006 年，虽然我国又进一步降低了部分国外产品的进口关税，但由于税率下降幅度和税目数都有明显的减少，对关税总水平影响不大。目前，我国关税总水平为 9.9%，其中农产品平均税率 15.2%，工业品平均税率 9.0%，全部低于原先设定的 2005 年时关税总水平降至 10.1%，农产品平均税率降至 15.5%，工业品平均税率降至 9.3% 的承诺。①

（二）按国民待遇原则或无歧视原则，规范我国的减免税政策

对于明显不符合 WTO 规则的税收优惠政策进行了清理，对 2000 年前后陆续到期的各项税收优惠政策，大部分停止执行，恢复征税。

（三）根据 WTO 规则，及时清理了各项财政税收制度、规章，废除了过时的制度、规章，修改了不符合 WTO 规则的制度、规章

并积极做好创造条件，统一内外资企业税收制度的工作。国务院于 2006 年 12 月颁布了《中华人民共和国车船税暂行条例》，从 2007 年 1 月 1 日起执行，统一了对内征收的车船使用税，以及对外征收的车船使用牌照税。2007 年 3 月完成了统一内外资企业所得税的立法程序，由全国人大颁布了《企业所得税法》，从 2008 年 1 月 1 日起实施。

---

① 史晓龙：《中国入世 5 年以来税率不断下调　关税逐年增长》，载《中国税务报》2006 年 12 月 12 日。

（四）研究、制定了扶持农业、汽车、信息、金融等易受冲击产业的财政政策

根据 WTO 规则和我国产业发展的实际状况，制定和实施了各项产业政策，提升产业国际竞争力，适应加入 WTO 后国内国际市场供求关系的变化。在农业方面，通过支持农业产业化经营、农业综合开发为重点的财政政策，提高农业产业竞争力，有效解决农业生产中的家庭生产模式与国内外大市场的矛盾。在汽车、信息产业等领域，通过制定和实施财税优惠政策，加快国有企业改革步伐，推进企业改革、改制和重组，提高产业在国内外市场的竞争力。在金融改革方面，利用发行特别国债的方式，提高了国有银行的自有资本金比率，还利用财政税收政策支持国有银行剥离不良资产、化解金融风险，推进现代企业制度改革，积极应对如实对我国金融企业的挑战。

（五）充分利用 WTO 规则中关于反倾销税、反补贴税等促进贸易自由公平的手段，保护我国民族产业，维护国家经济安全

入世后，一方面，我国政府履行入世承诺，遵守 WTO 规则，赢得了 WTO 成员国的好评；另一方面，充分利用 WTO 规则中关于反倾销税、反补贴税等促进贸易自由公平的手段，打击各种倾销、违反 WTO 规则的不正当竞争行为，维护国内市场秩序，保护我国民族产业不受损害，取得了较好效果。如商务部 2005 年 31 日发布 2005 年第 28 号公告，公布了对原产于美国、泰国、韩国和中国台湾地区的进口未漂白牛皮箱纸板（以下称"被调查产品"）反倾销调查的初裁决定，决定对被调查产品采取临时反倾销措施。即日起，进口经营者在进口被调查产品时，应依据初裁决定所确定的各公司的倾销幅度（7.2% 至 65.2%）向中华人民共和国海关提供相应保证金。

（六）健全财政宏观调控职能，实行积极的财政政策，促进经济稳定增长

根据当时的国际经济环境和国内经济发展的要求，中国政府决定在 1998～2004 年实施积极的财政政策。发行长期建设国债，主要用于西部开发项目、重点企业技术改造，以及南水北调、京津水资源保护工程、农村基础设施、政法、教育部门所需基础设施等方面的建设；继续适当提高

机关事业单位职工基本工资，并相应增加机关事业单位离退休人员离退休金，进一步扩大居民消费。充分发挥国债、税收、收入分配、财政贴息等政策的组合效应，通过多种渠道扩大和培育内需，从而推动了国民经济的增长，政府财政收入增加，增强了应对加入 WTO 后对我国经济社会发展冲击的能力。

三、加入 WTO 过渡期的政策效果

从 2001 年我国成为 WTO 成员国后，在过渡时期，我国政府所采取的财税应对政策从整体看是成功的。不仅达到了预期的目的，而且也构成这一时期我国公共财政建设的重要内容。

（一）我国国民经济继续保持了较快的增长速度

近年来 GDP 年增长率为 10% 左右，经济运行并没有因为加入 WTO 而受到重大冲击，相反，国际市场的开拓成为经济快速增长的重要动力。

（二）国内主要产业没有受到重大冲击，经受住了入世初期的考验，提高了国内外市场的竞争力

农业生产保持了较快增长，主要农产品国内市场供应充足，价格稳定，受进口农产品影响不大；汽车工业保持了较快发展势头，购销两旺，市场竞争能力提高；金融业现代企业制度改造取得重要进展，中国银行等银行股票上市发行取得成功，抵御金融危机的能力大大增强等等。

（三）对外贸易保持了强劲增长势头，国家外汇储备充裕，国际支付能力提高

加入 WTO 后，在国家财政政策等各项措施的支持下，我国对外贸易规模迅速增长，有些年份进出口总额增长率高达 30%，我国已成为世界第三大国际贸易国，2006 年进出口贸易额达到 17607 亿美元，比上年增长 23.8%。外汇储备达到 10663 亿美元，比上年末增加 2475 亿美元。①

---

① 中华人民共和国国家统计局：《中华人民共和国 2006 年国民经济和社会发展统计公报》2007 年 2 月 28 日，国家统计局网站。

说明入世后我国企业市场竞争力得到提高。

加入 WTO，是我国经济社会积极融入世纪经济一体化、全球化的重大事件，从外部有力地推动了我国公共财政建设，加快了财税体制改革步伐，使我国财税体制机制尽快适应市场经济发展需要，遵守国际惯例，体现市场经济运行一般原则。也可以说，改革财税体制机制，适应 WTO 规则的过程，也就是财税"公共化"程度进一步提高的过程。

第六节　"两条保障线"：打造社会保障的营盘

市场经济离不开完善的社会保障制度。搞市场经济，就要建立完善的社会保障制度。所谓社会保障制度，是指公民在年老、失业、疾病等原因，暂时或永久丧失劳动能力时，从社会获得基本生活保障的制度。社会保障制度一般由政府按国家有关法律制度组织实施，主要包括社会保险、社会救济、社会福利和优抚安置等。列入社会保险的项目主要有：养老保险、失业保险和医疗保险等。

从 20 世纪 80 年代起，我国就根据经济体制改革及商品经济、市场经济发展的需要，着手社会保障制度的改革。1994 年财税改革以后，改革的力度和步子明显加大。随着围绕公共财政建设而采取的若干重大改革举措的实施，我国的社会保障制度改革，也取得了重要进展。

一、社会保险体系中的财政职责

（一）养老保险

为适应市场经济发展，改变企业职工养老保险由国家、企业承担的办法，加快企业制度改革，培育劳动力市场，国家于 1982 年在四川自贡市进行了养老保险社会统筹的试点。1991 年 6 月，国务院颁布《关于企业职工养老保险制度改革的决定》，要求改变养老保险完全由国家、企业包下来的办法，实行国家、企业、个人三方共同负担，职工个人也要缴纳一定的费用。

1997 年，国务院颁布的《关于建立统一的企业职工基本养老保险制度的决定》规定，基本养老保险实行社会统筹与个人账户相结合的原则。企业缴费比例不得超过工资总额的 20%，个人缴费比例为 5% 左右（最终达到 8%）。个人账户按本人缴费工资的 11% 建立，个人缴费全部计入，其余从企业缴费中划入。

1998 年 6 月，国务院又决定，加快实行企业职工基本养老保险省级统筹，并将铁道部、交通部、信息产业部（原邮电部部分）、水利部、民航总局、煤炭局（原煤炭部）、有色金属局（原中国有色金属工业总公司）、国家电力公司（原电力部）、中国石油天然气集团公司和中国石油化工集团公司（原石油天然气总公司部分）、银行系统（工商银行、农业银行、中国银行、建设银行、交通银行、中保集团）、中国建筑工程总公司的基本养老保险行业统筹移交地方管理。按照国务院的要求，在 1998 年年底以前，各省、自治区、直辖市都要实行企业职工基本养老保险省级统筹，建立基本养老保险基金省级调剂机制。调剂金的比例，可以保证省、自治区、直辖市范围内企业离退休人员基本养老金的按时足额发放为原则。到 2000 年，在省、自治区、直辖市范围内，要基本实现统一企业缴纳基本养老保险费比例，统一管理和调度使用基本养老保险基金。对社会保险经办机构实行省级垂直管理。省级统筹的范围包括省、自治区、直辖市（含计划单列市、副省级城市、经济特区、开发区等）内的国有企业、集体企业、外商投资企业、私营企业等城镇各类企业及其职工。城镇个体经济组织及其从业人员也应参加基本养老保险并纳入省级统筹。从 1998 年 9 月 1 日起，实行基本养老保险基金差额缴拨的地区，要改变基金结算方式，对企业和职工个人全部征收基本养老保险费，对企业离退休人员全额支付基本养老金。各省、区、市要积极创造条件，加快实现企业离退休人员基本养老金的社会化发放，推进社会化管理进程。目前，养老保险基金已纳入财政预算管理。各级财政部门也普遍建立了相应的社会保障财务管理机构。

（二）医疗保险

在传统经济体制下，国有行政事业单位实行公费医疗制度，费用由财政拨付。国有企业职工的医疗费用虽由企业支付，但由于实行统收统支的管理办法，实际同公费医疗没有多大差别，最终仍是由国家财政负担。这种制度的弊病在于，管理漏洞多，浪费大，国家财政负担重，难以适应市场经济发展的需要。所以，从1984年起，国家在公费医疗单位实行定额包干、超定额部分按一定比例报销的办法，在部分城市的企业实行了大病医疗费用社会统筹的办法。

党的十四届三中全会确立了我国职工医疗保险制度改革的目标是，建立社会统筹与个人账户相结合的社会医疗保险制度。在此之后，医疗保险制度的改革迈上了一个新台阶。

1994年，国务院开始在镇江和九江进行医疗体制改革试点，取得了明显的成效。1996年年初，国务院在总结九江、镇江两市的医疗保险改革试点经验的基础上，扩大试点范围。在每个省、自治区选择两个大中城市进行医疗保险制度改革试点，加快医疗保险改革的步伐。以此为基础，1998年，国务院出台了《关于建立城镇职工基本医疗保险制度的决定》。其原则是：基本医疗保险的水平和方式要与社会主义初级阶段生产力发展水平相适应，保障职工基本医疗；基本医疗费用由国家、用人单位、职工三方合理负担，单位缴费率为职工工资总额的6%左右，职工缴纳本人工资收入的2%；遏制医疗费用的不合理增长，减少浪费；基本医疗保险实行属地管理。机关、企业、事业单位及其职工和城镇个体劳动者都要参加基本医疗保险。

（三）失业保险

新中国成立以后，我国曾长期实行"低工资、高福利、高就业"的模式，政府包揽城镇职工就业。随着改革的深化，这一模式逐步被打破了。建立新的、同市场经济体制相适应的失业保险制度，便成为各级政府的重要议题。

1986 年，国务院颁布了《国营企业职工待业保险暂行规定》，实行职工待业保险制度。待业保险基金的主要来源是，企业按照其全部职工标准工资总额的 1% 缴纳待业保险基金，基金利息和地方财政补助是其辅助来源。领取待业救济金的期限规定如下：工龄 5 年（含 5 年）以上的最多为 24 个月；工龄不足 5 年的最多为 12 个月。发放标准为：第 1 至 12 个月，每月为本人标准工资的 60%~75%；第 13 至 24 个月，为本人标准工资的 50%。1993 年，国务院颁布《国有企业职工待业保险规定》。待业职工由 1986 年规定的四种人扩大到七种人。原来的四种人，指的是：宣告破产的企业的职工；濒临破产的企业法定整顿期间被精简的职工；企业终止、解除劳动合同的工人和企业辞退的职工。新规定的七种人，包括：依法宣告破产的企业的职工；濒临破产的企业法定整顿期间被精简的职工；按照国家有关规定被撤销、解散企业的职工；按照国家有关规定停产整顿企业被精简的职工；终止或者解除劳动合同的职工；企业辞退、除名或者开除的职工以及依照法律、法规规定或者按照省、自治区、直辖市人民政府规定，享受待业保险的其他职工。

1998 年，国务院又发布了新的《失业保险条例》，对失业保险的缴费比例进行了调整。企业缴费为工资总额的 2%，个人缴费为工资总额的 1%。职工失业后，可以按缴费年限享受 12~24 个月的失业救济。除失业保险外，中共中央和国务院还于 1998 年 6 月联合发布了《切实做好国有企业下岗职工基本生活保障和再就业工作》的通知，要求普遍建立再就业服务中心，保障国有企业下岗职工基本生活。凡是有下岗职工的国有企业，都要建立再就业服务中心或类似机构，下岗职工不多的企业也可由有关科室代管。再就业服务中心（包括类似机构或代管课时）负责为本企业下岗职工发放基本生活费和代下岗职工缴纳养老、医疗、失业等社会保险费用，组织下岗职工参加职业指导和再就业培训，引导和帮助他们实现再就业。下岗职工在再就业服务中心的期限一般不超过 3 年。3 年期满仍未就业的，应与企业解除劳动关系，按规定享受失业救济或社会救济。再就业服务中心用于保障下岗职工基本生活和缴纳社会保险费用的资金来源，原则上采取"三三制"的办法解决，即财政预算安排三分之一、企业负担三分之一、社会筹集（包括从失业保险基金中调剂）三分之一，具体比例各地可根据情况确定。到"十五"末期，国有企业下岗职工基本生活保障制度向失业保险制度并轨基本完成，社会保险覆盖面继续扩大，保障能力明显增强。

二、城镇居民最低生活保障线与财政职责

随着国有企业改革的不断深化，下岗分流职工增加，部分城镇职工家庭生活困难的问题日益突出。各城市陆续建立了最低生活保障制度，资金由国家财政拨付，民政部门负责实施。1993年6月1日，上海市率先建立城市居民最低生活保障制度。在1994年召开的第10次全国民政工作会议上，民政部肯定了上海的经验，并提出了对城市社会救济对象逐步实行按当地最低生活保障线标准进行救济的改革目标。后来，在试点的基础上，许多城市相继建立了最低生活保障制度。

1997年9月，国务院颁布了《国务院关于在全国建立城市居民最低生活保障制度的通知》（以下简称《通知》），对保障对象的范围、保障标准、保障资金的来源和有关政策措施作出了明确规定。根据《通知》的要求，在1997年年底以前，已建立这项制度的城市要逐步对其加以完善，尚未建立这项制度的则要抓紧做好准备工作；在1998年年底以前，地级以上城市要全部建立起这项制度。在1999年年底以前，县级市和县政府所在地的镇要全部建立起这项制度。而且，各地要根据当地实际情况逐步使非农业户口的居民得到最低生活保障。

三、财政支出与社会保障制度建设

社会保障是市场经济条件下政府公共服务的重要内容，属较典型的准公共物品。在我国经济体制转轨、社会转型的历史时期，近年来，社会保障支出成为政府财政支出的重点，构成公共财政建设的重要内容。2006年中央财政社会保障支出2010.02亿元，增长22.9%。在东北三省试点的

基础上，增加 8 个省份开展做实企业职工基本养老保险个人账户试点。推动城市最低生活保障制度与就业再就业政策的合理衔接。大力支持中西部地区农村医疗救助制度建设、困难地区城市医疗救助试点和农村五保供养工作。特别是面对自然灾害比较严重的形势，中央财政安排并及时拨付各种抗灾救灾资金 112 亿元，地方财政也积极安排和拨付抗灾救灾资金，有力地支持了抗灾救灾。2007 年，中央财政安排社会保障和就业支出 2019.27 亿元，在 2006 年较大幅度增加的基础上又比 2006 年增加 246.99 亿元，增长 13.9%，完善城市居民最低生活保障和企业职工基本养老保险制度，支持扩大做实基本养老保险个人账户试点工作。

如前所述，从改革开放初期起步，1998 年后进一步加速的社会保障制度改革，是我国公共财政建设的标志性工程，也是公共财政制度创新的重要内容。在市场经济条件下，社会保障承担着为社会成员提供基本生存保证的公共服务，政府财政在社会保障服务中扮演着最后拨款人的角色，不少发达国家社会保障支出已取代传统的军政费用支出，成为政府财政第一位的支出。我国政府适应体制转轨、社会转型的需要，及时调整财政支出结构，大幅度增加社会保障支出，使其成为近年来增长速度最快的支出项目之一，建立、健全社会保障制度，初步建立了养老保险、医疗保险和失业保险等基本社会保障制度，提高了社会公共福利水平，大大减轻了经济体制改革、社会转型随带来的社会震荡。特别是城镇最低生活保障制度，以及专门针对国有企业下岗职工的社会保障措施，有效减轻了经济体制转轨成本，大大缓解社会了社会矛盾，维护了社会稳定，为国家经济社会的改革、稳定和发展做出了重要的历史贡献，构成了这一时期公共财政建设的重要内容。同时，各地区还开始探索建立农村最低生活保障制度、养老保险制度，逐步实现城乡统筹发展。

不过，在社会保障制度改革与发展方面，还有许多问题需要解决，成为公共财政建设的重点领域之一。如由于历史等多方面的原因，我国社会保障城乡差距巨大，缩小乃至统一城乡社会保障制度，还有漫长的道路；又如，我国社会保障制度设计，还需要在生产力水平与人口大国、老龄化等矛盾之间寻找平衡等等，改革任重而道远，是政府财政重点支持的公共服务项目之一。

本章参考文献

1. 安体富、高培勇：《社会主义市场经济体制与公共财政的构建》，载《财贸经济》1993 年第 4 期。

2. 财政部预算司：《中央部门预算编制指南》，中国财政经济出版 2007 年版。

3. 陈秉元、徐世友：《试论具有中国特色的新财政模式》，载《吉林财贸学院学报》1985 年第 3 期。

4. 陈共：《关于"公共财政"商榷》，载《财贸经济》1999 年第 3 期。

5. 陈喜强：《需求管理政策及我国的宏观经济调节》，载《广西大学学报》（哲学社会科学版）1991 年第 2 期。

6. 邓子基：《深化财政改革理顺分配关系》，载《经济研究》1992 年第 11 期。

7. 高培勇、温来成：《市场化进程中的中国财政运行机制》，中国人民大学出版社 2001 年版。

8. 高文舍、高拴平：《搞活企业：财政应扮演的角色》，载《陕西财经学院学报》1987 年第 4 期。

9. 何振一：《新时期财政分配模式的探索》，载《中央财政金融学院学报》1987 年第 6 期。

10. 胡锦涛：《高举中国特色社会主义伟大旗帜 为夺取全面建设小康社会新胜利而努力奋斗——在中国共产党第十七次全国代表大会上的报告》，人民出版社 2007 年版。

11. 贾康：《财政怎样"胜任愉快"——抓住财政改革与发展中的主导性因素》，载《广东财政》2001 年第 12 期。

12. 蒋一苇：《经济民主论》，载《世界经济文汇》1989 年第 1 期。

13. 李岚清：《新形势下的积极财政政策和公共财政改革》，载《经济日报》2002 年 4 月 1 日。

14. 梁尚敏：《论建设具有中国特色的社会主义财政》，载《湖北财经学院学报》1985 年第 3 期。

15. 马国贤、郭代模：《财政宏观调控理论与政策依据的探讨》，载《当代财经》1986 年第 5 期。

16. 齐力、岳福斌：《全国第六届财政基础理论讨论会综述》，载《中央财政金融学院学报》1992 年第 5 期。

17. 邵红烈：《论财政的社会政策功能》，载《浙江财经学院学报》1991 年第 4 期。

18. 王绍飞：《建立有中国特色的社会主义财政新模式》，载《湖北财税》1991 年第 6 期。

19. 王雍君、吴强：《走向公共财政：摆脱财政困境的根本出路》，载《当代经济科学》1990 年第 4 期。

20. 温来成：《政府经济学》，中国人事出版社 2004 年版。

21. 吴俊培：《论"公共财政"的误区》，载《中南财经大学学报》1998 年第 4 期。

22. 项怀诚：《我国财税改革十年回顾与思考》，载《财经研究》2001 年第 6 期。

23. 项怀诚：《中国财政 50 年》，中国财政经济出版社 1999 年版。

24. 杨斌、胡学勤：《政府税外收费的理论研究与实证分析》，载高培勇主编：《费改税：经济学界如是说》，经济科学出版社 1999 年版。

25. 杨斌：《税收原则理论的反思和创新》，载《厦门大学学报》（哲学社会科学版）1989 年第 4 期。

26. 杨灿明：《关于国家财政的公共性问题》，载《财政研究》1999 年第 5 期。

27. 杨志勇、陈工：《解读"公共财政"》，载《中国财政信息资料》2001 年第 7 期。

28. 杨志勇：《财政学科建设刍议：结合中国现实的研究》，载《财贸经济》2007 年第 12 期。

29. 叶振鹏、张馨：《双元结构财政》，载《光明日报》1993 年 11 月 9 日。

30. 叶振鹏、张馨：《双元结构财政——中国财政模式研究》，经济科学出版社 1995 年版。

31. 于中一：《简论我国财政政策的三大目标》，载《中央财政金融学院学报》1991 年第 6 期。

32. 张馨：《"公共财政"与"国家财政"关系析辨》，载《财政研究》

1997 年第 11 期。

　　33. 张馨：《财政公共化改革：理论创新·制度变革·理念更新》，中国财政经济出版社 2004 年版。

　　34. 张馨：《公共财政论纲》，经济科学出版社 1999 年版。

　　35. 张馨：《论公共财政》，载《经济学家》1997 年第 1 期。

　　36. 张振斌、解学智：《经济体制改革中的财政转轨》，载《经济研究》1986 年第 1 期。

　　37. 张振斌：《财政体制改革十年的回顾与思考》，载《财经问题研究》1989 年第 10 期。

　　38. 赵赴越、黄瑞新：《对我国财政走出低谷的思考》，载《财经问题研究》1991 年第 12 期。

　　39.《中心城市的综合改革研究》课题组：《中心城市经济体制中期综合改革纲要》（第三稿），载《经济体制改革》1989 年第 1 期。

第八章

深化改革：进一步
完善公共财政体制

在 2003 年，我国的人均 GDP 突破 1000 美元。按照国际经验，人均 GDP 在 1000 美元至 3000 美元之间时，一国既有可能进入经济和社会矛盾凸显期，也有可能进入发展的黄金时期。基于这一点，在党的十六大报告中就指出，我国的经济和社会发展已经进入一个重要的战略机遇期。

战略机遇期的到来，标志着我国改革开放事业已经进入深水区，对于我国各项改革的速度和质量有了新的要求。在新的形势下如何稳步推进财税体制改革，尽快达到构建较为完善的公共财政框架的目标，是改革者所面临的主要任务。本章以描述这一期间公共财政体制改革所处的基本背景与宏观经济形势起步，记录了我国在新一轮税制改革、财政支出方向调整、政府间财政体制改革以及财政管理体制改革等方面所取得的进步。

第一节　改革步入深水区：完善公共财政体制的基本背景

一、完善市场经济体制：党的十六届三中全会

按照惯例，历届党的三中全会均是讨论经济体制改革问题。1993 年，

党的十四届三中全会通过《中共中央关于建立社会主义市场经济体制若干问题的决定》，确立了我国建立社会主义市场经济体制的基本框架；10年之后，于2003年召开的党的十六届三中全会通过了《中共中央关于完善社会主义市场经济体制若干问题的决定》（以下简称《决定》）。由此，吹响了迈向完善的市场经济体制的号角。

完善的公共财政体制是完善的社会主义市场经济体制的重要组成部分之一。《决定》对于公共财政体制的改革也提出了六个方面的明确要求（参见专栏8.1）：

1. 进一步健全财政宏观调控职能。《决定》将财政政策、货币政策和国家计划视为相互配合的宏观调控体系，国家计划明确宏观调控目标和总体要求，是制定财政政策和货币政策的主要依据，财政政策要在促进经济增长、优化结构和调节收入方面发挥重要功能；同时要求应完善财政政策的有效实施方式。

2. 要求按照简税制、宽税基、低税率、严征管的原则，稳步推进税收制度改革。《决定》同时指出了当前一段时间具体的改革方向。

3. 要求在完善改革试点工作的基础上，逐步降低农业税率，切实减轻农民负担，稳步推进农村税费改革；同时应创造条件逐步实现城乡统一税制。

4. 继续完善分税制和转移支付制度，规范政府间的分配关系。进一步合理界定各级政府的事权范围，明确各级政府的财政支出责任，稳步提高对困难地区的财政转移支付力度，逐步实行规范的转移支付制度，进一步完善省以下财政体制。

5. 进一步调整和优化财政支出结构，逐步规范公共财政支出范围。国家财政将进一步加大对农业、科技、教育、公共卫生、公共安全、社会保障、基础设施建设、生态环境建设等社会公共需要的保障力度，加大对中西部地区的财政支持，促进经济社会协调发展、城乡协调发展、地区协调发展、人与自然协调发展。

6. 进一步完善和深化财政管理制度改革，努力提高财政资金使用的安全性、规范性和有效性。《决定》强调应当进一步强化已经出台的各项财政管理体制改革的措施，并重点提出要实行全口径预算管理和对或有负债的有效监控。

专栏 8.1　《决定》有关财政体制改革的相关表述

　　《决定》中关于公共财政体制改革的集中表述有两部分：

　　其一，关于明确分步实施税收制度改革。《决定》明确按照简税制、宽税基、低税率、严征管的原则，稳步推进税收改革。改革出口退税制度。统一各类企业税收制度。增值税由生产型改为消费型，将设备投资纳入增值税抵扣范围。完善消费税，适当扩大税基。改进个人所得税，实行综合和分类相结合的个人所得税制。实施城镇建设税费改革，条件具备时对不动产开征统一规范的物业税，相应取消有关收费。在统一税政前提下，赋予地方适当的税政管理权。创造条件逐步实现城乡税制统一。

　　其二，关于推进财政管理体制改革。《决定》明确健全公共财政体制，明确各级政府的财政支出责任。进一步完善转移支付制度，加大对中西部地区和民族地区的财政支持。深化部门预算、国库集中收付、政府采购和收支两条线管理改革。清理和规范行政事业性收费，凡能纳入预算的都要纳入预算管理。改革预算编制制度，完善预算编制、执行的制衡机制，加强审计监督。建立预算绩效评价体系。实行全口径预算管理和对或有负债的有效监控。加强各级人民代表大会对本级政府预算的审查和监督。

　　此外，在表述其他有关改革内容是，也涉及完善公共财政体制的内容。如明确提出非公有制企业在投融资、税收、土地使用和对外贸易等方面，与其他企业享受同等待遇。要求深化农村税费改革。明确健全个人收入监测办法，强化个人所得税征管。要根据经济社会事务管理责权的划分，逐步理顺中央和地方在财税、金融、投资和社会保障等领域的分工和职责。要完善预算、税收、金融和投资等法律法规，规范经济调节和市场监管。要加大国家对农业的支持保护，增加各级财政对农业和农村的投入。国家新增教育、卫生、文化等公共事业支出主要用于农村。财政政策要在促进经济增长、优化结构和调节收入方面发挥重要功能，完善财政政策的有效实施方式。

资料来源：中共中央：《中共中央关于建立社会主义市场经济体制若干问题的决定》，人民出版社 2003 年版。

如果将《决定》与党的十四届三中全会的文件相比较，可以发现，在新的历史时期，对于财税体制改革有了新的定位。在党的十四届三中全会文件的表述中，是将财税体制的改革放在了"转变政府职能，建立健全宏观调控体系"部分，而在《决定》中，则是将财税体制改革与金融体制改革独立出来，成为与"继续改善宏观调控，加快转变政府职能"并列的一个部分。这反映出，随着改革的深入，对于财税体制改革的地位认识更为充分。而且，在党的十四届三中全会的文件中，对于财税体制改革的要求是"积极推进"；而在《决定》的表述中，是要求"完善财税体制"。这表明，《决定》充分肯定了对于过去一段时间以构建公共财政体制为取向的改革，未来的主要任务，是在改革方向已经明确的前提下，如何进一步完善公共财政体制。

二、科学发展观和构建和谐社会战略思想的提出

改革开放以来，我国经济社会发展取得了举世瞩目的巨大成就，但不可否认也存在一系列突出的矛盾和问题，如城乡差距拉大、区域差距扩

大、社会收入差距比较突出、资源短缺和生态环境遭到破坏、社会事业发展明显滞后于经济的发展等等。这些矛盾和问题，有些是在中国发展的现阶段难以避免的，有些则是由于发展观的偏差所导致的或者所加剧的。针对发展中实际存在的问题，新一届中央领导提出科学发展观这一新的发展理念，其深刻内涵和基本要求是：

1. 坚持以人为本，就是要以实现人的全面发展为目标，从人民群众的根本利益出发谋发展、促发展，不断满足人民群众日益增长的物质文化需要，切实保障人民群众的经济、政治、文化权益，让发展成果惠及全体人民。

2. 全面发展，就是要以经济建设为中心，全面推进经济建设、政治建设、文化建设和社会建设，实现经济发展和社会全面进步。

3. 协调发展，就是要统筹城乡发展、统筹区域发展、统筹经济社会发展、统筹人与自然和谐发展、统筹国内发展和对外开放，推进生产力和生产关系、经济基础和上层建筑相协调，推进经济建设、政治建设、文化建设、社会建设的各个环节、各个方面相协调。

4. 可持续发展，就是要促进人与自然的和谐，实现经济发展和人口、资源、环境相协调，坚持走生产发展、生活富裕、生态良好的文明发展道路，保证一代接一代地永续发展。

作为科学发展观的进一步发展，党中央自十六大以来针对我国经济体制深刻变革，社会结构深刻变动，利益格局深刻调整，思想观念深刻变化的新形势，提出要构建社会主义和谐社会的战略构想。按照胡锦涛总书记的表述，社会主义和谐社会应该是民主法治、公平正义、诚信友爱、充满活力、安定有序、人与自然和谐相处的社会。应当说，科学发展观是统领我国经济社会发展全局的发展理念，和谐社会是科学发展观对我国社会发展的目标指向。两者在本质上是有机统一体。

作为党的十六大以来两个最为重要的战略思想，科学发展观和构建和谐社会重大战略构想的提出，一方面对于公共财政体制的改革提出了更高层次的、全方位的要求，另一方面也将对完善公共财政体制产生强有力的推动作用。

从前一个角度来看，科学发展观与构建和谐社会的战略思想提出，都是针对我国城乡和区域发展不平衡、社会收入差距问题比较突出、人与自然和谐关系受到挑战，以及各项社会事业发展不充分等现实问题。而要解决现实中这些不和谐因素，都需要充分发挥公共财政的再分配和资源配置职能，促进社会公平和人与自然的和谐关系。因此，构建和谐社会就需要按照科学发展观的指导，加快公共财政体系的建设，尤其是要进一步调整财政支出结构，完善政府间财政体制和财政管理体制。

从后一个角度看，公共财政体系的建设必然要与国家的发展战略和社会建设目标相适应。公共财政建设同作为和谐社会根基的公平正义理念，以及科学发展观的核心"以人为本"是一脉相承的（高培勇，2007）。因此，科学发展观的确立和构建和谐社会目标的提出，自然对加快财税体制改革，完善公共财政体制有极大地促进作用。

三、第三次改革大讨论

在 2004～2006 年间，由于以往改革和发展过程中因各种原因积蓄的诸多矛盾与问题开始浮现开来，全社会广泛参与了一场关于改革开放前途的大讨论。这场讨论的发端是有关国企产权改革的争论，随后所谓"看病难、上学难、住房难"新民生三大问题，贫富、城乡差距的扩大等问题也进入讨论的视野，最终从经济学界迅速扩展到整个学界，并通过网络等媒介，导致官、商、学、民达千百万人参与了这场大论争。吴敬琏教授将此番论战称为中国改革开放史上继 20 世纪 70 年代末关于"真理标准大讨论"、90 年代初"姓资姓社大讨论"之后的第三次改革大讨论。①

总的来看，讨论双方对于目前我国经济社会发展诸领域所存在的若干问题都不否认。只不过一方认为问题是由于市场化改革所致，因此必须全面后转；而另一方认为，这是改革不彻底、不配套所致，因此必须加速推

---

① 参见《南方周末》2006 年 3 月 16 日《2004～2006 "第三次改革论争"始末》一文。

进改革，方向不能动摇。有关于此的一个典型例证即是大讨论中的一个焦点问题，关于医疗卫生体制改革的论争（汪德华，2008）。2005 年 8 月国务院发展研究中心发布《对中国医疗卫生体制改革的评价与建议》的报告，宣称我国的医疗卫生体制改革基本不成功，由此激发了一场全社会参与的大讨论。在讨论的一方看来，我国医疗卫生领域的各种问题，是由于过去市场化的改革方向与医疗卫生事业的基本规律相违背所致；而在讨论的另一方看来，或者认为问题的根源在于医疗机构的行政化垄断使得竞争不足，或者认为虽然有市场化，但是配套的医疗保障领域的改革没有跟上。

这场大讨论的出现，反映了在经过 20 多年的改革开放之后，改革初期的各项"帕累托改进"式的改革，已经越来越少。改革将不可避免地会涉及利益的再分配，改革已经进入深水区。这场大讨论也深刻地影响了我国公共财政体系的建设进程。大讨论虽然发端于国企产权改革，但后期的焦点集中在各项民生问题上。通过充分的讨论，社会各界对于市场经济体制下政府的职能以及公共财政体系应当发挥的作用，有了更为深刻的认识。

第二节　积极—稳健—积极：财政政策经历重大转向调整

作为完善公共财政体制建设的重要内容之一，《中共中央关于完善社会主义市场经济体制若干问题的决定》将"进一步健全财政宏观调控职能"放在了重要位置。在此背景下，并且，伴随着宏观经济环境的周期性变换，从 2003 年起，我国的财政政策已经经历了两次重大的转向调整：

2004 年年末，面对中国经济步入新一轮经济扩张期而带来的经济过热压力，政府适时做出了转行稳健财政政策的重大决策，持续实施了 7 年之久的积极财政政策落下帷幕。

2008 年下半年，在全球性金融危机的拖累下，我国经济急转直下，政府又及时果断地决定转行积极财政政策，实施了不足 4 年的稳健财政政策落下帷幕。

一、实施稳健财政政策的背景

经过连续多年实施积极财政政策，中国经济逐步走出了通货紧缩的阴影，经济进入新一轮增长周期的上升阶段。主要表现在投资、消费和出口三大需求全面恢复增长，尤其是投资和出口明显加速，经济增速不断加快，物价总体保持稳定，对外贸易平稳较快增长，国际收支保持盈余，社会就业压力趋缓，各项宏观经济指标表现良好。而且市场机制的调节作用明显增强，经济自主增长机制初步形成。但从 2003 年下半年以后，在国民经济总体情况较好并呈现加速发展的态势下，也出现了部分地区和行业投资增长过快、通货膨胀压力加大等问题。

（一）经济处于快速增长周期的上升阶段

从经济景气状况分析，自 2003 年起中国经济处于增长周期上升阶段的趋势更为明朗，其重要标志是四大宏观经济指标表现出基本一致的景气动向。

一是经济增长接近潜在产出水平。从 2002 年下半年起，中国经济连续保持快速增长，2003 年 GDP 增长 9.5%，2004 年继续增长 9.5%。在经济快速增长的过程中，出现了粮食生产相对不足，煤炭、电力、石油、运输紧张等瓶颈约束或资源约束的现象，表明 GDP 增幅已接近潜在产出水平。

二是物价趋于上升。2003 年全国居民消费价格指数和全国商品零售价格指数分别上涨 1.2% 和 -0.1%，2004 年则分别上涨 3.9% 和 2.8%；价格先行指标上涨相对加快，2003 年工业品出厂价格指数和原材料燃料动力购进价格指数分别上涨 2.3% 和 4.8%，2004 年进一步上涨 6.1% 和 11.4%。

三是失业率升势趋缓。2003 年全国城镇就业增加 859 万人，城镇登记失业率为 4.3%；2004 年城镇新增就业人员 980 万人，城镇登记失业率 4.2%，比上年下降 0.1 个百分点。

四是国际收支继续保持盈余。2003 年实现外贸顺差 255 亿美元，外汇储备达 4033 亿美元；2004 年实现外贸顺差 320 亿美元，外汇储备增加到 6099 亿美元。

（二）经济运行中的深层次问题凸显

一是结构性问题趋于突出。一方面，房地产、钢铁、电解铝等部分行业投资增长过快；另一方面，农业和粮食生产、生态环境建设等行业和教育、社会保障等社会事业发展相对滞后。中国经济社会之间、城市与农村之间、东部地区与中西部地区之间、人与自然之间等方面的非均衡状态更为明显，结构性矛盾日益突出。

二是经济增长方式与资源、环境约束的矛盾更加尖锐。中国石油、天然气、煤炭、铁矿石、铜和铝等重要矿产资源人均储量分别仅相当于世界人均水平的 11%、4.5%、79%、42%、18% 和 7.3%，特别是 2003 年中国 GDP 占世界的 4%，但能源和资源消耗却占到世界的较高比重：石油为 7.4%，原煤为 31%，铁矿石为 30%，钢铁为 27%，氧化铝为 25%，水泥为 40%。

针对经济运行中出现的这些新情况和新问题，中国政府 2004 年就已经开始逐步调整财政政策的作用方向和力度，适时适度调整财政投资规模、结构和进度，加大对社会事业的投入，积极支持各项经济体制改革。

（三）由积极到稳健：转型之难

伴随着宏观经济形势的变化，尤其是经济运行中深层次问题的不断凸显，财政政策的取向自 2003 年下半年开始就成为学术界和决策部门讨论的焦点之一。1998 年的积极财政政策，主要是针对当时国际上的亚洲金融危机，以及国内的通货紧缩形势而实施的。按照高培勇（2004）的表述，积极财政政策的基本内容可以概括为通过增发长期建设国债来扩大财政支出，并以此来带动内需，实现经济的较快增长，即"增债＋扩支"。

应当说，积极财政政策在拉动经济增长方面是非常显著的（马拴友，2004）。然而，积极财政政策的实施也有其相应的成本，如国债多年增发可能带来财政风险的增加，国债工程的投资效益也可能边际递减，政府投资的扩大可能会挤出民间投资等（高培勇，2003；安体富，2003）。

正是在这样的背景下，自 2002 年开始就有应逐步淡出积极财政政策的呼吁（项怀诚，2002；安体富，2003）。在 2004 年，随着经济过热形势的进一步显化，有关财政政策转型的呼声已经越来越强烈。然而，正如高培勇（2004）的分析所指出的那样，从决策者的角度看尚存在若干顾虑。首先是积极财政政策的快速退出，可能导致一大批重点建设工程成为烂尾工程；其次，多年的积极财政政策已经形成一种利益格局，使得积极财政政策的退出将冲击一部分地区、行业、部门和人群的利益；最后，以往的积极财政政策已被论证为对经济增长起到积极的拉动作用，那么其退出会不会影响到经济的正常增长也成为一个值得考虑的问题。

鉴于这些政策抉择中的复杂因素，我国的财政政策在 2003～2004 年间一直在渐进中调整。在 2003 年年底的中央经济工作会议以及 2004 年年初的十届人大二次会议上，中央虽然做出实施积极财政政策的决策，但也指出要做降低扩张力度，调整支出投向的结构性微调。而在 2004 年 5 月份的世界扶贫大会上，时任财政部长金人庆就表示，为确保中国经济持续稳步发展，要实施"中性"的财政政策。其原因自然在于 2004 年第一季度之后急剧变化的经济形势。最终到 2004 年年底的中央经济工作会议上，决定自 2005 年开始要实施稳健财政政策。自此，1998 年以来连续实施了 7 年的积极财政政策开始告一段落，稳健财政政策破冰而出。

二、稳健财政政策的主要内容

稳健财政政策的主要内容可概括为以下四个方面：控制赤字、调整结构、推进改革、增收节支。

（一）适当减少财政赤字

适当减少中央财政赤字，做到松紧适度，传递调控导向信号，防止通货膨胀苗头的继续扩大，体现进一步加强和改善宏观调控、巩固和发展宏观调控成果的要求，体现财政收支增量平衡取向。2004 年中央财政赤字3191.8 亿元，占 GDP 的 2%；2005 年 2999.5 亿元，占 GDP 的 1.6%；2006 年 2749 亿元，占 GDP 的 1.3%；到 2007 年，财政赤字进一步减少为2000 亿元，占 GDP 的比重下降到 0.8%。[①] 2008 年财政赤字进一步下降（见图 8.1）。

单位:亿元   单位:%

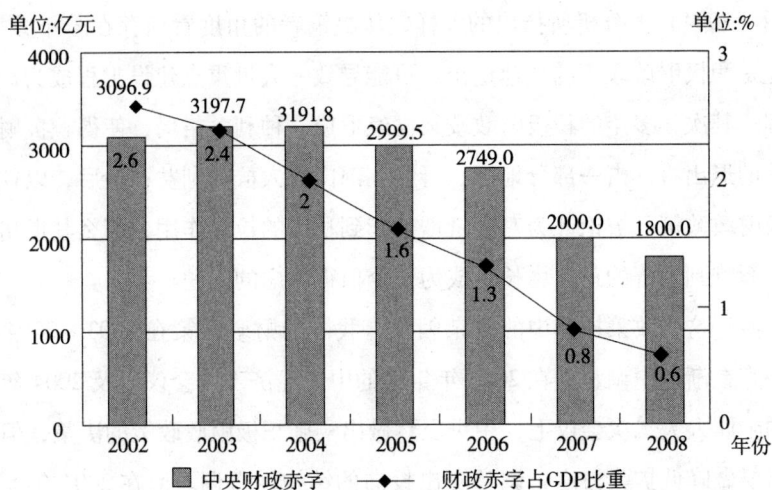

图 8.1　2002 ~ 2008 年中央财政赤字及占 GDP 比重情况图

（二）调整结构

政策调整应当与完善公共财政框架相适应。首先要做到的即是适当调整财政支出结构和国债项目资金投向结构，做到区别对待、有保有压、有促有控。对与投资增长过快有关的、直接用于一般竞争性领域等"越位"的投入，要退出来、压下来；对属于公共财政范畴的，涉及财政"缺位

---

① 2002 ~ 2005 年数据来自《中国统计年鉴（2006）》，2006 年财政赤字数据来自《国务院关于 2006 年中央决算的报告》，载《全国人民代表大会常务委员会公报》2007 年第 5 期，2006 年 GDP 数据来自国家统计局 2007 年 7 月 11 日公布的 2006 年 GDP 初步核实数据。

或不到位”的，如农业、就业和社会保障、环境和生态建设、公共卫生、教育、科技等经济社会发展的薄弱环节，要加大投入和支持的力度，体现落实“五个统筹”和调整经济结构的要求。

相关的政策调整包括：（1）调整粮食风险基金的使用方式。从2004年起，已开始调整粮食风险基金的使用方式，实行对种粮农民直接补贴，盘活补贴存量，提高财政补贴效率，直接增加种粮农民收入，有利于推进粮食流通体制市场化改革。（2）适当减少长期建设国债的发行规模，调整使用方向。2004年长期建设国债1100亿元，2005年为800亿元，2006年为600亿元，2007年为500亿元。（3）进一步调整和优化国债项目资金及中央预算内投资的使用方向与结构，向经济社会发展薄弱环节倾斜，重点用于改善农村公共服务。

（三）推进改革

稳健财政政策提出的一个要求是要“推进改革”。这即是说，既要加强财政自身的改革，又要通过财政收支安排推进整体改革。这包括将生产型增值税调整为消费型增值税。统一内外资企业所得税制度。继续深化农村税费改革，2006年已全面取消农业税。进一步完善出口退税机制改革，2005年，适当提高了中央财政对出口退税超基数部分的分担比例，进一步理顺了中央与地方的财政分配关系。继续完善收入分配、社会保障、教育和公共卫生四项制度。支持国有企业和金融体制等改革。

（四）增收节支

依法组织财政收入，确保财政收入持续稳定增长。一是以有效的财税政策支持经济发展，培植和壮大财源，促进财政收入稳定快速增长。二是依法加强收入征管。规范税收优惠政策，减免到期的要及时恢复征税，坚决制止越权减免税或擅自出台“先征后返”等变相减免措施。三是进一步加强非税收入管理。

全面深化预算管理制度改革，充分利用现代化管理手段，加大监管力度，减少损失浪费，规范财经秩序，提高财政资金使用的规范性、安全性和有效性，促进财政节支。

三、稳健财政政策的成效

从积极财政政策转向稳健财政政策，其突出的成效，即是确保了经济的平稳快速增长。刘树成（2008）的分析就指出，如将我国与 7 个代表性国家（包含美国、印度、日本等）相比，在 1996 年至 2007 年间我国的年平均经济增长率最高，同时经济增长率波动系数最小。2005 年以来，经济运行更是向宏观调控预期目标发展，2005 年 GDP 增长 10.2%，2006 年增长 11.1%，2007 年增长 11.4%，也使得我国提前 3 年实现了 21 世纪第一个十年国内生产总值比 2000 年翻一番的目标，国内生产总值在国际上已上升到第四位。在结构上，产业发展协调性增强，社会需求全面增长，市场价格总体保持稳定，社会事业全面发展。在宏观经济增速加快的基础上，财政收入也快速增长。2003 年全国财政收入突破 2 万亿元，2005 年突破 3 万亿元，2007 年达到 51304.85 亿元。财政收入占 GDP 的比重由 2002 年的 15.7% 提高到 2007 年的 20.5%。

总体来看，稳健财政政策的实施，将短期的反周期调节与促进经济长期稳定增长相结合，保持宏观经济稳定与促进结构优化相结合，实施宏观调控与推动经济体制改革相结合，有力地促进了经济社会稳定协调发展。如果总结其主要经验，可以概括为两点。

其一，在稳健财政政策的思路上，正如《中国 2004/2005 年财政政策报告》（中国社会科学院财政与贸易经济研究所，2004）所强调的，树立和落实了科学发展观的指导思想。稳健财政政策的实施，注重了推进"五个统筹"，注重了结构调整，而非一刀切式的调控思想。在以往，经济发展中急于求成，片面追求高速度的指导思想，使得我国经济发展经常出现大起大落，而每次宏观调控都是在经济过热到难以为继时，才不得不被动地治理过热。而本轮宏观调控在科学发展观指导下，在经济运行出现偏快倾向或过热苗头时，就采用微观结构调整，主动防止经济增长由偏快转为过热。这样就延长了经济的平稳较快增长。

其二，本次稳健财政政策的实施注重与推动体制改革以及改善民生相结合，有利于完善公共财政体制。公共财政实质上是市场经济财政，而稳健的财政政策也注重充分发挥市场机制作用，因此实施稳健的财政政策与加快公共财政建设具有内在逻辑上的一致性。从稳健的财政政策的主要内容来看，强调推进改革，尤其是财政自身领域的改革，例如在税制改革和增收节支方面的要求；强调在控制赤字的基础上注重结构调整，即从政府越位的领域退出，而对属于"缺位或不到位"的公共财政范畴的，则要加大投入和支持的力度。这些均是完善公共财政体制的关键所在。

四、由稳健到积极：全球金融危机之际财政政策的及时转向

2008 年是国际国内经济形势错综复杂的一年。在国际上，虽然自 2007 年开始，美的次贷危机已经浮出水面，但是影响还主要局限在金融部门，对实体经济的影响是到 2008 年才开始成为关注的焦点。在国内，2008 年年初我国宏观经济形势的主要问题还是物价水平等过快上涨以及资产价格（尤其是房价）的膨胀；但是到 2008 年年中时，此轮国际金融危机继续深化，已被认为是百年一遇的经济危机，危机通过外贸出口环节也对我国经济形成巨大冲击，成为社会关注的焦点。而 2009 年，按照温家宝总理的表述，应是改革开放以来我国经济形势最严峻的一年。

在这样的背景下，中国的宏观调控政策走向也经历了数次重大调整。在 2008 年年初，按照 2007 年年末的中央经济工作会议精神，宏观调控的主要任务是"防止经济增长由偏快转为过热、防止价格由结构性上涨演变为明显通货膨胀"，继续实施稳健的财政政策和从紧的货币政策。到年中，7 月 25 日召开的中央政治局会议明确了下半年经济工作的任务：把保持经济平稳较快发展、控制物价过快上涨作为宏观调控的首要任务，即"一保一控"。

在此之后，随着全球金融危机的继续深化，公布的我国第三季度的 GDP 增长速度为 9%，虽然依然在高位，但与年初相比下降速度惊人。形势已经逐渐明朗，2008 年 10 月 17 日的国务院常务会议明确指出要采取灵活审慎的宏观经济政策，尽快出台有针对性的财税、信贷、外贸等政策措施，继续保持经济平稳较快增长。这已基本明确了政策走向的调整。11

月 9 日，国务院常务会议宣布对宏观经济政策进行重大调整，财政政策从"稳健"转为"积极"，货币政策从"从紧"转为"适度宽松"，同时公布了今后两年总额达 4 万亿元的庞大投资计划，自 2008 年第四季度即要落实新增 1000 亿元的投资计划，并明确要求"出手要快、出拳要重、措施要准、工作要实"。按照以往的惯例，这类重大政策调整一般在年终的中央经济工作会议上公布。而这次在 11 月初就及时对外宣布，反映了经济形势的严峻，也反映了中央政府的决心。

到了 2009 年，积极财政政策以及适度宽松的货币政策得到全面落实，主要体现在年初通过的政府预算中财政赤字达到前所未有的 9500 亿元，上半年新增信贷计划也达到惊人的 7.35 万亿元。在这些政策的作用下，2009 年上半年以政府投资为主体的固定资产投资增速惊人，这有力地对冲了外贸出口下降对经济带来的不良影响，使得我国上半年的 GDP 增长速度达到 7.1%，在全球范围内是一枝独秀。从目前形势判断，虽然经济回升的势头还不稳固，但经济形势已出现很多积极变化，全年 GDP "保八"的任务应当可以顺利完成。

在此轮以对抗全球金融危机为目的的宏观调控政策转向的过程中，积极财政政策一直是各界关注的焦点。从目前经济形势的积极变化来看，积极财政政策也确实不负众望，发挥了良好的作用。如果总结具体的政策措施，则可发现积极财政政策围绕"扩内需、保增长、调结构"的目标，主要着力点在以下五个方面：扩大政府公共投资，着力加强重点建设；推进税费改革，实行结构性减税；提高低收入群体收入，大力促进消费需求；进一步优化财政支出结构，保障和改善民生；大力支持科技创新和节能减排，推动经济结构调整和发展方式转变。

如果将本轮积极财政政策的政策措施与以前相比较，则可发现其在若干方面具有很大的创新性，极大丰富了我国宏观经济调控的经验。[1] 这种

---

① 本部分来自于高培勇：《实施积极财政政策不能动摇》，载《人民日报》（海外版）2009 年 8 月 5 日。

创新主要体现在本轮积极财政政策不仅有扩大财政支出的传统做法，也有结构性减税的新型举措；不仅有增加政府公共投资的项目，也有增加中低收入群体收入的安排。在财政支出方面，积极财政政策体现在扩大政府公共投资并增加中低收入群体收入，以此带动和引导投资与消费需求。继2008 年新增中央政府公共投资1040 亿元并提前安排2009 年灾后恢复重建资金200 亿元之后，2009 年的中央政府公共投资达到9080 亿元，较上年增加4875 亿元。这些投资主要用于农业基础设施及农村民生工程建设，保障性住房建设，教育和医疗卫生等社会事业建设，地震灾后恢复重建，节能减排和生态建设，自主创新和技术改造及服务业发展，包括铁路、公路、机场和港口等在内的基础设施建设。除此之外，通过进一步增加对农民的补贴、提高城乡低保补助水平、增加企业退休人员基本养老金、提高优抚对象等人员抚恤补贴和生活补助标准、对困难群体直接发放一次性生活补贴等途径，在提高中低收入群体收入方面投入了2208.33 亿元；分别安排家电下乡补贴200 亿元和汽车下乡补贴50 亿元。在财政收入方面，实行结构性减税，减轻企业和居民负担。2008 年的税费减免举措主要包括实施企业所得税新税法、提高个人所得税工薪所得扣除费用标准、降低住房交易环节税收负担、调高部分产品出口退税率、取消和降低部分产品出口关税、下调证券交易印花税税率并改为单边征收等，共减轻了大约2800 亿元的企业和居民负担。2009 年又推出全面实施消费型增值税、实施成品油税费改革、取消和停征100 项行政事业性收费等新的举措，拿出了将减轻企业和居民负担约5500 亿元的"减税大单"。

除此之外，本轮积极财政政策还有其他方面的创新。首先，政策目标不单是指向"保增长"，还针对我国经济增长过程中多年累积的矛盾，通过多种措施指向"调结构"。如上所述，尤其是财政支出中，多项政策都指向调整国民收入分配格局以及生产结构，例如增加对低收入群体的补贴，大力支持科技创新和节能减排，大力推进保障性住房建设以及各项社会事业的发展。其次，在具体措施上也有所创新。典型的如2009 年的预算中，为保证地方政府有足够的财力实施积极财政政策，安排了由中央政府担保，由财政部代发的 2000 亿元地方政府国债，开启了我国地方政府发国债的先河。

第三节　宏观经济变换背景下的新一轮税制改革

应当说，在 2003 年以来完善公共财政体制的各项工作中，新一轮税制改革的启动一直被社会各界寄予高度的期待。

在党的十六届三中全会的《决定》中，作为 1994 年税制改革的延伸与完善，新一轮税制改革被概括为八个项目："改革出口退税制度；统一各类企业税收制度；增值税由生产型改为消费型，将设备投资纳入增值税抵扣范围；完善消费税，适当扩大税基；改进个人所得税，实行综合和分类相结合的个人所得税制；实施城镇建设税费改革，条件具备时对不动产开征统一规范的物业税，相应取消有关收费；在统一税政前提下，赋予地方适当的税政管理权；创造条件逐步实现城乡税制统一。"

其后，于 2006 年通过的"十一五规划"，又进一步将新一轮税制改革归纳为十个方面："在全国范围内实现增值税由生产型转为消费型；适当调整消费税征收范围，合理调整部分应税品目税负水平和征缴办法；适时开征燃油税；合理调整营业税征税范围和税目；完善出口退税制度；统一各类企业税收制度；实行综合和分类相结合的个人所得税制度；改革房地产税收制度，稳步推行物业税并相应取消有关收费；改革资源税制度；完善城市维护建设税、耕地占用税、印花税。"

在中国社会科学院财政与贸易经济研究所自 2003 年开始编写的系列年度财政政策报告中，第一本即是以新一轮税制改革为主题的。

一、税收高速增长之谜与宏观税负高低的讨论

在我国财税体制改革的进程中，相当长的一段时间内均是以"提高

两个比重"作为工作的重点。按照曾任财政部长的项怀诚（2007）的回忆，1994 年税制改革的一个主要动因即是要提高财政收入占 GDP 的比重。应当说，1994 年税制改革在这方面取得了很大的成效。1993 年虽然受体制改革的影响，税收收入也仅为 4118 亿元，其后一直到 1998 年基本上按照年均 1000 亿元的幅度平稳增长。自 1999 年开始，随着通货紧缩形势的逐步好转，税收收入进入快车道，当年突破 10000 亿元，到 2001 年突破 15000 亿元。在 2003 年，虽然受上半年"非典"的影响，当年的财政收入还是突破 20000 亿元，较上一年度增长 20.4%。其后三年的增长速度分别达到 25.7%、20%、21.9%，2007 年的增长速度更是达到惊人的 31.4%，均远远超过当年的 GDP 增长速度。由此也使得我国的税收收入从总量上看一年上一个台阶，2005 年突破 30000 亿元，2007 年接近 50000 亿元，2008 年达到 54224 亿元。

尤其是 1999 年以后的税收高速增长，引起了社会各界的广泛关注。高培勇（2006）指出我国税收的这种增长，是在几乎没有进行增税性税制调整背景下发生的。这种增长在几千年的世界税收史上也未出现过，由此他称此为"一个难以操用一般规律加以解释的罕见而特殊的经济现象"。那么其原因是什么？官方最初给予的解释是经济增长、政策调整和加强监管"三因素论"，并对三因素进行了相应的分解，即经济增长因素占 50%，政策调整和加强监管各占 25%（金人庆，2002）。后来又提出物价上涨、统计口径、结构差异、累进税率、外贸进出口对 GDP 和税收增长的影响差异等因素，称为"多因素论"。显然，这些解释都具有很强的解释力，但并没有指出中国特殊因素所在。高培勇（2006）在区分法定税负与实证税负的基础上指出，理解我国税收目前的高速增长应当追溯到 1994 年税制改革的背景。在当时，宏观经济过热、税收征收率偏低是现实的国情，而增加政府财政收入是改革的重要目标。这三个因素的结合就迫使在税制设计时必须预留出很大的"征管空间"，也就是说需事先建构一个法定税负很高的税制架子。由此随着税收征管水平的上升，使得我国税收走上持续高速增长的轨道。

伴随着税收收入的高速增长，有关中国宏观税负是否过高成为社会讨论的一个热点问题。其中在《福布斯》杂志公布的"全球税收痛苦指数排行榜中"，连续多年将中国列到前三位之内，更是激起全社会极大的热情。这也迫使财政税收部门不断出面澄清，指出福布斯杂志的排名所依赖的是名义税率，而按实际税负核算，虽然我国的宏观税负在逐年提高，但还低于发展中国家平均值 3 个百分点，更是大大低于工业化国家（国家税务总局计划统计司，2007）。然而，又有学者进一步指出，我国政府收入除税收之外，还有庞大的预算外收入。加上这部分收入，我国财政收入占GDP 的比重将在 30% ~40% 之间，因此政府所掌握的收入规模还是过大。

总体来看，社会各界对税收高速增长以及宏观税负高低的广泛关注，一方面反映了社会各界对完善公共财政体制的期待，另一方面也表明我国1994 年确立的税制框架有不合理的一面，确有进一步改革的必要。

二、新一轮税制改革的主要进展

（一）推进农村税费改革

作为 2000 年安徽农村税费改革试点的延伸，2003 年 3 月 27 日国务院发出《关于全面推进农村税费改革试点工作的意见》，要求农村税费改革在全国全面推开。2004 年的中共中央"一号文件"提出逐步降低农业税税率，同时取消除烟叶外的农业特产税。而温家宝总理更是在 2004 年《政府工作报告》中郑重宣布："从今年起，要逐年降低农业税税率，平均每年降低 1 个百分点以上，5 年内取消农业税。"事实上，改革的进程远远超过温总理的承诺。到 2005 年，全国免征农业税的省份已有 28 个。2005 年年底，全国人大常委会决定自 2006 年 1 月 1 日起废止农业税条例，全面取消农业税。至此，中国农村存在了 2600 多年的"皇粮国税"不复存在，农民负担大幅下降。例如，若将 2006 年与农村税费改革前的 1999年相比，农民每年减负总额将超过 1000 亿元，人均减负 120 元左右。

取消农业税只是农村治理的第一步。由于农村公共物品的供给以及县乡机构人员过于庞大的现实，如果没有大规模的机构改革，农民负担反弹的压力仍然存在。正是基于这样的考虑，目前深化农村税费改革工作的重点，已经逐步转向推进以乡镇机构、农村义务教育体制和县乡财政管理体制为主要内容的农村综合改革。其目的即是保证在县乡机构原有收入来源减少的情况下，如何通过改革保证其依然能够提供有效而充足的公共服务，其范围几乎覆盖农村政治、经济、社会、教育、卫生等各个方面，综合配套的特征极为明显。

（二）改进和完善个人所得税制度

另一项主要与城市居民切身利益密切相关的税收，个人所得税的改革进程在这段时间也备受关注。

从 2006 年起至今，以"小步微调"为特征，在改革的旗帜下，现行个人所得税的调整大致围绕着如下三个线索而展开：其一，提高工资薪金所得减除费用标准，由原来的 800 元，先后提升至 1600 元、2000 元；其二，对年收入超过 12 万元，或者在两处或两处以上取得工资薪金收入、在境外取得收入以及取得应税收入但无扣缴义务人的纳税人，实行自行办理个人所得税纳税申报；其三，减低乃至暂免征收利息所得税，先是将税率由 20% 调减至 5%，后来又暂时免征。

然而，从改革目标看，这些调整动作，都尚未真正触及改革的实质内容和中心环节。要在个人所得税改革上取得突破性的进展，不能满足于"小步微调"，还得下大决心，着眼于做"大手术"：瞄准"综合和分类相结合的个人所得税制"改革目标，采取实质性的举措，尽快增大综合计征的分量，加速奠定实行综合计征的基础。

可行的选择是：除一部分以个人存款利息所得为代表的特殊收入项目继续实行分类所得税制之外，将其余的收入统统纳入综合所得税制的覆盖范围。以此为契机，在整体上构建一个适应有效调节收入分配差距需要的现代个人所得税制格局。

（三）调整出口退税率

2003 年为进一步完善出口退税机制，解决出口欠退税问题，保持外贸和经济持续健康发展，按照"适度、稳妥、可行"的原则，对出口退税率进行了结构性调整，适当降低了出口退税率。对国家鼓励出口的产品退税率不降或少降，对一般性出口产品退税率适当降低，对国家限制出口产品和一些资源性产品取消退税或多降退税率。调整后的出口退税率为17%、13%、11%、8% 和 5% 等 5 档。

在此之后，由于宏观调控的需要和实现科学发展观的要求，又陆续调整了部分产品的出口退税。2004 年对出口货物增值税退税率进行了结构性调整，将出口货物增值税平均退税率由 15% 降低至 12% 左右。根据宏观调控的需要适时调整了部分商品的出口退（免）税政策，如将集成电路、手持（车载）无线电话、数控机床等部分信息技术产品的增值税出口退税率由 13% 提高到 17%。2005 年又调整部分重点调控产品的出口退税政策。为了控制高耗能、高污染和资源性产品的出口，分批调低或取消了这些产品的出口退税，取消了加工出口专用钢材增值税退税政策。2006年 9 月进一步取消或降低部分"高耗能、高污染"或容易引起贸易摩擦出口商品的出口退税率，调高部分高科技产品和以农产品为原料的加工品的出口退税率，同时将所有取消出口退税的商品列入加工贸易禁止类目录。自 2007 年 7 月 1 日起取消濒危动植物及其制品等 553 项"高耗能、高污染、资源性"产品的出口退税；降低服装、鞋帽等 2268 项容易引起贸易摩擦的商品的出口退税率；将花生果仁等 10 项商品的出口退税改为出口免税政策。

（四）增值税转型

根据经济体制的不断完善和经济形势的发展变化，推进增值税转型，将生产型增值税（即对企业新购进固定资产所含税款不予抵扣）改为消费型增值税（即允许企业抵扣新购进机器设备所含税款），不仅有利于增强企业技术创新的积极性和竞争能力，也有利于提高经济自主增长能力。

自 2004 年 7 月 1 日起，对东北地区的装备制造业等八大行业实现了增值税转型试点，允许纳入试点范围的企业新购进机器设备所含增值税税金在企业增值税额中抵扣，并通过采取投资过快增长行业暂不纳入试点范围和实行增量抵扣等办法，较好地化解了推进改革时面临减少一部分财政收入和在经济局部及部分行业过热状态下刺激投资增长两个突出矛盾。2004 年当年，东北三省一市共办理抵减、退税 12.82 亿元。2005 年全年符合条件的企业办理抵扣退税 30 多亿元。自 2007 年 7 月 1 日起，国家又在中部地区六省份的 26 个老工业基地城市的 8 个行业中进行扩大增值税抵扣范围的试点。

全球性金融危机的迅速蔓延拨快了增值税转型向全国推广的时间表。基于保持经济平稳较快发展系当前压倒一切的首要任务的判断，于 2008 年 11 月 5 日举行的国务院第 34 次常务会议终于做出决定，从 2009 年 1 月 1 日起，作为实行结构性减税的一项重要内容，在全国范围内实施增值税转型改革。以此为契机，持续了四年零六个月的名不副实的增值税转型改革"试点"宣告完结，而回到其本来意义的"转型"轨道。

（五）统一内外资企业所得税制度

从 2003 年起，将国有工业企业研发费用加计扣除的政策（即企业研究开发新产品、新技术、新工艺所实际发生的费用比上一年度实际发生额增长幅度在 10% 以上的，除按规定据实列支外，可再按当年实际发生额的 50% 抵扣当年应纳税所得额）扩大到所有工业企业。对外国投资者并购我国境内非外商投资企业的股权，使境内企业变更设立为外商投资企业，凡外国投资者的股权比例超过 25% 的，可按现行规定享受所得税优惠待遇。从事股权投资及转让以及为企业提供创业投资管理、咨询等服务的外商创业投资企业，不属于生产性企业范畴，不享受"二免三减半"等优惠政策。

统一内外资企业所得税是新一轮税制改革的核心内容之一。2007 年 3 月 16 日十届全国人大五次会议表决通过了新的企业所得税法，自 2008 年 1 月 1 日起施行。对企业税收实现了"四个统一"，即内资企业、外资企业适用统一的企业所得税法；统一并适当降低企业所得税税率 25%；统一和规范税前扣除办法和标准；统一和规范税收优惠政策。对国家重点扶持和鼓励发展的高科技产业、农林牧渔业项目以及环保等企业给予税收优惠。而且根据规定，符合条件的小型微利企业，减按 20% 的税率征收企业所得税。国家需要重点扶持的高新技术企业，减按 15% 的税率征收企业所得税。为照顾部分老企业适应新的税率环境，依照法律规定，本法公布前已经批准设立的企业，依照当时的税收法律、行政法规规定，享受低税率优惠的，按照国务院规定，可以在本法施行后 5 年内，逐步过渡到本法规定的税率。企业所得税法的表决通过，有利于为各类企业创造统一、规范、公平竞争的市场环境，进一步完善社会主义市场经济体制。

（六）调整资源税税额标准，改革消费税制度

2005 年调整了部分应税品目资源税税额标准：一是提高了河南、山东等 15 个省份煤炭资源税税额标准；二是提高了油气田企业原油、天然气资源税税额标准；三是提高了锰矿石、钼矿石、铁矿石、有色金属等应税品目资源税税额标准。

从 2006 年 4 月 1 日起，我国消费税制度也进行了重大的改革。改革主要包括两个方面的内容：一是对消费税的应税品目进行有增有减的调整。经过调整后，消费税的税目由原来的 11 个增至 14 个。二是对原有税目的税率进行有高有低的调整。涉及税率调整的有白酒、小汽车、摩托车、汽车轮胎等税目。消费税改革主要突出了两个重点：一是促进环境保护和节约资源。扩大石油制品征税范围、对木制一次性筷子、实木地板征收消费税以及大幅度提高大排量小汽车税率水平都是这方面的具体措施。二是合理引导消费和间接调节收入分配。如，对游艇、高尔夫球及球具、高档手表等高档消费品征收消费税，停止对已具有大众消费特征的护肤护发品征收消费税。此次消费税改革是 1994 年税制改革以来消费税制的一次最大规模的政策调整，有利于增强消费税的调节功能，完善消费税制。

三、基本结论

从有关新一轮税制改革问题的讨论中，至少可以得到如下几个方面的结论或判断（高培勇，2009）：

第一，税制改革是一个永恒的主题。任何一个国家的税收制度，总要植根于一定的经济社会环境并随着经济社会环境的变化而做相应调整。在

当前的中国，诞生于 15 年之前的现行税制同其赖以依存的经济社会环境之间的不相匹配现象，已经越来越清晰地呈现在我们面前。若不能及时对其进行与时俱进的调整，它肯定会伤害经济社会发展，甚至产生越来越大的负面影响。

第二，新一轮税制改革方案的实施，显然要以触动各方面的既得利益格局为代价。往前看，物业税与遗产税的开征也好，其他诸方面税种的改革也罢，它们所遭遇到的种种难题的破解将最终取决于，相关的利益主体能否跳出个人利益、部门利益、地方利益的局限而跃升至国家利益、宏观利益的层面上考虑问题。鉴于改革已经步入攻坚阶段，各方面的既得利益格局这道关早晚要过，不会自动化解。而且，将改革继续拖延下去，肯定要付出更加昂贵的代价。因而，以极大的决心攻克既得利益格局的障碍，让各项亟待进行、拟议进行的税制改革破冰而出，是推进新一轮税制改革并最终完成"十一五"规划任务的中心环节。

第三，结构性减税，固然是作为应对当前经济形势需要而实行的一项宏观调控举措，但是，对于它，是不能仅仅当做权宜之计或应急方法来看待的。也就是说，实行结构性减税，既不能也不应一概而论——逢税必减，更不应也不必重起炉灶，而要在既有新一轮税制改革方案的基础上寻求推进。事实上，新一轮税制改革的重要目标之一，就是优化现行的税制结构。所以，将减税的意图与优化税制结构的目标相对接，可以做出的一种基本政策选择就是，在坚持减轻总体税收负担的前提下，对不同税种实行"区别对待"："削长"与"补短"相结合。这样做，可使我们在追求"保增长"目标的同时，进一步收获优化税制结构、推进新一轮税制改革之效。

第四，现行的主要建立在"收入功能"基础上的税制体系，已经不能适应中国经济社会发展进程的要求。在当前颇为复杂的经济社会形势下，建设一个融收入与调节功能于一身的"功能齐全"的现代税制体系，显得特别重要。这就意味着，新一轮税制改革的推进，不能满足于既有的改革目标，而且，还要在此基础上进一步升华：把缩小贫富差距、实施宏观调控作为与时俱进的目标而纳入视野。因而，逐步增加直接税并相应减少间接税在整个税收收入中的比重、尽快开征财产税并结束财产保有层面的无税状态、实行综合与分类相结合的个人所得税制、适当降低一般流转税（如增值税和营业税）占流转税收入的比重，并相应提高选择性流转税（如消费税）占流转税收入的比重等，应当成为下一步税制改革进程中得以凸显的改革举措。

第五，迄今为止的新一轮税制改革进程一再表明，税制改革的全面推进必须伴随以税收征管机制的根本变革。注意到我国现行的税收征管机制主要植根于以间接税为主体的税制结构，而且，即便理论上属于直接税的税种（如个人所得税）也实行的是间接征收的代扣代缴，便会发现，在新一轮税制改革的进程中，不论是以物业税为代表的财产税的开征，还是综合与分类相结合的个人所得税制的实行，抑或整个税制体系中的直接税比重的扩大，最终都要取决于税收征管机制能否同步跟进——把该征的税尽可能如数征上来，或者，税收收入不会因税制改革的推进而出现非所意愿的减少。将这一因素考虑在内，我们可以认定，新一轮税制改革的全面推进之日，也将是税收征管机制的根本变革之时。因此，通盘考虑税收制度改革与税收征管机制变革并使之相辅相成，是新一轮税制改革提交给我们的一个附加命题。我们应瞻前顾后，做好长期安排。

第四节　财政支出结构调整：向"三农"和民生倾斜

调整财政支出结构以满足社会的公共需要，是完善公共财政体制的重要要求。在党的十六届三中全会的《决定》中，已经提出优化财政支出结构的要求。随着科学发展观和构建和谐社会战略目标的确立，在这 5 年间，财政支出结构如何向"三农"和民生倾斜，得到了各级政府部门前所未有的重视。

例如，时任财政部长的金人庆（2007）在2006年年末全国财政工作会议上的讲话中，列出了2007年8大重点工作，其中第1项即是压缩赤字，调整和优化政府投资使用方向和结构，向经济社会发展薄弱环节倾斜；第2项即是"强化各项支农惠农财税政策，加快社会主义新农村建设"；第3项即是"以支持解决事关群众切身利益的突出问题为重点，加快社会事业发展"。

同样在2007年，财政部还首次编著《公共财政与百姓生活》一书，记录了自2003年以来，国家财政在支持三农和解决民生方面的点点滴滴。这些都体现了财政部门对于落实科学发展观，以人为本，调整优化财政支出结构工作的重视。

一、公共财政启动覆盖农村进程

公共财政阳光照耀农村，其实质就是将"三农"发展中属于政府职责的事务逐步纳入各级财政支出范围。公共财政照耀农村体现了思想观念上的"两个转变"：由过去的农村支持城市、农业支持工业向城市反哺农村、工业反哺农业转变；调整公共财政资源的分配格局，加大对"三农"的投入，逐步实现公共财政覆盖农村并向农村倾斜。

2003年以来，在完善公共财政体制的过程中，国家财政倾心"三农"，逐步启动覆盖农村进程，大力支持解决"三农"（农业、农村、农民）问题。从数字上看，2003年至2007年中央财政用于三农的支出总和超过15500亿元，相当于前10年（1993～2002年）的总和。2008年进一步跃升到5955.5亿元，相对于2007年增长37.9%。从政策上看，2006年中央提出"三个高于"政策，即要求国家财政支农资金增量要高于上年，国债和预算内资金用于农村建设的比重要高于上年，其中直接用于改善农村生产生活条件的资金要高于上年。2007年进一步提出"三个继续高于"政策，都有力地推动了财政向"三农"倾斜的力度（见图8.2）。

从具体措施看，国家财政大力支持"三农"的一个重要措施就是前面说过的深化农村税费改革，做到"少取"。除此之外，国家财政在"多

单位：亿元

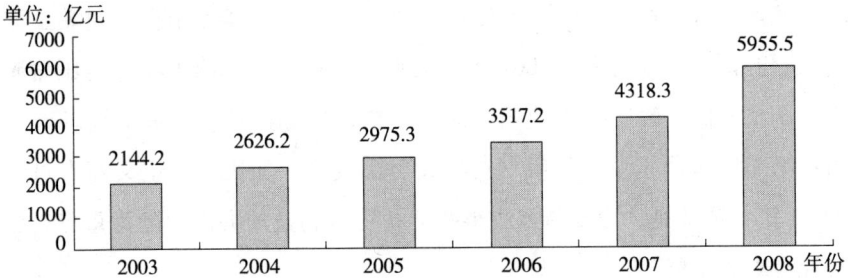

图 8.2　2003～2008 年中央财政用于"三农"支出情况图

投"方面也推出了许多重大措施。

（一）建设社会主义新农村

完善和优化政府投资结构，加大农业基础设施建设投入，改善农民生产生活条件。如实施农村电网建设和改造、农村沼气、农村卫生及农业种子工程、畜禽水产良种工程、以工代赈等；实施退耕还林（草）工程、天然林保护工程、"三北防护林"等重点防护林体系、自然保护区等重点林业建设等；加大水利建设投入，重点用于平垸行洪、退田还湖、移民建镇、病险水库除险加固，大型灌区节水改造工程、水土保持等方面。

逐步提高车购税支出中用于农村公路建设的比例，支持农村公路建设。

积极引导社会资金投入"三农"。实施贷款贴息政策，缓解禽流感疫情给家禽企业造成的损失。2007 年正式启动农业保险保费补贴试点工作，中央财政安排资金对农户参加的玉米、水稻、大豆、小麦和棉花等五种农作物的保险提供保费补贴。从 2007 年开始，国家支持在全国范围内建立能繁母猪重大病害、自然灾害、意外事故等保险制度。

财政主动推进支农资金整合，提高资金使用效益。2006 年，财政部印发了《关于进一步推进支农资金整合的指导意见》，指导地方财政部门开展支农资金整合工作。各级财政部门在全国选择 160 多县开展支农资金整合试点，中央财政在 13 个粮食主产省区选择 26 个县开展整合支农资金支持新农村建设试点工作。财政支农资金整合特别是以县为主的财政支农资金整合方面取得了实质性进展，提高了资金使用效益，受到基层的普遍欢迎。

（二）大力支持农村教育事业发展

从 2004 年起，进一步扩大农村义务教育阶段贫困学生免费教科书覆盖范围。2005 年加快国家扶贫工作重点县"两免一补"步伐，对 592 个国贫县 1700 万名农村义务教育阶段贫困家庭学生免除学杂费、书本费，部分学生补助寄宿生生活费；对中西部地区非贫困县的 1700 万名农村义务教育阶段贫困家庭学生提供免费教科书。

从 2006 年开始实施农村义务教育经费保障机制改革，按照"明确各级责任、中央地方共担、加大财政投入、提高保障水平、分步组织实施"的原则，逐步将农村义务教育全面纳入公共财政保障范围。中部地区每个省选择一个县于秋季学期开始试点，东部地区大部分省份也主动实施改革。全部免除了西部地区和部分中部地区农村义务教育阶段 5200 万名学生的学杂费，为 3730 万名家庭经济困难学生免费提供教科书，对 780 万名寄宿生补助生活费，同时还为西部地区农村义务教育阶段中小学安排了提高公用经费保障水平的补助资金，启动了全国农村义务教育阶段中小学校舍维修改造长效机制。中央与地方财政按照分项目、按比例的原则共同安排资金。中央和地方财政分别安排资金 150 亿元和 211 亿元，并对部分专项资金实行国库集中支付，资金直达学校，平均每学年每个小学生减负 140 元、初中生减负 180 元。这一改革逐步将农村义务教育纳入公共财政保障范围，说明农村公共产品供给方式正在发生深刻变革。

积极改善农村基础教育办学条件，支持实施全国中小学危房改造工程、"两基"攻坚计划、农村中小学现代远程教育工程、农村中小学布局调整、"农村义务教育阶段学校教师特设岗位计划"等重点项目，2006 全国 10 个省份启动"新农村卫生新校园建设工程"试点，为加快农村义务教育发展注入了新的活力。

（三）支持农村卫生和社会保障工作

一是积极支持新型农村合作医疗制度建设。2003 年开始新型农村合作医疗制度试点。2006 年中央及地方补助标准提高到 40 元，2008 年提高到 80 元，并扩大了补助范围。截至 2008 年年底，全国已有 2729 个县（市、区）建立了新农合制度，覆盖了全国所有含农业人口的县（市、区），参合农民 8 亿多，参合率 91.5%，提前两年完成了中央确定的全面覆盖目标。新农合从制度和机制上缓解了农民群众"因病致贫、因病返贫"的问题。除此之外，财政还大力支持农村卫生服务体系建设与发展。

二是支持农村救灾救济工作，做到受灾群众有衣穿、有饭吃、有房住、有干净水喝、有病能医，维护了灾区社会的稳定，促进了灾区经济恢复和发展。支持中西部困难地区开展农村医疗救助工作。支持建立农村最低生活保障制度。2007 年中央财政安排农村最低生活保障补助资金 30 亿元，用于鼓励已建立农村低保制度的地区完善制度，支持未建立制度的地区建立制度。支持农民工就业。对各类职业中介机构向进城登记求职的农村劳动者提供免费职业介绍服务的给予补贴；对进城务工的农村劳动者，提供一次性职业培训补贴。

（四）支持农业生产

落实和完善各项补贴政策，提高农产品产量和农民收入。近几年，为支持农业增产和农民增收，中央财政先后实施了良种补贴、农机购置补贴、粮食直补、农资综合直补等"四补贴"政策。资金通过发放现金或发放实物的方式，直接补助到农民手中，使农民直接受益。

加快农业技术推广，提高农业生产的科技含量和农民的劳动技能。安排农民培训专项资金，加强农民农业生产技能培训和非农技能培训；安排农业新技术和新品种推广资金；安排测土配方施肥专项资金，促进科学施肥，提高农作物产量，也减轻对环境的污染。

加大对农业灾害救助的支持力度，减轻因灾损失。安排资金对禽流感等重大动物疫情实行强制免疫和扑杀政策；大力支持农业生产救灾和重大病虫害防治；增加投入力度，支持防汛抗旱。

支持农业产业化，延伸农业生产的产业链条，提高农产品附加值。采取多种形式，支持农业产业化发展和农民专业合作组织发展。

不断完善粮食、棉花、化肥、食糖等物品储备制度，稳定市场粮价，促进农民增收。为了防止"谷贱伤农"，不断创新完善最低收购价粮食财政补贴制度，国家委托收购的最低收购价粮食，库存利息费用及销售盈亏全部由中央财政负担；为稳定市场，确保农民增收，2000年以来，建立了中央和地方两级国家粮食储备制度，中央和地方财政负担储备粮油利息、费用补贴；完善储备棉管理机制，加强棉花市场调控，中央财政负担国家储备棉方面的利息、保管费以及出入库价差等方面的支出；探索创新化肥淡储机制，促进农业生产，中央财政负担国家储备化肥利息、保管费等方面的支出；加强食糖市场调控，保护蔗农利益。

（五）大力支持农村其他工作

推行农村部分计划生育家庭奖励扶助制度。从2004年开始试点农村计划生育家庭奖励扶助制度，对农村只有一个子女或者两个女孩的计划生育家庭，夫妇年满60周岁以后，由中央或地方财政安排专项资金，按照年人均不低于600元的标准发放奖励扶助金。2006年在全国范围推行奖励扶助制度。

继续做好西部地区"少生快富"工程。在内蒙古、四川、云南、甘肃、青海、宁夏、新疆、海南等西部地区，对符合生育政策规定可以生育三孩但自愿放弃生育三孩，并采取长效节育措施的夫妇，一次性奖励3000元，中央财政按照80%的比例负担经费。

国家科技计划和基金重点向农业科研领域倾斜；加大对包括农业领域在内的非营利性科研机构的经费投入力度；实施"科技富民强县专项行动计划"，启动"科普惠农兴村计划"。推进新一轮"村村通"工程，解决"听广播难"和"看电视难"问题。实施流动舞台车工程，解决"看戏难"问题。实施"送书下乡"工程，解决"看书难"问题。支持实施农村电影放映工作，解决"看电影难"问题。实施文化信息资源共享工程，使基层群众共享优秀文化信息资源。

二、向民生倾斜

（一）大力支持教育事业发展

如表 8.1 所示，2008 年，全国财政教育支出 8937.9 亿元，比 2003 年增加 5585.8 亿元，增长 166.64%，年均增长 33.33%，占国家财政支出的比重为 14.32%，比 2003 年增加了 0.72 个百分点。2008 中央财政教育支出 1598.5 亿元，比上年增长约 50%。

表 8.1　2002～2008 年财政教育支出情况表

单位：亿元

	2003	2004	2005	2006	2007	2008
国家财政教育支出	3352.10	3854.30	4527.80	5464.30	7065.40	8937.90
其中：中央财政	—	331.60	384.40	538.30	1076.40	1598.50
占国家财政总支出比重（%）	13.60	13.53	13.34	13.52	14.25	14.32

资料来源：国家财政教育支出见 http://www.mof.gov.cn/caizhengbuzhuzhan/zhuanti-huigu/ys2008/ys2008_ sz/，中央财政支出（含补助地方专款）数据来自相关年度《全国人大常委会公报》刊登的中央决算报告。

具体措施如下：（1）积极建立农村义务教育经费保障新机制，减轻学生负担，提高教育经费保障水平。（2）在重点支持农村义务教育的同时，启动实施国家示范性高等职业院校建设计划；安排专项资金用于职业教育实验培训基地建设，进一步支持职业教育改革与发展；支持继续实施"211 工程"、"985 工程"等，支持深化高校管理体制改革，提高高等教育质量。（3）2007 年 5 月国务院发布了《关于建立健全普通本科高校高等职业学校和中等职业学校家庭经济困难学生资助政策体系的意见》，完善以国家助学贷款、助学金、奖学金等为主要资助手段的高校和中等职业教育家庭经济困难学生资助政策体系，帮助家庭经济困难的学生顺利完成学业。

（二）大力支持社会保障事业发展

如表8.2所示，2008年，全国财政的社会保障支出6770亿元，比2003年增加4057.8亿元，增长149.61%，年均增长29.92%，占国家财政支出的比重为10.85%。2008年中央财政社会保障支出2743.6亿元，比上年增长19.12%。

表8.2 2003~2008年社会保障支出情况表

单位：亿元

	2003	2004	2005	2006	2007	2008
国家财政社会保障支出	2712.20	3185.60	3787.10	4394.10	5396.10	6770.00
其中：中央财政	——	1476.20	1635.80	2023.00	2303.20	2743.60
占国家财政总支出比重（%）	11.00	11.18	11.16	10.87	10.89	10.85

资料来源：http://www.mof.gov.cn/yusuansi/zhengwuxinxi/caizhengshuju/。

具体措施如下：（1）加大了对就业和再就业工作的支持力度，扩大了再就业财税优惠政策的实施范围，延长了优惠期限，中央财政设立了再就业专项转移支付资金。（2）继续加大了"两个确保"和"低保"工作的保障力度，基本保证了国有企业下岗职工基本生活费和企业离退休人员基本养老金按时足额发放，多数省份已基本完成了国有企业下岗职工基本生活保障向失业保险并轨工作，城市低保基本实现应保尽保。（3）加大了帮助部分特殊困难群众解决生产生活问题的工作力度。（4）在东北三省试点的基础上，增加8个省份开展做实企业职工基本养老保险个人账户试点。（5）完善大中型水库移民后期扶持政策，扶持对象达2288万人。（6）面对自然灾害，及时拨付各种抗灾救灾资金，有力地支持了抗灾救灾。

（三）大力支持医疗卫生事业发展

如表8.3所示，2008年，全国财政医疗卫生支出2722.4亿元，比2003年增加1891.6亿元，是2003年的3.27倍；占国家财政支出的比重为 4.36%，比 2003 年提高了 0.99 个百分点。2007 年中央财政医疗卫生支出 664.3 亿元，比上年增长 381.4%，2008 年进一步增加到 826.8 亿元。

表 8.3　2003~2008 年医疗卫生支出情况表

单位：亿元

	2003	2004	2005	2006	2007	2008
国家财政医疗卫生支出	830.80	935.90	1132.60	1421.20	1973.80	2722.40
其中：中央财政	—	77.50	83.40	138.00	664.30	826.80
占国家财政总支出比重（%）	3.37	3.29	3.34	3.52	3.98	4.36

资料来源：http://www.mof.gov.cn/yusuansi/zhengwuxinxi/caizhengshuju/。

从具体措施看，主要有：（1）积极支持了城镇职工基本医疗保险制度、医疗卫生体制和药品生产流通体制改革。（2）安排公共卫生专项资金，重点加大公共卫生专项资金的投入力度，支持艾滋病、结核病、血吸虫病等重大传染病和地方病防治、贫困孕产妇住院分娩、基层卫生机构设备配备和人员培训、万名医师支援农村卫生工程等。（3）支持中西部地区新型农村合作医疗改革试点。（4）积极推进城乡医疗救助制度建设，加强五保供养。（5）中央财政设立禽流感防控基金，并实施了阶段性减免税政策，切实保障了高致病性禽流感防治工作的需要，促进了家禽业恢复发展。

（四）大力支持科技创新和环境保护

2003 年以来，国家财政加大了对科技创新的支持力度。（1）增加对科技重点领域和重点项目的投入，增加安排国家自然科学基金、国家重点基础研究规划专项经费、国家"863"计划专项经费等支出，重点支持了国家科技基础条件平台建设和中国科学院"知识创新工程试点"等工作，促进了一大批重大科研成果的产生和科技事业发展。（2）进一步优化投入结构，增加对基础研究、应用研究的投入，加大了对公益性科研机构的支持力度。（3）出台激励性的财务制度，制定税收优惠、政府采购等财税政策措施，支持企业自主创新。2008 年，科技支出 2108.13 亿元，比 2003 年增加 381.34 亿元，增长 22.08%，年均增长 4.42%，占国家财政支出的比重为 3.4%。

在环境保护上所推出的举措有：（1）完善天然林保护工程政策，积极推进退耕还林后续政策调整等，完善森林生态效益补偿基金制度，支持集体林权制度改革、国有林场管理体制和国有林权制度改革试点。（2）大力推进煤炭资源有偿使用制度改革，从 2006 年起 8 个省份已全面推开改革试点。（3）支持节能减排和开发新能源。特别是针对石油价格高企的新形势，积极研究促进发展石油替代能源的措施，制定支持生物能源发展等扶持政策，发展替代能源的财税政策体系初步建立。（4）积极推进石油价格形成机制改革，开征石油特别收益金。

三、对财政支出结构调整的评价

在财政支出结构调整方面，2003 年至 2008 年给人印象最深的，即是向"三农"和民生倾斜。从总体上看，2006 年或许是一个明显的分界点。在该年，我国社会文教费支出为 10846.2 亿元，占财政总支出比重上升到 26.83%；而经济建设支出则为 10734.63 亿元，占财政总支出比重下降到 26.56%。社会文教费比重与经济建设费比重的差距从 1978 年的 -50.98% 演变为 2006 年的 0.28%。在新中国历史上，这一年应是首次社会文教费超过经济建设费用的支出。或许我们可以认为，我国已经初步显现出民生型财政的雏形。

如果要追溯这种改变的原因的话，正如我们在本章第一节中所分析的，自然要归结到我国经济社会发展的新形势，以及新一届中央政府执政理念的调整。自党的十六大以来，中央相继提出科学发展观以及构建和谐社会的战略目标，在"十一五"规划中专门提出要"建设社会主义新农村"，到党的十七大时提出"加快推进以改善民生为重点的社会建设"。中央执政理念的这种变化，对应的是我国在过去一段时间经济和社会发展中的薄弱环节。为了加强这些薄弱环节，就必须加强公共财政体系建设，其中首要的就是公共财政支出结构的调整。

应当说，就目前情况来看，我国的财政支出结构调整已经朝着完善公共财政体制的方向迈出了关键的一步，且取得了不俗的成绩，但正如王一江（2007）所呼吁的那样，财政支出结构的根本性调整还未完成。与发达国家相比，我国财政在民生方面的支出比重还远远落后，而经济建设费比重，行政管理费支出比重还过高。当然，就像 2007/2008 年度中国财政政策报告《财政与民生》所展望得那样，随着党的十七大的召开以及科学发展观的进一步落实，我们有理由相信财政支出结构的调整将进一步向三农和民生倾斜。财政支出的公共化特点将进一步凸显。

第五节　政府间财政体制改革：推进基本公共服务均等化

作为一个拥有五级政府的转型中大国，政府间的财政体制非常重要。早在 1956 年，毛泽东在其著名的讲话《论十大关系》中，就专门谈到处理"中央和地方的关系"的重要性。按照他的表述，所谓中央与地方的关系，不仅包括中央政府与省政府之间的关系，而且包括地方政府中上下级政府间和各省之间的关系。对此，他指出，"处理好中央和地方的关系，这对于我们这样的大国、大党是一个十分重要的问题。这个问题，有些资本主义国家也是很注意的。它们的制度和我们的制度根本不同，但是它们发展的经验，还是值得我们研究。"

显然，毛泽东在 1956 年所关心的"中央和地方的关系"，包含了方方面面的内容。在我国逐步转型为市场经济国家的过程中，政府间的财政体制应当说是其中的一个重要方面。在毛泽东发表谈话后的几十年间中，我国的中央与地方财政体制反反复复变化过多次。最近的一次，也是根本性的一次自然是 1994 年的财税改革。那次改革，稳定了中央与各省之间的财权划分，但也遗留了很多问题。这之后的政府间财政体制改革，即是在 1994 年财税改革的框架之下如何进一步完善。比如省以下的财政体制改革、上下级政府之间的事权划分和转移支付、地区之间的发展不平衡等问题，都需要不断探索其解决方案。

由于我国已经明确了建立完善的公共财政体系为改革的目标，因此如果说在 1956 年毛泽东关心的是如何发挥各方面积极性以发展经济，那么在市场经济环境下，政府间财政体制改革更为关注的是如何让各级政府更好地提供公共服务。改革的目标，正如党的十六届六中全会所提出且在党的十七大报告中再次明确的：推进基本公共服务均等化。

一、1994 年财税改革的遗留问题

理解今天政府间财政体制改革，应当建立在对 1994 年财税改革及其遗留问题的基础上。1994 年实行了分税制财政管理体制，改变了财政包干体制下中央与地方"一对一谈判"、"讨价还价"的体制确定模式，统一了中央地方收支范围划分，初步形成了符合社会主义市场经济要求的中央与地方财政分配框架。就其改革的主要目的，稳定中央与地方财政分配关系，提高中央财政收入占全国财政收入的比重而言，改革无疑是非常成功的。但就如改革的主要操刀者之一、曾任财政部长项怀诚（2004）的表述，分税制虽然取得了巨大的成功，但在制度设计上还具有一定的过度色彩，尚有诸如事权划分不清，转移支付制度未健全等方面的缺陷，具体参见专栏 8.2。

从实际结果看，分税制改革遗留的问题主要是两方面（杨之刚，2004；周飞舟，2006）：基层政府财政困难和区域不平衡。也就是说，造成的问题主要集中在地方政府财力困难和财力不均两方面。这些问题随着时间的推移并没有逐步消化反而更为明显。由此在十余年之后，中国社会科学院财政与贸易经济研究所所推出的中国财政政策报告（2005/2006年），还选取了《走向"共赢"的中国多级财政》为其主题。

专栏8.2 项怀诚对于"分税制"改革存在问题的分析

"分税制"财政体制改革从根本上说是成功的，但也存在缺陷，需要充实和完善。原因是多方面的，既有历史遗留的因素，也有发展中需要解决的新问题。从改革的背景看，我国正处于计划经济向市场经济的转轨时期，各项改革都是"摸着石头过河"，只能在实践中不断完善。分税制改革，一开始也是很不彻底的，离目标模式的要求有较大距离。为了改革的平稳，分税制在利益调整方面的力度不可能太大。从当时的设计方案看，存在四个问题需要今后逐步解决。它们是：（1）中央政府与地方政府的事权划分不够清楚，收支范围的划分不合理。深层次的原因是：我国的经济体制改革尚未到位，现代企业制度尚未建立，政企关系没有真正理顺；政府职能的转换也没有到位。（2）企业所得税仍按企业被管辖的行政隶属关系在政府之间划分收入，不是真正的"分税制"。（3）在地方政府的收入中，"共享税"收入所占的比重太高，占60%左右，不利于地方之间的公平竞争。（4）财政转移支付制度尚需进一步健全，尤其是政府专项投资，在效率、公平和稳定之间的关系没有协调好。所有这些，都需要长期的探索实践。

"分税制"只是建立了市场化的财政体制框架，具有明显的过渡特征。作为分税制的基础，税制也要不断完善。例如，10年前，企业所得税制的改革统一了国内企业所得税，保留了原"三资企业"的所得税，形成了既按照企业的隶属关系，又分为国内、国外企业两套税收制度的局面。从当时的现实情况看，这是必要的，有利于改革开放。但是，现在我国已经加入了WTO，政府对企业的管理也在逐步取消"按身份"管理的制度，因此再按行政隶属关系在政府之间划分所得税就很成问题了，需要进一步改革。对于个人所得税，当时税源不大，并且从鼓励地方积极性的角度看，与地方利益挂钩有利于税源控制，有利于该税种地位的上升。但目前来看，个人所得税的重要性越来越突出，税制的进一步完善和税种在中央之间的重新划分就非常迫切了。2002年，财政部针对所得税制的问题，进行了制度调整，提出了"所得税共享"的办法，由中央与地方五五分成，2003年开始实行四六分成。共享的基数是以2002年1~9月的当年同期数的基数，加上以前三年的10~12月同期平均数的基数的和。调整后中央多集中的资金，全部用于西部发展。改革的当年中央从东部地区大约集中了126亿元用于西部建设和开发，这符合邓小平同志"先发展起来的地区带动后发展起来的地区，先富带动后富"的思想，也有力地配合了中央宏观政策的实施。

资料来源：项怀诚：《"分税制"改革的回顾与展望——在武汉大学110周年校庆"专家论坛"上的报告》，载《武汉大学学报》（哲学社会科学版）2004年第1期。

图8.3给出了1954年至2008年我国地方财政收支占全国财政收支比重的变化，它清晰地表明1994年分税制改革对于我国财政分权状况的影响。在1994年之前，地方财政支出与其收入的比重基本上是相适应的，在计划经济时期地方财政收入比重甚至高于财政支出比重。而在1994年分税制改革之后，地方财政收入与财政支出之间形成了巨大的缺口，导致地方财政支出必须要依赖于中央政府的转移支付。从图8.3中看，在近几年缺口还有扩大趋势。

虽然分税制设计的是中央财政与省级财政之间的分配格局，但是在现行政治体制下，这种格局对省以下财政，尤其是对县乡两级财政也会产生巨大影响。就如周飞舟（2006）所分析的那样，由于每一级政府都有权决定它与下一级政府采取的财政划分办法，省级财政自然会将财权上收的压力向下级财政转移，最终造成财力层层上移。也就是说，越到下级政府，财政支出与财政收入的缺口越大。

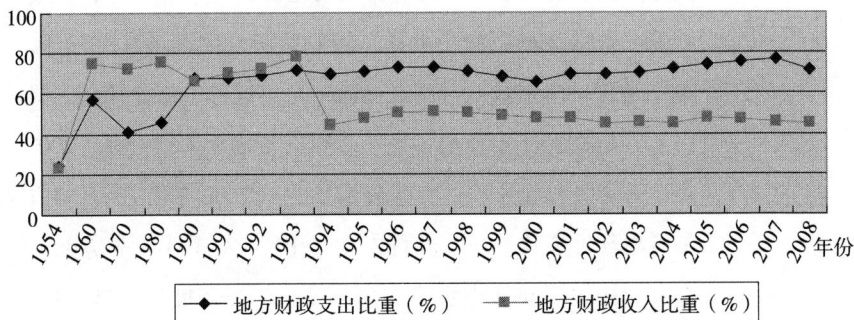

图 8.3　地方财政收入和支出占全国财政收支比重的变化（1954～2008 年）
资料来源：2007 年以前数据来自于《中国财政年鉴 2008》，2008 年数据来自于
　　http://www.mof.gov.cn/yusuansi/zhengwuxinxi/caizhengshuju/。其中 1990
　　年之前仅选取了 1954、1960、1970、1980 年四年的数据。

从制度上看，在分税制改革之后解决地方财政支出缺口问题的办法，即是逐步建立并完善由财力性转移支付和专项转移支付构成的转移支付制度。周飞舟（2006）的研究表明，从总体上看，通过税收返还和转移支付补助的形式来弥补地方财政的支出缺口基本是成功的。但是分地区来看，则存在着比较严重的地区不均衡现象。也正是因为如此，基层财政困难，区域间公共服务差距扩大这些问题才越发突出，进一步的改革才显得越发必要。改革的一方面即是分税制的进一步延伸和优化，另一方面需要改革转移支付制度。

二、通过体制改革落实科学发展观的理念

（一）实施所得税收入分享改革

1994 年实施分税制财政管理体制改革时曾经设想，按照建立社会主

义市场经济体制的要求，打破企业隶属关系，对企业所得税实行分率共享或比例共享，但是由于当时条件还不成熟，暂维持原划分格局不变。随着政府机构改革的实施、企业改革的深化以及地区间经济发展格局的变化，按企业隶属关系等划分所得税收入的弊端日益显现：一是强化了政府干预，不利于深化企业改革；二是不利于公平竞争；三是收入混库问题日益突出，不利于征收管理；四是不利于扭转地区间财力差距扩大的趋势。

针对上述问题，在深入调查研究和广泛征求地方意见的基础上，国务院决定，从 2002 年 1 月 1 日起实施所得税收入分享改革，将按企业隶属关系等划分中央与地方所得税收入的办法改为中央与地方按统一比例分享。2002 年所得税收入中央与地方各分享 50%；2003 年以后中央分享 60%、地方分享 40%。并明确中央因改革所得税收入分享办法增加的收入，全部用于对地方主要是中西部地区的一般性转移支付。为了保证所得税收入分享改革的顺利实施，妥善处理地区间利益分配关系，规定跨地区经营企业集中缴纳的所得税，按分公司（子公司）所在地的企业经营收入、职工人数和资产总额三个因素在相关地区间分配。2002 ~ 2005 年中央财政因改革所得税收入分享办法集中收入 2305 亿元。[①] 2002 ~ 2005 年，中央对地方一般性转移支付与 2001 年相比增量合计 1972 亿元。

（二）改革出口退税负担机制

从国际经验来看，市场经济国家一般将增值税作为中央收入。作为共享收入的国家，一般也先将增值税全部收归中央，扣除出口退税后再将剩余的部分按照地方分享比例转移支付给地方，如德国。实行分税制前，我国的出口退税由中央和地方分担。分税制改革后，出口退税改为中央全部负担，与增值税实行中央与地方共享的体制不符，中央负担沉重，出口欠退税较多。在目前条件下，如果将增值税全部作为中央财政收入，需要对分税制财政管理体制做出重大调整，不仅影响体制的稳定性，而且对地方利益影响较大。

---

① 李萍主编：《中国政府间财政关系图解》，中国财政经济出版社 2006 年版，第 31 页。

为此，国务院决定，在维持现行增值税中央与地方分享格局的同时，对出口退税机制进行改革，建立中央和地方共同负担出口退税的机制。即从 2004 年起，以 2003 年出口退税实退指标为基数，对超基数部分的应退税额，由中央和地方按 75∶25 的比例共同负担。中央财政加大对出口退税的支持力度，除及时办理 2003 年当年出口退（免）税外，还通过使用超收收入，利用由于实行国库集中支付改革而增加的中央库款余额，全部偿清了历年欠企业和地方的出口退税。这不仅能够促进外贸体制改革，支持企业正常经营和外贸发展，维护政府的形象和信誉，解决出口退税资金不足的问题，而且可以使出口退税与地方利益挂钩，强化地方政府防范和打击骗取出口退税犯罪行为的责任。

在 2004 年出口退税机制改革取得明显阶段性成效的基础上，针对新机制运行中出现的新情况和新问题，如地区负担不均衡、一些地方政府采取措施干预外贸发展等，财政部在广泛征求地方意见的基础上，经与商务部、国家税务总局等部门充分协商，经国务院批准，在维持 2004 年经国务院批准核定的各地出口退税基数不变的基础上，对超基数部分，从 2005 年 1 月 1 日起，中央、地方按照 92.5∶7.5 的比例分担；各省（自治区、直辖市）根据本地实际情况，自行制定省以下出口退税分担办法，但不得将出口退税负担分解到乡镇和企业，不得采取限制外购产品出口等干预外贸正常发展的措施；对所属市县出口退税负担不均衡等问题，由省级财政负责统筹解决；出口退税改由中央财政统一退库，地方负担部分年终专项上解。上述调整对解决地区间负担不均衡问题，维护全国统一市场，确保出口退税资金及时足额到位，促进外贸出口与经济持续健康协调发展具有重要意义。

（三）实施"三奖一补"政策

为建立健全激励约束机制、调动地方各级政府缓解县乡财政困难的积极性和主动性，2005 年中央财政出台了"三奖一补"激励约束政策，主要内容包括强化激励和强化约束两大块：

属于强化激励系列的内容有：（1）对财政困难县政府通过发展经济

等方式增加的税收收入以及省市级政府增加的对财政困难县财力性转移支付，中央财政按一定的系数，并考虑各地财政困难程度，给予适当奖励。（2）对县乡政府精简机构和人员给予奖励。对撤并乡镇取得进展的，中央财政根据减少乡（镇）的单位数，适当给予一次性奖励。对积极采取措施减少财政供养人员的地区，中央财政根据减少人数给予一定的奖励。（3）对产粮大县给予奖励。为鼓励粮食生产，减轻产粮大县财政压力，中央财政对产粮大县考虑粮食播种面积、粮食产量、粮食商品量等因素给予奖励，奖励政策对财政困难县适当倾斜。（4）对以前缓解县乡财政困难工作做得好的地区给予补助。中央财政对奖励政策实施以前，省市级政府财力向下转移较多、机构精简进度较快、财政供养人员控制有力的地区，给予适当补助。

　　属于强化约束系列的内容有：（1）建立地方财政运行监控和支出绩效评价体系，准确、全面地掌握财政运行情况，科学、客观地评价地方缓解县乡财政困难的能力、努力程度和工作实绩。（2）省、市和县乡财政部门在每年的财政预、决算报告中，分别向本级人民代表大会或人大常委会报告中央奖励补助资金的使用情况和缓解县乡财政困难的措施与成效。省级财政部门将有关情况汇总后报送财政部。（3）中央财政对地方上报数据资料、奖补资金分配和使用情况进行专项检查。对违反相关规定的地区扣减奖励补助资金，情节严重的，取消其享受奖补政策的资格。

　　（四）推进"省直管县"与"乡财县管"

　　按照现行"统一领导、分级管理"的分税制财政管理体制原则，省以下财政管理体制由各地在中央统一领导下，根据其实际情况确定。1994年分税制财政管理体制改革以来，中央财政多次下达关于完善省以下财政管理体制的指导性意见。根据中央指导性意见，结合本地实际情况，各地不断调整和完善县乡财政体制，在调整支出责任划分、明确收入划分、建立和规范转移支付等方面做了大量工作，体制管理模式不断创新。

一是积极推进"省直管县"改革。"省直管县"财政管理体制下，省级财政直接管理地市与县（市）财政，地方政府间在事权和支出责任、收入的划分，以及省对下转移支付补助、专项拨款补助、各项结算补助、预算资金调度等都是省直接对地市和县（市）。地市没有管理县（市）财政的职能，不直接与县（市）发生财政关系。这样一种体制管理模式有利于理顺和规范省以下地方财政分配关系，激发县域经济发展活力，提高财政支出效率。

二是稳步实施"乡财县管"。为加强县级财政对乡镇的管理，"乡财县管"改革在许多地区展开，主要内容是：在乡镇预算管理权不变、乡镇财政资金所有权和使用权不变和财务审批权不变的前提下，以乡镇财政为主体，由县财政部门管理并监督乡镇财政收支，实行"预算共编、账户统设、收入统管、支出统拨"的财政管理方式。

三、改革转移支付制度促进均等化

2003 年以来，中央对地方转移支付规模不断扩大，结构进一步优化，制度更加完善，管理更加规范，地区间基本公共服务均等化效果明显。如图 8.4 所示，2008 年中央财政对地方转移支付 18708 亿元，比 2003 年增加 14196 亿元，是 2003 年的 4.15 倍。2008 年中央对地方财政转移支付占中央总财政支出的 51.6%。转移支付对于平衡地方财力起到重要作用，地方支出平均 38% 的资金来源于中央财政转移支付，其中中西部地区支出平均 54.4% 的资金来源于中央财政转移支付。

目前，中央对地方财政转移支付制度体系由财力性转移支付和专项转移支付构成。财力性转移支付是指为弥补财政实力薄弱地区的财力缺口，均衡地区间财力差距，实现地区间基本公共服务能力的均等化，中央财政安排给地方财政的补助支出。财力性转移支付资金由地方统筹安排，不需地方财政配套。目前财力性转移支付包括一般性转移支付、民族地区转移支付、县乡财政奖补资金、调整工资转移支付、农村税费改革转移支付等。专项转移支付是指中央财政为实现特定的宏观政策及事业发展战略目

单位：亿元

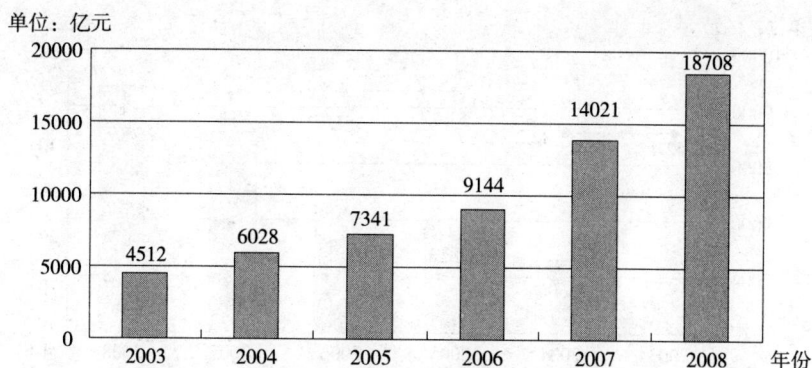

图 8.4　2003～2008 年中央对地方转移支付增加情况图

资料来源：李萍主编：《中国政府间财政关系图解》，中国财政经济出版社 2006 年版。http://www. mof. gov. cn/yusuansi/zhengwuxinxi/Caizhengshuju/200907/t20090707_ 176723. html。

标，以及对委托地方政府代理的一些事务进行补偿而设立的补助资金。地方财政需按规定用途使用资金。专项转移支付重点用于教育、医疗卫生、社会保障、支农等公共服务领域。这两方面的具体情况如下。

（一）财力性转移支付

2003 年以来，财力性转移支付体系不断完善，规模大幅度增加。如图 8.5 所示，2008 年中央对地方财力性转移支付 8746 亿元，比 2003 年增加 6832 亿元，是其 4.6 倍。财力性转移支付占转移支付总额的比重由 2003 年的 42.4% 提高到 2005 年的 51.9%，达到最高峰。2008 年又降到 46.7%，主要原因是对教育、农林水、环保的专项转移支付大幅增加，使得 2008 年财力性转移支付虽然增长了 22%，但比重仍然大幅下降。财力性转移支付的变化具体包括：

一般性转移支付分配办法在执行中不断完善，并得到地方的广泛认可。2002 年实施所得税收入分享改革，中央财政因改革收入分享办法增加的收入全部用于对地方主要是中西部地区的一般性转移支付，建立了一般性转移支付资金的稳定增长机制。2008 年中央对地方一般性转移支付达到 3510.52 亿元，比上一年增加 40.2%。

单位：亿元   单位：%

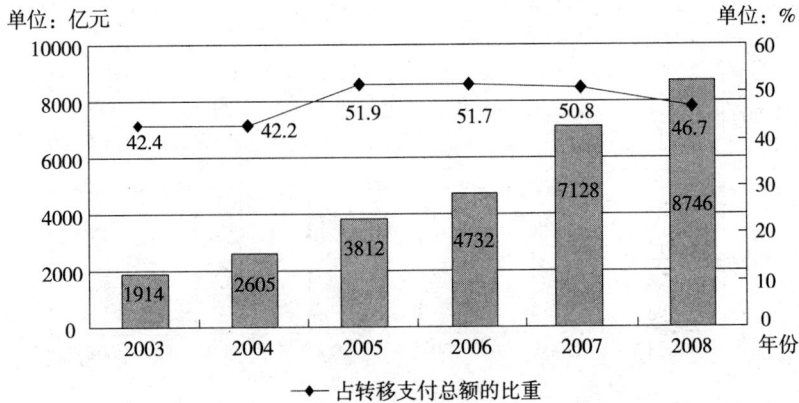

◆ 占转移支付总额的比重

图 8.5   2003～2008 年中央对地方财力性转移支付情况图

资料来源：李萍主编：《中国政府间财政关系图解》，中国财政经济出版社 2006 年版。http://www. mof. gov. cn/yusuansi/zhengwuxinxi/Caizhengshuju/200907/t20090707_ 176723. html。

    自 2000 年开始为配合西部大开发，贯彻民族区域自治法有关规定，实施民族地区转移支付，民族地区增值税环比增量的 80% 转移支付给地方，同时中央另外安排资金并与中央增值税增长率挂钩，2008 年中央对地方民族地区转移支付 275.79 亿元，比 2003 年增加 221 亿元（如表 8.4 所示）。

表 8.4   2002～2008 年中央对地方财力性转移支付情况表

	2003 年	2004 年	2005 年	2006 年	2007 年	2008 年
合计	1914	2605	3812	4732	7128	8746
一般性转移支付	380	745	1120	1530	2504	3511
民族地区转移支付	55	77	159	156	173	276
调资转移支付	901	994	1476	1724	2247	2451
农村税费改革转移支付	306	523	661	751	756	763
县乡奖补转移支付			150	235	339	438

	2003 年	2004 年	2005 年	2006 年	2007 年	2008 年
其他财力性转移支付	272	266	246	336	1109	1307

资料来源：李萍主编：《中国政府间财政关系图解》，中国财政经济出版社 2006 年版。http://www.mof.gov.cn/yusuansi/zhengwuxinxi/Caizhengshuju/200907/t20090707_176723.html。

2003 年和 2006 年中央出台调整工资政策。对因调资增加的支出，中央财政对中西部地区考虑各地区困难程度实施调整工资转移支付。2008 年调整工资转移支付为 2451 亿元，比 2003 年增加 1550 亿元。调整工资转移支付根据政策要求和地方的承受能力测算实施，促进了相关政策的平稳出台和社会安定。

2000 年开始农村税费改革试点，2006 年全面取消农业税，对实施农村税费改革造成的净减收，中央财政考虑各地区困难程度实施农村税费改革转移支付。2006 年农村税费改革转移支付为 751.3 亿元，2007 年、2008 年基本维持在这一水平。

2005 年为缓解县乡财政困难，中央财政出台了缓解县乡财政困难奖补政策，对各地区缓解县乡财政困难工作给予奖励和补助。2005 年，中央财政县乡奖补资金 150 亿元，2006 年 235 亿元，2007 年 339 亿元，2008 年 438 亿元，增加很快。至 2006 年县乡政府"保工资、保运转"问题基本得到解决。

（二）专项转移支付

如图 8.6 所示，2008 年中央对地方专项转移支付 9962 亿元，比 2003 年增加 7364 亿元，增长 83.8%，2008 年是 2003 年 3.83 倍。专项转移支付占转移支付总额的比重由 2003 年的 57.6% 下降到 2006 年的 48.3%，到 2008 年又回升到 53.3%。

2003 年以来专项转移支付增量主要用于支农、教科文卫、社会保障等事关民生领域的支出，体现了公共财政的要求。

单位：亿元　　　　　　　　　　　　　　　　　　　　单位：%

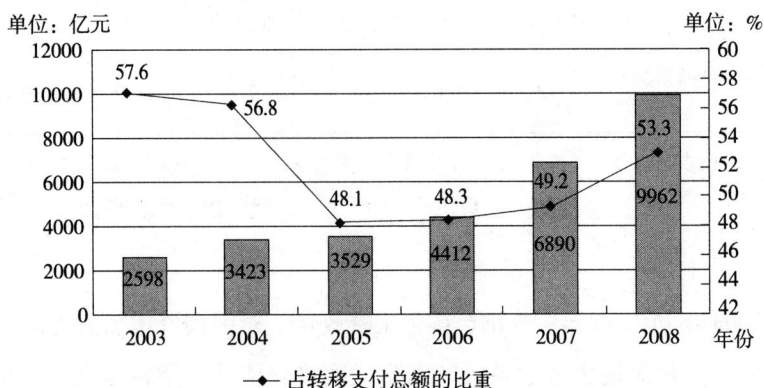

图 8.6　2003～2008 年中央对地方财力性转移支付情况图

资料来源：李萍主编：《中国政府间财政关系图解》，中国财政经济出版社 2006 年版。http://www.mof.gov.cn/yusuansi/zhengwuxinxi/Caizhengshuju/200907/t20090707_176723.html。

在支农方面，中央财政实行良种补贴、农机具购置补贴，深入推进农业综合开发。中央财政支农专项转移支付由 2002 年的 260.92 亿元增加到 2006 年的 551.49 亿元，到 2008 年进一步增加到 1513.13 亿元，占专项转移支付总额的比重由 2002 年的 10.9% 提高到 2006 年的 12.5%，2008 年进一步达到 15.2%。

在教育方面，中央实施农村义务教育经费保障机制改革，并对部分专项资金实行国库集中支付，资金直达学校，全面实施城乡免费义务教育，加强中西部校舍建并向农村义务教育阶段家庭经济困难寄宿生给予生活费补助，大力支持职业教育。中央财政教育专项转移支付由 2002 年的 48.69 亿元增加到 2008 年的 687.53 亿元，2008 年是 2002 年的 14.12 倍，占专项转移支付总额的比重由 2002 年的 2% 提高到 2008 年 6.9%。

在医疗卫生方面，自 2006 年开始加快新型农村合作医疗的推广，到 2008 年基本实现全覆盖，从制度和机制上缓解了农民群众"因病致贫、因病返贫"的问题，创造了世界医疗保障史上的奇迹；同时还大力支持农村地区医疗机构的建设。2008 年开始推广城镇居民基本医疗保险。中央财政卫生专项转移支付由 2002 年的 10.07 亿元增加到 2008 年的 780.02 亿元，增幅惊人；占专项转移支付总额的比重由 2002 年的 0.4% 提高到 2006 年的 7.8%。

社会保障方面在东北三省试点的基础上，增加 8 个省份开展做实企业职工基本养老保险个人账户试点；完善大中型水库移民后期扶持政策，扶持对象达 2288 万人。中央财政社会保障专项转移支付由 2002 年的 754.73 亿元增加到 2008 年的 2399.31 亿元，2008 年是 2002 年的 3.18 倍。

从制度层面看，转移支付分配和管理不断完善。在财力性转移支付方面，不断改进标准财政收入、标准财政支出、标准财政供养人员数等测算方法，引入激励约束机制，转移支付办法、数据来源与测算结果公开。在专项转移支付方面，财政部出台了《中央对地方专项拨款管理办法》，明确了中央对地方专项转移支付管理的原则和要求。在工作中参照这一办法对专项转移支付的申请和审批、分配和使用、执行和监督等各个管理环节提出的要求，坚持公开、公正、透明的原则，对大多数专项转移支付项目采取"因素法"与"基数法"相结合、以"因素法"为主的分配方法，并补充修订了相关的专项管理办法。

努力推进专项转移支付项目整合工作，提高转移支付资金规模效益。近几年从支农专项资金整合入手，自下而上地大力推进专项转移支付项目整合工作。2006 年财政部印发了《关于进一步推进支农资金整合工作的指导意见》，指导地方财政等有关部门开展支农资金整合工作。通过支农资金整合，形成了政策、资金合力效应，发挥了财政资金"四两拨千斤"的作用，在促进农民增收，推进新农村建设方面发挥了一定作用。

积极开展专项转移支付政府采购和国库集中支付试点，有效解决资金挪用和管理中信息不对称问题，提高转移支付资金使用效益。从 2003 年开始，中央财政选择了部分项目进行政府采购和国库集中支付试点。如对免费教科书、流动舞台车、送书下乡、贫困地区公安装备实行了政府采购。农村义务教育经费保障机制改革中央负担的免费教科书资金、免杂费补助资金、公用经费补助资金、校舍维修改造资金等经费从 2006 年 7 月 1

日起由省级财政部门和县级财政部门实行财政直接支付，中央财政实行动态监控。

（三）均等化效果分析

财政转移支付体系不断完善，尤其是财力性转移支付制度的不断完善，改变了分税制财政管理体制改革前中央财政与地方财政"一对一"谈判、"讨价还价"的财政管理体制模式，增强了财政管理体制的系统性、合理性，减少了中央对地方补助数额确定过程中的随意性。

转移支付规模不断增加，支持了中西部经济欠发达地区行政运转和社会事业发展，促进了地区间基本公共服务均等化。

财力性转移支付的稳定增长，大大提升了中西部地区的财力水平。2007 年，如果将东部地区按总人口计算的人均地方一般预算收入作为100，中西部地区仅为32。在中央通过转移支付实施地区间收入再分配后，中、西部地区人均一般预算支出分别上升到56、66，与东部地区的差距明显缩小。

专项转移支付规模增加，并大力投向事关民生的领域，落实了中央政策，引导了地方政府资金投向，大大促进了社会事业发展。专项转移支付资金分配过程中更多地考虑与政策相关的人口、粮食产量等因素，公共财政阳光照耀到了政策涉及的所有城镇居民和农村居民。

第六节　推进财政管理体制改革：走向预算国家

毫无疑问，政府收支行为应当规范化和法治化，受到有效的监督。在中国，这是财政管理体制改革的核心内容。而从国际经验看，在现代国家，预算即是解决政府收支行为规范化和法治化的主要手段。王绍光（2007）在访谈中指出，从更广阔的历史视野来看，每个国家都要经过从税收国家到预算国家的历史进程，税收国家是预算国家的前提。所谓税收国家，意指各级政府的收入应当主要来自法定税收。所谓预算国家，他用财政统一和预算监督两个方面进行概括。按照王绍光（2007）的评估，我国很早已经是一个税收国家，但在新中国成立后一段时间内的过度分权。1994年的税制改革和分税制改革，又全面恢复了"税收国家"这一局面。在成为预算国家方面，他认为我国无论是财政统一，还是预算监督，都存在着严重不足。

事实上，如果说我国1994年的改革主要是解决政府收入问题，那么至少自2000年开始，财政部门已经高度重视政府收支行为的规范化和法治化问题，并推出了一系列财政管理体制方面的改革措施，旨在规范政府收支行为。正如上一章所介绍的，比如编制部门预算，即是在各种既得利益格局阻碍编制完整统一的政府预算的制约下而做出的暂时妥协，再如实行国库集中支付制度、政府采购制度、费改税等，目的均是希望将各个政府部门的所有收支都纳入财政监督的视野中。这些均体现为我国在走向现代预算国家方面所付出的努力。

就如高培勇（2006）所指出的，随着近年来我国税收收入的高速增长，尤其是超预算收入规模的进一步膨胀，如何进一步强化政府的预算约束机制就成为完善公共财政体系建设的一个关键问题。如果回顾2003～2008年我国在这方面的努力，应当说虽然没有划时代事件的出现，但自党的十六届三中全会以来的各项中央文件中，都高度强调财政管理体制改革的重要性；而在社会舆论中，对于各级政府部门的收支规范化也给予高度的关注。因此，财政管理体制的改革在财政部门也受到相当的重视，相关措施陆续出台，稳步推进。如在党的十六届三中全会的《决定》中，首次提出完善的市场经济要实行全口径预算的目标，实行新的政府收支分类科目，强化以往各项改革措施等，这些都在为我国走向现代预算国家提供强有力的推动力。

一、实施政府收支分类改革

针对现行政府预算收支科目体系存在的涵盖范围偏窄、体系不够科学、不能完整反映政府职能活动等问题，我国从 1999 年起着手研究政府收支分类改革。政府收支分类改革方案多次修改，并进行了模拟试点。2005 年 12 月 27 日，国务院正式批准政府收支分类改革方案，决定编制 2007 年预算时全面实施此项改革。

（一）政府收支分类改革的必要性

政府收支分类是财政预算管理的一项重要的基础性工作，直接关系到财政预算管理的透明度，关系到财政预算管理的科学化和规范化，是公共财政体制建设的一个重要环节。随着社会主义市场经济体制的完善、公共财政体制的逐步确立，以及部门预算、国库集中收付、政府采购等各项财政改革的不断深入，现行政府收支分类体系的弊端也越来越明显，主要存在于以下几个方面：

1. 与市场经济体制下的政府职能转变不相适应

目前我国社会主义市场经济体制已基本建立，政府职能也发生了很大转变，政府公共管理和公共服务的职能日益加强，财政收支结构也发生了很大变化。基本建设支出、企业挖潜改造支出、科技三项费用、流动资金等计划经济体制下按照政府配置资源思路设计的科目。

2. 不能清晰反映政府职能活动

现行预算支出科目主要是按"经费"性质进行分类的，把各项支出划分为行政费、事业费等等。这种分类方法使政府究竟办了什么事在科目上看不出来，很多政府的重点工作支出如农业、教育、科技等都分散在各类科目中，难以形成一个完整、透明、清晰的概念。

3. 制约了财政管理的科学化和财政管理信息化

现有的支出科目划分涵盖范围偏窄，也不够明细、规范和完整，对细化预算编制，加强预算单位财务会计核算，以及提高财政信息化水平都带来一些负面影响。

4. 不利于强化财政预算管理和监督职能

现行政府收支分类体系只反映财政预算内收支，未包括应纳入政府收支范围的预算外收支和社会保险基金收支等，给财政预算全面反映政府各项收支活动，加强收支管理带来较大困难，不利于强化预算管理和监督职能。

5. 与国民经济核算体系和国际通行做法不相适应

既不利于财政经济分析与决策，也不利于国际比较与交流。财政部门和国家统计部门每年要做大量的口径调整和数据转换工作。尽管如此，还是难以保证数据的准确性以及与其他国家之间的可比性。

（二）政府收支分类改革主要内容

新的政府收支分类体系设计主要遵循三个基本原则：一是公开透明。确保按新科目编制的预算符合市场经济条件下公共财政的基本要求，既要说得明白，也要让一般老百姓看得懂。二是符合国情。既要合理借鉴国际经验，实现与国际口径的有效衔接与可比，又要充分考虑我国目前的实际情况，尽可能满足各方面的管理需要。三是便于操作。科目设计在内容和层级设计上既要充分满足管理的要求，又要尽可能简化，不能太复杂。

按照上述原则，新的政府收支分类主要包括三个方面的内容，即收入分类、支出功能分类和支出经济分类：

1. 对政府收入进行统一分类，全面、规范、细致地反映政府各项收入

改革后的收入分类全面反映政府收入的来源和性质，不仅包括预算内收入，还包括预算外收入、社会保险基金收入等应属于政府收入范畴的各项收入。

2. 建立新的政府支出功能分类体系，更加清晰地反映政府各项职能活动

这是这次科目改革的核心。新的支出功能分类根据政府管理和部门预算的要求，统一按支出功能设置类、款、项三级科目，其中，类级科目综合反映政府职能活动，如国防、外交、教育、科学技术、社会保障、环境保护等；款级科目反映为完成某项政府职能所进行的某一方面的工作，如"教育"类下的"普通教育"；项级科目反映为完成某一方面的工作所发生的具体支出事项，如"水利"款下的"抗旱"、"水土保持"等。

3. 建立新型的支出经济分类体系，全面、规范、明细反映政府各项支出的具体用途

支出经济分类科目设类、款两级，类级科目具体包括：工资福利、商品和服务支出、对个人和家庭的补助、转移支付、基本建设支出等。款级科目是对类级科目的细化，主要体现部门预算编制和单位财务管理等有关方面的要求。

（三）政府收支分类改革的意义

按照规划，政府收支分类的改革，暂未改变目前预算管理的基本流程和管理模式，不改变预算平衡口径及预算内资金（包括现有一般预算资金、政府性基金）、预算外资金、社会保险基金分别管理的方式。从这方面看，新的政府收支分类改革对于目前的预算管理似乎影响较小。然而在实质意义上，这项改革在建立完善的公共财政体制，在促使我国走向与国际接轨的现代预算国家之路等方面，都将具有深远的影响。按照时任财政部副部长在就该项改革答记者问时所回答的，这些影响包括：

"政府收支分类是财政预算管理的一项重要的基础性工作，直接关系到财政预算管理的透明度，关系到财政预算管理的科学化和规范化，是公共财政体制建设的一个重要环节。按照社会主义市场经济体制的发展要求，建立一套规范的政府收支分类体系，对建立民主、高效的预算管理制度，扩大公民民主参与预算过程，保证人民依法实现民主决策、民主管理和民主监督政府预算的权利，推进社会主义政治文明和政治民主建设，都具有重大意义。"

"新的政府收支分类体系充分体现了国际通行做法与国内实际的有机结合，有利于更加清晰完整地反映政府收支全貌和职能活动情况，对进一步提高政府预算透明度，强化预算管理与监督，从源头上治理腐败，促进社会主义民主政治建设等，都具有十分重要的意义。"

二、已有改革措施的继续推进

（一）推进部门预算管理改革，强化预算约束

1. 建立和完善基本支出定员定额管理体系，推进实物费用定额试点

部门预算改革的目的，就是通过规范预算编制方法，建立规范、科学的预算分配机制。通过研究制定《中央本级基本支出预算管理办法》，对基本支出预算实行定员定额管理。几年来，通过细化定额项目、完善定额测定方法、扩大试点范围，使基本支出定员定额标准体系的科学性、规范性不断提高。

2. 建立和完善项目支出管理办法，推动项目支出预算滚动管理

项目支出预算采取项目库管理方式，按照项目重要程度，分别轻重缓急排序，使项目经费安排与部门事业发展和年度重点工作紧密结合。每年项目支出预算批复后，按照限定的条件财政部要组织中央部门对已批复预算的项目进行清理，将延续项目滚动转入以后年度，逐步建立项目支出预算滚动安排的管理机制。

3. 稳步推进部门预算支出绩效考评试点工作

研究制定了《中央部门预算支出绩效考评管理办法（试行）》。2006年，按照考评管理办法规定，经部门申请，财政部确定了农业部"农业科技跨越计划经费"等 4 个项目进行绩效考评试点。2007 年，选择了教育部"高校建设节约型校园修购"等 6 个项目进行试点，试点范围逐步扩大，试点的规范性不断提高。在中央部门试点工作稳步推进的同时，部分省市财政部门也成立绩效考评管理机构，以项目支出为切入点，开展了绩效考评试点工作。

4. 规范预算编制程序

为规范部门预算编制过程中财政部和中央部门的职能和责任，财政部相继制定了《进一步加强和规范中央预算管理的有关规定》、《财政部中央部门预算编制规程（试行）》等规范性文件，提出"二上二下"的预算编制程序。对预算编制、执行、调整各阶段的时间安排、具体工作任

务以及财政部和中央部门、财政部内部各司局的职能权限等做出了具体的规定。

从改革的成就看，2000 年所有中央部门和单位按照基本支出预算和项目支出预算试编部门预算，初步实现"一个部门一本预算"，并选择教育部、农业部、科技部和社会保障部等 4 个部门作为部门预算试点单位，向全国人大报送。2001 年增加到 26 个部门，2004 年增加到 34 个，2006 年增加到 40 个。总体来看，经过几年的努力，部门预算编制改革取得了显著的成效。比如，初步建立起与国家宏观政策及部门履行职能紧密结合的预算分配机制；预算编制方式发生重大改变，预算编制的准确性进一步提高；强化了预算约束，预算的计划性和严肃性得到增强；预算透明度不断提高，强化了全国人大对预算的监督。

（二）深化国库集中收付制度改革，加强预算执行管理

国库集中支付改革范围扩大到所有中央部门及所属 6100 多个基层预算单位，实施改革的预算资金达到 4600 多亿元。36 个省、自治区、直辖市、计划单列市本级，270 多个地（市），1000 多个县（区），超过 16 万个基层预算单位也实施了此项改革。2006 年以来，国库集中收付制度改革又进一步深化和完善，将农村义务教育中央专项资金纳入国库集中支付管理，在中央补助地方专项资金支付管理方面取得了重大突破，为下一步全面加强专项资金管理奠定了基础。

从中央和地方实施国库集中收付制度改革的情况看，经过各方面的共同努力，各项基础工作扎实有效，各项改革工作进展顺利，新制度的优越性开始显现，取得了阶段性成果。一是从根本上解决了过去财政资金层层拨付，流经环节过多的问题。二是有效地提高了财政资金使用的透明度，有利于从制度上解决以往资金使用过程中存在的截留、挤占、挪用等问题。三是提高了资金拨付效率和规范化程度。四是促进了预算单位财务管理意识和水平的提高。

（三）大力完善政府采购制度，提高财政资金使用效益

经过多年的努力，政府采购制度改革取得了重大进展，政府采购制度

体系不断完善，基本形成了规范化的政府采购管理机制，政府采购行为日趋规范，政府采购规模和范围不断扩大。2008年全国政府采购规模达到5990.9亿元，占当年财政支出的9.6%，在节能、环保等方面较好地发挥了扶持和导向作用。

（四）深化"收支两条线"改革，全面规范管理预算内外资金

2001年，国务院转发财政部《关于深化收支两条线改革，进一步加强财政管理意见的通知》，决定将中央各部门的预算外收入全部纳入专户管理，有条件的纳入预算管理。2002年将公安部等5个行政执法部门按规定收取的11项行政事业性收费纳入预算管理。2003年将30个部门的118项收费纳入预算管理。2004年，又将26个部门的76项行政事业性收费纳入预算管理，将依法新审批的收费基金全部纳入预算管理。截至目前，国务院批准的收费项目的90%已纳入预算管理，政府性基金则全部纳入预算管理。从2005年起，对原广电总局集中的中央电视台广告收入的预算管理方式进行了改革，由原来的部门集中使用改为纳入预算统筹管理，基本实现了对预算外资金进行规范管理的目的。2007年1月1日起对于社会关注度极高的土地出让收支，要求纳入地方政府性基金管理。2004年财政部发布《关于加强政府非税收入管理的通知》，明确了政府非税收入的管理范围，并要求分类规范管理政府非税收入，进一步推动了全面规范管理预算内外资金的工作。

（五）推进"金财工程"建设，提升财政管理信息化水平

2002年，国家信息化领导小组已将"金财工程"列为国家电子政务主要业务系统之一，"金财工程"正式全面启动。"金财工程"又可称为政府财政管理信息系统，它是与我国建立公共财政体制框架目标相适应的一套先进信息管理系统，也是我国正在实施的电子政务战略工程建设的重要组成部分。金财工程建设的主要内容，包括构建一个应用支撑平台，中央与地方数据处理，内部涉密网、工作专网和外网，预算编制系统、预算执行系统、决策支持系统和行政管理系统等。通过统一平台和技术业务标准、共享数据资源、自动控制与处理等手段，在财政资金运行的各个环

节，都可以实现财政管理权限的相互制约，促进财政管理的科学化、规范化，从而催生新的财政管理模式。金财工程还可以对财政资金运行事前、事中、事后的全过程进行实时监测，实现阳光下的财政监管，有效防止暗箱操作和人为干扰，使财政的每一笔资金落到实处，花出效益。财政部将加快推进金财工程建设，计划在 3 年内初步完成金财工程一期建设，基本建成网络安全可靠、覆盖所有财政资金、辐射各级财政部门和预算单位的政府财政管理信息系统，全面提升财政管理水平。

三、探索其他改革措施

（一）实施国债余额管理，有效防范财政风险

2005 年 12 月 16 日，十届全国人大常委会第四十次委员长会议通过了全国人大常委会预算工作委员会关于实行国债余额管理的意见。自 2006 年起，参照国际通行做法，我国开始采取国债余额管理方式管理国债发行活动，以科学管理国债规模，有效防范财政风险。

自 1981 年恢复发行国债以来，我国一直采取逐年审批年度发行额的方式管理国债。这种管理方式存在五个方面的问题：年度国债发行额不能全面反映国债规模及其变化情况，控制年度国债发行额不利于合理安排国债期限结构，不利于促进国债市场平稳发展，不利于财政与货币政策协调配合，不利于提高国债管理效率。

实行国债余额管理后，借新还旧的发债由财政部在年度国债余额限额内根据财政收入状况和资本市场情况自行运作，既规范了发债行为，又增加了主动性和灵活性，符合国债管理的客观需要，对科学控制国债规模、优化国债期限结构、降低国债筹资成本、提高财政管理透明度、防范财政风险具有重要意义。

（二）实施国库现金管理，提高库款资金使用效益

国库现金管理是指财政部门在代表政府进行公共财政管理时，预测、控制和管理国库现金的一系列政府理财活动。国库现金管理的目标是在确保国库现金支付需要的前提下，实现国库闲置现金最小化和投资收益最大

化。国库现金管理遵循安全性、流动性和收益性相统一的原则。国库现金管理的操作方式主要有发行短期国债等融资活动，商业银行定期存款、买回国债、国债回购和逆回购等投资活动。

（三）试行国有资本经营预算，统筹用好国有资本收益

2007 年 5 月 30 日国务院召开国务院常务会议，研究部署试行国有资本经营预算工作，决定从 2007 年开始在中央本级试行国有资本经营预算，地方试行的时间、范围和步骤由各省（区、市）及计划单列市人民政府决定。实行国有资本经营预算，是国家以所有者身份取得企业国有资本收益，用于支持实施产业发展规划、国有经济布局和结构调整、企业技术进步，补偿国有企业改革成本以及补充社会保障。

建立和实施国有资本经营预算制度，统筹用好国有资本收益，是完善社会主义市场经济体制的一项重要举措，对于深化国有企业收入分配制度改革、增强政府宏观调控能力、合理配置国有资本、促进企业技术进步、提高企业核心竞争力，都具有重要意义。

（四）建立中央预算稳定调节基金，提高财政运行稳定性

为更加科学合理地编制预算，保持中央预算的稳定性和财政政策的连续性，从 2006 年起，根据当年的财政收支平衡状况，中央财政从超收收入中安排相应规模资金建立中央预算稳定调节基金，专门用于弥补短收年份预算执行收支缺口。中央财政收入预算由财政部在征求征管部门意见的基础上编制，不再与征管部门编制的征收计划直接挂钩。中央预算稳定调节基金单设科目，安排基金时在支出方反映，调入使用基金时在收入方反映，基金的安排使用纳入预算管理，接受全国人大及其常委会的监督。

四、积极推进依法理财和民主理财

实行依法理财与民主理财，建设法治财政，既是实行公共财政制度的必然要求，也是充分发挥公共财政职能作用，促进和谐社会构建的重要保障和途径。近年来，依法理财、民主理财工作大力推进，财政管理的法治化、民主化和公开化水平不断提高。

（一）加快财税立法进程

通过加快财税立法，不断健全完善适应公共财政要求的财税法律制度，夯实依法理财、民主理财基础。目前，《政府采购法》、《财政违法行为处罚处分条例》等一批适应新形势下财政管理需要的法律、行政法规已颁布实施，并取得了明显效果；内外资两套企业所得税制度已合并，新的《企业所得税法》已由十届全国人大五次会议审议通过，并于 2008 年 1 月 1 日起实施；《预算法》（修订）、《财政转移支付法》、《税收基本法》等重要的财政法律已列入十届全国人大常委会立法规划，《政府采购法实施条例》、《财政资金支付条例》等财政行政法规也已列入国务院立法工作计划，上述立法项目正在抓紧研究起草过程中。此外，规范财政收入、支出和管理等各方面的财政规章和规范性文件的立法步伐也显著加快。仅 2006 年一年，财政部制定公布的财政规章就有 11 件，制定及与其他部门联合制定的财政规范性文件约 260 件。

（二）创新和健全制度

通过创新和健全制度，形成了促进依法理财和民主理财的有效机制。为全面推进财政部门依法行政、依法理财，建设法治财政，贯彻执行国务院《全面推进依法行政实施纲要》，财政部制定了《财政部门全面推进依法行政依法理财实施意见》，明确了全面推进依法行政、依法理财的目标、任务和措施，对加强财政立法、完善财政决策机制和程序、健全财政执法制度，规范执行行为、强化财政监督等提出了明确要求。在起草财政法律、行政法规和制定财政规章、规范性文件过程中，坚持按照《行政法规制定程序条例》、《规章制定程序条例》和《意见》规定要求，采取深入基层调查研究、书面征求意见、召开座谈会、论证会等多种方式，广泛听取有关单位和公民个人的意见和建议，力求使财政立法更好地体现民意。

（三）仍然任重道远

虽然在依法理财和民主理财方面这些年取得了一定的进步，但是我国的政府预算改革还有许多工作要做，如尽快完成《预算法》的修订工作，进一步提高预算管理的制度化、法制化水平；逐步将预算年度、预算周期改革提上议事日程；将公开预算最为政务信息公开的首要内容；有序推进预算决策的民主化、科学化等等。

第七节 小结

盘点我国在2003年至2008年在完善公共财政体制方面的进步，影响深远的改革措施屡见不鲜。这些改革措施的出台，标志着我国在建立与完善的市场经济体制相适应的，完善的公共财政体制方面取得了长足的进步。提炼这段时间财税体制改革的特征，可以归纳出以下几点：

第一，我国财税体制的改革从来都不曾独立推进，总是与我国改革开放的进程相适应。这一点在这五年突出的表现，即是科学发展观和构建和谐社会战略目标的提出，既为公共财政体制的改革提出了很高的要求，又提供了影响深远的动力。作为党的十六大以来两个最为重要的战略思想，要实践科学发展观和实现构建和谐社会的目标，就必然要求充分发挥公共财政的再分配和资源配置职能，促进社会公平和人与自然的和谐关系。从现实结果看，这几年财政支出结构的调整，政府间财政体制和财政管理体制的完善等都是受此影响。换一个角度看，这些进步本身即是沿着完善公共财政体制方向的进步。这是因为，公共财政的公共性、民主性、规范性特征与科学发展观和构建和谐社会要求相一致。公共财政建设同作为和谐社会根基的公平正义理念，以及科学发展观的核心"以人为本"是一脉相承的。

第二，自建立公共财政体系的方向得以明确后，财税体制改革面临的不再是重构框架、推倒重来这样的战略任务，而更多的集中在如何解决历史遗留问题，如何进一步完善已有体制上。这一点在新一轮税制改革，政府间财政体制改革等方面表现得较为明显。

第三，从这几年改革的现实进程看，如"两法合并"的延期出台，如稳健财政政策的艰难抉择等，都表明改革已经进入深水区。一些沿着正确方向的改革措施的出台，由于其会影响到一些人的利益，可能会遇到意想不到的阻力。

第四，公共财政体制的改革过程本身也在公共化。随着网络技术的发展以及改革进程的深入，社会公众对于财税体制的改革关注度不断加深，其表达意见的渠道也不断拓宽。这几年的许多以完善公共财政为取向的改革措施，都受到社会公众的广泛关注，并在其有力推动下才得以出台。

总的来看，在 2003～2009 年这几年中，我国在建立完善的公共财政体制方面取得了一些实质性的进步，但更为重要的是在若干方面形成了自上而下的共识，明确了改革的方向。温家宝总理在 2008 年人代会后的记者招待会上还专门提道，"我想讲一个公共财政的问题，这是很少涉及的问题。我们要推进财政体制改革，使公共财政更好地进行结构调整和促进经济发展方式的转变，更好地改善民生和改善生态环境"。自然，他的这一表态是与党的十六届三中全会、党的十七大的精神以及科学发展观和构建和谐社会的战略思想一脉相承的。我们有理由相信，在各级政府与社会各界已经形成的共识指引之下，公共财政体系的建设和完善步伐必将进一步加快。

本章参考文献

1. 安体富：《积极财政政策的"淡出"：必要性、条件与对策》，载《当代财经》2003 年第 10 期。

2. 高培勇：《公共财政为和谐社会奠基》，载《人民日报》2007 年 2 月 26 日。

3. 高培勇：《积极财政政策：在思路和举措两个层面寻求突破》，载《财贸经济》2003 年第 7 期。

4. 高培勇：《由"积极"转向"中性"：财政政策经历艰难抉择》，载《财贸经济》2004 年第 8 期。

5. 高培勇：《财税形势财税政策财税改革（下）：面向十一五的若干重大财

税问题盘点》，载《财贸经济》2006 年第 2 期。

6. 高培勇：《中国税收持续高速增长之谜》，载《经济研究》2006 年第
12 期。

7. 高培勇：《2008：新一轮税制改革步入实质操作阶段》，载《经济》2008
年第 1 期。

8. 高培勇：《有感于内外资企业所得税合并改革受阻》，载《经济》2005
年第 3 期。

9. 高培勇：《新一轮税制改革评述：内容、进程与前瞻》，载《财贸经济》
2009 年第 2、4 期。

10. 国家税务总局计划统计司：《关于中外宏观税负的比较》，载 http://
www. chinatax. gov. cn/n480462/n480483/n480549/6307238. html。

11. 金人庆：《2007 年财政工作的八大重点》，载《中国经济周刊》2007 年
第 1 期。

12. 李梁：《2004—2006 "第三次改革论争" 始末》，载《南方周末》2006
年 3 月 16 日。

13. 刘树成：《五年来宏观调控的历程和经验》，载《人民日报》2008 年 4
月 2 日。

14. 刘树成：《论又好又快发展》，载《经济研究》2007 年第 6 期。

15. 王绍光：《从税收国家到预算国家》，载《经济观察报》2007 年 8 月
1 日。

16. 王一江：《财政支出结构需根本改变》，载《经济观察报》2007 年 8 月
19 日。

17. 项怀诚：《建立公共财政体制框架推进财政改革和制度创新》，载《国
有资产研究》2000 年第 9 期。

18. 项怀诚：《"分税制" 改革的回顾与展望——在武汉大学 110 周年校庆
"专家论坛" 上的报告》，载《武汉大学学报》（哲学社会科学版）2004 年第
1 期。

19. 项怀诚：《中国财税体制改革回顾》，载《上海财经大学学报》2007 年
第 6 期。

20. 许善达：《减税还有很大空间》，载《经济观察报》2008 年 3 月 8 日。

21. 杨之刚：《完善转移支付制度，深化分税制改革》，载《发展》2004 年
第 11 期。

22. 中国社会科学院财政与贸易经济研究所：《中国财政政策报告 2003/2004》，中国财政经济出版社 2003 年版。

23. 中国社会科学院财政与贸易经济研究所：《中国财政政策报告 2004/2005》，中国财政经济出版社 2004 年版。

24. 中国社会科学院财政与贸易经济研究所：《中国财政政策报告 2005/2006》，中国财政经济出版社 2005 年版。

25. 中国社会科学院财政与贸易经济研究所：《中国财政政策报告 2006/2007》，中国财政经济出版社 2007 年版。

26. 中国社会科学院财政与贸易经济研究所：《中国财政政策报告 2007/2008》，中国财政经济出版社 2008 年版。

27. 周飞舟：《分税制十年：制度及其影响》，载《中国社会科学》2006 年第 6 期。

下　篇

第九章

全覆盖之路：公共
财政的来龙去脉

从放权让利、旨在为整体改革"铺路搭桥"，到最终走上以制度创新为主旨的道路；从"摸着石头过河"般的探索，到确立公共财政体制框架的目标；从建设公共财政体制框架，到进一步完善公共财政体制和公共财政体系，我们已经看到，在改革开放以来的30年间，中国财税体制改革所走出的几乎每一步，都是踏在通往公共财政目标的道路上的。

事实上，作为一个30年来使用频率颇高、对中国经济社会生活影响颇深的"新生"概念，公共财政不仅主导了既有的中国财税改革与发展进程，也承载了人们对于中国财税改革与发展前景的期望。可以说，在以往30年的时间里，几乎所有的有关中国财税改革与发展的事项，都是在公共财政这条线索上进行的。往前看，几乎所有的有关中国财税改革与发展以及其他相关学术问题的讨论，也都可以归结到公共财政这条主线上。故而，以具有"牵一发而动全身"之效的公共财政作为基本线索，回顾中国财税改革与发展的基本脉络，评述当前中国财税改革与发展进程中的热点、焦点和难点，前瞻中国财税改革与发展的基本趋势，显然是一个比较恰当的选择。

也就是说，我们已经有了系统总结中国财税改革与发展的历史规律并由此建立一个有关中国财税改革与发展的理论分析框架的基础条件。

上述的背景和目的，构成了这一章的出发点和归宿。

第一节　公共财政概念的由来：一个基本脉络

严格说来，对于我们，公共财政并非完全意义上的"新生"概念。仅就新中国而言，早在 20 世纪 50 年代，便曾有学者使用过公共财政或近似的概念（如尹文敬，1953）。但是，作为一个最初的"学术用语"，由限于学界圈子内的咬文嚼字式的讨论进入到决策层视野并伸展为指导财政改革与发展实践的"文件用语"，以至成为植入现实中国经济社会生活之中的"公共语汇"，则是改革开放以后的事情。

以中国改革开放的 30 年为考察区间，在公共财政概念的演变历程中，值得提及的标志性事件，至少有如下几个：

一、最初译名的改变

1983 年，由美国经济学家阿图·埃克斯坦所著的 *PUBLIC FINANCE* 中译本出版发行。与以往有所不同，译者对于这一本书书名的处理有点标新立异——将 *PUBLIC FINANCE* 直译为《公共财政学》（张愚山，1983）。而在此之前，中国财政学界一直是将"PUBLIC FINANCE"等同于"财政学"或"财政"的。在财政学或财政的前面加上"公共"二字，应当说是一个不小的变化。然而，或许是人们当时并未意识到公共财政概念所具有的深刻内涵以及它将对中国经济社会生活带来的深刻变化，这一译法的调整并未引起财税学术界的足够关注。此后的一段时间，尽管各种经济文献上也曾不时地出现过公共财政以及类似的提法，但从总体说来，人们只是将它视为一种有别于以往的译名调整，而未作多少特别的探究，亦未赋予它什么特殊的意义。

二、调整财政支出结构的动作

进入 20 世纪 90 年代以后，迫于经济体制转轨以来的财政收支困难的压力，在财政收入占 GDP 比重持续下降且短期内难有较大改观的背景下，学术界和实践层越来越倾向于从财政支出规模的压缩上寻求出路（如叶振鹏，1993；安体富、高培勇，1993）。于是，便有了基于压缩支出规模目的而调整支出结构的动作，并有了消除"越位"、补足"缺位"以及纠正"错位"的说法。支出结构的调整牵涉到沿袭多年的财政支出模式的变动，总得要提出一个不同于以往的带有方向性的目标。恰好，典型市场经济国家财政职能范围相对狭窄的特点与我们旨在通过调整支出结构压缩支出规模的初衷是相吻合的。而且，在那一时期，人们已经习惯于将公共财政同典型市场经济国家的财政支出格局相提并论，甚至将公共财政作为典型市场经济国家财政的同义语加以使用。因此，以典型市场经济国家的财政体制及其运行机制为参照系，公共财政便被人们"借用"于压缩财政支出规模、缓解财政收支困难的实践。

三、1994 年税制改革的原则

单纯的调整支出结构而不对收入一翼做同步的变动，至多只能缓解部分的财政困难。为了跳出"跛脚"式调整的局限，从根本上走出财政收支的困难境地，便有了 1994 年的税制改革。作为新中国成立以来规模最大、影响最为深远的那一轮税制改革，其基本的原则，被界定为"统一税法、公平税负、简化税制、合理分权"。这"十六字"原则，在当时的背景下，具有相当的冲击力。因为，它们毕竟是植根于社会主义市场经济体制的土壤，并基于构建适应社会主义市场经济的税制体系的目标而形成的。对于它们，只能按照市场经济的理念加以解释（项怀诚，2002）。故而，在归结其理论基础或思想来源的时候，公共财政的字眼，也不时出现在阐述税制改革问题的有关文献之中。

四、构建公共财政基本框架

无论是支出一翼的调整，还是以税制为代表的收入一翼的变动，所涉及的终归只是财政运行体制机制的局部而非全局。零敲碎打型的局部调整固然重要，但若没有作为一个整体的财政运行体制机制的重新构造，并将局部的调整纳入到整体财政运行体制机制的框架之中，并不能解决财政困难问题的全部。甚至，不可能真正构建起适应社会主义市场经济的财税体制机制。在当时，人们也发现，能够统领所有的财税改革线索、覆盖所有的财税改革项目的概念，除了公共财政之外，还找不到任何其他别的什么词汇担当此任。于是，以 1998 年 12 月 15 日举行的全国财政工作会议为契机，决策层做出了一个具有划时代意义的重要决定：构建中国的公共财政基本框架。[①] 并且，从那个时候起，作为中国财税改革与发展目标的明确定位，公共财政建设正式进入了政府部门的工作议程。

五、进一步完善公共财政体制

时隔 5 年之后，在 2003 年 10 月，党的十六届三中全会召开并通过了《中共中央关于完善社会主义市场经济体制若干问题的决定》。在那次会议上以及那份重要文献中，根据公共财政体制框架已经初步建立的判断（李岚清，2003），提出了进一步健全和完善公共财政体制的战略目标，认识到完善的公共财政体制是完善的社会主义市场经济体制的一个重要组成部分，将完善公共财政体制放入完善社会主义市场经济体制的棋盘，从而在两者的密切联系中谋划进一步推进公共财政建设的方案，也就成了题中应有之义。因而可以肯定地说，那次会议给中国的公共财政建设带来了新的契机。

[①] 在那次会议上，时任中共中央政治局常委、国务院副总理李岚清代表中共中央明确提出"积极创造条件，逐步建立公共财政基本框架"。

六、党的十七大：完善公共财政体系

2007 年年末召开的党的十七大，在全面总结改革开放的历史进程和宝贵经验的基础上，对我国新时期的经济建设、政治建设、文化建设、社会建设等方面做出了全面部署。在其中，无论是涉及经济建设、政治建设问题的阐释，还是有关文化建设、社会建设图景的描绘，都融入了公共财政的理念，渗透着公共财政的精神，甚至直接使用了公共财政的字眼。特别是关于"围绕推进基本公共服务均等化和主体功能区建设，完善公共财政体系"的表述，在更广阔的范围内、更深入的层面上标志着中国公共财政理论与实践又推进到了一个新的阶段。

在当前的中国，无论是来自于党和政府部门的一系列重要文件，还是学术界围绕有关科学发展观、政府职能格局、公共服务体系与社会事业建设等重大经济社会问题的讨论，甚或是普通百姓茶余饭后闲聊中的改善民生话题，都可以从中找到公共财政的字眼，都已离不开以公共财政为主要线索的相关内容阐释。在某种意义上可以说，中国已经步入全面和全力建设公共财政的时代，可能并非夸张之语。

第二节　找寻"公共财政"与以往"财政"的区别点

从逻辑上说，将"公共"与"财政"连缀在一起，从而形成"公共财政"，肯定有不同于以往"财政"概念的特殊意义。因而，在围绕公共财政而展开的讨论中，一个始终绕不开、躲不过的命题是，"公共财政"与以往"财政"究竟有何不同？

基于同样的逻辑推论，"公共财政"当然是将以往"财政"作为改造对象的。也可以说，"公共财政"就是针对以往"财政"而形成的新概念（刘尚希，2000）。问题是，如果说"公共财政"有别于以往"财政"的地方，就在于"公共性"的彰显，那么，以往"财政"肯定带有某种"非公共性"特征。或者，至少在某些方面缺乏"公共性"特征。

事实上，不论主观上的认知程度如何，从提出公共财政概念并以此作为改革目标的那一天起，牵涉了我们颇多精力的一项重要工作，就是在"公共财政"与以往"财政"之间找寻区别点。而且，在归结以往"财政"的"非公共性"特征上，曾有过一段颇具戏剧性的经历。

一、生产建设支出并不必然排斥公共性

最初的时候，包括我们在内的不少人（如安体富，1999；高培勇，2000）曾把"非公共性"的"非"字当做生产建设支出，从而用财政支出退出生产建设领域来解释公共财政建设。然而，随着时间的推移和实践的进展，人们很快注意到，财政以公共服务领域为主要投向并相应减少生产建设支出，固然符合市场化的改革方向。但减少不等于退出。需要减少的，也只能限于投向竞争性领域的支出那一块。政府履行的公共职能，在任何社会形态和任何经济体制下，都不能不包括生产或提供公共设施和基础设施。公共设施和基础设施的生产或提供，肯定属于生产建设支出系列，又肯定不排斥公共性。[①] 故而，在改革过程中，减少财政对生产建设领域的投入固然必要，但让财政支出由此退出生产建设领域，甚至以此作为财政支出结构调整的方向，绝不是公共财政建设的实质内容。

二、公共财政并非市场经济的产物

也有许多人（如张馨，1999，2004）把计划经济年代的财政视做"非公共性"的典型，并试图从计划经济财政与市场经济财政的体制差异来揭示公共财政建设的意义，从而认定公共财政是市场经济的产物或适应

---

① 不少人对于公共财政的批评，也正是基于或抓住了这一点。

市场经济的财政类型和模式，直至把公共财政等同于西方财政。① 然而，由此出发而放眼整个财政的发展史，且不说前市场经济几千年的人类社会历史长河中，并不乏诸如水利支出、修桥修路支出、赈济支出、祭祀支出甚至军事支出这样的带有公共性质的政府支出项目，即使是在我国计划经济年代以生产建设支出为主导的财政支出格局中，包括城市基础设施、社会福利设施建设在内的许多可归入生产建设系列的支出项目，本身就是典型的"公共性"支出。因而，把市场经济财政等同于公共财政，而将非市场经济财政一概归之于"非"公共财政，不仅不能说明前市场经济下的财政制度及其运行格局，不能说明计划经济体制下的公共性支出项目。而且，也难以厘清作为整个社会管理者的政府部门同其他行为主体的行为动机和行为模式。

三、公共财政既非新事物，又非旧概念的翻版

还有人对公共财政做了主观臆断式的简化处理。其突出的表现有两极，或是把"公共财政"视做有别于以往"财政"的一个新范畴、新学科，或是将其视做同以往"财政"内涵无异的一个时髦概念。前者将公共财政同以往的财政范畴、财政学学科对立起来，试图将其解释为不同于以往的新范畴、新学科，进而有了所谓"公共财政学"、"公共财政专业"或"公共财政方向"等新的称谓。后者则在未赋予任何实质意义的条件下，把以往使用"财政"二字的地方统统置换为"公共财政"，进而有了所谓"公共财政预算"、"公共财政收入"、"公共财政支出"和"公共财政政策"等新的说法。甚至有人主张将财政部更名为"公共财政部"，将财政厅（局）改名为"公共财政厅（局）"。②

---

① 其代表性的解释是，公共财政是指在市场经济条件下国家提供公共产品或服务的分配活动或分配关系，是满足社会公共需要的政府收支模式或财政运行机制模式，是与市场经济相适应的一种财政类型，是市场经济国家通行的财政体制和财政制度。
② 见诸媒体的类似说法就更多，如"公共财政为师范教育买单"，"公共财政让农村孩子不再失学"，等等。

但是，循着如此的线索略加思考便知，无论是把"公共财政"当做新事物，还是把它当做旧概念的翻版，都难以自圆其说。比如，按照前者的逻辑，作为一门新范畴或新学科的起码条件，公共财政要有不同于以往的新的内涵与外延，新的研究对象或新的研究方法。而这些，并未发生在公共财政身上。"公共财政"的内涵与外延，"公共财政"的研究对象和研究方法，与以往"财政"并无不同。再如，按照后者的逻辑，"公共财政"与以往"财政"概念的替换，便成了没有实质意义的赶时髦或"画蛇添足"之举（陈共，2000）。只要开启计算机的文字处理替换功能，有关公共财政的全部工作，转瞬之间，便可通过"更名"而万事大吉。这当然更不符合事实。所以，上述的两种表现虽位于两个极端，但它们均未触及公共财政的实质内容。在某种程度上，实属对公共财政的误读。

四、公共财政不等于民生财政

最近的一个时期，在一片关注民生、改善民生的大潮中，又出现了一种关于公共财政的新说法——有人把公共财政等同于民生财政，甚至用财政是否专注于民生事项作为区分"公共性"与"非公共性"的标尺。应当承认，在计划经济年代，我们曾把大量的财政资金投向生产建设，而相对忽略了民生的改善。在由计划经济转入市场经济的过程中，也曾犯过所谓"倒洗澡水连同孩子一同倒掉"的错误，把为数不少的民生事项推给了市场。故而，一路走下来，在民生领域积累下了大量的财政欠账。在当前，加大财政对民生事项的投入，强调改善民生的紧迫性，当然是必要的。但是，必须注意到，改善民生并非财政唯一的职能事项。除此之外，诸如国防、外交、环境保护、社会管理等典型的公共事项，都属于财政必须担负的"公共性"职能。当前对民生事项的倾斜政策，只是说明，相对于其他的职能事项，这个领域形成了瓶颈，要作为重点投入事项了。这并不意味着财政的职能事项只是改善民生，更不意味着只有民生事项才是公共性的。所以，顾此失彼，从一个极端走向另一个极端，把当前带有"补偿性"色彩的改善民生举动误读为公共财政的全部内容，既确有片面之嫌，也非公共财政的实质所在。

第三节　在改革实践中把握公共财政的实质内容

一、一面标识改革方向的旗帜

在找寻"公共财政"与以往"财政"区别点过程中遭遇到的困难，实际折射出了中国公共财政问题的特殊性。

从英文译名的改变到被"借用"于财政改革、税制改革的实践，由构建公共财政框架到进一步健全和完善公共财政体制，再到完善公共财政体系，公共财政所走出的这一基本轨迹告诉我们，它并非一个经过严谨论证的纯学术概念，而更多的是改革实践催生的产物。因而，对于公共财政的界说，一定要跳出纯学术思维的局限而延伸至体制转轨的特殊历史背景，在改革历程的系统盘点和深刻把握中加以完成。

认识到公共财政是立足于中国体制转轨的特定历史背景而举起的一面标识改革方向的旗帜，可以得到如下的判断，作为公共财政的改造对象，首当其冲的，是传统体制下的财税运行格局。再进一步，以往"财政"的"非公共性"特征，要从传统体制下的财税体制机制中去找寻。

所以，重要的问题是，在过去的 30 年间，或者，在举起公共财政的旗帜之后，中国的财税领域发生了什么样的重大变化？

二、传统的"二元"财税体制机制

循着上述的思路，我们的考察拟分作两个层面展开：财税运行格局和财税体制机制。两者之间，显然具有因果关系。后者是因，前者是果。后者是一种制度安排，前者是制度运行的结果。

（一）传统的财税运行格局

仔细地审视一下改革之前的中国财税运行格局并与其所植根的经济社

会背景联系起来，可以将传统体制下的财税运行格局作如下概括：财政收入主要来自于国有部门；财政支出主要投向于国有部门；财政政策倾向于在国有和非国有部门之间搞"区别对待"。

具体来说，在财政收入一翼，1978 年，以全国财政收入为 100%，来源于国有经济单位上缴的利润和税收分别为 51% 和 35.8%，两者合计86.8%。如果再加上带有准国有性质的所谓集体经济单位的缴款（12.7%），整个财政收入几乎是清一色的国有来源结构（99.5%）。[①] 因而，可以说，那个时候的财政收入，取的主要是来自国有部门的"自家之财"。

在财政支出一翼，1978 年，以全国财政支出为 100%，其中的 40.2%用于基本建设支出（形成国有资产）。再加上专门投向于国有经济单位的增拨企业流动资金支出（5.9%）、挖潜改造资金和科技三项费用支出（5.6%）、弥补国有企业亏损支出（1%）以及同属于国有部门支出系列的国防费支出（15%）、行政管理费支出（4.4%）、文教科学卫生事业费支出（10.1%）、工交商部门事业费支出（1.6%）和地质勘探费支出（1.79%）等等，花在国有部门身上的钱，便占到了整个财政支出的绝大比重（85.6%）。在那个时候，虽也有用于农业、农村和农民的所谓"三农"支出，但是，且不说它所占的份额极小（6.85%），就连称谓也被贴上了特殊的标签——"支援"农业支出。[②] 因而，可以说，那个时候的财政支出，办的主要是用于国有部门的"自家之事"。

在财政政策取向上，计划经济年代，有关财政政策的基本表述是"区别对待"。所谓"没有区别就没有政策，政策即体现于区别当中"，就是那个时候关于财政政策的典型解释。这种政策运行下来的结果，在税收上，即是私营企业的税负重于集体企业，集体企业的税负又重于国有企

① 在那个年代，集体所有制经济单位的许多特征与国有制经济单位无异。故而，往往可以将其视做准国有单位而放入国有部门范畴加以分析。
② 在中国人的语境中，"支援"二字，可以理解为非分内之事。可做可不做，可多做，也可少做。或者，有余力多做，无余力少做。

业。在财政支出上，即是财政上的钱主要投向于国有部门，非国有部门很少或基本享受不到财政支出的效益。因而，可以说，在那个时候，按照所有制性质的不同，对不同所有制性质的单位和部门给予不同的财政税收待遇，从而把财政政策作为发展和壮大国有经济、削弱以至铲除私有制经济的工具加以使用，是被人们当做一种约定俗成的事情来看待的。

（二）"二元"财税体制机制的特征

造成上述格局的深厚制度背景，显然在于那一时期所实行的"二元"经济社会制度。在"二元"的经济社会制度下，作为其重要组成部分的财税体制机制，自然也必须建立在"二元"的基础上——在财政上实行城乡分治和不同所有制分治。故而，"取自家之财，办自家之事"，并在"自家"与"他家"之间搞"区别对待"，也就成为那一时期财税体制机制的不二选择。

进一步说，财税体制机制既是"二元"的，它的覆盖范围，肯定是有选择的，而不可能是全面的。它所提供的财税待遇，肯定是有薄有厚的，而不可能是一视同仁的。于是，便形成了同属一国国民、身处同一国土之上并受同一政府管辖，但因财税覆盖程度不同而面对不同财税待遇的不同的区域、企业和居民。

如果以覆盖范围以及由此形成的财税待遇差异作为考核的标尺，那么，传统体制下的"二元"财税体制机制的突出特征，便可归结为如下三点：

其一，国有制财政。以所有制性质分界，传统体制下的财政收支活动，主要在国有部门系统内部完成。至于非国有部门，则或是游离于财政的覆盖范围之外，或是位于财政覆盖范围的边缘地带。即便有涉及非国有部门的财政收支——特别是财政支出，也往往是小量的，份额偏低的，或者，限于某个特殊领域、某个特殊项目、某个特殊场合或出于某种特殊目的而安排的。

其二，城市财政。以城乡分界，传统体制下的财政收支活动，主要在城市区域内部完成。至于广大农村区域，则或是游离于财政的覆盖范围之外，或是位于财政覆盖范围的边缘地带。即便有眷顾到农村区域的财政收支——特别是财政支出，也常常是小量的，份额偏低的，或者，限于某个特殊领域、某个特殊项目、某个特殊场合或出于某种特殊目的而安排的。

其三，生产建设财政。以财政支出的性质分界，传统体制下的财政支出活动，主要围绕着生产建设领域而进行。即是说，生产建设性支出是财政支出的大头。[①] 至于非生产性或非建设性的支出项目——其中主要是以改善民生为代表的公共服务性的支出项目，则往往被置于从属地位或位于边缘地带。不仅支出规模小，所占份额低，而且，一旦遇上收不抵支的困难年景，又肯定被率先放入削减之列。[②]

（三）所凸显的是"非公共性"

有选择而非全面的财税覆盖范围，有厚有薄而非一视同仁的财税待遇，专注于生产建设而非整个的公共服务领域，如此的财税体制机制以及作为其结果的财税运行格局，显然不能说是"公共性"的，至少其"公共性"是被打了折扣的。事实上，"国有制财政＋城市财政＋生产建设财政"所凸显的，正是传统体制下的"二元"财税体制机制的"非公共性"特征。换言之，传统体制下的财税体制机制的"非公共性"特征，就集中体现在其覆盖范围的相对狭窄上。或者，就集中体现于它未能全面覆盖到所有的区域、所有的企业和所有的居民，未能一视同仁地对待所有的区域、所有的企业和所有的居民，未能担负起提供完整的公共服务体系的重任。

三、由"二元"趋向"一元"：30 年间的突出变化

然而，在经历了近 30 年改革开放的今天，已经呈现出另外一番景象。

[①] 可纳入这一类支出的项目，主要包括基本建设支出、挖潜改造和科学技术三项费用支出、增拨国有企业流动资金支出、地质勘探费支出、支援农村生产支出以及工业、交通和商业等部门的事业费支出等。

[②] 正因为如此，在那一时期，人们将我国的财政称之为"生产建设财政"，而将主要倾向于公共服务支出的典型市场经济国家的财政称之为"吃饭财政"。

（一）财税运行格局发生了突出变化

在财政收入一翼，2007 年，全国税收收入的来源结构已经是"二八开"：国有经济单位对于税收收入的贡献，从 1978 年的 86.8% 退居到 19.2%。即便加上集体经济单位的贡献（1.6%），从而算"纯国有"和"准国有"经济单位的大账，也不过 20.8%。与此同时，包括股份制企业、私营企业、外商投资企业等在内的多种所有制企业以及其他来源的缴纳，占到了 79.2%。并且，来自后一方面缴款份额的增长势头越来越强劲。因而，可以说，我国的财政收入已经呈现多元化的格局，正在由"取自家之财"走向"取众人之财"（见图 9.1）。

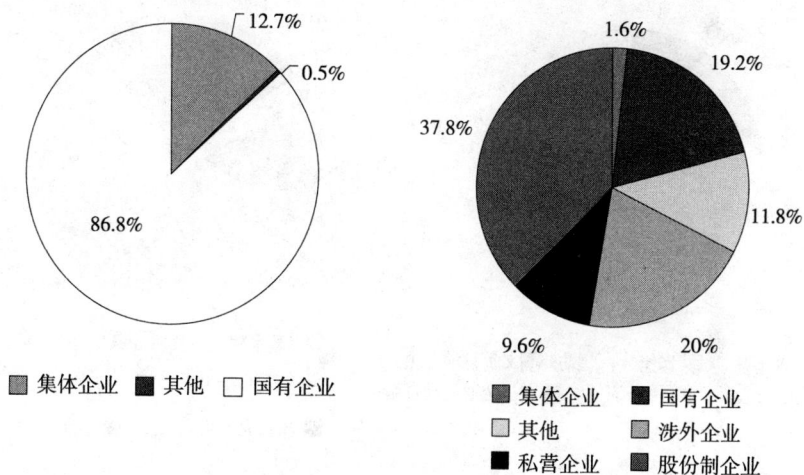

图 9.1　"取自家之财"→"取众人之财"（1978～2007 年）

资料来源：国家统计局：《中国统计年鉴 2007》，中国统计出版社 2007 年版；国家税务总局计划统计司：《税收月度快报》2007 年第 12 期。

在财政支出一翼，2006 年，列在基本建设支出项下的比重数字，已经由 1978 年的 40.3% 下滑至 11.33%。若剔除掉当年以发行长期建设国债安排的、非经常性的基础设施建设投资（600 亿元），实际上，基本建设支出项下的份额已不足 10%。同时，专门投向于国有经济单位的其他支出份额也呈大幅下降态势。如增拨企业流动资金支出（0.04%）、挖潜改造资金和科技三项费用支出（4.5%），分别较之 1978 年下降了 5.86% 和 1.1%。相比之下，面向全社会的诸如养老保险基金补贴、国有企业下岗职工基本生活保障补助、城市居民最低生活保障补助、抚恤和社会福利救济费等社会保障支出以及文教科学卫生事业费支出和政策性补贴支出等所占的份额，分别上升至 11.25%、18.69% 和 3.58%。① 因而，可以说，我国的财政支出已经呈现多元化的格局，正在由"办自家之事"走向"办众人之事"（见图 9.2）。

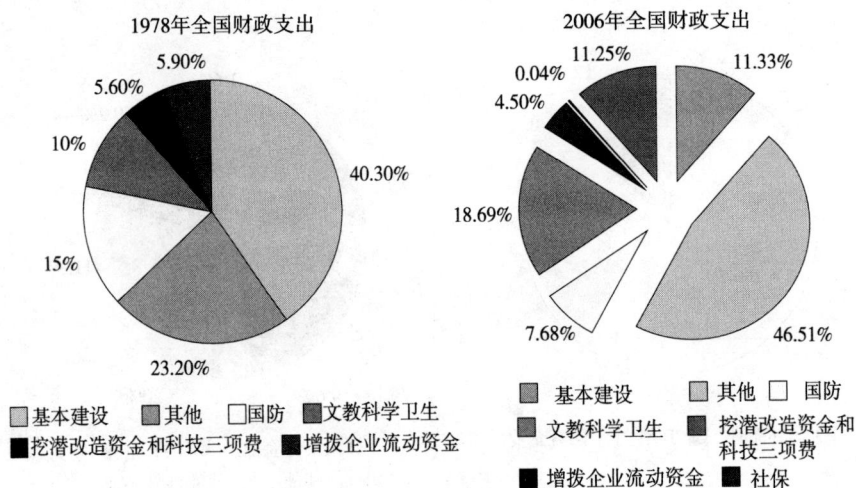

1978年全国财政支出

5.90%
5.60%
10%
15%
23.20%
40.30%

■ 基本建设　■ 其他　□ 国防　■ 文教科学卫生
■ 挖潜改造资金和科技三项费　■ 增拨企业流动资金

2006年全国财政支出

11.25%
0.04%
4.50%
18.69%
7.68%
11.33%
46.51%

■ 基本建设　　　■ 其他　　　□ 国防
■ 文教科学卫生　　■ 挖潜改造资金和
　　　　　　　　　科技三项费
■ 增拨企业流动资金　■ 社保

图 9.2　"办自家之事" → "办众人之事"（1978～2006 年）

资料来源：国家统计局：《中国统计年鉴 2007》，中国统计出版社 2007 年版。

在财政政策取向上，当今的中国，"区别对待"早已成为不合时宜的概念。取而代之且具有耳熟能详意味的提法，是"国民待遇"、"无差别待遇"以及"均等化"。无论在税收负担还是在财政支出投向的安排上，

_____

① 自 2007 年起，实行了新的财政收支分类。由于新旧分类方法的差异，目前暂无可与 1978 年口径对比的数据。故而，这里使用的是 2006 年的数据。

一视同仁、无差别地对待所有的区域、所有的企业和所有的居民，并且，让所有的区域、所有的企业和所有的居民享受大致均等的基本公共服务，已经成为广泛共识并逐步深入到财税实践层面。

（二）趋向"一元"的财税体制机制

由"取自家之财"到"取众人之财"，由"办自家之事"到"办众人之事"，由"取自家之财，办自家之事"到"取众人之财，办众人之事"，由在"自家"与"他家"之间搞"区别对待"到在全社会范围内实行"国民待遇"，财税运行格局所呈现的上述这些变化，显然是在体制转轨的背景下发生的。或者说，是在我国的经济社会制度以及财税体制机制由"二元"趋向"一元"的过程中发生的。

仍以覆盖范围以及由此形成的财政待遇差异作为考核的标尺，中国财税体制机制所呈现的突出变化，也可做如下三点的归结：

其一，从国有制财政走向多种所有制财政。财政的覆盖范围不再以所有制分界，而跃出国有部门的局限，延伸至包括国有和非国有在内的多种所有制部门。① 或者说，财政收支活动的立足点，由主要着眼于满足国有部门的需要逐步扩展至着眼于满足整个社会的公共需要。

其二，从城市财政走向城乡一体化财政。财政的覆盖范围不再以城乡分界，而跃出城市区域的局限，延伸至包括城市和农村在内的所有中国疆土和所有社会成员。② 或者说，财政收支活动的覆盖面，由基本限于城市里的企业与居民逐步扩展至包括城市和农村在内的所有企业与居民。

其三，从生产建设财政走向公共服务财政。财政支出的投向不再专注于生产建设事项，而跃出生产建设支出的局限，延伸至包括基础设施建设、社会管理、经济调节和改善民生等所有的公共服务事项。③ 或者说，

---

① 一个突出的例子是城市居民最低生活保障补助制度的设立，当时有一句非常盛行的媒体语言："领取城市低保，不问姓资姓社"。

② 财政管理部门曾对此做了非常形象的表述："公共财政覆盖农村"和"让公共财政的阳光照耀农村大地"。

③ 特别是用于教育、医疗、社会保障、住房、环境保护等民生事项的财政支出，得到了极大加强。

财政支出的主要投向，由专注于生产建设领域逐步扩展至整个公共服务领域。

（三）由"非公共性"趋向"公共性"

说到这里，可以看出，伴随着经济社会体制的转轨进程，中国财税体制机制所发生的变化，集中体现在其覆盖范围的不断拓展上。财政覆盖范围的不断拓展并逐步实行财政的无差别待遇，无疑是其"公共性"逐步增强和日渐彰显的标志。所以，由"国有制财政＋城市财政＋生产建设财政"向"多种所有制财政＋城乡一体化财政＋公共服务财政"的跃升，既是中国财税体制机制在过去 30 年间所发生的重大变化，也是其在由"非公共性"趋向"公共性"过程中所走出的基本轨迹。

第四节　公共财政是一种财政制度安排

一、改变游戏规则

事情并没有到此结束。随着财政覆盖范围的不断拓展，在中国财税体制机制上，一种更为深刻的变化出现了。

在"国有制财政＋城市财政＋生产建设财政"的背景下，财政收支活动所牵动的，主要是国有部门、城市区域，并且，主要围绕生产建设事项而进行。而且，进一步看，在那个时候、那样一种条件下，国有部门大都坐落于城市，在城市中聚集的也主要是国有部门，至于生产建设支出事项，更主要是在国有部门系统内部封闭运行。故而，从所有制看，三个层面高度重叠，财政收支集中表现为国有部门自家院落内的收支。既然是自家的事情，自家的选择，它的运行，即便也有一定的规范，但可以立足于国有部门内部。不必纳入公共轨道，也不必适用立足于整个社会的公共规则和公共理念。

但是，在"多种所有制财政＋城乡一体化财政＋公共服务财政"的背景下，财政收支活动所牵动的，是包括国有和非国有在内的多种所有制部门，包括城市和农村在内的所有中国疆土和所有社会成员，并且，要围绕着眼于满足社会公共需要的整个公共服务领域的事项而进行。在这个时候、这样一种条件下，财政收支已经跳出了国有部门的自家院落，而演变成整个社会的收支了。一旦财政收支要在全社会的范围内加以运作，一旦要牵涉到全体社会成员的切身利益，作为众人的事情和众人的选择，它就必须纳入公共的轨道，适用立足于整个社会的公共规则和公共理念。

两种覆盖范围的体制机制差异以及由前者向后者的转换过程，把中国财税体制机制带上了一个更加高远、更为广阔的制度变革的平台：改变游戏规则——生成并适用于国有部门内部的旧的"自家"制度规范，为生成并适用于整个社会的新的"公共"制度规范所替代。

二、彰显"公共性"的财政制度变革

事实上，公共财政概念的提出以及围绕其而发生在中国财税领域的重大变化，正是一个制度变革的过程（贾康，2007）。我们在这个旗帜下所做的几乎全部的事情，就在于推进中国财政制度的变革，就在于把中国的财税体制机制带上公共的轨道，按照公共的规则和公共的理念加以运作。

所以，说到底，公共财政是一种财政制度安排。只不过，与以往有所不同，它是一种以满足社会公共需要（而非满足其他别的方面需要）为主旨的财政制度安排；与之相对应，公共财政建设是一场财政制度变革。只不过，与以往有所不同，它是一场以公共化（而非以其他别的什么东西）为取向的财政制度变革。

认识到这一点非常重要。它启示我们，可以以"公共性"归结公共财政的本质特征，以"公共化"来概括中国财政改革与发展的进程和方向，并把中国公共财政建设的实质内容落实在彰显"公共性"的财政制度变革上。

三、公共财政制度的基本特征

为此，站在制度变革的高度，按照公共的规则、公共的理念，深刻的认识并把握公共财政制度的基本特征，是十分必要的。

这显然需要理论抽象。鉴于中国公共财政问题的特殊性，这种理论抽象的思想来源，也要从多方汲取。既要构筑在公共经济学一般原理的基础之上，也要立足于改革开放的实践基础。既要广泛汲取包括典型市场经济国家在内的一切人类社会文明成果，又要植根于中国的基本国情。

将上述的思想来源汇集在一起，并同计划经济年代的情形相对照，可以把公共财政制度的基本特征，归结为如下"三性"：

（一）公共性

即是说，它以满足整个社会的公共需要，而不是以满足哪一种所有制、哪一类区域、哪一个社会阶层或社会群体的需要，作为界定财政职能的口径。凡不属于或不能纳入社会公共需要领域的事项，财政就不去介入。凡属于或可以纳入社会公共需要领域的事项，财政就必须涉足。①

与着眼于满足国有部门、城市区域和生产建设方面需要的传统体制机制有所不同，公共财政制度所着眼于满足的，是整个社会的公共需要。所谓社会公共需要，是在同私人个别需要的比较中加以界定的。即它指的是社会作为一个整体或以整个社会为单位而提出的需要。它非一部分人的需要，也非大多数人的需要，而是所有人的需要。其突出的特征表现，一是它的整体性。也就是，它要由构成一个社会的所有社会成员作为一个整体共同提出，而不是由哪一个或哪一些社会成员单独或分别提出。二是它的集中性。也就是，它要由整个社会集中组织和执行，而不能由哪一个或哪一些社会成员通过各自的活动分别加以组织和执行。三是它的强制性。也就是，它只能依托政治权力、动用强制性的手段，而不能依托个人意愿、

---

① 李岚清（2002）曾将公共财政的功能归结为满足社会公共需要的功能、法制规范的功能和宏观调控的功能，并以"公共性"定义满足社会公共需要的功能，将满足社会公共需要视做公共财政的基本功能。

通过市场交换的行为加以实现。

以此为标尺，可以纳入社会公共需要领域的具有代表性的财政职能事项是：

1. 提供公共服务①

公共服务是典型的用于满足社会公共需要的载体。之所以要由政府通过财政手段来提供这类服务，主要是因为，它是向整个社会共同生产或提供的。对于这类服务，全体社会成员联合消费，共同受益，即它具有效用的非分割性，一个或一些社会成员享受这些服务，并不排斥、妨碍其他社会成员同时享用，也不会因此减少其他社会成员享受的数量和质量。即它具有消费的非竞争性。它在技术上没有办法将拒绝为其付款的社会成员排除在受益范围之外，任何社会成员也无法用拒绝为此付款的办法将其排除在自身的消费范围之外，即它具有受益的非排他性。无须赘言，具有如此特点的服务，企业不愿也无能力提供，必须由政府通过财政手段担当起提供的责任。国防安全、社会治安、环境保护、公路修建等等，便是公共服务的突出代表。

2. 调节收入分配

一般而言，决定市场经济条件下的居民收入分配状况的因素，一是每个人所能提供的生产要素（如劳动力、资本、土地等）的数量，二是这些生产要素在市场上所能获得的价格。由于人们所拥有（或继承）的生产要素的差别，人与人之间的收入分配状况往往高低悬殊，客观上需要社会有一种有助于实现公平目标的再分配机制。在市场机制的框架内，又不存在这样的再分配机制。所以，只有借助于非市场方式——政府以财政手段去调节那些由此而形成的居民收入分配差距，实现收入公平合理分配的社会目标。

3. 实施宏观调控

自发的市场机制并不能自行趋向于经济的稳定增长，相反，由总需求

---

① 完整的表述应是"公共物品和服务"。在现实生活中，往往以"公共服务"作为它的简称。

和总供给之间的不协调而导致的经济波动，是经常发生的。为此，需要政府作为市场上的一种经济力量，运用宏观上的经济政策手段有意识地影响、调节经济，保证宏观经济得以平稳、均衡地向前发展。其中，通过不同时期的财政政策的制定和财政实践上的制度性安排，来维系总供给和总需求之间的大致平衡，便是政府所掌握和运用的重要政策手段之一。

（二）非营利性

即是说，它以公共利益的极大化，而不是以投资赚钱或追求商务经营利润，作为安排财政收支的出发点和归宿。

与政企不分、全面介入竞争性领域的传统体制机制迥然相异，公共财政制度是立足于非营利性的。这是因为，在市场经济条件下，政府和企业扮演的角色不同，具有根本不同的行为动机和方式。企业，作为经济行为主体，其行为的动机是利润最大化。它要通过参与市场竞争实现牟利的目标；政府，作为社会管理者，其行为的动机不是也不能是取得相应的报偿或赢利，而只能以追求公共利益为己任。其职责只能是通过满足社会公共需要的活动，为市场的有序运转提供必要的制度保证和物质基础。即便在某些特殊情况下，提供公共物品和服务的活动会附带产生一定的数额不等的利润，但其基本的出发点或归宿仍然是满足社会公共需要，而不是营利。表现在财政收支上，那就是，财政收入的取得，要建立在为满足社会公共需要而筹措资金的基础上。财政支出的安排，要始终以满足社会公共需要为宗旨。围绕满足社会公共需要而形成的财政收支，通常只有投入，没有产出（或几乎没有产出）。它的循环轨迹，基本上是"有去无回"的。

之所以如此强调非营利性，除了上述一般理由之外，还有主要出于现实国情的如下几点考虑：

1. 作为社会管理者的政府部门，总要拥有相应的政治权力

拥有政治权力的政府部门，只要进入竞争性领域，追逐赢利，它将很自然地动用政治权力去实现追逐利润的愿望。其结果，很可能会因权钱交易的出现而干扰或破坏市场的正常运行。

2. 一旦政府部门出于营利的目的而作为竞争者进入市场，市场与政府分工的基本规则将会被打乱

由于政企不分，本应着眼于满足社会公共需要的政府行为，很可能异化为追逐商务经营利润的企业行为。其结果，或是政府活动会偏离其追求公共利益的公共性轨道，或是财政资金因用于牟利项目而使社会公共需要的领域出现"缺位"。

3. 只要财政收支超出满足社会公共需要的界限而延伸至竞争性领域，就免不了对各个经济行为主体的差别待遇

如在财政收支的安排上，对自身出资的企业或项目，给予特殊的优惠。而对非自身出资或对自身出资的企业或项目有可能产生竞争的企业或项目，则给予特殊的歧视。其结果，着眼于满足社会公共需要的财政收支活动，会因厚此薄彼而违背市场正常和正当竞争的公正性，甚至给市场经济的有序发展造成障碍。

（三）规范性

即是说，它以依法理财，而不是以行政或长官意志，作为财政收支运作的行为规范。

与随意性色彩浓重的传统体制机制相区别，公共财政制度是建立在一系列严格的制度规范基础上的。其根本的原因在于，以满足社会公共需要为基本着眼点的财政收支，同全体社会成员的切身利益息息相关。不仅财政收入要来自于全体社会成员的贡献，财政支出要用于事关全体社会成员福祉的事项，就是财政收支出现差额而带来的成本和效益，最终仍要落到全体社会成员的身上。在如此广泛的范围之内运作的财政收支，牵动着如此众多社会成员的财政收支，当然要建立并遵循严格的制度规范。

就总体而言，这些制度规范至少要包括如下三条：

1. 以法制为基础

即是说，财政收入的方式和数量或财政支出的去向和规模必须建立在法制的基础上，不能想收什么就收什么，想收多少就收多少，或者，想怎么花便怎么花。无论哪一种形式、哪一种性质的收入，都必须先立法、后征收。

无论哪一类项目、哪一类性质的支出，都必须依据既有的制度来安排。

2. 全部政府收支进预算

政府预算不仅是政府的年度财政收支计划，还是财政收支活动接受人民代表大会和全体社会成员监督的重要途径。通过政府预算的编制、审批、执行和决算，可以使政府的收支行为从头到尾置于人民代表大会和全体社会成员的监督之下。这即是说，预算的实质是透明度和公开化，并非简单地将政府收支交由哪一个部门管理或列入哪一类表格反映。由此推演，政府的收入与支出，必须全部置于各级人民代表大会和全体社会成员的监督之下，不允许有不受监督、游离于预算之外的政府收支。

3. 财政税务部门总揽政府收支

也就是，所有的政府收支完全归口于财政税务部门管理——从全体社会成员那里筹措资金，然后，转手供给各个政府职能部门作为活动经费，而不让各个政府职能部门分别向自己的服务或管理对象直接收钱、花钱。这是因为，政府部门之间是有职能分工的。之所以要专门设置一个财政部门管理政府收支，其根本的初衷就在于，割断政府部门的行政、执法同其服务或管理对象之间在"钱"上的直接联系，不让政府部门的行政、执法行为偏离既有法律和政策轨道——以其服务或管理对象是否上缴钱或上缴的钱的多少作为取舍标准，从根本上铲除"以权谋钱、以权换钱"等腐败行为的土壤，使政府部门能在一个规范的制度环境下、以规范的行为履行它的职能。

上述的基本特征，只不过是一个相对完善的公共财政制度的"底线"，而非它的全部。因而，它们是必须做到、非满足不可的基本条件。

第五节　小结

从本章的讨论中，似可得到如下几个互为关联的结论与启示：

第一，公共财政，与以往"财政"既有共性，也有区别。以纯学术的眼光看待公共财政，它与源远流长、一般意义上的"财政"范畴和"财政学"学科并无不同：无论是否有"公共"前缀，财政从来都是指的政府收支或政府收支活动，财政学从来都是关于政府收支或政府收支活动的科学。因而，公共财政并非一个有别于以往"财政"的新范畴、有别于以往"财政学"的新学科。但是，转入实践层面，并以改革的眼光看待公共财政，它与计划经济年代的"财政"又有实质区别：变局部覆盖为全面覆盖，变差别待遇为一视同仁，变专注于生产建设为覆盖整个公共服务领域，变适用国有部门的"自家"规范为适用整个社会的"公共"规范，是其针对传统财税体制机制的主要着力点。因而，公共财政又是一个有别于以往"财政"的财政制度安排。

第二，"公共性"是财政这一经济范畴与生俱来的本质属性。这在任何社会形态和任何经济体制下，都概莫能外。有所不同的，只在于其公共性的充分程度以及它的表现形式。无论是称之为"公共财政"也好，还是称之为"财政"也罢，都不意味着其公共属性的任何变化。就此而论，中国的公共财政建设之路，实质是一个让中国财税体制机制回归"公共性"轨道的过程。本着实践—理论—实践的逻辑链条，并注意到传统中国财政学与传统中国财税体制机制之间的彼此关联，还可认定，建构在传统中国财税体制机制基础上的传统中国财政学，同样有一个回归"公共性"轨道的过程。

第三，如果说，曾与我们相伴多年的带有"非公共性"特征的传统财税体制机制，是基于计划经济年代的特殊历史背景而做出的一种特殊安排，那么，提出公共财政的概念并以此标识中国财政改革与发展的方向，可以看做基于体制转轨的特殊历史背景而推出的一种特殊举措。因此，按照公共财政制度的基本要求，在制度层面上全面推进以"公共化"为取向的财政制度变革，从而构建起一个彰显"公共性"特征的财政制度体系。既是公共财政这一经济范畴的应有之义，又是我们在这一特殊历史背景下的应有选择。

第四，在某种意义上，公共财政是在我们学习、借鉴典型市场经济国家适用的财政理论和财政制度过程中进入我们视野的。但是，无论如何，公共财政并非完全意义上的舶来品。从更为宽广的视野看，作为中国财政改革与发展的一面旗帜，公共财政萌生于改革开放的土壤，根植于中国的基本国情，同时汲取了人类社会的一切文明成果。故而，公共经济学的一般原理、改革开放的实践基础、中国的基本国情以及包括典型市场经济国家在内的所有人类社会的有关财政理念、规则和制度安排的成果，共同构成了中国公共财政制度的思想来源。

第五，以公共财政制度的基本特征审视和检验迄今为止的中国财税改革与发展进程，可以看到，尽管我国公共财政制度的框架已经建立，但这个框架还只是初步的。通向完善的公共财政制度之路，还很漫长。要真正步入公共财政制度的新境界，我们还有诸多重要的事情要做。认识到经济市场化与财税公共化系一枚硬币的两个方面，"公共性"又是财政这一经济范畴的与生俱来的本质属性，摆在我们面前的一个十分紧迫的任务是：瞄准公共财政制度的目标并不断向其逼近，从而构建起一个既与完善的社会主义市场经济体制相适应，又与财政的本质属性相通的公共财政制度体系。

第六，公共财政本来就是为了解决中国自身问题的需要而提出的一个富有中国特色的概念。植根于中国的特殊国情，站在理论与实践彼此交融、相互贯穿的高度，以特殊的思维和视角，做出关于公共财政的特殊界说，并且，以此为基础，改造中国财政学学科体系，勾画中国财政改革与发展蓝图，是历史赋予我们这一代人的特殊使命。由此获得的成果，将构成中国特色社会主义理论体系的重要组成部分。

本章参考文献

1. 安体富、高培勇：《社会主义市场经济体制与公共财政的构建》，载《财贸经济》1993 年第 4 期。

2. 安体富：《公共财政的实质及其构建》，载《当代财经》1999 年第 9 期。

3. 陈共：《财政学》，中国人民大学出版社 2000 年版。

4. 高培勇：《市场经济体制与公共财政框架》，载《建立稳固、平衡、强大的国家财政——省部级主要领导干部财税专题研讨班讲话汇编》，人民出版社 2000 年版。

5. 胡锦涛：《高举中国特色社会主义伟大旗帜　为夺取全面建设小康社会新胜利而奋斗——在中国共产党第十七次全国代表大会上的报告》，人民出版社 2007 年版。

6. 贾康：《对公共财政的基本认识》，载《税务研究》2008 年第 2 期。

7. 李岚清：《深化财税改革确保明年财税目标实现》，载《人民日报》1998 年 12 月 16 日。

8. 李岚清：《健全和完善社会主义市场经济下的公共财政和税收体制》，载《人民日报》2003 年 2 月 22 日。

9. 刘尚希：《公共财政：我的一点看法》，载《经济管理》2000 年第 5 期。

10. 全国干部培训教材编审指导委员会：《中国公共财政》，人民出版社、党建读物出版社 2006 年版。

11. 项怀诚：《我国公共财政体制框架初步形成》，载新华网 2002 年 11 月 21 日。

12. 叶振鹏：《适应社会主义市场经济的要求重构财政职能》，载《财政研究》1993 年第 3 期。

13. 尹文敬：《国家财政学》，立信会计图书用品社 1953 年版。

14. 张馨：《公共财政论纲》，经济科学出版社 1999 年版。

15. 张馨：《财政公共化改革：理论创新、制度变革、理念更新》，中国财政经济出版社 2004 年版。

16. 阿图·埃克斯坦：《公共财政学》（中译本），中国财政经济出版社 1983 年版。

17. 《中华人民共和国国民经济和社会发展第十一个五年规划纲要》，载《经济日报》2006 年 3 月 17 日。

18. 《中共中央关于构建社会主义和谐社会若干重大问题的决定》，载《学习与参考》2006 年第 31 期。

19. 中国社会科学院财政与贸易经济研究所：《为中国公共财政建设勾画路线图》，中国财政经济出版社 2007 年版。

第十章

"路线图"：加快步入
公共财政体制新境界

从第一章到第九章，我们已经大致完成了共和国财税 60 年历史进程的追溯和再现。并且，以此为基础，搭建了一个有关中国财税改革与发展的理论分析框架。迄今为止的分析一再地表明，在经历了长达 60 年的艰难探索之后，伴随着建设完善的社会主义市场经济体制目标的形成和确立，建设完善的公共财政体制已经成为中国财税改革与发展的方向所在。可以并不夸张地说，在我国，全力和全面建设公共财政，已经演化为一种围绕中国财税改革与发展的有意识、有目标的自觉行动，也可以说，我们已经进入全力和全面建设公共财政的时代。

然而，以完善的社会主义市场经济体制以及与之相适应的完善的公共财政体制目标为参照系来反观现实中国的财税格局，可以发现，60 年的改革与发展成果固然显著而丰盛，但只能算是阶段性的。通向未来的财税改革与发展道路，依然漫长。要步入公共财政制度的新境界，还有相当的工作要做。当我们对以往的改革与发展轨迹、改革与发展经验和改革与发展规律有了一个比较清晰的认识之后，一个接踵而来的问题便提到了我们面前：如何勾勒未来的中国财税改革与发展"路线图"？

本章就来尝试回答这个重要问题。

第一节　进一步夯实公共财政建设的基础环境

公共财政建设离不开它的基础环境建设。市场经济是公共财政的体制基础，适度的政府干预是公共财政实现其职能的重要保障，追求非营利化是公共财政的价值取向，全口径预算管理则是公共财政管理的基石。完善的市场机制、适度的政府干预、非营利化的取向和全口径预算管理这几个方面，对公共财政建设起着十分重要的基础性作用。

一、完善的市场机制是公共财政建设的体制基础

（一）市场经济与公共财政建设息息相关

市场经济与公共财政有着密切的关系。从市场经济运行和公共财政建设的实践来看，市场经济的许多特征与要求，与公共财政的特征与要求是基本一致的。现在公共财政制度建设比较完善的国家，也是那些市场机制和市场体系建设比较完善的国家。总的来看，公共财政与市场经济是一脉相承的，只有在较完善的市场经济条件下，建设公共财政制度才有坚实的体制基础。

（二）完善市场机制与市场体系的基本思路

市场经济的建设包括许多内容，但最主要的是完善市场机制和健全市场体系两个方面。这两个方面的工作，既是我国建设有中国特色的社会主义市场经济的关键内容，也是推进公共财政建设的基础环境。

先看前一方面，完善市场机制。市场机制是经济内在本体的机制，是通过价值规律来影响要素或资源配置的主要表现形式，包括价格机制、供求机制、信贷利率机制、竞争机制等。市场机制最主要的作用就是实现要素和资源的最优配置和利用。从目前完善市场功能的改革任务来看，一是要消除对人口迁移、劳动力转移、就业机会的各种城乡和地区歧视性制度

和政策，放宽人口迁移，改革人事制度和城乡分割的户口管理制度，工作岗位对每个人机会均等，平等就业。二是积极推进产权制改革。现代产权制度既是现代市场经济发展的结果，也是现代市场经济进一步发展的前提。产权约束决定交易费用，产权约束决定市场效率。产权明晰将使产权真正成为市场的产权、约束真正成为市场的约束、激励真正成为市场的激励、企业真正成为市场的企业。唯有如此，才能清晰地界定政府与市场的边界，有效地避免财政的缺位与越位。三是要抑制重复建设，促进资本要素跨地区流动，使存量资产跨地区得到重组，努力形成促进区域经济协调发展的市场机制。

再说后一方面，健全市场体系。市场经济体系是由相对独立又相互联系的各类市场构成的有机统一体，包括消费品市场、生产资料市场、资本市场、劳动力市场、技术市场、信息市场和房地产市场等。改革开放 30 年来，我国社会主义市场体系建设取得了长足进步。展望未来，还必须在以下三个方面着力推进：一是强化市场的统一性，基本建立全国统一大市场，通过推进市场对内对外开放和加快要素价格市场化，促进商品和各种要素在全国范围自由流动和充分竞争，打破行业垄断和地区封锁。二是重点发展推进资本市场的改革开放和稳定发展，扩大直接融资的比例，建立多层次资本市场体系，完善资本市场结构，丰富资本市场产品。规范和发展主板市场，尽早推进风险投资和创业板市场建设。通过发展资本市场减轻财政资金在承担生产性基本建设支出的压力，以不断优化财政支出结构。三是把健全社会信用体系作为市场体系建设的重中之重。市场经济本质上讲是一种信用经济。要形成以道德为支撑、产权为基础、法律为保障的社会信用制度。增强全社会的信用意识，政府、企事业单位和个人都要把诚实守信作为基本行为准则。按照完善法规、特许经营、商业运作、专业服务的方向，加快建设企业和个人信用服务体系。

二、适度政府干预是公共财政建设的内在要求

（一）适度的政府干预总是必要的

现代市场经济与斯密年代的古典自由经济时期已有了很大的不同，生产分工更加细化，契约联系日益复杂，信息不对称、垄断、外部性等因素极大地破坏了自由市场配置资源的效率，造成经济发展的波动，因此一个"夜警"式的政府已经无法满足社会经济发展所提出的要求。借助政府的"有形之手"，与市场的"无形之手"一起配置资源已经成为世界各国经济发展的基本模式，即使是当今市场经济最为发达的工业化先行国家亦不例外。

理论和实践都已证明，在市场经济条件下，实施政府对经济的适度干预，充分发挥"看得见的手"的作用，是绝对不可缺少的，是经济发展的内在要求。政府这只"看得见的手"之所以必然要介入市场经济，是因为存在"市场失灵"，即看不见的手有"无为"之处。因此，市场经济的运行，实质上是无形之手和有形之手在共同发挥作用。其中，无形之手发挥基础性作用，有形之手弥补无形之手的缺陷。有形之手，只有顺应无形之手运行的规律，才能驾驭市场；有形之手只有知道哪里应当"无为"，才能够有所为。两只手必须有机配合，缺少任何一方，市场经济和公共财政都将孤掌难鸣。

（二）在公共财政框架下确定政府干预的范围、方式和力度

1. 政府干预具有明显的体制特征

政府干预是履行政府职能的重要方式，其中通过财政收支的变动是实施政府干预的最重要手段之一。不管是计划经济还是市场经济，总是存在着政府干预，只是在不同的财政经济体制下，政府干预的范围与方式是不尽相同的。换句话说，政府干预是具有明显的体制特征的。在计划经济体制背景下，国家干预主要是通过决策者意志和财政直接投资来进行的，其干预范围一般都很宽，即便是市场机制可以解决的领域，也很有可能由政府财政来包办，所以在政府干预过程中，经常出现"越位"、"错位"、

"缺位"并存的问题。

"越位"是指政府在介入经济社会生活中，不恰当地打破了政府与企业、市场与社会之间应有的界限，承担了一些根据市场经济原则不该承担从而管不了和管不好的职能，比如政府为了收入目的投资于竞争性领域，导致与民争利。"错位"表现在不同层次或同一层次的政府部门之间存在着职能交叉重叠，比如在财政投入上存在着财政支出责任下移的问题，本应由中央和省级政府承担主要责任的义务教育投入，却由基层地方政府成为了义务教育支出的主体。"缺位"尤其表现在政府在提供公共物品和服务方面不能满足社会公共需要。在经济快速发展的同时，经济社会发展中的一些深层次矛盾浮现出来，并呈尖锐化的趋势，比如社会贫富差距在不断扩大，教育、卫生、住房、环境、社会保障等关系到民生方面的投入严重不足；再如在财政支出上重工业、轻农业，重城市、轻农村等等。

正是由于存在着以上的"三位"现象，才出现了政府干预过度或不足的结果，也导致了财政在充当政府干预手段时，不能很好地发挥应有的作用。在市场经济条件下，政府应主要用经济手段和法律手段来干预经济运行，主要通过间接的经济杠杆来调控市场，再由市场调节企业和消费者。但也不排除在特殊条件下直接使用行政手段来干预经济，影响经济运行。

2. 在公共财政框架下确定政府干预的范围、方式和力度

公共财政已经成为我国财政体制改革的目标模式，那么，就应该理所当然地在市场经济和公共财政框架下确定政府干预范围、方式和力度。只有把握好了政府干预的范围、方式和力度这三个要素，这种干预才是有效的，才是市场经济体制和公共财政制度所需要的。

——明确政府干预的基本范围。一般认为，市场失灵是政府干预的逻辑起点，市场失灵的领域就是政府干预的领域。但是，在现代市场经济条件下，市场失灵也可以在一定程度上通过市场机制自我修复。也就是说，市场失灵只是政府干预的必要条件而不是充分条件。更何况，政府干预也是有代价的，甚至会产生政府失灵，而政府失灵的损失往往更大，更危害公平与效率。所以，我们只能把市场失灵的领域作为政府干预的可能选择，只有在市场机制被证明确实无效或者低效时政府干预才是合理的介入。

大多数国家实施政府干预主要通过两条途径来实现的：一条是提供法律制度间接规范；另一条是直接参与资源配置来弥补"市场失灵"。通过这两条途径，当今政府对于市场经济运行的影响是无处不在的。然而正如任何事物都存在它的反面一样，过度的政府干预就会影响市场经济的运行，破坏正常的经济秩序，损害社会经济效率，这与政府介入的初衷恰恰背道而驰。如何寻找政府活动的边界、规范政府行为、合理界定政府活动边界、确定最优的干预模式和干预范围是摆在世界各国政府前的一个难题。与西方先行工业化国家相比，我国这样体制转型国家的政府越界即政府干预范围过宽可能性更大。从各国政府干预实践来看，政府干预范围是动态变化的。一般来讲，随着市场经济体制越来越完善、法制建设越来越健全、公共财政制度建设越来越规范，政府干预的范围有逐渐缩小的趋势，但需要由公共财政提供或满足的社会公共需要即基本公共服务和公共产品则有不断扩大的趋势。

——丰富政府干预的方式。政府干预的方式有很多，但我们过去过多地依赖财政收支来进行政府干预而忽略了其他间接的干预方式，特别是忽略了政府干预在维护公平和秩序中的作用。我们认为，在市场经济体制和公共财政框架下，建立规则和维护市场秩序、收入再分配和必要的行政管制等三个方面是政府合理干预的主要方式。

市场经济条件下政府的作用和干预方式，首先表现在为市场运行建立规则，以法律法规的方式对所有参与经济活动主体确定基本的行为规范。建立市场秩序的国际通行方式是立法。立法只是维护市场秩序的一个环节，但更要重视执法以及对违法行为的矫正和处罚。在市场经济条件下，收入再分配问题是市场本身无法解决的。

市场只能保证经济意义上的最优状态，而无法保证收入分配达到社会意义上的理想状态，也不能解决收入差距过大和贫困等问题。收入再分配虽然可以由慈善组织等一批非政府机构进行，但这些机构所发挥的作用是有限的。所以，收入再分配问题一般要求助于政府来解决，而政府解决收入再分配主要是从税收和支出两个方面来进行的。就税收而言，主要是建立以个人所得税为主体、社会保障税和财产税为配合的综合调控体系，而支出政策的重点则是财政支出结构的调整，特别是要保障与民生息息相关的社会公共需要的支出。

行政管制手段是国家行政管理部门凭借政权的威力，通过发布命令、指示等形式来干预经济生活的经济政策手段。它主要包括价格管制、信用管制、进口管制、外汇管制和投资许可证制度等。行政管制具有强制性、纵向隶属性、强调经济利益一致性等特点。在市场经济条件下，应当把行政管制手段限制在必要的最低程度，只有在经济遇到较剧烈波动或者较严重通货膨胀等情形时才使用。

——把握政府干预的力度。在现代市场经济条件下，财政既要为国家行使职能，为满足社会公共需要提供财力保障，又是政府进行宏观经济调控和管理的主要手段之一。政府收支规模不但直接关系到政府配置资源的力度，而且会对供求关系、就业水平、经济增长、周期波动和物价变化产生直接影响。从这个意义上讲，政府收支规模是影响政府干预力度最主要的因素。所以，把握政府干预力度的核心是确定一个合理的政府收支规模。财政是一个分配范畴。它在全部经济总量（GDP）中分得或占有的分量构成了政府最直接的可支配资源，是政府干预社会经济的财力基础。财政收入占 GDP 比重有一个合理度的问题。比重太高，意味着本应该由市场主体或居民拥有的收入被政府所支配，可能会损害微观主体的活力，降低经济效率；比重太低，政府干预或宏观调控就没有财力保障，社会经济事业的发展就会受到财力窘困的掣肘。

总的来讲，随着这些年税收收入的超常增长，财政收入占 GDP 比重呈现不断上升的趋势，政府干预经济社会的财力基础有了明显提高。相对于财政收入占 GDP 比重，财政支出占 GDP 的比重数字更能准确地反映政府干预甚至是直接介入社会经济生活的程度。因为，在很多情况下，政府的干预或调控就是直接通过某方面的财政支出来完成的。比如，财政对经济增长的影响，很大程度上就是通过政府采购和政府投资来实现的；社会保障支出占 GDP 比重可以从一个侧面反映社会福利和居民的生活质量，而这正是公共财政所关注的问题之一；还有，我们所看到的一些地方党政机关和事业单位机构膨胀、人员过剩，增加了社会负担的现象，也可以通过行政支出经费占 GDP 比重及其变化来反映。毫无疑问，用财政支出占 GDP 的比重来反映政府干预度是一个极为重要的指标，我们在不同时期可以通过提高降低财政支出占 GDP 的比重来调整政府干预的力度。

三、追求非营利化：公共财政的价值取向

前面说过，公共财政制度的一个重要特征，就是以公共利益的极大化而不是以投资赚钱或追求商务经营利润，作为安排财政收支的出发点和归宿。公共财政并不意味着不搞甚或取消国有经济。公共财政同样要支持国有经济的发展。同以往"财政"有所不同的是，支持国有经济发展的出发点和归宿要始终立足于满足社会公共需要。需要调整的，是逐步使国有经济从与满足社会公共需要无关或可以交由市场解决的一般竞争性领域退出。

（一）追求非营利化是一个渐近的动态过程

在计划经济下，一些本应由市场进行的或由市场进行能具有更高的经济活动，却由政府通过财政支出的形式，大包大揽，进入了本应由市场活动完成的领域，甚至取代市场，将经济活动完全置于政府的控制之下。在一切经济领域，尤其是在竞争性生产领域，政府的投资过大、过多、过宽，使政府像企业一样参与经济活动。在这种情形下，政府或财政不可避免地以赢利为目的，造成经济活动发生扭曲，也混淆了政府与市场的各自职能分工。

公共财政制度非营利化特征的提出，针对的是过去计划经济下政府或公共财政在竞争性生产领域"越位"过多的问题。市场经济下政府进行干预的依据是市场无效率或缺乏效率的方面，通过弥补市场失灵，进而促

进市场经济更有效率的运转。从计划经济的实践看，政府或财政过多地介入经济活动，并没有起到弥补市场失灵的作用，反而造成经济效率的低下。从市场经济发展的实践看，在营利性方面，市场要比政府或公共财政更具效率。

从现实看，非营利化是一个渐近的动态过程，不能不考虑我国目前还存在为数不少的国有企业问题。在财政支出中，经济建设费的比重虽然有了明显的下降，但其比重在财政支出中仍然处于第一位，这说明我们的公共财政还带有某些"生产性"的色彩。如果考虑到预算外的其他经济建设支出，这种色彩可能就更浓一些。

在这些国有企业中，相当一部分处于竞争性生产领域，同市场中的其他一般的企业并无区别，也都是追求营利性的，或是以营利为主要目标的。这些因历史原因形成的国有企业，特别是如行政性垄断的国有企业和某些自然垄断企业，在短时期内还难以退出竞争性生产领域。因此，在兼顾社会效益的同时，企业发展所必需的营利性目标不能被忽视。而且，它们仍然与政府有着千丝万缕的联系，在推动国民经济发展中，这些企业的贡献依然不容忽视。就此而言，尽管政府或公共财政预算直接安排的投资已经很少，但为了国家或地方经济发展的需要，政府的各种隐性的间接支持依然存在。

（二）坚持有所为和有所不为

纵观世界上其他国家，即使发达的市场经济国家，政府或公共财政都有一定比例的生产建设性支出，也有国有企业。我国的这些国有企业，虽然与计划经济时代相比，数量和地位已显著下降，但是，国有企业以及随之产生的国有经济，依然在我国经济中占主导地位，依然是我国经济增长及经济发展的主要推动力。

党的十六届三中全会在《中共中央关于完善社会主义市场经济体制若干问题的决定》中明确指出，"坚持公有制的主体地位，发挥国有经济的主导作用……完善国有资本有进有退、合理流动的机制，进一步推动国有资本更多地投向关系国家安全和国民经济命脉的重要行业和关键领域，增强国有经济的控制力"。2006年12月，在国务院转发的国资委《关于推进国有资本调整和国有企业重组的指导意见》中，将"涉及国家安全的行业，重大基础设施和重要矿产资源，提供重要公共物品和服务的行业，以及支柱产业和高新技术产业中的重要骨干企业"明确界定为需要国有资本进一步推进从而增强国有经济控制力的重要行业和关键领域。

这些重要行业和关键领域国有经济的健康发展，关系到我国公有制经济的主体地位，关系到国民经济的可持续发展，也关系到广大人民生活水平的不断改善。因此，从这个角度上讲，它们便属于社会公共需要的内容而必须加以满足，从而也就是公共财政须有所作为的作用点。

因此，公共财政作为履行政府职能的重要手段，在一些重要行业和关键领域必须有所为，以增加国有经济的控制力，发挥国有经济在国民经济中的主导作用。具体来讲，公共财政在不违背市场规律和公平竞争的前提下，通过收入政策（如增值税由生产型转变为消费型、实行以产业技术导向为主的、多样化的税收优惠政策等）和支出政策（如增加资本金投入、财政贴息等），逐步壮大这部分国有经济的实力。此外，建立国有资本经营预算、对国有企业利润实行分红也是促进上述国有经济良性发展的重要措施。

与此同时，还要注意到，配合政府职能的转变，要求公共财政从一般竞争性领域退出。那么，一般竞争性领域都包括什么？随着《关于推进国有资本调整和国有企业重组的指导意见》的发布，已经有了一个比较清晰的范围。

国资委明确提出军工、电网电力、石油石化、电信、煤炭、民航、航运七大行业由国有经济控制，同时，国有经济对基础性和支柱产业领域的重要骨干企业保持较强控制力，包括装备制造、汽车电子信息、建筑、钢铁、有色金属、化工、勘察设计科技等行业。① 除了以上需由国有经济控

---

① 《指导意见》和国资委的界定尚不包括金融、铁路和邮政等领域，但一般认为这几个领域不在一般竞争性领域之列。

制的行业外，其他行业可以认为属于一般竞争性领域，也就是公共财政应
逐步退出的领域，是公共财政应有所不为的领域。比如为城乡居民提供消
费品的领域，这类领域的商品供求完全受市场约束，靠市场自身调节，是
市场完全能够进行配置的领域，对于这一领域，公共财政应逐步全线退
出，让市场机制发挥完全的作用。

四、全口径预算管理：公共财政建设的基础条件

（一）实施全口径预算管理对公共财政建设意义重大

预算管理是我国财政管理体制的核心问题，但这却是我国公共财政制
度建设中最薄弱的一个环节。财政是"庶政之母"，是政府履行职能的物
质基础，是国家安全和社会稳定的重要保障。财政天然是统一的。财权的
分散，就是政权的分散，财权的弱化就是政权的弱化。因此，统一预算
内、预算外和制度外收支，不仅仅是一个简单的管理问题，其本质在于规
范政府行为，以实现政府性收支的统一、全面、完整、规范的预算管理，
是推进和加强公共财政制度建设的基本要求，也是建立现代预算制度的前
提条件。从计划经济体制下的国家预算制度，转向市场经济体制下的现代
政府预算制度，是中国财政体制改革的重要任务之一。

在中国，建立现代政府预算制度包括的内容很多，如细化预算编制、
提高预算透明度、建立绩效预算制度、实行中长期滚动预算制度、改革现
金实现制会计制度、建立部门预算制度、建立单一账户体系、建立预算问
责制度等等。其中，实行全口径政府收支预算管理制度，是政府预算制度
改革中诸多方面改革的前提和基础。只有真正实现了对全部政府收支的统
一、规范的预算管理，其他各项预算制度改革才能具有实质性推进的可能
条件，其他各项预算制度改革的推进也才能具有实质性意义。

我国当前的政府预算，未能覆盖全部政府收支。在预算覆盖范围之
外，还存在许多脱离预算管理的政府收支。以政府收支而非财政收支作为
统计口径，可以纳入这一口径的有预算内收支、预算外收支（包括纳入
预算管理视野但未完全纳入预算的收支）和制度外收支。其中，预算内

收支的管理比较规范——有统一的制度规范，纳入预算，接受人民代表大会的审议；预算外收支管理的规范程度次之——有比较统一的制度规范，部分在预算中反映，部分游离于预算之外，不完全接受人民代表大会的审议；制度外收支的管理几乎谈不上规范——由各个地方或部门自立规章，自收自支自管，不纳入预算。从市场经济的行为规范来看，预算外和制度外的收支属于非规范性收支。由于非规范性收支脱离预算控制，它的取得和支用便会与部门利益甚至个人利益挂钩，形成政府对市场秩序乃至公共利益的扰动。而且，这样的政府预算无法全面反映政府部门的所有收支活动。以部门预算编制改革为核心的政府预算管理制度创新，虽然朝着构建完整统一的政府预算体系迈出了第一步，初步搭建了一个具有可操作性的制度平台，但最终实现"所有政府收支进预算"集中的改革目标，仍有一段较长的路要走。

实行全口径政府收支预算管理，就是要做到：凡是凭借公共部门职能获得的收入与公共部门为行使职能所支付的一切支出，都要纳入政府预算实行统一、完整、全面、规范的管理。

（二）实行全口径政府收支预算管理的条件基本具备

党中央、国务院对规范非税收入管理和推进全口径预算管理的问题非常重视。党的十六届三中全会明确提出要"健全公共财政体制"、"实行全口径预算管理"的要求；国务院在《关于2005年深化经济体制改革的意见》中进一步提出"改革和完善非税收入收缴管理制度，逐步实行全口径预算管理"，财政部也下发了《关于加强政府非税收入管理的通知》，对加强政府非税收入管理提出了具体要求。党的十七大又进一步提出要"深化预算制度改革，强化预算管理和监督"的要求。因此，按照党的十六届三中全会和党的十七大提出的要求，把实行全口径政府收支预算管理纳入改革议事日程，是今后几年我国预算制度改革的重要内容。

我国从2007年开始按照新的政府收支分类体系编制政府预算和部门预算。新的政府收支分类体系主要包括收入分类、支出功能分类、支出经济分类内容。在收入分类上，按照全面、规范、细致地反映政府各项收入的要求，对政府收入进行统一分类，将原一般预算收入、基金预算收入、社保基金收入和预算外收入等都统一纳入政府收入分类体系，并按国际通行做法划分为税收收入、社会保险基金收入、非税收入、贷款转贷回收本金收入、债务收入以及转移性收入等。在支出功能分类上，根据政府管理和部门预算的要求，统一按支出功能设置类、款、项三级科目。新的支出功能科目能够较系统清晰地反映政府支出的功能结构，完整反映政府各项职能活动。在支出经济分类上，按照简便、实用的原则，主要用来明细地反映政府支出的具体用途，即政府的钱究竟是怎么花出去的。新的政府收支分类体系建立后，我们既可以继续按一般预算收入、基金预算收入分别编制、执行预算，又可根据需要汇总、分析整个政府性收入和支出的统计体系，这为建立全口径政府收支预算管理制度提供了可行的技术条件。

（三）推进全口径预算管理的基本设想

在"公共财政"制度背景下，政府预算制度首先必须具有"统一性"的特征，即政府所有的收支必须全部纳入政府预算统一进行管理。政府预算制度的统一性实际上反映着市场通过政府预算对整个政府活动进行全面监督和控制的要求。无论是发达国家还是发展中国家，只要建立了公共财政体制，都将绝大部分的政府收支纳入政府预算进行统一的管理，基本上做到了预算管理的"统一性"。

由于诸多方面的原因，政府的预算外收支在一定时期内可能确有存在的合理性和必要性，但从公共财政制度建设的要求看，现有预算内、预算外、制度外三块收支并存的状况必须改变。预算外收支的存在，既不公平也不利于提高财政资金的使用效率。预算外收支是财政腐败的重要源头，破坏了财政的公正性和完整性。从效率角度讲，预算外，特别是制度外的收支，很难通过一种机制对其进行效益评估，难免出现资源运用中的效率损失。而且，这些收支，也模糊了公共财政本来不应模糊的边界。

从预算的完整性原则出发，所有政府收入都应分步纳入政府预算中，真正实现由财政部门统揽一切政府收支活动，形成一个覆盖政府所有收支的完整统一的公共预算，改变财政预算管理内外有别的模式，完成从财政专户管理向国库集中收付的转变，形成对政府非税收入的全方位监督。换句话说，所有属于公共财政范围的收支，都应列入统一预算。这既是我国公共财政预算管理的方向性选择，也是完善公共财政制度建设的基础性条件。

第二节　进一步完善公共财政的制度框架

财政法治化、财政民主化和分权规范性构建起了公共财政建设的制度框架：财政法治化为公共财政建设提供了法律保障，并对公共财政行为予以规范；财政民主化反映了公共财政建设中财政决策科学性的客观需要，是衡量财政公共化的重要尺度；分权规范性则要求正确处理政府间财政关系，实现中央与地方财政的"共赢"。

一、财政法治化：公共财政建设的灵魂

社会主义市场经济是法治经济，立足于社会主义市场经济下的公共财政建设，必定是法治化的公共财政建设。法治既为公共财政建设提供了法律保障，同时又规范、约束着公共财政建设，使之合法有序、公正合理，符合人民的根本利益。

（一）财政法治化：任重而道远

尽管公共财政的法治建设取得了很大的成就，但与"依法治国，建设社会主义法治国家"的目标相比，还有一定的差距，依然存在着不少可改进的地方。

1. 财政法律体系不够完备

在我国现有的财政法律体系中，我国尚没有制定财政基本法、税法通则等，效力层次较低。由于没有一部财政基本法，很多法律、法规都涉及财政税收问题，不同的法律、法规之间对同一问题的规定有时不一致，给

执法造成很大困难；现行有效的财政税收方面的法律总共只有八部，即
《预算法》、《政府采购法》、《会计法》、《注册会计师法》、《个人所得税
法》、《外商投资企业和外国企业所得税法》、《税收征收管理法》、《农业
税条例》。其他的基本上是行政法规、规章和规范性文件。总体来说，科
学的财政法律体系还没有建立，财政法律制度还不够健全和完善（财政
部条法司课题组，2003）。

2. 财政立法的层次低

正如上所言，我国财政税收方面真正经过全国人大及其常委会制定通
过的法律只有八部，剩下的大多是国务院的行政法规和财税部门制定的规
章和规范性文件。这些规章文件虽然能够及时解决现实操作中的一些问
题，对依法行政和依法理财起着指导和规范作用。但是由于立法层次低，
虽解一时燃眉之需要，发挥了立竿见影的效果，但不可避免地缺乏法律的
严肃性；另一方面也存在透明度不高的问题，严重制约了执法效力。

财政立法的层次低也影响到财政法规的质量。许多规章和规范性文件
出自主管财政税收的职能部门，固然存在熟悉相关业务领域、针对性强、
制定时滞短的有利一面，但在制定这些规章文件时有可能不自觉地出于便
利本部门管理财政收支活动的需要，而可能出现未经充分论证、充分听取
民意就出台的现象，导致对被管理对象的合法权益考虑不周全，也缺乏一
定的科学性、现实性、全局性、可操作性和前瞻性。

3. 社会成员的平等权益尚待进一步改进

财政收入来源于社会成员的贡献，按照公共财政的理念，社会成员的
共同需要应该得到同等程度的满足，这样才能实现财政收入"取之于民、
用之于民"的良性循环。考察财政支出结构，我们会发现，尽管近些年
有关社会民生方面的支出有了较大提高，但离共同需要的实现程度相比，
还是存在一定的距离，公共财政的阳光还需向民生倾向。除此之外，在实
现共同需要时，城乡差异、地区差异依然存在，公共财政的阳光还不是均
等地向社会成员覆盖。税收是财政收入的主体，纳税人的合法权益在征纳
关系中应处于对等的地位。虽然新的《税收征管法》从微观层面对纳税

人的合法权益起了积极的保障作用，但从总体上看，保障作用有限。《宪法》仅规定了"公民有依法纳税的义务"，缺乏对纳税人合法权益进行保护的明确规定；关于纳税人合法权益的规定分散于各种法律、法规和文件中，缺少一部全面、系统的有关纳税人合法权益保护的专门法律；税收程序法滞后于税收实体法的制定，对征税主体缺少必要的程序约束，导致征税主体的自由裁量权过大，等等。

（二）加快财政法治化进程的思路

从本质上讲，公共财政就是法治财政，因此，建设公共财政，必须实现财政法治化，这对于依法治国和依法行政都具有重大的现实意义。

1. 构建比较完备的财政法律体系

要按照"依法治国，建设社会主义法治国家"的目标，适应社会主义市场经济发展的要求，以公共财政建设为主线，遵循法治原则，既反映现实需求，又做到适度超前，讲究科学性和系统性，不断总结财政立法工作中的经验，借鉴国外财政立法的先进做法，构建比较完备的财政法律体系，由财政基本法律制度、财政收入法律制度、财政支出法律制度、财政管理法律制度和财政监督法律制度五大类法律制度构成。其中，每一类法律制度又由若干内容相关的法律制度组成，具体为：

——财政基本法律制度。主要包括《财政基本法》，以及其他规范财政职能、财政体制、财政活动的基本原则、方式和决策程序，还有财政组织机构等财政基本问题的配套法律制度。财政基本法律制度在财政法律体系中处于核心地位，是制定其他法律制度的原则和基础。

——财政收入法律制度。主要包括税收法律制度（以《税收通则》为主体，由各单行税种法律制度构成）、国债法律制度、行政事业性收费法律制度、政府性基金法律制度、彩票法律制度。

——财政支出法律制度。主要包括财政转移支付法律制度、财政补贴法律制度、财政专项资金法律制度、税式支出法律制度、政府采购法律制度。

——财政管理法律制度。主要包括预算管理法律制度、国库管理法律制度、政府公共支出绩效管理法律制度、税收征收管理法律制度、财务管理法律制度、会计管理法律制度、注册会计师管理法律制度。

——财政监督法律制度。主要包括财政监督程序法律制度、财政监督惩处法律制度。

2. 逐步提高财政的立法层次

要逐步改革财政立法体制，消除财政机关立法权与执法权集于一身的弊端。可以根据目前的客观情况，在条件允许的情况下，考虑逐步扩大国家立法的"比重"，减少行政授权立法的"比重"，进一步建立、健全行政授权立法监督制度，进而建立以国家立法为主、行政授权立法为辅的财政立法体系，以改变目前财政行政立法权过大，国家立法权过小的状态；消除财政法律层次不高，法律效力差的局面，解决财政机关立法权和执法权重叠的问题。

3. 努力提高依法理财水平

立法是基础，而只有依法理财，用法律规范公共财政收支活动的每一环节，才能实现立法的初衷，也才能进一步加快公共财政建设进程。从这一点上讲，建设公共财政，依法理财是核心。推动依法理财水平的提高，除了健全财政法律体系之外，尤其应该做到：

——强化预算的严肃性和权威性。预算的编制、审查、执行、监督以及决算，不仅要依法进行，还要保证预算的完整性和真实性，提高预算的质量，加强预算的硬约束。

——继续深化预算制度改革。进一步扩大部门预算编制改革覆盖的范围，细化部门预算编制内容，努力编制部门综合预算；要继续扩大国库集中支付的范围和规模，有效防止部门报假预算、假项目；要依法规范政府采购行为，不断扩大政府采购规模，提高政府资金的使用效率。

——建立健全绩效评价体系。评价的范围包括消耗性支出、公共工程支出等所有政府公共支出，评价的内容包括业务考评和财务考评。对于绩效评价高的和绩效评价低的可分别予以相应的奖励和惩处。

4. 切实维护社会成员的合法权益

——在立法方面，应保障社会成员能够参与财税法律草案的讨论，能够使他们的诉求得到表达，扩大法律的社会化程度；应在《宪法》中明确规定纳税人的合法权益受到保护，使对纳税人合法权益的保护上升到宪法层面；应在条件成熟时尽快制定保护纳税人合法权益的专门法律，使对纳税人合法权益的保护全面、系统；应加快税收程序法的制定，扭转税收立法中重实体法轻程序法的局面。

——在执法方面，各级税务机关应做到依法行政，职权法定，防止超越职权或滥用职权；应完善税务行政执法程序，使税务行政执法活动规范化、条理化、系统化；应转变依法行政观念，从执法型转变为服务型，做好纳税人服务工作；应确保纳税人的知情权、隐私权、参与权、生存权等，完善行政复议制度。

——在司法方面，可考虑在司法机关内部专设税务法院，专门处理有关的税务纠纷与争议；可借鉴国外的纳税人诉讼制度，建立纳税人诉讼制度和纳税人公诉制度激励机制，规定任何单位和个人在发现有人骗取国家钱财或浪费国家资产后，都可以以纳税人的身份为维护公共利益而提起诉讼，并依法给予其一定的物质激励。

二、财政民主化：公共财政建设的基本内核

公共财政的出发点和归宿是通过向社会成员提供公共物品和服务，满足社会公共需要。而公共物品和服务实现有效供给的前提是社会成员的偏好借助于集体的行动，通过一致同意、公共选择等民主机制表达出来。另一方面，社会成员之所以通过纳税等形式让渡部分资产给政府，是因为政府可以以公共代表的身份向社会成员提供公共物品和服务，基于这种认识，政府的公共财政活动必须符合民主原则，切实反映社会成员的利益和要求。从这个意义上讲，财政民主化无疑是公共财政建设的基本内核和最本质的要求。

（一）财政民主化：我国公共财政建设的薄弱环节

作为社会主义民主政治建设的重要组成部分，财政民主化与我国的民主政治建设进程息息相关，也是影响民主政治建设进程的重要因素，两者形成双向的互动。伴随着民主政治建设进程，我国的公共财政建设包含着一些基本的民主成分在内，取得了显著的进步，但与社会主义市场经济下财政民主化的要求相比，民主财政建设还有需进一步完善的地方。

1. 财政收支活动未全面反映社会成员的偏好

市场经济下的公共财政，以满足社会公共需要为己任。原则上，社会成员的偏好，决定了财政收支活动的规模和方向。因此，只有由社会成员的偏好所决定的财政收支活动才能全面反映社会成员的偏好。

以此来考察我国的现实财政收支活动，不难看出，与社会成员的偏好还存在一定的差距。

比如，社会成员无法全面地参与到政府预算活动的全过程。在编制预算时，社会成员的合理要求往往不能如实地在预算中得到反映；在人大代表审查预算时，预算报告又因缺乏必要的细节、专业性过强而让这些社会成员的不少代表感到无所适从。加之时间仓促，往往就使预算的审查和批准流于形式。

再如，在我们强调增加财政收入的同时，财政支出结构的调整相对滞后于社会成员对公平的需求，有关民生方面的支出调整相对就缓慢一些，在公平问题显得尤其突出的今天，比较而言，财政收支活动强调效率的因素要比强调公平的因素多。

除此之外，我们的财政收支不能涵盖全部的政府收支，使大量的预算外、制度外收支活动脱离人大和社会公众的视野，也就更谈不上这些收支活动如何满足社会成员的偏好了，有的社会成员甚至觉得自己的主人翁地位仅仅停留在法律条文上。

2. 行政机关主导财政收支活动

现实的状况是，人民代表大会在财政方面的权威与宪法所赋予的权威不相称。财政权力过分集中于政府，财政收支活动似乎成了与权力机关和社会成员无关的纯粹的行政管理活动。即使在编制、审查和批准预算时，也常常是政府"定盘子"，权力机关往往就照单批准通过。在一定程度上，人大的权力机关地位只具有法律上的宣示意义，对行政机关的制约还比较弱。如此一来，财政收支活动的民主决策和民主监督就难以保证。2007年审计署查出的2006年一些政府部门的违法、违规资金问题，就很好地说明了这一点。只要行政机关主导财政收支活动，缺乏权力机关和社会成员的全面介入，一些违法、违规问题就很容易屡屡发生。

3. 财政收支活动缺乏必要的民主监督

社会成员负担了政府提供公共物品和服务的成本，自然有权了解资金的使用情况。但在我国，财政活动缺乏相应的民主监督机制。长期以来，由于受到财政监督职责权限等因素的影响，财政监督缺乏有效的立法、行政乃至于司法机制，滥用纳税人钱财的行为很少被追究相应的法律责任。在日常的监督中，一般重视政府内部监督而忽视外部监督，如权力机关的监督和社会成员的监督。对财政收支活动的监督主要采取事后监督的形式，事前审核、事中监督相对薄弱。此外，实行民主监督的法治环境尚不完善，我国目前尚未出台一部专门针对财政监督的单行法律法规，虽然《预算法》、《预算法实施条例》、《会计法》等有关法律法规对实行财政监督提供了一些法律依据，但不全面、不系统，不利于权力机关和社会成员对财政收支活动有法可依、有章可循地进行全方位、系统的监督。

（二）致力于推进我国财政民主化进程

财政民主化是建设公共财政的基本内核和本质要求，其目的是形成这样一个良性的循环：社会成员依法自觉纳税——其合理的偏好得到表达并参与公共财政收支活动的决策——政府依法使用公共资金并提供公共物品和服务——社会成员的公共需要得到满足。

1. 健全人民代表大会制度

人民代表大会制度作为我国的根本政治制度，其权力机关的地位不容忽视，在新的历史条件下，必须健全这种制度，充分发挥其作为民意代表机构的重要作用。一方面，要注重人民代表的代表性，重视提高人民代表参政议政的能力。只有人民代表的代表性得到充分的保障，其参政议政的能力有了明显的提高，才能更好地代表广大社会成员的公共利益，并切实去维护这种公共利益。另一方面，也要强调人民代表大会的权威性。原则上，政府的一切收支活动都应纳入各级人民代表大会的审查范围，接受人民代表的监督，让公共财政成为"阳光财政"。只有这样，才能确保各级政府充分履行自己的职责，为社会提供更多有质有量的公共物品和服务，以满足社会公共需要。

2. 完善社会成员偏好的表达机制

社会成员偏好的表达机制是通过四个方面来实现的：

首先是知情权。在公共财政建设过程中，需要逐步扩大社会成员的知情权，让他们了解公共财政状况，知道他们缴纳的税收的用途，明白各种政府收费的规则，掌握财政资金的使用方向。

其次是参与权。除了知情权外，社会成员应在各级政府的公共财政决策中以适当形式参与，将自己的意愿反映给政府相关部门。因此，需要建立必要的参与机制，如听证制度、问责制度等，让公众参与到公共财政收支活动中来，帮助政府提高公共财政的管理水平。

再次是决策权。决策实际上是一个权衡与选择的过程，需要特定的程序和途径来表达社会成员的偏好。在我国，各级人民代表大会是比较可行的社会成员行使决策权的恰当途径。在这种制度安排下，社会成员通过人民代表，将自己的意愿集合成集体意愿，参与公共财政有关事项的决策，使各级政府的财政行为体现社会成员的集体意愿，而不是由政府代替社会成员进行决策。

最后是监督权。与单纯依靠政府内部相关部门的监督相比，由社会成员履行对财政的监督更为有效，也更可行。在公众拥有并行使知情权、参与权和决策权的情况下，社会成员的监督权得到尊重，就会对政府的公共财政行为起到有力的约束作用。

3. 预算应该公开、透明、全面、翔实

为了便于人民代表的审议和广大社会成员的参与，预算编制时预算科目应尽可能地细化。原则上，除了部分涉及国家安全的机密预算之外，其他的预算都应公开透明。所有的政府收支活动，都应有全面翔实的收支计划和报告，从而接受人大的质询和广大社会成员的监督。最后，应适应延长预算的编制和审批时间，提高预算编制的科学性和严肃性。

三、适度分权：规范政府间财政关系的关键

集权与分权是财政体制的核心问题。在保证适度集权的基础上以分权为导向构建财政体制是大多数国家的方向性选择。我国财政体制改革也基本上沿着这一方向来进行的。1994年实行的"分税制"改革，是我国具有里程碑意义的财政体制改革。这次改革所形成的分税制财政管理体制，较好地处理了集权与分权的关系，初步规范了中央与地方的财政关系，结束了之前多种制度并存的财政体制，充分调动了中央与地方两个积极性。实行分税制财政管理体制后，一举扭转了中央财政收入和国家财政收入比重偏低的局面，中央财政收入比重提到55%左右，国家财政收入占GDP比重上升到21%左右，中央财政的集权度有所上升。但相对而言，地方财权、财力有所削弱，与党的十七大报告提出的"健全中央和地方财力与事权相匹配"的财政体制还有相当大的差距。如何在保障中央财政适度集权的基础上，以分权为基本导向推进我国公共财政体制建设，是一个重要而紧迫的现实议题。

（一）政府间财政关系亟待厘清

1. 事权划分不明、支出职责不清

政府间事权划分不规范、不清晰是造成中央政府与地方政府之间以及各级地方政府之间的支出职责不甚明了的最主要原因。目前，有关政府间事权和支出范围的划分，尚没有明确的法律规定，造成政府间事权交叉、支出职责交叉。一些属于地方事权范围之内应由地方财政安排的支出，中央财政也在安排支出，比如一些经济建设投资；一些属于中央事权范围之内应由中央安排的支出，却要由地方财政负担，甚至支出职责层层下划，比如农村基础教育，一方面财权层层集中，另一方面支出职责要下划到要

由县乡（镇）财政来负担，相当程度上加剧了基层财政的困难。

2. 地方税体系构建缓慢

规范的分税制财政管理体制包括了中央税和地方税两个体系，实行分税、分征。但从目前的情况看，除了消费税和关税为中央独享的税种、营业税和其他一些小税种为地方独享的税种外，我国的税收收入基本上是以分成为主。相对独立的地方税体系至今没有建立起来，这与规范的分税制财政管理体系相差甚远。而且，由于我国的政府层级有五级，层次比其他国家要多一些，真正实行分税的税种又很少，造成省以下各级地方政府，层级越低，越没有税种可分，无奈基本上依靠税收收入分成和非税收入取得财政收入。规范的政府间财政关系的重要内容之一是应将以税收立法权为核心的税权在中央和地方之间进行合理划分。而我国现行的分税制，虽然划分了中央税种、地方税种、共享税种，分设中央地方两套税务机构，各征各的税，但事实上分税不分权，税权高度集中于中央。地方政府只享有极少数地方税法的实施细则的制定权、税目税率调整权、税收减免权外，如地方政府只是在城镇土地使用税和车船使用税两个税种上有税额决定权，其他的地方税税种的立法权、税法解释权、税目税率调整权、税收减免权等均集中于中央。

3. 政府间转移支付不够科学规范

转移支付是弥补中央与地方、地方与地方以及地方各级之间财力不均衡的有力措施，是财政分权的重要组成内容。但是，目前的转移支付制度保留了浓厚的既得利益色彩，公开、公正、公平都存在着不同程度的不足。大部分转移支付的方法是按照基数法进行分配，发达地区因基数高，所以返还也就高，贫困地区基数低，返还也就低。1995 年开始实行的过渡时期转移支付虽按因素法确定的，但资金规模不够大，且缺乏透明度，也不够规范。在目前转移支付的构成中，专项转移支付比重大，一般转移支付比重小，致使地方不仅自主财力少，还要为专项转移支付进行资金配套。此外，尽管大部分省（自治区）相继参照中央对省级的转移支付制度建立了省对市县的转移支付办法，但存在着形式多样、力度不足、规范性差等问题。

（二）以适度分权为基本导向完善政府间财政关系

进一步完善我国的政府间财政关系，应与社会主义市场经济体制的完善相适应，以科学发展观为指导，与构建社会主义和谐社会的目标相吻合，坚持以适度分权为基本导向、以维护公平和兼顾效率为基本原则，在保证中央进行宏观调控财力的基础上，充分调动地方理财积极性，力求实现中央和地方财政的"双赢"。

1. 合理划分政府间的事权与支出职责

在政府与市场关系明确的基础上，科学地划分政府间的事权与支出职责，并通过法律形式确定下来，从而保持稳定性。对于一些受益范围比较明确的公共需要，如国防、外交等，其事权与支出职责已有清楚的定位。现在的问题和难点是一些界限模糊的事权和政府间共有事权的划分，如基础教育、公共卫生、社会保障等。像这类的事权该如何划分以及相应的支出职责，现实中各国并无统一的模式可循。因此，对这类事权的划分，在借鉴国外经验的同时，更要考虑我国的具体情况，因地制宜，不采取一刀切的做法。可通过公共服务均等化的手段，中央政府根据各地人均财力的情况制定出公共服务的全国性的均等化标准，各级地方政府根据其财力情况承担一定的责任。达到这个标准或在此标准之上的地区，由当地负责其支出，在这个标准之下的地区，虽由当地负责提供，但其中的一部分支出需要由中央政府通过转移支付的形式加以弥补，从而使其达到全国性的均等化标准。

2. 健全地方税体系

健全的地方税体系规范政府间财政关系的重要内容。我国目前的地方税体系与分级分权为特征的财政体制改革是很不相适应的。健全地方税收体系至少要朝以下几个方面努力：

——赋予地方政府适度的税收立法权。科学划分税收立法权是税收管理体制的核心，也是地方税体系建设和有效运行的前提。发展中大国的现实国情决定了我国中央集权型税收管理体制模式的选择，但基于我国幅员辽阔、人口众多、地区间地理、文化、经济差异相当悬殊的情况，为调动地方政府积极性，应该在明确划分政府事权的基础上，赋予地方政府适度的税收立法权，使地方税收来源与地方政府支出之间，地方政府收支与当地居民生活利益之间的关系更为直观和密切。

现阶段，地方税体系税收立法权的划分应该依循以下思路：涉及对宏观经济影响较大的、全国性的主体地方税种，如营业税、企业所得税、个人所得税，立法权集中在中央；涉及对宏观经济影响不大，但对地方经济影响较大，属于全国性的辅助地方税种，如财产税类的税种、资源税类的税种，由中央统一立法，征管权和部分政策调整权下放给地方，但只限于省一级地方政府；涉及对宏观经济影响较小，但地方特色浓厚的税种，地方有权根据本地财政经济的实际情况自行决定开征与否。

——合理确定地方税收入规模。我国地方税收入规模渐趋萎缩的态势，应该也必须采取一些措施来扩大地方税收入规模，提高地方税收在地方政府收支中的地位。要实现这一目标，显然不能采取中央税与地方税规模"此消彼长"的方式，而是要通过加快地方税体系的改革，完善地方税税种体系，包括确立和强化地方税的主体税种；开征社会经济发展所需而现在尚属缺位的税种，完善各地方税种的税制规定和积极推进"费改税"来予以实现。

——构建和强化地方税的主体税种。主体税种的构建是地方税系建设的一个核心内容，是形成地方税收随经济增长而增长的内生机制的关键，因此，必须统筹中央和地方税收体系建设的全局，着眼于现在和未来，规划地方税主体税种建设和完善的整体方案。我国现行地方税系的主体税种是营业税、企业所得税和个人所得税，即由商品税和所得税构成的主体税种体系。近期看，还得维持现有的以营业税、个人所得税为地方税主体税种的格局。中长期看，应大力发展和培植财产税，完善城建税，开征环境保护税，拓展资源税，使其成长为地方税的主体税种。

——整合和优化地方税体系与制度。税种的设置以及各税种税收制度的完善是地方税体系建设的一项核心内容，它应以保证地方税收入规模，实现地方税体系的完整性、调控功能的健全性和灵活性等来予以调整和完善。现行地方税主要税种如营业税、个人所得税、城市维护建设税等的税制规定是 1994 年税制改革时颁布实施的，许多方面亟待改革和完善。营业税的改革应适当扩大其征收范围，从制度上拓展税基，并明确和完善征管操作标准，协调与其有关税种包括增值税、房产税的征收关系；个人所得税的课征模式要实现由分类制向综合与分类制相结合的模式转化，并适应社会经济发展的要求，制定科学合理的税前扣除标准；对于城市维护建设税，要以销售收入为计税依据，使之成为独立税种，并扩大征收范围；资源税应该扩大征收范围，适当提高其税负，以促进有限资源的合理有效利用。除此以外的其他地方税种，也必须结合实践发展需要进行相应的完善。

3. 完善政府间转移支付制度

中央财政的转移支付是地方政府一项重要的财力来源。应按照公平原则，以公共服务均等化为目标，进一步改革政府间转移支付制度。

首先，转移支付应以一般性转移支付为主，专项转移支付为辅。因为一般性转移支付没有指定具体的使用方向，只是地方政府财力的一种补充，地方政府可以有较大的支配权；而专项转移支付不仅规定了具体的使用方向，有的还附带一些条件，地方政府在使用时有一定的限制。

其次，要适当扩大转移支付的规模。转移支付对于补充地方财力，促进地方经济社会发展具有重要作用。在我国财政收入不断增长的情况下，提高转移支付的规模，特别是扩大一般性转移支付的规模，并结合横向转移支付的实行，有助于平衡各地的财力，实现各地公共服务的均等化。

再次，应逐步将我国现行转移支付计算中的"基数法"改变为"因素法"。用"因素法"计算转移支付，可以提高透明度，消除主观性的随意性，有助于实现转移支付制度的公开、公平和公正。最后，应加强转移支付制度的法治建设。目前我国尚无一部涉及转移支付的专门法律，可考虑在条件成熟时，进行转移支付制度的立法，将转移支付的原则、形式、目标、计算方法和标准等以法律的形式确定下来，将转移支付工作纳入法治化的轨道。

第三节　进一步健全公共财政运行机制

公平与效率是公共财政运行的内在要求。所谓公平，是指公共化的财政应是"一视同仁"的财政，所有社会成员都能无差别地享受大体相同的财政待遇。所谓效率，是按照成本—效益原则，一定量的财政支出能够为社会提供多少和何种程度的公共品和公共服务。以满足社会公共需要为主旨的公共财政建设，必须符合公平与效率的原则。另外，在公共财政建设中，还必须强调财政运行的可持续性。这种可持续性，既包括财政促进整个经济社会的可持续发展，也包括实现财政本身的可持续性。

一、公平：公共财政运行的立足点

财政均等化的根本目标是实现公共服务的均等化，即社会成员都能大体无差别地享受国家最低标准的基本公共服务。在《中共中央关于构建社会主义和谐社会若干重大问题的决定》中，明确指出"完善公共财政制度，逐步实现基本公共服务均等化"。这要求调整财政支出结构，逐步实现社会成员在教育、医疗、养老等方面均等的权利。

（一）基本公共服务大致均等化：公共财政义不容辞的责任

基本公共服务均等化是指政府要为社会公众提供基本的、在不同阶段具有不同标准的、最终大致均等的公共物品和服务。改革开放以来，虽然经济有了很大发展，人民生活水平显著提高，但不可否认的是，由于体制转轨所带来的转轨成本以及没有及时采取有效措施将这种成本最小化，社会成员在享受基本公共服务方面的差异呈逐渐扩大的趋势。如果不及时采取有力措施加以扭转，必然会影响到社会成员对改革成果的分享。财政收入是政府提供公共服务的财力保证，而随着财政支出结构的调整，以满足社会公共需要为主旨的财政支出用于公共服务方面的比例会越来越高，所以财政支出可视为是政府提供公共服务的实现程度。总之，财政收支两个方面都与公共服务水平密切相关。

公共财政既是"取众人之财，办众人之事"，理应为大家"谋福利"。但由于人的禀赋能力的差异和地区间财力与资源的差异等因素，不同地区和不同的社会成员，他们只用自己拥有的财力或收入去购买基本民生或者基本公共服务就有能力上的差异，从而导致福利水平的差异。这个时候，就需要公共财政对地区间或不同社会成员间的基本公共服务提供基本保障或者进行再分配，力求实现大致的均等，从而与社会主义的公平、公正、和谐的目标相吻合。如果公共财政不出面对落后地区或者低收入成员的基本公共服务进行有效保障，他们就可能会生活在极度贫困之中。历史经验表明，贫困是动荡的主要诱因。贫困特别是大面积人群的贫困具有明显的负的外部效应。纠正负的外部效应，避免动荡、维护社会稳定是政府的应尽职责，也是公共财政义不容辞的责任。

实现基本公共服务的均等化，不仅是公共财政的内在要求和义不容辞的责任，也是实现社会福利最大化，增进全社会福利的要求。庇古被奉为"福利经济学之父"，他根据边际效用基数论提出两个基本的福利命题：国民收入总量愈大，社会经济福利就愈大；国民收入分配愈是均等化，社会经济福利就愈大。他认为，经济福利在相当大的程度上取决于国民收入的数量和国民收入在社会成员之间的分配情况。因此，要增加经济福利，在生产方面必须增大国民收入总量，在分配方面必须消除国民收入分配的不均等。这是因为边际效用是递减的穷人收入增加所带来效用要大于富人等量收入减少所减少的效用。1998 年诺贝尔经济学奖获得者阿马蒂亚·森对"福利"的理解和我们要求居民大致均等地享受民生也是一致的。在他看来，创造福利的并不是商品本身，而是它带来的那些机会和活动，这些机会和活动是建立在个人能力的基础上的。[①] 个人能力并不是与生俱

---

① 于树一：《公共服务均等化的理论基础探析》，载《财政研究》2007 年第 7 期。

来的，它需要教育与健康的支持。如果是低收人者，他又无法享受到政府提供的基本教育和健康权利，那么，他永远就无法获取这种创造福利的能力与机会。显然，如果我们有一个大致均等地享受教育、国民健康与就业等这样基本民生的制度，每一个人就有可能具备创造福利的能力。这样，国民福利水平就会明显提高，社会也将变得安康、稳定与和谐。

（二）公共财政致力于促进基本公共服务大致均等化的思路

要让广大社会成员共享改革成果，就需要加快公共财政建设，通过调整财政支出结构，切实满足社会成员的基本公共服务需求。同时，又要考虑我国的现实情况，既要借鉴吸收先进国家的成熟经验，又要与经济发展、财政收支规模、中央与地方财政关系调整、公共部门和事业单位改革等外部环境相适应。

1. 合理确定公共服务均等化的范围和标准

根据我国当前经济发展水平和财力的限制，我们不可能按照发达国家的模式确定公共服务均等化的范围和标准。在现阶段，一方面需要调整财政支出结构，按照公共财政的要求提高基本公共服务的支出比例；另一方面，按照公平和效率并重的原则，我们认为目前公共服务均等化的重点不应是"劫富济贫"，而是确保最低收入阶层获得基本生活保障。应当考虑按照低标准、广覆盖的原则，选择义务教育、基本医疗保健、最低生活保障等关键项目，尽可能保证各地区城乡居民在这些最重要的公共服务方面获得均等化的服务。在范围选择上，可以考虑由小到大的顺序逐步推进公共服务的均等化。首先是缩小城镇内部的公共服务水平差距，其次是各地区城乡之间的公共服务均等化逐步实现，最后实现全国范围的公共服务均等化，表现为各地区之间、城乡之间、社会成员之间的公共服务基本实现均等化。

2. 明确划分各级政府的均等化责任

我国的公共服务均等化，不仅涉及地方财力分配的横向不均衡，还与不同级次政府之间收支责任不匹配所形成的纵向财力不均衡密切相关。因此，首先应当明确各级政府在不同项目上的公共服务均等化责任，其次应由中央政府制定各地区应当实现的公共服务的最低标准。至于供应的方式，则可采用变通的方式，有些公共服务，如义务教育、基本医疗、社会保障等，应由中央政府负责供应，以便彻底摆脱地方政府自有财力的制约；而有些公共产品和服务，如地方辖区内的公共基础设施，则在中央政府制定标准，并规定其在地方财政支出安排中的排序的基础上，根据地方财力的差异，采取不同的供应办法，或由地方负责供应，或由中央与地方联合供应，或由中央专项拨款独立供应（"中国基层政府财政改革"课题组，2006）。

3. 实现专项转移支付与一般转移支付的有机结合

通常认为，一般转移支付在解决地方财政地位不均等方面应发挥主要作用。但对中国现阶段而言，由于"以手投票"和"以脚投票"的机制都不完善，如何保证地方政府将财力性、无条件转移支付真正用于公共服务均等化的支出是一个基本问题。我们认为，基本公共服务是中央政府的职责，应通过专项转移支付直接委托较低级次政府负责供应，并按照均等化标准进行考核。对于应由地方政府负责供应的公共服务，地方财力缺口可以通过一般转移支付解决，但中央政府也应制定均等化标准对地方公共服务的供应进行监督，通过严格考核干预地方政府的支出安排。

4. 改变地方政府激励机制是实现公共服务均等化的制度保障

当前，GDP是考核地方政府官员政绩最重要的指标，在这种激励机制下，地方政府总是倾向于用有限的财政支出获得GDP的最大增长，因此出现了公共服务支出始终要让位于经济建设性质的支出。在现阶段要切实改变这种状况，需要从考核机制上入手，提高地方辖区内公共服务水平和均等化程度在地方政府官员考核中的权重，改变地方政府官员的激励机制，这是实现公共服务均等化的制度保障。

二、效率：公共财政运行不容忽视的环节

（一）公共财政也要讲求效率

在市场经济条件下，现代公共财政既是"公平财政"，也是"效率财

政"，能否建立有效率的政府和财政是公共财政建设成败的重要因素。我们这里说的效率，不是指财政支出要以效益为导向，不是说哪个领域的支出带来的收益高财政资金就往哪里投，而是指要通过有效的公共财政管理制度创新财政支出方式、提高财政资金的使用效率。我们这几年推进的国库集中支付、部门预算和政府采购制度就是以资金集约使用、提高财政资金使用效益、避免资金浪费为目的的一种财政制度安排。事实也证明，这种制度选择是符合"效率财政"的基本要求的。

"效率财政"已成为当前世界各国财政改革的重要目标。当前，以知识经济为标志的新经济发展迅速。各国政府都在用"效率政府"、"效率财政"观念来改革传统的政府官僚主义的管理模式以适应新经济潮流。因此，如何在公共财政体制下建立与中国具体国情相结合的现代国库管理制度，实现财政资金由粗放型管理向集约型管理转变，不断提高财政的民主、公开和透明，是提高财政效率的重要途径，也是我国政府的紧迫任务。①

（二）绩效预算管理：提高财政效率的重要途径

1. 提高财政效率关键是要有一套行之有效的预算制度

公共财政运行以公平为本，但也要兼顾效率，效率也是公共财政运行的重要方面和内在要求。我国公共财政制度建设特别是预算改革也必须朝着"效率财政"的目标努力，既要合理地运用财政资金，追求财政资金的最高使用效率，又要提高政府部门本身的效率，实施一种有效率的预算制度，最终提高公共资源的配置效率。

提高财政效率，不能简单地依靠"审计风暴"或临时性措施来解决，关键是要有一套行之有效的预算制度。从国际经验来看，这个预算制度就是绩效预算制度。建立绩效预算体系是为了进一步加强公共财政管理，提高财政资金的使用效益，其核心是通过制定公共支出的绩效目标，建立预算绩效评价体系，逐步实现对财政资金从目前注重资金投入的管理转向注

---

① 马国贤著：《中国公共支出与预算政策》，上海财经大学出版社 2001 年版，第 26 页。

重对支出效果的管理。事实上，公共预算绩效管理已经成为现代预算管理的重要内容。不过，我国的公共财政绩效预算改革还在试点与摸索之中，还很不成熟，还存在诸多问题。

有些学者把这些问题作了较全面的概括：一是绩效评价的实施主体与被考评方容易形成"猫鼠合谋"，导致绩效管理流于形式，目前预算资金使用者往往就是本部门预算资金使用效果的考评组织与实施者。这种操作模式，无疑留下了考评组织者与被考评方形成"猫鼠合谋"格局的空间，并将绩效评价结果作为进一步向财政部门争取更多预算资金配给的工具。二是在绩效评价指标设计上，包括业务指标与财务指标缺乏全面系统的动态分析与考核。三是预算绩效改革缺乏具有可操作性的参照借鉴体系。在当代预算管理中，大体包括英美模式与欧洲模式两大主流范式。二者对公共支出受托责任的侧重点是不同的。英美模式对于更能体现公众满意度的绩效预算管理更加青睐；而欧洲模式则将绩效理念融入立法机构约束与控制的内生过程之中，并未能够形成某种相对完整的绩效预算体系。根据对我国绩效预算管理与绩效评价改革试点的考察，其参照主要是来自美国、澳大利亚、新西兰、英国等英美法系国家的模式。而就现实国情而言，我国在组织构架、法律体系等诸多方面，与欧洲大陆法系却有更多的渊源。这些英美国家预算管理经验的简单"移植"，难免出现"淮橘成枳"的结果。[1]

2. 推进我国绩效预算改革的构想

我国目前的绩效预算改革还很不成熟，但对绩效进行考评在改善公共支出管理中的作用还是非常重要的，因为它是对公共财政运行绩效的定量测度，反映了公共财政运行过程和结果的改进或恶化程度。国际经验表明：实施"以结果为导向"的绩效预算，反映了现代政府预算管理的发展方向；创建高绩效的政府组织也始终是现代国家产生以来，各国公共管理者的理想与追求。我国政府公共支出管理体系也开始朝着构建绩效预算

---

[1] 马蔡琛：《论阳光财政视野中的公共预算绩效管理》，载《现代财经》2006年第3期。

制度方向前行，要建设我们所期待的理想的绩效预算制度，必须循序渐进且有明晰的战略思路和具体的方略：

——强化条目预算编制，完善预算执行外部控制，以节约性为目标积极推行预算评价，构建收付实现制的会计基础，最终实现财政资源控制的绩效收益。这个阶段是绩效预算改革的初步阶段，也是新型市场经济国家和转型国家实施预算改革不可逾越的阶段。这个阶段预算改革的任务在于严肃财经纪律，加强财政收支总控制，为以后几个阶段预算改革的推进夯实基础，主要包括以下几个方面：加强财政收支控制；编制中期财政框架，实施预算和政策连结；强化预算执行中外部控制的作用，特别是发挥财政部门在外部控制中的作用；继续推行项目绩效考评，然后涵盖基本支出，但基本目标在于节约财政资金和提高支出技术效率；完善收付实现制，逐步建立财政报告制度。

——实施项目预算编制，强化预算执行内部控制，以技术效率和经济效率为目标进行预算评价，实行修正的收付实现制会计，最终在实现财政资源控制的基础上，获取项目的效率收益。项目预算阶段的典型特征是预算支出项目必须反映政府战略政策和部门核心政策，改革的重点在于设计有效政策并确保政策与预算之间有效联系的机制。这个阶段的绩效评价应以节约和效率为评价目标，同时构筑修正收付实现制的会计基础。

——预算编制从项目预算到产出预算，预算执行从内部控制阶段到管理责任阶段，同时强化市场信号和用户选择机制，实施修正的权责发生制会计，最终实现预算的经济性、效率性和有效性。在特定的预算发展阶段，绩效预算执行必须关注相应的工作重点，从而实现特定限制条件下的次优，也就是某种程度上的绩效。

——从产出预算发展到结果预算，同时强化绩效预算的责任管理机制，并实施完全的权责发生制会计，最终实现预算的资金价值（从成本到结果的全方位绩效）。这个阶段改革的重点在于从强调预算的产出转移到关注预算的结果，即包括节约、效率和有效性在内的资金价值，同时实现完全的权责发生制会计。①

三、可持续性：公共财政运行的内生要求

将可持续性纳入公共财政建设的视野，它就至少应当包括两个方面的内容：一是财政应当弥补市场缺陷、纠正市场失灵的作用，促进经济社会的可持续发展；二是财政本身的运行也应当具有可持续性，能够有效地防止和控制财政风险。

（一）财政如何促进经济社会的可持续发展

可持续发展是20世纪80年代提出的一个新概念。1987年世界环境与发展委员会在《我们共同的未来》报告中第一次阐述了可持续发展的概念，得到了国际社会的广泛共识。从字面意义上理解，可持续发展就是指既满足当代人的需求，又不对后代人满足其需求的能力构成危害的发展称为可持续发展。换句话说，就是指经济、社会、资源和环境保护协调发展，它们是一个密不可分的系统，既要达到发展经济的目的，又要保护好人类赖以生存的大气、淡水、海洋、土地和森林等自然资源和环境，使子孙后代能够永续发展和安居乐业。可持续发展所要解决的核心问题是人口问题、资源问题、环境问题与发展问题，在强调发展的同时，资源的永续利用和良好的生态环境是可持续发展的重要标志。

（二）促进经济社会可持续发展的财政方略

因为"外部效应"的存在，市场机制很难实现经济社会的可持续发展。也正是因为在这方面存在的市场失灵或市场缺陷，政府进行干预，以达经济社会的可持续发展。在政府干预手段中，财政政策无疑扮演了重要的角色，发挥了重要的作用。

一方面，要改革和完善现有的税收体系。应着眼于建立健全有利于促进经济社会可持续发展的税收体系。首先，在增值税、消费税、所得税、

---

① 参阅王进杰：《中国政府绩效预算改革研究》，中国社会科学院财贸所博士后研究报告，2006年。

资源税、关税等这些主要税种方面，通过税率、征收范围、计税依据、折旧等因素的调整，利用减税、免税、抵税和税收返还等税收优惠形式，促进切实转变经济增长方式，鼓励企业和个人加强环境保护、有节制地使用资源，限制直至制止有悖于可持续发展的生产和消费行为。其次，适时开征环境税和燃油税等有利于经济社会可持续发展的新税种。环境税符合"谁污染谁付税"的要求，污染多多征税，污染少少征税，无污染不征税，使对环境破坏者付出的个人边际成本与社会边际成本相等；而开征燃油税可以有效地减少对能源的消耗，推动耗油量少的经济型汽车的发展，促进公共交通工具的使用，同时缓解了我国的能源紧缺问题。

另一方面，要增强财政支出的支持力度。包括直接的财政支出和间接的财政扶持。在直接的财政支出方面，在转变政府职能的前提下，结合公共财政建设的进程，调整财政支出结构，压缩行政管理费和其他支出，增加对节约利用资源、保护环境等方面的公共基础设施、产业和企业资金投入力度，增加对地方可持续发展方面的专项转移支付，对企业从事有利于可持续发展的研发活动和人力资源培养可考虑设立专项资金，在政府采购中，实行有针对性的绿色采购等等。在间接的财政扶持方面，灵活运用价格补贴、企业亏损补贴、税前还贷、财政贴息等方式，支持循环经济的发展，比如对发展循环经济技术的企业获得银行贷款时实行有效的财政贴息，充分发挥财政贴息资金"四两拨千斤"的功能，鼓励银行向这类企业发放贷款。

（三）基层财政：财政可持续性最薄弱的环节

在分析财政可持续性时，一般用财政赤字水平和国债规模来考察。如果这两个指标在某一限度比如欧盟国家"马约"规定的两个控制线——财政赤字不超过 GDP 的 3% 和国债余额不超过 GDP 的 60%，则可将财政视为可持续性的。

在分析财政赤字水平和国债规模对财政可持续性的不利影响时，除了考察这两个指标本身外，还应关注 GDP 和财政收入情况。假如 GDP 持续增长、财政收入逐年增加，则只会降低财政赤字和国债规模对财政可持续性的不利影响。事实也正是如此。近些年，我国 GDP 和财政收入每年分别以 10% 左右、25% 上下的速度持续稳定增长，为减轻或消除财政赤字和国债规模对财政可持续性的不利影响提供了充足的潜力。因此，当前我们很难将财政赤字和国债规模与财政困难直接联系起来，它们所起的作用不如说是一种政府干预经济的政策手段，而非财政困难的一种表现。

在整体财政形势因近些年财政收入的高速增长而比较乐观的局面下，地方财政尤其是基层财政的可持续性值得注意。由于《预算法》规定地方财政不能出现赤字，因此当地方财政出现收支困难、收入不能满足支出需要时，再加上目前财力逐级上移、事权却逐级下放且没有相应足够的转移支付来补充，地方政府往往就采取变通方式，出现了一些诸如隐性负债、或有负债和隐性赤字、或有赤字的现象，而这些负债和赤字到底有多少，却很难得出一个比较真实的数据。[①] 无论这些负债和赤字以什么样的形式存在，它们都影响到了当地的财政可持续性，其所形成的财政风险日积月累，当各地无法控制时，必然会向上一级财政蔓延，直至由中央政府来"兜底"。因此，关注我国的财政可持续性，更需要密切关注地方的财政（特别是基层的）财政可持续性。

（四）促进财政自身可持续性的政策思路

从目前中央与地方的财政收入增长态势和事权划分趋势来看，中央财政的风险相对较小，其可持续发展应该没有疑义。最值得担心的一些地区的基层财政风险和可持续性问题，要密切关注地方财政风险，加大对地方财政风险的控制力度，避免这种风险逐年累积并向上蔓延，对整个的财政可持续性造成不利影响。

1. 因地制宜地进行地方财政管理体制的创新

在当前我国为五级政府格局暂时不可能调整的情况下，许多地方对当地的财政管理体制进行了制度创新，实行"乡财县管"和"省直管县"

---

① 根据国务院发展研究中心的调查报告披露，2001 年，一般预算赤字县共计 731 个，赤字面为 36.6%；全国乡镇政府负债总额已经超过了 2200 亿元。

的新型财政管理体制。比如安徽省在"预算管理权、资金所有权、财务审批权"三权不变的基础上，对乡镇实行"预算共编、账户统设、集中收付、采购统办、票据统管"，由县财政直接管理和监督乡镇财政收支；省财政在体制补助（上解）、税收返还、转移支付、财政结算、专项补助、资金调度、工作部署及联系等方面直接到县，在体制上实行"省直管县"。这两种做法适用于地方财政相对困难的地方，却不一定适合地方财政运转良好的地方。在这些财政状况良好的地方，有比较充足的财力可用，实行"乡财县管"和"省直管县"，会在一定程度上挫伤地方积极开辟财源的主动性，同时也可能带来财政管理效率的损失。因此，创新地方财政管理体制时，必须从实际出发，因地制宜，不可搞"一刀切"。

2. 加大对地方财政的转移支付力度

在当前健全地方税体系尚无明显进展的情况下，增加对地方财政的转移支付无疑是满足地方事权的财力需要的重要手段。因此，一是以一般转移支付为主，以专项转移支付为辅助，中央财政应增加对地方财政的转移支付；二是完善省以下转移支付制度，增加省级财政对县乡财政的转移支付，合理确定省以下的财力分配。通过这些转移支付，满足地方行使事权的财力需要，保证经济不发达地区的居民可以享受到基础教育、基本公共卫生服务等基本的公共服务，并激励地方财政开源节流，提高财政管理水平。

3. 建立健全地方债务统计体系和信息披露制度

债务统计可以遵循先易后难的原则，首先从显性债务入手，在此基础上，逐步开展对隐性债务（包括直接隐性债务和或有隐性债务）的汇总统计工作。其次，应适时披露政府债务情况，可根据实际需要，采取下级政府对上级政府的披露、政府对立法机关的披露和政府向社会披露这三种形式，以增加财政透明度。

4. 建立政府债务的偿债储备基金制度

地方财政可以根据直接显性债务和可以量化的或有债务的规模，建立一定的政府债务偿债储备基金，专用于政府债务的清偿。其偿债基金的来源可以是：参照总预备费的提取办法在财政预算中按一定比例提取；年度内尚未动用的总预备费；偿债储备基金的投资收益；公产清理的收益；土地出让金；等等。

5. 建立政府债务风险预警指标

根据各地实现情况，利用 GDP、财政可支配收入、新增债务、债务余额、逾期债务余额等指标，建立债务风险预警指标，从流动性、清偿能力等方面反映地方财政风险，为控制财政风险提供合理的决策依据。

6. 有条件地允许地方政府举债

我国的《预算法》和《担保法》都为地方政府不得负债提供了法律依据，但事实上，无论哪一级地方政府，都不同程度上存在着负债行为，或明或暗地通过各种渠道规避了现行法律对地方政府负债的约束，由此产生的财政风险不断积累。因此，面对当前地方政府负债的事实，不是该不该禁止地方政府负债的问题，而是如何让地方政府合法、适度地负债。因此，通过修改有关法律，有条件地赋予允许地方政府一定的举债权，让"暗债"变"明债"，有利于对地方债务的有效管理，这也是完善分税制体制下满足地方政府拥有合理财权的必要措施。

第四节 进一步扩大财政领域的国际交流与合作

以生产力发展和科技进步为前提、以各国间生产要素的互相流动为主要表现形式的经济全球化，越来越成为 20 世纪 90 年代以来世界经济发展的普遍趋势。面对经济全球化带来的世界性问题，需要各国政府间和非政府间的密切交流与合作，作为政府间交流与合作重要组成部分的财政领域的交流与合作，正在扮演着越来越重要的角色。

一、财政领域的国际交流与合作：经济全球化的必然选择

经济全球化所带来的资本、技术、贸易、社会、文化、观念等方面的冲击，对各国诸多领域产生了深刻的影响。尽管这种影响带有"双刃剑"的性质，有积极的一面，也有消极的一面，发达国家和发展中国家莫不如此。总体上看，经济全球化推动了世界经济的整体发展，强化了各国的经济交流，也使得一些原本属于一国面临的问题，诸如贫困、人口、环境等问题，在经济全球化的作用中，跨越了各国的疆域，逐渐演变为世界性问题，需要国与国之间进行密切的国际合作。在这种情况下，各国不得不将以前所独有的权力让渡出去一部分，相互紧密合作，遵循国际惯例和国际条件，承担国际义务就成为经济全球化时代的主要内容。

各国政府间和非政府间的交流与合作，构建起了解决世界性问题和国际争端的平台。在这个平台上，财政领域的交流与合作发挥着十分重要的作用，因为诸多问题和争端的解决，都无法离开财政而单独存在。

——世界性环境问题需要各国的通力合作，才能实现令人满意的结果。环境保护不再是一国的公共物品和服务，而成为全球公共物品和服务或世界公共物品和服务。要想提供这种充分的公共物品和服务，不仅需要各国自身的努力，更需发达国家和发展中国家的大力合作。一方面，环境保护中的二氧化碳减排，需要一定的财力作为保障，另一方面，各国间污染排放权交易所形成的出让收入等正成为一国（尤其是发展中国家中的低污染国家）获得他国财政资源的一种重要方式。

——一国财政政策的制定与调整常常是国际贸易争端的一个重要诱因。在经济全球化日益深化的今天，一国在国际贸易中的地位越重要，其与国际贸易相关的税收政策、贴补政策，就越会引起其他国家的密切关注，甚至反制，通过征收惩罚性关税等措施来抵消一国财政政策对本国的不利影响。

——财政领域的国际交流与合作促进了一国财政管理水平的提高。我国的公共财政建设与改革，如政府会计核算体系、预算制度、税收制度、

政府采购制度等，在立足于本国实际的前提下，各方面都时时借鉴和吸收了各国的先进经验和做法。没有财政领域的国际交流与合作，很难想象我国的财政管理水平在近些年有如此显著的提高。

——随着经济全球化的进程加快，纳税人的经济活动日趋世界性，逃税、避税、双重征税、税收竞争等跨国税收问题应运而生，成为困扰各国的世界性问题。这些问题，或危害了各国的税收权益，减少了一国的税收收入；或扭曲了资源配置，不利于生产要素的正常流动。要解决这些问题，离不开各国间的税收交流与合作，唯有这样，才能实现"共赢"的局面。

二、综合国力的提升：我国财政领域国际交流与合作的基石

从本质上讲，在经济全球化的今天，无论什么样的国际交流与合作，都需要以一国的实力作为坚强后盾，否则就很难谈得上正常的、"共赢"的交流与合作。改革开放以后，随着社会主义市场经济的深入发展，我国的综合国力明显提高，这为我国以开放的姿态，积极参与国际交流与合作提供了坚实的基础。

综合国力是衡量一个国家基本国情和基本资源最重要的指标，也是衡量一个国家的经济、政治、军事、技术实力的综合性指标。虽然衡量综合国力的方法各有不同，但一般认为，它大致包括自然力（国家的国土和资源）、人力（人口的数量和质量）、经济力（国民生产总值或国内生产总值）、科技力（科技研究的能力以及应用能力）、教育力（社会教育水平和各级学校的普及教育程度）、军事力（兵力数量、素质以及武器装备状况和先进程度）、精神力（国民的士气、民族的凝聚力）和政治外交力（国家体制能否有号召力、领导层决策能力、国际影响力）这八个方面的内容。在这八个方面内容中，我国经济力的显著提高特别令人瞩目。

以经济实力为代表的综合国力的提高，增加了我国在财政领域进行国际交流与合作的机会，扩大了这种交流与合作的范围，也有助于提升在交流与合作中的地位。近年来，我国财政部门积极参与多边、双边的国际财

经合作，主要有亚太经济合作组织国际财长会议、22 国集团财长会议、八国集团（G8）财长会议、"马尼拉框架"会议、中欧财金对话会议、中美联合经济委员会、中英财金对话会议、中日财长对话会议和中俄财长对话会议等。

通过多边、双边的国际财经合作，对于捍卫我国的国家权益、维护我国的财政经济安全、探讨和解决经济全球化时代各国所面临的共同问题以及以国际视野研究我国的财政经济问题和提高我国的财政管理水平都有着积极的重大意义。

三、积极主动参与财政领域的国际交流与合作

随着综合国力的增强，我国在地区事务乃至国际事务中的作用越来越大，地位越来越重要，日益成为国际社会不可或缺的稳定力量。为了世界经济、地区经济在经济全球化时代能健康的发展，解决各国所面临的一些共同问题，世界需要我国的积极参与；同时，为了维护国家权益，为我国经济发展创造和谐的外部环境，也需要我国积极参与地区性、世界性的经济事务。财政作为政府间国际交流与合作的重要组成部分，更应以积极的姿态参与国际交流与合作当中去。

（一）正确处理国家权益与部分财政主权让渡之间的关系

我国参与财政领域的国际交流与合作，其目的是创造良好的国际环境，以便更好地发展本国经济，这种交流与合作，只不过是一种手段，而非目的。因此，无论何种形式的交流与合作，首先必须切实维护我国权益，不以损害国家权益为代价，不能拿原则做交易。在这个大前提下，部分财政主权的让渡也是必要的。

财政主权隶属于国家主权，是指一国可独立地行使其财政权力，并不受其他国家的约束。不过，现实情况是，在国际经济交往中，为了达成某种妥协，实现更好的合作，也为了本国利益，最大限度地发展本国经济，部分财政主权的让渡是可行的，这也逐渐成为一种国际惯例。诸如世界贸易组织、欧盟、东盟、北美自由贸易区等国际性、地区性组织，参加这些

组织，就意味着要接受这些组织章程制度的约束，履行这些组织所规定的义务，其中很大一部分都是与部分财政主权的让渡有关。当然，这种让渡必须本着互利互惠的原则，必须以维护本国权益为前提。

（二）既要与国际接轨，又要立足本国国情

参与财政领域的国际交流与合作，自然就意味着我国在财政方面的一些政策规章等，需要与国际接轨，向国际惯例靠拢。一方面，对于有助于提高我国财政管理水平的先进经验和做法，我国应积极予以吸收采纳，以期尽快地提高财政管理水平，如预算制度、财政管理的信息化技术、政府采购制度、会计核算制度等。在这些方面，我国与先进国家存在不小的差距，先进国家所形成的国际惯例，我国应本着积极开放的态度，接受它，学习它，逐渐做到与国际接轨，借以提高自身的管理水平。另一方面，在与国际接轨的过程中，应从本国国情出发，切不可盲目照搬照抄。我国既是社会主义国家，又是发展中国家，有着自身独特的国情，这就决定了在学习国外先进经验、与国际接轨时，必须考虑国情。财政领域方方面面的改革，首先必须是在符合本国国情前提下的改革，而不是为接轨而接轨，造成有名无实，水土不服。

（三）积极参与国际交流与合作，树立负责任大国的形象

改革开放 30 年，我国的综合国力大幅提高，许多经济指标都已走在了世界前列，国际地位显著提升，而且这种势头还会继续下去。在这种情形下，我国应积极参与财政领域的国际交流与合作，运用自身的地位和影响力，加入到一些国际游戏规则的制定中。我们知道，许多既定的国际游戏规则，都是发达国家为了自身利益而强加的，很多时候没有反映发展中国家的主张和权益。因此，借助于我国综合国力的提升、国际地位的提高，充分运用自身的影响力，参与制定新的国际游戏规则。一方面，可以维护自身的国家权益，创造有利于自身经济发展的良好国际环境；另一方面，作为发展中国家中的一员，可以借机反映它们的主张和呼声，为它们谋求应得权益，帮助广大发展中国家加快经济发展，实现发展中国家与发达国家的"共赢"，树立起负责任大国的形象。

（四）注意协调政府各部门的财政职能

与国外财政部门行使的职能相比，我国财政部门行使的职能在范围上要小一些，不像欧美一些国家，财政部门实际上扮演着负责一国经济事务的角色，这就导致在国际交往中，我国财政部门的职能难以与国外财政部门的职能相对应，需要由国家发改委、国家税务总局、中国人民银行、海关部署等部门联合起来，才能做到职能上的对应。因此，为了有效地开展国际交流与合作，提高合作的效率，对国内有关政府部门的职能进行整合，加强它们之间的沟通与协调，是非常有必要的。

（五）明确需要优先进行合作的领域

财政的国际合作包括很多方面。在一定时期内，应该有所优先或侧重。

比如，全球公共物品和服务的供给。虽然在经济全球性过程中，全球公共物品和服务的供给也在不断增长，但这种增长与全球经济发展的要求还相差甚远，经济全球化日益加深的趋势，越来越需要全球公共物品和服务在诸如国际公共安全、公共卫生、环境保护、防灾救灾、扶贫等方面必须扩大供给规模。正像国内公共物品和服务供给一样，由于公共物品和服务的非竞争性和非排他性，在公共物品和服务供给时，市场机制要么无法发挥作用，要么发挥的作用有限。因此，只能依靠各国政府，或通过有关的国际组织，或直接由各国政府，提供必要的公共物品和服务，满足相应的公共需要。随着我国综合国力的增强，我国在力所能及的范围里，通过国际合作，应责无旁贷地担当起提供全球公共物品和服务的职责，为世界及地区的可持续发展做出应有的贡献。

又如，税收征管领域的国际合作。因各国经济的发展和科学技术的进步，各国税收制度的差异为纳税人逃避税行为提供了可能，恶性税收竞争扭曲了资源的合理配置，较高的关税壁垒和双重课税的风险阻碍了正常的国际贸易与国际投资活动等等。为此，我国需要通过多边或双边机制，在税收制度、税收管辖权、税收政策和税收征管情报等方面加强协调与合作，以维护我国正当的税收权益。

第五节 小结

作为我国财政改革与发展的目标模式，建设和完善公共财政体制，任重而道远，必须有科学合理的指导思想、方向正确的路线和实际可行的操作方案。建设和完善公共财政体制，是一项艰苦细致的系统工程，既需要夯实公共财政的基础环境，更要着力完善公共财政的制度框架和健全公共财政的运行机制。

完善的市场机制、适度的政府干预和全口径预算管理是建设和完善公共财政体制的基础条件。公共财政体制的建设和完善必须要有明晰的价值取向——以满足社会公共需要为出发点，以非营利化为其基本的规则。

公共财政制度框架的完善是公共财政体制的核心问题。财政法治化是公共财政制度的灵魂、财政民主化是公共财政的基本内核，适度分权是公共财政制度的重要特征。进一步完善我国公共财政制度的重中之重，就是要致力于财政法治化和民主化进程，真正做到依法理财、民主理财。还要通过适度分权为导向的财政改革来规范政府间财政关系，力求实现中央和地方财的"双赢"。

公共财政运行机制的完善也是公共财政建设和完善的重要内容。公平是公共财政运行的立足点，其基本要求就是实现基本公共服务大致均等化。效率也是公共财政运行的重要方面，绩效预算是现代预算管理制度的主要内容，推进绩效预算制度也是提高公共财政效率的重要途径。公共财政要求其运行是可持续的，这种可持续既要求财政充分发挥其促进经济社会可持续发展的作用，也要求财政自身是可持续的。从目前和今后一段时间来看，财政自身可持续的重点和难点是如何提升基层财政能力。

现代经济是开放的经济。经济全球化趋势和全球公共物品和服务范围不断扩大客观上要求各国财政进行国际交流和合作。我国是正在发展的发展中国家，综合国力正在不断提升，加强财政的国际交流与合作越来越重要，不但可以树立我们负责任的大国形象，也有助于我们借"他山之石"来完善我国的财政政策和财政制度。

本章参考文献

1. 财政部条法司课题组：《财政法律体系研究》，载《财政研究》2003 年第 8 期。

2. 王军：《建立健全公共财政体制》，载《求是》2004 年第 7 期。

3. 高培勇主编：《为中国公共财政建设勾画"路线图"——重要战略机遇期的公共财政建设》，中国财政经济出版社 2007 年版。

4. 梁朋、岳树民主编：《公共财政学》，首都经济贸易大学出版社 2007 年版。

5. 边曦：《中国：渐进改革中的财政民主制度建设》，载《财政研究》2002 年第 3 期。

6. 邴志刚：《依法理财思路与对策研究》，载《地方财政研究》2006 年第 4 期。

7. 傅志华、许航敏：《全球公共产品与国际财经合作》，载《经济研究参考》2005 年第 36 期。

8. 李俊生：《以全球化视野观察我国财政发展》，载《中国财政》2006 年年第 3 期。

9. 李增刚：《全球公共产品：定义、分类及其供给》，载《经济评论》2006 年第 1 期。

10. 凌风：《竞争中的合作：国际税收协调的新机制》，《税务研究》2003 年第 1 期。

11. 马蔡琛：《论阳光财政视野中的公共预算绩效管理》，载《现代财经》2006 年第 3 期。

12. 杨斌：《经济全球化的本质分析和治税策略选择》，载《涉外税务》2004 年第 8 期。

13. 夏杰长：《财政向民生倾斜的理论依据、重点领域和政策思路》，载《经济学动态》2007 年第 11 期。

14. 于树一：《公共服务均等化的理论基础探析》，载《财政研究》2007 年第 7 期。

附录：

中国财税改革与发展
大事记（1949~2009）[①]

1949 年

10 月 1 日 中华人民共和国成立。在成立中央人民政府的同时，成立了中央人民政府财政部。财政部隶属于中央人民政府政务院的领导及政务院财政经济委员会（简称中财委）的指导，主管全国财政事宜。

11 月 24 日 财政部召开第一次全国税务会议，会议拟定了《全国税政实施要则》。

12 月 2 日 中央人民政府委员会举行第四次会议，听取《关于 1950 年财政收支概算的报告》，并通过了《关于发行人民胜利折实公债的决定》，决定于 1950 年发行一批折实公债。

1950 年

1 月 27 日 政务院第十二次及第十七次政务会议审查通过了《全国税政实施要则》、《全国各级税务机关暂行组织规程》、《工商业税暂行条

---

① 附录参考了历年《中国财政年鉴》、《中国税务年鉴》和财政部、国家税务总局网站。

例》和《货物税暂行条例》。

1 月 31 日　政务院发布《关于统一全国税政的决定》等文件。

3 月 3 日　政务院第二十二次会议通过并发布《关于统一国家财政经济工作的决定》、《公营企业缴纳工商业税暂行办法》和《中央金库条例》。

3 月 17 日　财政部发出《关于公营企业缴纳工商业税的通知》。

3 月 24 日　政务院通过《关于统一管理 1950 年度财政收支的决定》。

5 月 27 日　财政部召开第二次全国税务会议。会议决定对部分货物税的品目进行简化合并，对部分税率进行调整。

9 月 5 日　中央人民政府委员会第九次会议通过并发布《新解放区农业税暂行条例》。

11 月 2 日　中财委发出《冻结现金、稳定物价措施的指示》。

1951 年

1 月 16 日　政务院发布《特种消费行为税暂行条例》。

2 月 13 日　中财委召开财政会议，讨论划分财政收支系统的问题。

3 月中旬　财政部召开全国城市财政会议，草拟了《关于进一步整理城市地方财政的决定》，经政务院于 3 月 31 日公布实行。

4 月 6 日　中财委发布《1951 年度国营企业财务收支计划暂行办法》、《1951 年度国营企业提缴折旧基金暂行办法》和《1951 年度国营企业提缴利润暂行办法》。

6 月 23 日　政务院发出《关于 1951 年农业税工作的指示》。

7 月 8 日　政务院发出《关于追加农业税征收概算的方针》。

8 月 31 日　中共中央发布《关于农业税必须贯彻查田定产依率计征的指示》。

9 月 20 日　政务院公布《车船使用牌照税暂行条例》。

1952 年

1 月 15 日　中财委发布《国营企业提用企业奖励基金暂行办法》。

5 月 21 日　中财委召开全国财政会议，提出"边打、边稳、边建"的财政收支方针。

12 月 31 日　中财委发布《关于税制若干修正及实行日期的通告》和《商品流通税试行办法》。

1953 年

6 月 13 日至 8 月 13 日　中共中央召开全国财政经济工作会议，着重讨论贯彻执行过渡时期的总路线，提出我国第一个五年建设计划。

8 月 28 日　中共中央发出《关于增加生产、增加收入、厉行节约、紧缩开支、平衡国家预算的紧急通知》。

12 月 9 日　中央人民政府委员会第二十九次会议通过了《1954 年国家经济建设公债条例》。

1954 年

1 月 13 日　邓小平在全国财政厅局长会议上提出著名的财政工作"六条方针"。

9 月 2 日　政务院第二二三次政务会议，通过并发布《公私合营工业企业暂行条例》，对企业盈余分配做出规定。

9 月 4 日　政务院第二二四次政务会议，通过《关于设立中国人民建设银行的决定》。同年 10 月 1 日　中国人民建设银行正式成立。

9 月 20 日　第一届全国人民代表大会第一次会议，通过并公布了《中华人民共和国宪法》，规定全国人民代表大会有"决定国民经济计划"、"审查和批准国家的预算和决算"的职权。国务院有"执行国民经济计划和国家预算"的职权。

1955 年

6 月 24 日 国务院发布《关于节省中央级国家机关、党派、团体行政经费的几项规定》和《关于 1955 年下半年在基本建设中如何贯彻节约方针的指示》。

7 月 8 日 第一届全国人民代表大会第二次会议听取并通过了《关于 1954 年国家决算和 1955 年国家预算的报告》。此次会议还通过并公布了发展国民经济的第一个五年计划。

8 月 15 日 财政部召开第五次全国农业税工作会议。

8 月 31 日 国务院发布了《关于国家机关工作人员全部实行工资制和改行货币工资制的命令》，自 1955 年 7 月份起，将一部分工作人员所实行的包干制待遇改为工资制待遇。

12 月 9 日 财政部发布了《各级国家机关单位预算会计制度》和《地方财政机关总预算会计制度》。

1956 年

2 月 3 日 国务院发布《基本建设拨款暂行条例草案》，规定一切列入国民经济计划的资金，都由中国人民建设银行根据规定办理拨款。

5 月 3 日 第一届全国人大常委会第三十五次会议通过《文化娱乐税条例》。

6 月 16 日 国务院第三十二次全体会议通过《关于工资改革的决定》。

8 月 14 日 财政部发布《有关监交国营企业利润工作的规定》，决定将原由各省、自治区、直辖市财政厅（局）监交的国营企业利润，自 9 月 1 日起，移交税务局办理监交工作。

12 月 17 日 财政部发布《关于农林工商税收的暂行规定》。

1957 年

2 月 21 日 全国财政厅局长会议召开，提出坚持预算、信贷和物资三者的平衡及其相互平衡，为第二个五年计划打下基础。

2 月 25 日至 3 月 9 日 全国税务局长会议召开，提出以简化税制，调整税利比例关系为目标的税制改革。

11 月 6 日 第一届全国人大常委会第八十三次会议通过《1958 年国家经济建设公债条例》。

11 月 14 日 第一届全国人大常委会第八十四次会议原则批准国务院《关于改进工业管理体制的规定》、《关于改进商业管理体制的规定》和《关于改进财政管理体制的规定》，扩大了地方管理财政的权限。

12 月 13 日 根据国务院《关于改进财政管理体制的规定》，财政部发出《关于 1958 年对地方财政划分收入的几项规定的通知》，将地方财政收入划分为地方固定收入、国营企业分成收入、调剂分成收入三种，视各省、自治区、直辖市的不同情况分别确定调剂分成比例。

1958 年

3 月 3 日 财政部、中国人民银行总行发出联合通知，决定将中央各工业部门所属企业的定额流动资金改为 70% 由财政拨款，30% 由银行贷款。

3 月 8 日至 26 日 中共中央召开成都会议，讨论了计划、工业、基本建设、物资、财政、物价、商业、教育等方面的管理体制改革问题，重点是实行地方分权，把若干管理权限下放给地方。

4 月 2 日 中共中央颁布《关于发行地方公债的决定》。

4 月 5 日 中共中央颁布《关于协作和平衡的几项规定》，逐步实行"双轨"的计划体制，以利于处理好"条条"与"块块"之间的矛盾。《规定》放松了对限额以上基本建设项目的审查管理。

4 月 11 日 国务院发出《关于地方财政收支范围、收入项目和分成比例改为基本上固定五年不变的通知》，取消了原定基本上三年不变的规定。

5 月 22 日 国务院发布《关于实行企业利润留成制度的几项规定》。

5 月 29 日 国务院决定从 1959 年起，停止发行国家经济建设公债。

6 月 2 日 中共中央作出《关于企业、事业单位和技术力量下放的规定》，决定把工业、交通、商业、农垦各部门所管辖的企业，全部或绝大部分下放地方管理。

6 月 3 日 第一届全国人大常务委员会第九十六次会议讨论通过《中华人民共和国农业税条例》。

6 月 9 日 国务院发布《关于改进税收管理体制的规定》。

6 月 13 日 国务院发布《民族自治地方财政管理暂行办法》。

7 月 5 日 国务院发布《关于改进基本建设财务管理制度几项规定》。1958 年 7 月，财政部发出通知，废止《国营工业企业统一成本计划规程》等六个工业会计制度。

9 月 13 日 国务院发布试行《工商统一税条例（草案）》，将货物税、商品流通税、营业税、印花税合并简化为工商统一税。

9 月 24 日 国务院发布《关于市场物价分级管理的规定》、《关于改进计划管理体制的规定》、《关于进一步改进财政管理体制和改进银行信贷管理体制的几项规定（草案）》。

10 月 15 日 全国财贸工作会议召开。会议提出机构下放、计划统一、财政包干的办法，实行"两放、三统、一包"。

1959 年

2 月 3 日 国务院批转财政部、中国人民银行总行《关于国营企业流动资金改由人民银行统一管理的补充规定》。

4 月 28 日 财政部发布《关于基本建设拨款限额管理的几项规定》和《关于基建拨款会计工作的若干规定》。

6 月 25 日 财政部、农业部发出《关于农村人民公社财务由农业部统一管理的联合通知》。

7 月 31 日 中共中央做出《关于当前财政金融工作方面的几项决定》，强调要划清基本建设投资和流动资金的界限。

8 月 17 日 财政部发布《关于国营企业会计核算工作的若干规定》。

1960 年

1 月 14 日 国务院发布《关于加强综合财政计划工作的决定》。

12 月 20 日 中共中央发出《关于冻结、清理机关团体在银行的存款和企业专项存款的指示》。

1961 年

1 月 15 日 中共中央批转财政部《关于改进财政体制加强财政管理的报告》，指出国家财权应当基本上集中在中央、大区和省、自治区、直辖市三级。1961 年 1 月 20 日，中共中央发布《关于调整管理体制的若干暂行规定》，强调集中统一。将 1958 年以来下放不适当的人权、财权、商权和工权一律收回。

1 月 23 日 中共中央批转财政部《关于调低企业利润留成比例加强企业利润留成资金管理的报告》，将国营企业留成资金占企业利润的比例，由原来的平均 13.2% 调低到 6.9%。

5 月 17 日 国务院批准财政部、中国人民银行总行关于改进国营企业流动资金供应办法的报告，规定除了超定额流动资金仍由银行放款外，定额流动资金，改为大部分由财政部门通过企业主管部门拨款，小部分由银行放款的办法。

11 月 17 日 国务院发布试行《国营企业会计核算工作规程（草案）》，要求纠正过去发生的账目不实、家底不清、责任不明、"以表代账"、"无账会计"等。

1962 年

1 月 6 日 财政部、中国人民银行总行发出《关于取消国营工业、交通企业银行定额信贷的通知》。

1 月 11 日 中共中央在北京召开扩大的工作会议（又称七千人大会），初步总结"大跃进"中的经验教训。

2 月 28 日 中共中央发出《关于迅速充实银行、财政和企业事业部门的计划、统计、财务、会计、信贷、税务人员的紧急通知》。

3 月 10 日 中共中央、国务院发布《关于切实加强银行工作的集中统一，严格控制货币发行的决定》，强调要把货币发行权真正集中于中央，并做出加强信贷管理等六条决定（即银行六条）。

4 月 21 日 中共中央、国务院做出《关于严格控制财政管理的决定》（即财政六条），要求切实扭转企业大量赔钱的状况，坚决制止一切侵占国家资金的错误做法，坚决制止各单位之间相互拖欠货款，坚决维护应当上缴国家的财政收入，严格控制各项财政支出和切实加强财政监督。

6 月 28 日 国务院发布《国营企业销售收入扣款顺序的暂行规定》。国务院指出，如果企业不能同时缴纳税款、利润、归还贷款和货款，授权中国人民银行按照下列顺序扣除：税收、贷款、货款、应上缴国家财政的利润。

11 月 19 日 国家计委、财政部发布《关于 1963 年国营企业若干费用划分的规定》，对四项费用、大修理基金，新建、改建企业开工生产准备费等的资金来源和使用范围做了规定。

12 月 20 日 国家计委、财政部发出《关于 64 个大中城市的房地产税划给市财政用于城市建设和维护费用的通知》。

1963 年

1 月 2 日 中共中央批转国务院财贸办公室《关于 1963 年财政、信贷、外汇、市场平衡问题向中央汇报的提纲》，提出实现三大平衡的措施。

3 月 19 日 中共中央、国务院决定提高粮食的销售价格和棉花的收购价格，减少国家财政补贴。

4 月 29 日 国务院发布《关于调整工商所得税负担和改进征收办法的试行规定》，改变个体经济税负轻于集体经济的有关规定，以限制个体经济，支持集体经济。

12 月 14 日 国务院批转财政部、民族事务委员会《关于改进民族自治地方财政管理的规定（草案）》，对民族自治地方财政作了一些特殊照顾。

1964 年

3 月 25 日 国务院发出《关于加强企业流动资金管理，积极处理积压物资，减少资金占用，认真核定资金定额的指示》。

3 月 28 日 财政部发布《中央国营企业财政驻厂员工作试行办法（草案）》，规定中央国营企业财政驻厂员的职责、配备办法、同企业的关系等。

8 月 17 日 中共中央和国务院决定在工业、交通部门分行业试办托拉斯。这是中国工业管理体制改革的重要尝试，后因"文化大革命"而中断。

11 月 12 日 国家经委、财政部、中国人民银行联合发出《关于举办国营工业企业小型技术组织措施贷款的通知》，对贷款条件、贷款限额、审批手续以及归还贷款的资金来源等都作了明确规定。

1965 年

3 月 22 日 国务院批转财政部《关于改革基本建设财务拨款制度的报告》，决定简化拨款手续。

3 月 25 日 中共中央、国务院发出《关于处理 1961 年以前农村四项欠款问题的通知》，规定农村社队 1961 年以前欠国家的赊销款、预付款、预购定金和农业贷款，未归还的部分一律豁免。

1966 年

1 月 8 日 财政部、税务总局在全国铁道、粮食系统试行新的国营企业工商税办法，并在旅大市的国营企业中进行试点。

3 月 9 日 财政部、商业部联合发出《"商业部系统企业财务管理若干问题的规定"并核定 1966 年利润留成额的通知》。

7 月 17 日 财政部发布《1967 年固定资产更新和技术改造资金的管理办法和分配计划（草案）》，决定把三项费用、固定资产更新和基建中属简单再生产性质投资合并为一个渠道，并实行基本折旧基金抵留的办法。

12 月 31 日 财政部发出《关于撤销财政驻厂员有关问题的通知》，明确取消对中央国营企业的驻厂员制度。

1967 年

7 月 1 日 中共中央、国务院、中央军委、中央文革发布《关于对财政部实行军事管制的决定》。

8 月 20 日 中共中央、国务院、中央军委、中央文革发布《关于进一步实行节约闹革命，控制"社会集团购买力"和加强资金、物资和物价管理的若干规定》。

1968 年

1 月 18 日 中共中央、国务院、中央军委、中央文革联合发出《关于进一步打击反革命经济主义和投机倒把活动的通知》。

2 月 18 日 中共中央、国务院、中央军委、中央文革联合发出《关于进一步实行节约闹革命，坚决节约开支的紧急通知》，规定了组织收入、节约开支的十一项措施。

9 月 27 日 财政部军管会发出《关于改革财政报表的通知》，决定取消、简化 80% 以上的财政报表。

1969 年

5 月 23 日　财政部军管会发出《关于在八省、市进行下放工商税收管理权限试点的通知》。

6 月　财政部军管会在天津市召开全国税制改革座谈会，推广天津市实行综合税的经验。

1970 年

4 月 13 日　国务院批准财政部军管会《关于下放工商税收管理权的报告》，扩大了地方减税、免税的批准权和部分管理权。

6 月 11 日　国务院同意财政部军管会和人民银行军代表《关于加强基建拨款工作，改革建设银行机构的报告》，决定把建设银行并入人民银行。基建拨款由财政部门确定计划指标，其他业务由人民银行办理。

7 月 25 日至 8 月 22 日　全国财政银行工作座谈会召开，重点讨论财政银行的改革问题。

12 月 30 日　财政部发出《关于国营企业行业税扩大试点的函》。

1971 年

3 月 1 日　财政部发出《关于实行财政收支包干的通知》，决定从 1971 年起实行"定收定支、收支包干，保证上缴（或差额补贴）、结余留用，一年一定"的财政管理体制。

8 月 14 日　国务院决定提高部分农副产品收购价，降低部分支农产品、机械产品的出厂价和销售价。

11 月　财政部发出《关于扩大工商税试点的通知》。这次工商税制改革主要是合并税种，简化税目和税率。

1972 年

3 月 30 日　国务院批转财政部《关于扩大改革工商税制试点的报告》和《中华人民共和国工商税收条例（草案）》。

4 月 18 日　国务院决定试行国家计委、财政部《关于加强基本建设管理的几项意见》，要求把所有基本建设资金都纳入计划。

6 月 9 日　国务院发出《关于加强工资基金管理的通知》，规定凡未经批准超计划招收职工以及违反国家政策和规定增加工资的，银行有权拒绝支付。

1973 年

6 月 29 日　财政部发布《中国人民建设银行短期放款办法》。

11 月 26 日　财政部发出《关于改进财政管理体制的意见（征求意见稿）》，决定从 1974 年起全国普遍试行"收入按固定比例留成，超收另定分成比例，支出按指标包干"办法。

1974 年

3 月 28 日　农林部、轻工部、财政部、一机部、商业部联合发布《关于农机产品价格补贴的暂行规定》。

9 月 30 日　国务院批准国家计委关于外汇收支平衡问题的报告，决定采取若干措施，实现外汇收支平衡。

1975 年

6 月 16 日至 8 月 11 日　国务院召开计划工作务虚会，研究经济工作的路线、方针和政策问题。在财政体制上，推行收支挂钩、总额分成的办法。大中型企业的折旧基金，中央集中 20%～30%。

10 月 26 日至翌年 1 月 23 日　召开全国计划会议，讨论发展国民经济的十年规划和 1976 年计划。会议决定对固定资产折旧费实行企业留

40%，地方和部门调剂使用30%，国家财政集中30%的办法。

12月7日 财政部提出《关于扭转企业亏损的意见》，提出要重视扭亏增盈工作，控制亏损补贴范围，制定规划，加强管理，限期扭亏。

1976 年

3月3日 财政部通知各省、自治区、直辖市，从1976年起试行"定收定支挂钩，总额分成，一年一变"的财政体制。

10月28日 中共中央发出《关于冻结各单位存款的紧急通知》。为了防止财政赤字扩大，控制市场货币流通量增加，缓和市场供应，中央决定从1976年10月31日开始冻结各机关、团体、学校、企业、事业单位的存款。

11月11日 江苏省财政、物资管理体制改革问题讨论会在北京召开。会议商定，江苏省的财政体制，从1977年开始试行比例包干的办法，上缴58%，留成42%。1978年到1980年上缴57%，留成43%。

1977 年

11月13日 国务院批转财政部《关于税收管理体制的请示报告》，提出税收政策的改变、税法的颁布和实施、税种的开征和停征、税目的增减和税率的调整，都属于中央管理权限，一律由国务院统一规定。

12月8日 国家计委、财政部、商业部、供销合作总社发布《社会集团购买力管理办法》，规定对社会集团购买力采取计划管理、限额控制、凭证购买、定点供应、专用发票和对某些商品实行专项审批的办法。

12月31日 国务院决定中国人民银行总行作为国务院部委一级单位，与财政部分设。财政部、中国人民银行总行于1978年1月1日起分开办公。

1978 年

1月30日 国务院批转国家计委、财政部《关于改进固定资产更新改造资金管理的报告》，决定所有国营企业提取的基本折旧基金，50% 留给企业，30% 上缴中央财政，20% 由地方掌握安排。

2 月 17 日　财政部发出《关于试行"增收分成，收支挂钩"财政体制的通知》。

3 月 6 日至 8 日　国务院召开第三次城市工作会议，决定在全国 17 个大中城市，试行每年从上年工商利润中提成 5% 作为城市维护和建设资金的办法。

12 月 18 日至 22 日　党的十一届三中全会召开，重新确立马克思主义思想路线、政治路线和组织路线，做出了把全党工作的着重点转移到社会主义现代化建设上来的战略决策。

12 月 20 日　国务院批转财政部《关于国营企业试行企业基金的规定》，对国营企业实行企业基金制度。

1979 年

1 月 1 日　对预算内基本建设项目实行拨改贷，财政一律不再拨款。同时，改革国有企业财务管理体制，实行固定资产有偿调拨和固定资金有偿使用，打破了计划经济下国有企业之间无偿调拨的旧规。

7 月 1 日　五届全国人大二次会议通过《中华人民共和国中外合资经营企业法》。

7 月 13 日　国务院发布《关于扩大国营工业企业经营管理自主权的若干规定》、《关于国营企业实行利润留成的规定》、《关于开征国营工业企业固定资产税的暂行规定》等五个文件，标志着放权让利的企业改革正式启动。

7 月 13 日　国务院发布《关于试行"收支挂钩、全额分成、比例包干、三年不变"财政管理办法的若干规定》，从 1980 年起在各省、市试行。同时，在四川省进行"划分收支，分级包干"办法的试点，总结经验。

7 月 15 日　中共中央原则同意广东省、福建省的两个报告，决定对两省的对外经济活动实行特殊政策和灵活措施。财政体制实行"划分收支，定额上缴（或补助），五年不变"的包干办法。

8月28日 国务院转发《关于基本建设试行贷款办法报告》和《基本建设贷款试行条例》，将一部分基本建设投资由拨款改为贷款。

11月23日 财政部发布《关于文教科学卫生事业单位、行政机关"预算包干"试行办法》。

1980 年

1月22日 国务院发布修订后的《国营工业企业利润留成试行办法》在扩权试点企业中试行。

2月1日 国务院发布《关于实行划分收支，分级包干财政管理体制的暂行规定》。实行"分灶吃饭"，即"划分收支，分级包干"财政体制，共有四种形式：固定比例分成；调剂收入分成；定额补助；大包干制。这一体制的基本内容，是按照企事业单位的隶属关系，明确划分中央与地方的收支范围，并按此范围确定各地的包干基数。分成比例或补助数额，一定五年不变，地方多收可以多支，少收就要少支，自行安排预算，自求收支平衡。

2月4日 财政部发出通知，对军工各部实行利润定额上缴，超额留用的财务包干办法。

6月20日 财政部、国家经委发布《关于征收国营工业、交通企业固定资金占用费的暂行办法》。

9月10日 第五届全国人民代表大会第三次会议通过《中华人民共和国中外合资经营企业所得税法》、《中华人民共和国个人所得税法》。

11月12日 国家经委、财政部、中国人民建设银行联合发出通知，决定自1981年起，国家经委、财政部安排的部分挖潜、革新、改造资金由国家拨款改为银行贷款。

11月18日 国务院批转国家计委、国家建委、财政部、中国人民建设银行《关于基本建设拨款改贷款的报告》，决定从1981年起，凡实行独立核算、有还款能力的企业都实行基本建设投资拨款改贷款的制度。

1981 年

1 月 8 日 国务院发出《关于控制各单位上年结余存款的紧急通知》，除企业流动资金外，一切机关、团体、部队、企业、事业单位 1980 年年底在银行存款（包括预算外资金）一律按银行账面数字予以控制，非经批准，不得动用。

1 月 16 日 国务院会议通过《中华人民共和国国库券条例》。同年，我国首次开始发行国库券。

1 月 26 日 国务院发布《关于平衡财政收支，严格财政管理的决定》。1981 年 3 月 10 日，财政部发布《关于国营工业企业试行以税代利的几项规定》。把试点企业原来向国家缴纳的利润，改为征收资源税、收入调节税、所得税、固定资金占用费和流动资金占用费。

7 月 11 日 财政部发出《关于对工业公司试行增值税和改进工商税征税办法的通知》。

12 月 13 日 第五届全国人民代表大会第四次会议通过《中华人民共和国外国企业所得税法》，自 1982 年 1 月 1 日起执行。

1982 年

2 月 20 日 财政部、国家经委发出通知，对国营工交企业继续试行利润留成办法。

4 月 19 日 财政部发布《增值税暂行办法》。

4 月 30 日 国务院批转财政部、海关总署、国家计委、经贸部《关于若干商品征收出口关税的请示》，决定对若干利润大或国家控制出口的若干商品征收出口关税。

5 月 1 日 国家建委、国家计委、财政部、中国人民建设银行联合发出通知，决定进一步扩大基本建设拨款贷款范围，改进、完善贷款管理办法。

8 月 5 日　国务院批转财政部《关于加强国营企业财务会计工作的报告》，要求所有企业对财务会计工作进行一次彻底整顿，使企业健全财会制度。

8 月 6 日　财政部发出《对银行征收工商税有关事项的通知》，决定从 1982 年 7 月 1 日起，对银行的营业收入征收工商税。

11 月　国家决定三年内在国营大中型企业分两步推进"利改税"。即把国有企业上缴的利润改为按照国家规定的税种缴纳税款，税后利润完全归企业支配，用法律手段规范国家与企业的利润分配关系。

12 月 1 日　中共中央、国务院发出《关于征集国家能源交通重点建设基金的通知》。

12 月 4 日　国务院发出《关于改进"划分收支、分级包干"财务管理体制的通知》，决定从 1983 年起，除广东、福建两省外，对其他省、自治区一律实行收入按固定比例总额分成的包干办法。

12 月 24 日　国务院发布《关于严格控制固定资产投资规模的补充规定》，要求企业进行扩建工程，必须有 30% 的自有建设资金存入银行，才能申请贷款；自筹基建投资超过国家批准的地区、部门，按其超过额加收 3% 的能源交通重点建设基金。

1983 年

2 月 28 日　财政部发布《预算外资金管理试行办法》。

4 月 6 日　国务院批转国家计委等部门《关于编制综合财政信贷计划的报告》，要求把预算外资金纳入综合财政信贷计划。

4 月 24 日　国务院发出通知，批转财政部《关于全国利改税工作会议报告》和《关于国营企业利改税试行办法》。

6 月 1 日　在 600 个国营企业进行试点的基础上，实行第一步利改税。赢利的国有大中型企业根据实现的利润，按 55% 的税率缴纳所得税，税后利润采取三种形式在国家与企业之间再进行分配：一是税后利润全部留给企业；二是税后利润再以调节税或承包费的形式上缴国家一部分，余下的留给企业；三是税后利润按利润留成比例留给企业三项基金后，余下的利润再采用固定比例上缴、定额上缴等多种形式交给国家财政。

6 月 25 日　国务院批转中国人民银行关于国营企业流动资金改由人民银行统一管理的报告。

9 月 2 日　六届全国人大常委会修订《中华人民共和国中外合资经营企业所得税法》。

9 月 20 日　国务院发布《建筑税征收暂行办法》，自同年 10 月 1 日起执行。对自筹基本建设投资、技术改造项目中的建筑工程投资，以及按规定不纳入国家固定资产投资计划的建筑工程投资征收建筑税。

11 月 12 日　国务院颁布《关于对农林特产收入征收农业税的若干规定》，将园艺收入、林木收入、水产收入和各省、自治区、直辖市人民政府认为应当征收农业税的其他农林特产收入，均列入农业税征税范围。

1984 年

3 月 5 日　国务院发布《国营企业成本管理条例》。成本管理的基本任务是通过预测、计划、控制、核算、分析和考核，反映企业生产经营成果，挖掘降低成本的潜力，努力降低成本。

9 月 18 日　国务院批转财政部《关于在国营企业推行利改税第二步改革的报告》和《国营企业第二步利改税试行办法》，从 10 月 1 日起试行。

9 月 18 日　国务院颁布了《中华人民共和国产品税条例（草案）》、《中华人民共和国增值税条例（草案）》和《中华人民共和国营业税条例（草案）》，这是我国税制改革的里程碑，标志着我国新的流转税体系初步建立起来。

10 月　第二步利改税在全国展开。规定国有企业按产品税、增值税、营业税、盐税、资源税等 11 种税向国家上缴财政收入，税后利润全部归企业支配。对国有大中型企业按 55% 的比例税率征收所得税，税后利润超过原来留利的国有企业再征收调节税，调节税一户一率。允许企业从所得税税前利润归还固定资产投资借款，并按还款提取职工福利基金和奖励基金。

11 月 15 日　国务院发布《关于经济特区和沿海十四个港口城市减征、免征企业所得税和工商统一税的暂行规定》。

12 月 14 日　国家计委、财政部、中国人民银行联合下达《关于国家预算内基本建设投资全部由拨款改为贷款的暂行规定》。

1985 年

1 月 1 日　进一步加快拨改贷改革的步伐，基本建设投资全部实行银行贷款。执行中考虑到偿还能力微弱的单位，从 1986 年开始实行拨款和贷款并行的双轨制。

3 月 21 日　国务院发出《关于实行"划分税种、核定收支、分级包干"财政管理体制的通知》。其主要内容：划分中央和地方财政的固定收入；划分各级财政支出，隶属于中央企事业单位的支出由中央财政负责，隶属于地方企事业单位的支出由地方财政提供；制定中央和地方财政共享收入，由中央财政与地方财政按比例分成；继续实行分级包干。

4 月 11 日　国务院发布《中华人民共和国集体企业所得税暂行条例》。1985 年 5 月，《中华人民共和国会计法》开始实施。

7 月 27 日　发布《中华人民共和国国家金库条例》，统一由国家金库（以下简称国库）负责办理国家预算资金的收入和支出。中国人民银行组织管理国库工作。各级国库库款的支配权，按照国家财政体制的规定，分别属于同级财政机关。

1986 年

1 月 7 日　国务院发布《中华人民共和国城乡个体工商户所得税暂行条例》。

1 月 17 日　财政部发布《关于国家批准的政策性价格补贴支出预算管理问题的规定》。从 1986 年起，经国家批准退库的各项政策性价格补贴改列支出不再在收入中退库反映。

1 月 27 日 国务院发出《关于清理和整顿"小钱柜"的通知》。

3 月 10 日 财政部做出《关于国营工业企业试行以税代理的几项规定》。

4 月 13 日 国务院发出《关于加强预算外资金管理的通知》。

4 月 21 日 国务院发布《中华人民共和国税收征收管理暂行条例》，对税务登记、纳税鉴定、纳税申报、税款征收、账务、票证管理、税务检查、违章处理等方面都作了明确规定。

4 月 30 日 国家计委、财政部、中国人民银行、中国人民建设银行联合制定《关于对部分行业基本建设银行贷款实行差别利率的规定》。

6 月 30 日 财政部发出《关于对原油、天然气实行从量定额征收资源税和调整原油产品税税率的通知》。对原油、天然气实行从量定额征收资源税，并对征税范围、计税依据、定额标准、税额计算、缴纳办法、缴款期限、纳税地点等都作了明确具体的规定。该通知决定将原油的产品税税率统一调整为 12%。

7 月 30 日 国务院发布《中华人民共和国注册会计师条例》。

9 月 15 日 国务院发布了《中华人民共和国房产税暂行条例》，从当年 10 月 1 日起实施。

9 月 25 日 国务院发布《中华人民共和国个人收入调节税暂行条例》，决定从 1987 年 1 月 1 日起实行。

10 月 11 日 国务院发布《关于鼓励外商投资的规定》，提出对外商投资的产品出口企业和技术先进企业在税收、金融等方面给予特别优惠和方便。

1987 年

1 月 1 日 开征个人收入调节税。应纳税的个人收入包括工资、薪金收入，承包、转包收入，劳务报酬收入，投稿、翻译收入，利息、股息、红利收入以及经财政部确定征税的其他收入。根据个人收入来源的不同，实行两种税率分别计算，综合收入采用超额累进税率，单项采用20%的比例税率。

4月1日　开征耕地占用税。占用耕地建房或从事非农业建设的单位和个人都是纳税义务人。

7月1日　颁布和实施《中华人民共和国海关法》，同时修订关税条例，为健全和完善中国的关税制度提供了法律依据。

1988 年

1月13日　为进一步贯彻国务院《关于加强预算外资金管理的通知》精神，财政部发出《关于对中央事业行政单位预算外资金实行财政专户储存的通知》，决定对中央事业行政单位预算外资金开始实行财政专户储存。

2月27日　为发展和完善全民所有制工业企业承包经营责任制，转变企业经营机制，增强企业活力，提高经济效益，国务院发布《全民所有制工业企业承包经营责任制暂行条例》。

4月6日　在上海等地开放国库券市场试点。

4月27日　财政部发布《全民所有制工业企业推行承包经营责任制有关财务问题的规定》，指出合同所有制工业赢利和亏损企业都可根据自身的实际情况，选择承包经营责任制的具体形式。企业实行承包后，应依法缴纳产品税、所得税、调节税和其他各项税收。

6月25日　国务院公布《关于征收私营企业投资者个人收入调节税的规定》。

8月　国家决定设立国有资产管理局，由财政部归口管理。

9月26日　财政部发布《关于事业单位财务管理的若干规定》，指出事业单位的预算管理形式主要分为：全额预算管理、差额预算管理、自收自支管理。为了扶持有收入的事业单位开展业务经营活动，积极组织收入，各级财政部门应设立事业周转金，周转金实行有偿使用，定期收回。

10月1日　恢复征收印花税。对在我国境内书立、领受应税凭证的单位和个人，根据应纳税凭证的性质，分别按比例税率或按件定额征收印花税。

12 月 5 日　国务院决定，在全国实行个人收入调节税应税收入申报制度，并首先在北京海淀区进行试点。

1988 年　实行"大包干"财政体制。共有六种包干形式：收入递增包干、总额分成、总额分成加增长分成、上解递增包干、定额上解、定额补助。

1989 年

1 月 12 日　财政部发布《城市维护建设资金预算管理办法》。

2 月和 4 月　国家税务总局先后发出了《关于对彩色电视机征收特别消费税的通知》、《关于对小轿车征收特别消费税有关问题的规定》两个文件，开征彩电、小轿车特别消费税。

3 月　国务院发出《关于进一步做好农林特产农业税征收工作的通知》，决定从 1989 年起全面征收农林特产农业税，并对征税办法做了若干改进。

11 月 14 日　国务院发出《关于清理检查"小金库"的通知》。

1990 年

1 月 23 日　财政部发出《关于完善全民所有制企业承包经营责任制有关财务问题的意见》。

2 月 3 日　为加快预算收入的集中入库，更好地贯彻预算内资金与预算外资金分别核算的原则，中国人民银行、财政部、国家税务局发出通知，对财政资金在银行开立的账户进行清理。

5 月 19 日　为了改革城镇国有土地使用制度，合理开发、利用、经营土地，加强土地管理，促进城市建设和经济发展，国务院发布《中华人民共和国城镇国有土地使用权出让和转让暂行条例》。

7 月 2 日　国务院发布《关于加强国有资产管理工作的通知》，指出按照统一领导、分级管理的原则，逐步建立和健全国有资产管理机构。由财政部和国家国有资产管理局行使国有资产所有者的管理职能，国家国有资产管理局专职进行相应工作，并由财政部归口管理。

8月30日 财政部印发《关于国营城市建设综合开发企业纳入国家预算管理有关问题的通知》，将开发企业纳入国家预算管理，照章缴纳国营企业所得税。各级开发企业按其主管部门财务隶属关系，将应缴所得税分别上缴中央财政和地方财政。

10月17日 国家税务局发出《关于外商投资企业生产、经营应税农、林、牧水产品征收工商统一税的通知》。

1991 年

1月23日 财政部发出《关于对外国企业、外国人及华侨、港、澳、台同胞征收契税的通知》，规定凡取得房屋所有权的外国企业和外国人，应依法缴纳契税；华侨、港、澳、台同胞用侨汇（或外汇）购买房屋，给予减半征收契税的优惠。

2月23日 国家税务局发出《关于私营企业若干税收政策规定的通知》。

4月9日 第七届全国人民代表大会第四次会议通过《中华人民共和国外商投资企业和外国企业所得税法》，自1991年7月1日起施行。《中华人民共和国中外合资经营企业所得税法》、《中华人民共和国外国企业所得税法》同时废止。

4月16日 发布《中华人民共和国固定资产投资方向调节税暂行条例》。规定纳税人为在我国境内进行固定资产投资的单位和个人，实行差别税率。

6月26日 国务院发布《关于企业职工养老保险制度改革的决定》。

8月13日 颁布《关于〈国营企业实行"税利分流、税后还贷、税后承包"的试点办法〉的通知》。税利分流是将国营企业实现的利润分别以所得税和利润形式上缴国家一部分，并实行所得税后还贷、所得税后承包。取消调节税税种，企业缴纳所得税后利润应当上缴国家的部分，可实行承包等各种形式的分配办法。

10 月 21 日 国务院发布《国家预算管理条例》，强调了收支平衡的原则，反映了改革开放的新要求。

1992 年

1 月 1 日 《国家预算管理条例》施行。开始实行复式预算，即把国家预算分为经常性预算和建设性预算。

3 月 18 日 国务院修订发布《中华人民共和国进出口关税条例》。

9 月 4 日 第七届全国人民代表大会常务委员会第二十七次会议通过了《中华人民共和国税收征收管理法》。

11 月 30 日 经国务院批准，财政部颁布《企业财务通则》、《企业会计准则》，随后相继颁布分行业的企业财务会计制度，从 1993 年 7 月 1 日起实施。

12 月 14 日 国务院关税税则委员会决定，从 1992 年 12 月 31 日起降低 3000 多个税目商品的进口关税税率。

1993 年

7 月 2 日 第八届全国人民代表大会常务委员会第二次会议通过《中华人民共和国农业法》。

8 月 4 日 国务院发布《中华人民共和国税收征收管理法实施细则》，对税务登记、账簿、凭证管理、纳税申报、税款征收、税务检查、法律责任、文书送达等做了规定和解释。

10 月 31 日 第八届全国人民代表大会常务委员会第四次会议通过《关于修改〈中华人民共和国个人所得税法〉的决定》。

12 月 13 日 国务院颁布了《中华人民共和国增值税暂行条例》、《中华人民共和国消费税暂行条例》、《中华人民共和国营业税暂行条例》。

12 月 13 日 国务院发布了《中华人民共和国企业所得税暂行条例》，

统一内资企业所得税。

12 月 13 日 国务院发布了《中华人民共和国土地增值税暂行条例》。

12 月 15 日 国务院发布了《关于实行分税制财政管理体制的决定》。分税制财政体制主要由三个方面的内容所构成：中央与地方税收的划分、中央与地方事权和支出的划分、中央对地方税收返还数额的确定。与此同时，还进行了其他方面的配套改革。

12 月 29 日 第八届全国人民代表大会常务委员会第五次会议修改发布《会计法》。

12 月 29 日 第八届全国人民代表大会常务委员会第五次会议通过《关于外商投资企业和外国企业适用增值税、消费税、营业税等税收暂行条例的决定》。

下半年 中央出台了针对固定资产投资增长过快等的一揽子宏观调控措施，核心是采取适度从紧的财政政策，并与适度从紧的货币政策相配合。

1994 年

1 月 1 日 对我国税制进行全面改革。一是建立以增值税为主体的新流转税制度；二是对部分产品开征消费税；三是改革营业税；四是统一企业所得税制度；五是简并个人所得税；六是改革农业税；七是其他税收制度的改革和调整。

1 月 23 日 国务院发出《关于取消集市交易税、牲畜交易税、烧油特别税、奖金税、工资调节税和将屠宰税、宴席税下放给地方管理的通知》。

1 月 28 日 发布《中华人民共和国个人所得税法实施条例》，对个人所得税的征收对象、征收范围、征收办法等做了规定。

1 月 30 日 国务院颁布《关于农业特产收入征收农业税的规定》。

2 月 4 日 印发《中华人民共和国企业所得税暂行条例实施细则》，对企业应纳税所得额的计算、资产的税务处理、税收优惠、税额扣除、征收管理等做了说明和解释。

3 月 22 日　第八届全国人民代表大会第二次会议通过了《中华人民共和国预算法》。

1995 年

1 月 1 日　《中华人民共和国预算法》开始施行，标志着我国的预算管理正式纳入法律管理的轨道。

3 月 18 日　第八届全国人民代表大会第三次通过《中华人民共和国教育法》，对国家财政对教育投入做了规定。

11 月 22 日　发布《中华人民共和国预算法实施条例》，标志着我国的预算管理正式纳入法律管理的轨道。

12 月 26 日　国务院发出《关于改革和调整进口税收政策的通知》。

1996 年

3 月 26 日　财政部下发《关于完善省以下分税制财政管理体制意见的通知》，要求各地区要参照中央对省级分税制模式，结合本地区的实际情况，将分税制体制落实到市、县级，有条件的地区可落实到乡级。

4 月 7 日　国务院批转财政部、国家计委、审计署、中国人民银行、监察部《关于清理预算外资金的意见》。

6 月 17 日　财政部发布《会计基础工作规范》，对会计机构和会计人员、会计核算、会计监督、内部会计管理制度等做了明确的规定。

7 月 6 日　国务院发出《关于加强预算外资金管理的决定》，规定：一、严格执行《中华人民共和国预算法》，禁止将预算资金转移到预算外；二、将部分预算外资金纳入财政预算管理；三、规定预算外资金管理的范围；四、加强收费、基金管理，严格控制预算外资金规模；五、预算外资金要上缴财政专户，实行收支两条线管理；六、加强预算外资金收支计划管理；七、严格预算外资金支出管理，严禁违反规定乱支挪用；八、建立健全监督检查与处罚制度；九、各级政府必须重视和加强预算外资金的管理。

11 月 18 日 发布《预算外资金管理实施办法》，对预算外资金的范围、财政专户管理、对用预算外资金发放工资、奖金、津贴以及福利开支、安排基本建设投资、购买专控商品等做出了相应规定。

12 月 13 日 发布《中央预算外资金财政专户管理暂行办法》，规定中央预算外资金财政专户（简称"中央财政专户"）是财政部在有关银行开设的预算外资金专用账户，用于对中央部门和单位预算外资金实行收支两条线的管理。

1997 年

1 月 23 日 国务院办公厅转发《国家税务总局关于深化税收征管改革的方案》。

7 月 7 日 国务院发布《中华人民共和国契税暂行条例》。

7 月 16 日 国务院发布《关于建立统一的企业职工基本养老保险制度的决定》。

7 月 28 日 财政部发出《关于贯彻〈中共中央、国务院关于治理向企业乱收费、乱罚款和各种摊派等问题的决定〉的通知》。

9 月 2 日 国务院发布《关于在全国建立城市居民最低生活保障制度的通知》。

12 月 23 日 财政部、国家计委发出《关于取消第一批行政事业性收费项目的通知》。

12 月 29 日 国务院发出《关于进口设备税收政策的通知》。

1998 年

1 月 27 日 财政部、劳动部、中国人民银行、国家税务总局联合发布《企业职工基本养老保险基金试行收支两条线管理暂行规定》。

7 月 10 日 为应对亚洲金融风暴，扩大需求，实施了积极财政政策。

12 月 全国财政工作会议提出构建公共财政体制框架的目标。

12 月 14 日　国务院发布《关于建立城镇职工基本医疗保险制度的决定》，要求在全国范围内建立以城镇职工基本医疗保险制度为核心的多层次医疗保障体系。

1999 年

8 月 30 日　第九届全国人民代表大会常务委员会第十一次会议通过《关于修改〈中华人民共和国个人所得税法〉的决定》（第二次修正），对储蓄存款利息所得征收个人所得税。

9 月 30 日　国务院发布《对储蓄存款利息所得征收个人所得税的实施办法》，自 1999 年 11 月 1 日起施行。

2000 年

1 月 1 日　所有中央一级预算单位试编部门预算。主要内容包括：改革预算编制形式，初步实现了"一个部门一本预算"；改革预算编制方法，按照基本支出和项目支出编制部门预算；深化"收支两条线"的改革，初步实现综合预算；规范预算编制程序，初步建立起财政部和中央部门的预算编制规程。

1 月 1 日　国库集中收付制度改革开始起步，拟定改革方案并组织试点。

3 月 2 日　中共中央、国务院发出《关于进行农村税费改革试点工作的通知》，明确农村税费改革的主要内容：取消乡统筹费、农村教育集资等专门面向农民征收的行政事业性收费和政府性基金、集资，取消屠宰税，取消统一规定的劳动积累工和义务工，调整农业税和农业特产税政策，改革村提留征收使用办法。

5 月 25 日　财政部、国家计委对涉及交通和车辆行政事业性收费、政府性基金和政府性集资项目进行了清理。本批取消的收费项目包括，各省、自治区、直辖市人民政府及其所属部门出台的、已不适应目前经济发展要求，应当停止执行的收费项目以及省级以下人民政府及其所属部门越权设立的收费项目，共计238项。

7月4日　财政部、国家计委和农业部联合发出通知，取消农村税费改革试点地区有关涉及农民负担的收费项目。

10月22日　国务院颁布《中华人民共和国车辆购置税暂行条例》。

2001 年

1月1日　实施国库管理制度改革试点。财政部在1998年开始全面系统地研究国库集中收付制度的基础上，逐步建立了适合我国政治经济体制的"国库单一账户"和"财政资金集中收付"制度。从2001年起在中央实施改革试点，"十五"期间在中央和地方全面实施国库集中收付制度。

3月16日　财政部、中国人民银行发出《关于财政国库管理制度改革试点方案的通知》。

3月24日　国务院下发《关于进一步做好农村税费改革试点工作的通知》。

5月1日　《中华人民共和国税收征收管理法（修订案）》开始实施。

6月12日　国务院发布《坚持国有股筹集社会保障资金管理暂行办法》。

12月10日　国务院办公厅转发《财政部关于深化收支两条线改革，进一步加强财政管理意见的通知》。以综合预算编制为出发点，以预算外资金管理为重点和难点，以强调收支脱钩为中心，以国库管理制度改革为保障，明确提出进一步深化"收支两条线"改革的步骤与相关措施，成为新时期加强财政资金管理方面的纲领性文件。

2002 年

1月1日　实施所得税收入分享改革，将按企业隶属关系等划分中央与地方所得税收入的办法改为中央与地方按统一比例分享。2002年中央与地方各分享50%；2003年中央分享60%、地方分享40%，2003年以后根据实际情况确定中央地方分享比例。

1 月 17 日　财政部、中国人民银行联合发出通知，决定自 2002 年 1 月 1 日起，将公安等部门的各项收费（不含所属高校、中专的院校收费）收入全部纳入预算管理，上缴国库。

4 月 27 日　全国财政国库工作会议召开，明确 2002 年财政部进一步深化和完善财政国库管理制度改革，增加新的国库支付管理制度改革试点部门，并结合"收支两条线"管理改革，选择部分中央单位进行预算外资金收入收缴管理改革试点。

5 月 20 日　财政部发出通知公布 31 项保留的政府性基金项目，其中，26 项基金属法律、国家行政法规、党中央和国务院文件以及财政部会同有关部门批准设立，且明确规定征收对象、征收范围和征收标准的政府性基金；5 项基金计划用燃油税或农业税取代，但在尚未实施相关税费改革之前，暂时予以保留。

6 月 29 日　《中华人民共和国政府采购法》公布。

10 月　中央决定在全国建立新型农村合作医疗制度，从 2003 年开始在全国试点推广。新型农村合作医疗制度是由政府组织、引导、支持，农民自愿参加，个人、集体和政府多方筹资，以大病统筹为主的农民医疗互助共济制度。

12 月 26 日　国务院发出《批准财政部〈关于完善省以下财政管理体制有关问题意见〉的通知》。

2002 年　"省管县"财政体制进行试点。"省管县"体制是指省市县行政管理关系由目前的"省—市—县"三级体制转变为"省—市、县"二级体制，对县的管理由现在的"省管市—市管县"模式变为由省替代市，实行"省管县"模式，其内容包括人事、财政、计划、项目审批等原由市管理的所有方面。

2003 年

1 月 1 日　《中华人民共和国政府采购法》正式实施。我国政府采购制度进入全面推行阶段。

4 月 农村税费改革试点工作在全国范围推开，这是深化农村改革、促进农村发展的一项重大决策。

6 月 11 日 财政部、国家税务总局日前发出通知，要求实施农村税费改革试点的地区按照国务院统一部署，逐步取消农业特产税。

9 月 17 日 《国务院关于进一步加强农村教育工作的决定》发布，要求落实农村义务教育"以县为主"管理体制的要求，加大投入，完善经费保障机制。

10 月 13 日 改革出口退税机制。按照"新账不欠，老账要还，完善机制，共同负担，推动改革，促进发展"的指导思想，实施出口退税机制改革，建立中央和地方共同负担的新机制。从 2004 年起，由中央和地方按 75∶25 的比例共同负担。

2004 年

1 月 1 日 经国务院批准，从 2004 年 1 月 1 日起，我国进一步降低关税，进口关税总水平由 11% 下降到 10.4%。这是我国自 2001 年 12 月加入世界贸易组织以来第三次降低关税，是我国履行加入世界贸易组织承诺的又一重要步骤。

4 月 14 日 经国务院批准，财政部、农业部、国家税务总局日前联合下发了《关于 2004 年降低农业税税率和在部分粮食主产区进行免征农业税改革试点有关问题的通知》。

6 月 1 日 继 2002 年 10 月和 2003 年 2 月国务院分两批取消和调整行政审批项目后，国务院近日做出决定，第三批再予取消和调整 495 项行政审批项目，其中取消涉税行政审批项目 44 项。

7 月 23 日 财政部下发《关于加强政府非税收入管理的通知》，明确政府非税收入管理范围包括行政事业性收费、政府性基金、国有资源有偿使用收入、国有资产有偿使用收入、国有资本经营收益、彩票公益金、罚没收入、以政府名义接受的捐赠收入、主管部门集中收入以及政府财政资金产生的利息收入等。社会保障基金、住房公积金不纳入政府非税收入管理范围。

9 月 20 日 财政部、国家税务总局制定《2004 年东北地区扩大增值税抵扣范围暂行办法》，自 2005 年 1 月 1 日起在东北老工业基地八大行业进行增值税转型改革试点。

12 月 3 日至 5 日 中央经济工作会议召开。会议提出，实施稳健的财政政策。针对经济运行中出现的突出问题，党和国家将进一步加强宏观调控工作，财政作为重要的调控手段，顺应宏观经济形势的要求，适时转换为稳健的财政政策。

<h2 style="text-align:center">2005 年</h2>

5 月 8 日 财政部印发《2005 年中央财政对地方缓解县乡财政困难奖励和补助办法》的通知，实施"三奖一补"政策，解决县乡财政困难。

11 月 1 日 全国 36 个省、自治区、直辖市和计划单列市全部实施了国库集中收付制度改革。

11 月 7 日 财政部制定《关于切实缓解县乡财政困难的意见》，要求各省、自治区、直辖市要积极推行省对县财政管理方式改革试点。

12 月 24 日 国务院印发《关于深化农村义务教育经费保障机制改革的通知》。按照"明确各级责任、中央地方共担、加大财政投入、提高保障水平、分步组织实施"的基本原则，逐步将农村义务教育全面纳入公共财政保障范围，建立中央和地方分项目、按比例分担的农村义务教育经费保障机制。

12 月 27 日 财政部会计准则委员会暨中国注册会计师协会审计准则委员会全体会议在北京举行。我国企业会计准则和审计准则体系建设基本完成。

12 月 29 日 十届全国人大常委会第十九次会议表决通过从 2006 年 1 月 1 日起废止农业税条例的草案。

2006 年

1 月 1 日 个人所得税工资、薪酬扣除标准从 800 元提高到 1600 元。

3 月 14 日 十届人大四次会议通过决议，在全国范围内彻底取消农业税。

3 月 12 日 国务院批准政府收支分类改革定于 2007 年全面实施。

5 月 30 日 财政部发布《事业单位国有资产管理暂行办法》。

7 月 28 日 财政部发布《进一步推进乡财县管工作的通知》，旨在加强乡镇财政管理，规范乡镇收支行为，防范和化解乡镇债务风险。

9 月 全面深化农村综合改革，进一步推进乡镇机构、农村义务教育和县乡财政管理体制改革，建立精干高效的农村行政管理体制和运行机制、覆盖城乡的公共财政制度、政府投入办学的农村义务教育体制，促进农民减负增收和农村公益事业健康发展，推进农村经济社会全面发展。

10 月 24 日 财政部、国家环保总局联合印发《关于环境标志产品政府采购实施的意见》，要求各级国家机关、事业单位和团体组织用财政性资金进行采购的，要优先采购环境标志产品，不得采购危害环境及人体健康的产品。

11 月 6 日 国家税务总局下发《个人所得税自行纳税申报办法（试行)》，以进一步规范自行纳税申报行为，加强个人所得税征收管理，保障国家税收收入，维护纳税人的合法权益。

12 月 21 日 财政部下发《关于将中央单位土地收益纳入预算管理的通知》。中央单位土地收益作为一般预算收入纳入中央财政预算，全部缴入中央国库，实行"收支两条线"管理。

12 月 29 日 《中华人民共和国车船税暂行条例》颁布。

2007 年

1 月 1 日 我国财政预算开始实行新的政府收支分类科目，这是新中国成立以来我国财政收支分类统计体系最为重大的一次调整。

1月1日 财政部制定的《企业会计准则——基本准则》、《企业财务通则》和《金融企业财务规则》三部规范企业财务会计行为的规章正式执行。

1月10日 财政部印发《中央单位政府集中采购管理实施办法》，旨在加强中央单位政府集中采购管理，规范集中采购行为，完善和规范中央单位政府集中采购运行机制。

1月18日 劳动和社会保障部、财政部下发了《关于推进企业职工基本养老保险省级统筹有关问题的通知》。

3月16日 中华人民共和国第十届全国人民代表大会第五次会议通过《中华人民共和国企业所得税法》，自2008年1月1日起施行。

3月 农村义务教育经费保障机制改革在全国农村展开，建立了中央和地方分项目、按比例分担的农村义务教育经费保障新机制。

4月3日 财政部颁布《自主创新产品政府采购预算管理办法》、《自主创新产品政府采购评审办法》和《自主创新产品政府采购合同管理办法》三大办法，标志着我国激励自主创新的政府采购制度正式建立。

5月11日 制定《中部地区扩大增值税抵扣范围暂行办法》，从7月1日起在中部地区6省26个老工业基地城市中的八大行业开展扩大增值税抵扣范围试点。

5月14日 财政部、中国人民银行联合召开了全国公务卡应用推广工作会议，并于6月份印发了《中央预算单位公务卡管理暂行办法》，启动了中央和地方公务卡改革试点工作。

5月30日 国务院决定从2007年开始在中央本级试行国有资本经营预算，地方试行的时间、范围和步骤由各省（区、市）及计划单列市人民政府决定。

6月29日 中华人民共和国第十届全国人民代表大会常务委员会第二十八次会议通过《全国人民代表大会常务委员会关于修改〈中华人民共和国个人所得税法〉的决定》。

7月10日 《国务院关于开展城镇居民基本医疗保险试点的指导意

见》发布，决定开展城镇居民基本医疗保险试点。

7 月 11 日 国务院公布《国务院关于在全国建立农村最低生活保障制度的通知》，2007 年在全国建立农村最低生活保障制度。

9 月 8 日 国务院下发《关于试行国有资本经营预算的意见》。

10 月 31 日 按照《国务院关于第四批取消和调整行政审批项目的决定》的要求，财政部取消 6 项行政审批项目。其中，财政部牵头审批项目 5 项，与其他部门联合审批项目 1 项。

11 月 26 日 财政部、教育部印发《关于调整完善农村义务教育经费保障机制改革有关政策的通知》，调整完善农村义务教育经费保障机制改革有关政策。

12 月 11 日 财政部会同国资委发布《中央企业国有资本收益收取管理办法》。

12 月 28 日 我国签署了中国加入 WTO《政府采购协议》（GPA）申请书，标志着我国正式启动加入世界贸易组织《政府采购协议》谈判。

2008 年

1 月 1 日 中华人民共和国新企业所得税法正式实施。

3 月 15 日 《中央级事业单位国有资产管理暂行办法》正式施行，这对于规范和加强中央级事业单位国有资产管理，提高使用效益，促进公共财政体系的建设具有十分重要的意义。

4 月 14 日 财政部印发《新型农村合作医疗补助资金国库集中支付管理暂行办法》的通知，以加强新型农村合作医疗补助资金支付的管理，确保资金及时足额到位。

6 月 19 日 财政部关于印发《2008 年中央对地方一般性转移支付办法》的通知，进一步完善了中央对地方一般性转移支付测算办法。

8 月 21 日 财政部、国家发展改革委、国家工商总局发布《关于停止征收个体工商户管理费和集贸市场管理费有关问题的通知》，减轻了个体工商户和私营企业负担，促进个体、私营等非公有制经济持续健康发展。

11 月 5 日　修订《中华人民共和国增值税暂行条例》、《中华人民共和国营业税暂行条例》、《中华人民共和国消费税暂行条例》。

11 月 25 日　发布《关于中央单位 2009 年深化国库集中支付改革若干问题的通知》，深化预算管理制度改革，强化预算管理与监督。

11 月 26 日　发布《关于加强土地出让收支预算编制工作的通知》，加强土地出让收入的基金预算管理。

12 月 18 日　国务院发布《关于实施成品油价格和税费改革的通知》，完善我国的成品油价格形成机制，规范交通相关税费制度，促进节能减排。

12 月 19 日　国务院颁布《关于全国实施增值税转型改革若干问题的通知》，决定从 2009 年 1 月 1 日起，在全国实施增值税转型改革。

2009 年

1 月 24 日　《关于深化地方非税收入收缴管理改革的指导意见》颁布，全面推进非税收入收缴管理改革。

2 月　为满足经济刺激计划的资金需求，经国务院批准，中央政府代地方政府发行 2000 亿元地方政府债券。

4 月 23 日　在党政机关和事业单位开展"小金库"专项治理工作，进一步规范机关事业单位的收支行为。

6 月 4 日　《关于加快建立地方预算执行动态监控机制的指导意见》发布，以进一步增强地方财政管理的透明度。

6 月 22 日　出台《关于推进省直接管理县财政改革的意见》，继续深化"省直管县"财政管理方式的改革，实现将粮食、油料、棉花、生猪生产大县全部纳入改革范围的要求。

策划编辑:吴焰东
责任编辑:吴焰东
封面设计:肖 辉

图书在版编目(CIP)数据

共和国财税 60 年/高培勇 主编.
-北京:人民出版社,2009.9
(庆祝新中国成立 60 周年百种重点图书)
ISBN 978－7－01－008271－4

Ⅰ. 共… Ⅱ. 高… Ⅲ. ①财政-经济史-中国-1949～2009②税收管理-
经济史-中国-1949～2009 Ⅳ. F812. 97

中国版本图书馆 CIP 数据核字(2009)第 166168 号

共和国财税 60 年
GONGHEGUO CAISHUI 60 NIAN

高培勇 主编

人民出版社 出版发行
(100706 北京朝阳门内大街 166 号)

北京外文印刷厂印刷 新华书店经销

2009 年 9 月第 1 版 2009 年 9 月北京第 1 次印刷
开本:710 毫米×1000 毫米 1/16 印张:28. 25
字数:400 千字 印数:0,001－5,000 册

ISBN 978－7－01－008271－4 定价:58. 00 元

邮购地址 100706 北京朝阳门内大街 166 号
人民东方图书销售中心 电话 (010)65250042 65289539